刘晏

刘晏

大唐财相和他的国富论

余耀华◎著

華文出版社
SINO-CULTURE PRESS

图书在版编目（CIP）数据

刘晏：大唐财相和他的国富论 / 余耀华著. -- 北京：华文出版社, 2016.10

ISBN 978-7-5075-4473-2

Ⅰ. ①刘… Ⅱ. ①余… Ⅲ. ①刘晏（715-780）- 传记 Ⅳ. ①K827=42

中国版本图书馆CIP数据核字(2016)第221521号

刘晏：大唐财相和他的国富论

著　　者：余耀华
出版策划：李金水　蔡荣建
责任编辑：潘　婕
出版发行：华文出版社
社　　址：北京市西城区广外大街305号8区2号楼
邮政编码：100055
网　　址：http://www.hwcbs.com.cn
电　　话：总 编 室 010-58336239　　发 行 部 010-58336267 58336238
责任编辑 010-63429159
经　　销：新华书店
印　　刷：固安县保利达印务有限公司
开　　本：710×960　1/16
印　　张：25
字　　数：417千字
版　　次：2017年3月第1版
印　　次：2017年3月第1次印刷
书　　号：ISBN 978-7-5075-4473-2
定　　价：39.80元

前言

安史之乱是唐朝由盛而衰的转折点，逆胡铁蹄旋风般地踏遍了黄河两岸，大好河山因之破碎，天下百姓陷入苦难的深渊。

战争给大唐经济带来毁灭性的打击，国库无毫厘之储，御厨无隔夜之粮。

大厦将倾，谁有擎天之力？经济处于崩溃之边缘，谁能力挽狂澜？

刘晏横空出世，这位七岁入仕，少时被玄宗皇帝李隆基御封为“神童”的刘晏，受命于危难之际，走上了中央财政经济工作的最高行政长官的岗位，肩负起了救国救民的双重使命。

恢复漕运、改革盐政、重新启用常平仓，这位中国古代伟大的理财家、改革家掀动了经济改革的旋风……

恢复漕运：陷贼窝，临危不惧；疏河道，身先士卒；经故里，过家门而不入。顺利地恢复了大唐经济的生命线。

改革盐政：惩贪官，斗智斗勇；除积弊，呕心沥血；辟税源，不扰百姓。奇迹般地使盐利之入占中央财政收入之半，官商并用，寓税于价，开创了自唐以后中国古代全新的食盐专卖政策。

重新启用常平仓：重置常平仓，调控天下粮；调节供求与物价，保证社会商品的供求平衡和物价稳定，极大地促进了社会经济的发展。

身为中央财政工作最高行政长官的刘晏，清正廉洁，一尘不染，被奸佞陷害至死时，抄其家，仅获粟数斗、书数车而已。

一个动荡的年代，一个伟大而真实的人物，一段有籍可查的离奇故事，构成一部扣人心弦的小说。可歌！可颂！可泣！可叹！

目 录

楔　子 / 001
第一章　昔日神童当了夏县父母官 / 007
第二章　夏县的出路在哪里 / 012
第三章　姚师爷递了辞职书 / 017
第四章　第一次升堂县太爷自己擂鼓 / 022
第五章　水是农业命根子 / 026
第六章　两袖清风去，一杯淡水归 / 031
第七章　科举及第 / 036
第八章　县丞戏县令，有点出格 / 041
第九章　赈灾 / 048
第十章　刘晏治水 / 054
第十一章　黄河边竖起一座“功德碑” / 060
第十二章　未上任的御史管闲事 / 065
第十三章　神秘人指点迷津 / 072
第十四章　安史之乱 / 076
第十五章　颜真卿在河北干了一件大事 / 083
第十六章　避难襄阳城 / 087
第十七章　刘晏奉命赴吴郡 / 092
第十八章　传说中的“山中宰相” / 096

第十九章　第五琦创行新盐法 / 101
第二十章　大唐经济濒于崩溃，谁收拾残局 / 106
第二十一章　京兆尹不好当 / 110
第二十二章　关中闹粮荒 / 117
第二十三章　沿黄河顺流而下，勘察漕道 / 122
第二十四章　荆紫山历险记 / 129
第二十五章　乱世兵如匪 / 137
第二十六章　勘察报告六百里加急进京 / 142
第二十七章　身负重任 / 149
第二十八章　丹阳湖水清人不清 / 155
第二十九章　扬子县造船 / 161
第三十章　刘晏搬兵 / 167
第三十一章　漕运船队从江南起航 / 173
第三十二章　重续关中生命线 / 177
第三十三章　东南财政领军人 / 182
第三十四章　有钱就是任性 / 188
第三十五章　铜陵盐监摊上事儿了 / 193
第三十六章　惠宾楼奇遇 / 198
第三十七章　天网恢恢 / 204
第三十八章　悦来客栈凶杀案 / 210
第三十九章　食盐营销迎来新时代 / 217
第四十章　李白的儿子落难卖字街头 / 222
第四十一章　还利于商 / 226
第四十二章　理财圣手的生意经 / 231
第四十三章　盐政开启新时代 / 236
第四十四章　君臣论政 / 241
第四十五章　理财要有大局观 / 249
第四十六章　创建信息网络 / 255
第四十七章　天灾 / 261

第四十八章 吏部尚书 / 266
第四十九章 招聘 / 271
第五十章 举贤荐能 / 278
第五十一章 皇帝遭奴欺 / 283
第五十二章 欲擒故纵 / 288
第五十三章 寒食节除奸 / 293
第五十四章 清仓 / 299
第五十五章 谷贱伤农 / 304
第五十六章 经济问题让市场解决 / 311
第五十七章 奸相弄权 / 316
第五十八章 贪官的下场 / 323
第五十九章 又一位奸相入阁 / 329
第六十章 权重遭忌 / 335
第六十一章 杀机 / 340
第六十二章 两税法横空出世 / 347
第六十三章 陷害忠良 / 354
第六十四章 奸相施阴招 / 359
第六十五章 账目遭涂改 / 365
第六十六章 遭陷 / 371
第六十七章 谁害死了一代英才 / 378
第六十八章 天道轮回 / 383

楔 子

“唐刘晏，方七岁，举神童，作正字，彼虽幼，身已仕。”此段话见于中国封建社会著名的启蒙读物《三字经》，寥寥数语，道出一个自古以来广为流传的传奇故事。

公元七一三年，李隆基即皇帝位，是为唐玄宗，改年号开元。开元初年，李隆基在姚崇、宋璟两位名相的辅佐下，励精图治，铲除积弊，亲君子，远小人，轻徭薄赋，倡导农耕，经过数年努力，出现了天下大治、河清海晏、物殷俗阜、四海升平之景象，国库财物丰盈，百姓家有余粮，东至宋汴，西至岐州，道路两边店肆如林，旅店酒肉飘香以待来客，常备驴马以备行旅租赁，真正是交通便达、社会安定、市场繁荣、物价稳定、老百姓安居乐业。这是继“贞观之治”以后又一个太平盛世，历史上称之为“开元之治”。贞观之治、开元之治，构成中国古代唐王朝的鼎盛时期。

在海晏河清、歌舞升平的太平盛世里，踌躇满志的李隆基，决定效仿秦始皇、汉武帝，率群臣赴泰山封禅，借以展现自己的雄才大略，炫耀自己的丰功伟绩。

开元十三年十月，李隆基率文武百官自东都洛阳出发，一路上日行夜宿，恰似游山玩水一般，君臣们看到村庄里袅袅炊烟，田间里农夫耕作，山溪间牧童嬉闹的田园景色，都露出了满意的笑容。大队人马一路上浩浩荡荡，历时一月有余，到达山东兖州的行在。

李隆基兴致盎然，毫无倦意，在行在上里同宰相张说及文武百官品尝着沿途地方官进奉的美味佳肴，欣赏着宫女们翩跹的舞姿和琴师们优雅的琴声。

忽有人呈上一书，说是行在外一幼童所献，近臣接过呈给皇上，李隆基接过展开一看，所呈之书题为《东封书》，先不说文章写得如何，单就一笔行如流水的字，就让人不由得眼前一亮，情不自禁地脱口而出："好字！"再看文章的内容，尽是歌颂当今皇上治政有方、天下太平、国泰民安、天下百姓安居乐业的溢美之词，不由龙心大悦。若文章出自成年人之手也不足为奇，而此书却出自一个幼童之手，则又是别有一番滋味在心头，情不自禁脱口而出："好文章！"他随手将《东封书》递给身旁的宰相张说："你也看看，试试此子之才气。"

张说可不是等闲之辈，他不仅是当朝宰相，而且是时之文坛泰斗、名盛一时的大文豪。他和文武大臣见皇上连声说好，都觉得好奇，接过李隆基递来的书信，扫了一眼，冲着行宫门口大声道："宣献书之人，觐见！"然后很快地将《东封书》看了一遍，心里也不由得暗暗称奇，《东封书》不仅字写得好，文章也堪称佳作。

随着一声传呼，只见一个七八岁的幼童从容而入，至堂前跪下。张说问道："来者何人？站起来说话。"

刚进来的幼童回答："小儿刘晏。"

张说继续问道："何方人氏？"

刘晏从容地道："小儿是山东曹州南华人氏。"

张说紧接着问："是何出身？"

"小儿高祖刘晋在隋朝时曾为县令；曾祖刘郁唐初为弘文馆学士；家祖刘恭曾为县令；家严刘知海曾为县丞；小儿刘晏还在读书呢！"小刘晏如数家珍似的一口气回答了张说的提问。

在座公卿一阵骚动，特别是听到"小儿刘晏还在读书呢！"的童稚之音，都忍不住笑了，由于是在朝堂之上，大家只不过是掩口而笑罢了。

"为何要向皇上献书？"张说不紧不慢地问道。

"小儿久居乡里，常听父老乡亲们谈论，众口一词地称颂皇上治国有道，治政有方，天下大同，百姓安居乐业，社会呈现一派欣欣向荣、繁荣昌盛的祥和景象。听说皇上到泰山封禅，路宿兖州行宫，特地写了这篇《东封书》以表示对皇上的赞颂之意。"说罢重新跪下对着皇上再行三叩九拜之礼："皇上，小儿刘晏代表兖州百姓，谢皇上皇恩浩荡，祝皇上万寿无疆！"

"说得好，快平身。"李隆基龙颜大悦，哈哈大笑，并向张说示意。

张说考虑到刘晏年龄小，不能像大人一样出题，想了想说道："刘晏，经史子集你可熟悉？”

“在家严的督导下，读的就是经史子集。”

“经史子集的佳句颇多，做个续句游戏如何？”

刘晏到底是小孩，玩性未脱，头一偏，天真地说：“做游戏，行呀！怎么个玩法？”

“我说上句，你续下句，若无把握，就换个题目。”

“不改了，就续句。”刘晏天真烂漫的憨态，引来一阵轻笑。

张说道：“《论语·颜渊》：君子成人之美，不成人之恶……”

“小人反之。”刘晏随口而续。

“《论语·为政》：吾十有五而志于学，三十而立……”

“四十而不惑，五十而知天命，六十而耳顺，七十而从心所欲，不逾矩。”

“《孟子·梁惠王》：乐民之乐者，民亦乐之乐；忧民之忧者，民亦忧之忧……”

“乐以天下，忧以天下，然而不王者，未之有也。”

“《孟子·告子》：天将降大任于斯人也……”

“必先苦其心志，劳其筋骨，饿其体肤，空乏其身，行拂乱其所为，所以动心忍性，曾益其所不能。”

“《诗经》：他山之石……”张说越说越快。

“可以攻玉。”刘晏亦对答如流。

“投之以桃……”

“报之以李。”

“《礼记》：凡事预则立……”

“不预则废。”

“玉不琢，不成器……”

“人不学，不知道。”

“《春秋》：多行不义……”

“必自毙。”

“人谁无过？”

“过而能改，善莫大焉。”

张说一句比一句说得急，刘晏一句比一句续得快，在座群臣无不啧啧称奇，张说望了望李隆基，李隆基向他点了点头。张说道：“不错，孺子可教！善对否？”

刘晏道："不善，勉强凑合！"

"那我们就凑合凑合，我出上联，你续下联，敢否？"

刘晏也是少儿心性，刚才的续句应对，心里已是暗暗得意，不由童性大发，天真地说："这有什么不敢的？"

大臣们看到刘晏的憨态，一个个不由得掩面而笑，李隆基亦哈哈大笑，继而引来哄堂大笑。

张说环视一周道："上联：天子朝堂会群臣……"

刘晏应声而答："下联：小儿行在献文章。"

李隆基向张说招招手，张说来到李隆基身边，李隆基耳语了几句，张说回座后说："上联：泰山封禅祈上苍风调雨顺……"

刘晏随口而答："下联：玉帝降旨赐华夏国泰民安。"应对迅速，对仗工整，引来一片叫好声。

张说大声道："文房四宝伺候。"有人马上端上笔、墨、纸、砚，张说对刘晏说："刘晏，过来，将刚才的第二联写出来。"

刘晏大人似的走上前，不慌不忙地提起笔，蘸饱浓墨，在摆好的宣纸上运笔如飞：

泰山封禅祈上苍风调雨顺

玉帝降旨赐华夏国泰民安

在众人观看之下，刘晏放下笔，小心地揭起宣纸，轻轻地吹了吹，然后将两幅字摆放在一起，在座的公卿纷纷起身观看，对联上的字，真个是光润圆熟，暗藏笔锋，均赞叹不已。身为中书令的张说更是赞不绝口，他情不自禁地拉着刘晏，喜形于色地向李隆基说："陛下，太平盛世，出此神童，此乃国之祥瑞也。"在座的公卿亦都点头赞许。

皇后同众嫔妃在后宫闲聊，忽见宫女们在一旁窃窃私语，并不时地向外张望，面露好奇之色，皇后大声问道："你们在那里鬼鬼祟祟的，干什么呀？"

一个宫女跑过来说："皇后娘娘，行宫里来了一位幼童，给皇上献书，皇上特别高兴，正在前面测试那个幼童的学识，幼童对答如流，毫无惧色，皇上和文武百官高兴得不得了。"

皇后也动了好奇之念，对宫女说："真的吗？快去叫过来瞧瞧，看是一个什么样的神童。"

朝堂上，公卿们议论纷纷，当值太监来到李隆基身边耳语了几句，李隆基向刘晏看看，点了点头，当值太监说："刘晏，随我走，皇后要见你。"

张说向小刘晏点头示意，鼓励他随太监去见皇后。刘晏同太监来到后宫，皇后拉着刘晏的手，问长问短，好不亲热。众嫔妃与宫女们也纷纷围过来，争相观看，这个伸手摸摸他的脸，那个拉拉他的衣服，显得好不亲热。

泰山封禅之后，刘晏被带到京师长安，授"秘书正字"之职。

唐朝实行的是科举制，有明经科、进士科，都是由各州县选送举子进京应试，这些进京应试的举子，只有在进士及第、皇榜题名，并经吏部"试制"合格后，才能够授予一定的官职。除此外，还有"制科"的非常选举方式。这种方式是根据临时的需要，设立直言极谏、贤良方正等科目，名目没有一定的限制，由皇帝亲自主持考试，考上的也可以给个出身。成绩特别优秀的，还可以直接授官。在天子行幸、巡狩、泰山封禅的时候，往往举行这种特别的考试。刘晏就是在唐玄宗李隆基泰山封禅之际，由制举中试而直接授官的。同考进士相比，走的是一条做官的捷径。论出身，一般地讲，单以制举进身，名望虽佳，但终究还是居于科举进士之下，刘晏同时以"神童"被举荐为官，也就丝毫不输于科举进士出身了。

秘书省设在唐王朝的中枢决策机构中书省之下，是封建王朝的藏书机构。秘书正字只是秘书省一个九品小官，职责是做一些文字校对之类的工作。唐代的职官有清、浊之分，秘书省为人们所重的主要是其清要之职，正字校书郎是文士起家的良途，在这里可以产生翰林，也可以培养宰相，越级提拔的机会较之他处要大得多。

李隆基授予刘晏一个秘书正字之职，实际上也不是叫他做官，说实在的，一个七岁的幼童又能做得了什么呢？说穿了，就是看到他是一块可造之才，给他一个继续学习、继续深造的机会。至于今后是否真的能成为国家的有用之才，这就是师傅领进门，成艺在各人了。

刘晏在藏书丰富的皇家图书馆里，过着平静的读书生活。由于他聪颖好学，加之秘书省的同僚们很喜欢这个被誉为神童的小孩，闲暇之际，都喜欢予以指点，使得刘晏受益匪浅。

开元十五年正月（727年1月），又是一个丰收的年份，又是一个热闹的元宵夜。皇宫内张灯结彩，热闹非凡，从宫外请进的各色艺人罗列百伎同时献艺，李隆基在勤政楼大宴群臣，庆贺这太平盛世，君臣们一边品尝着水果点心，一边欣赏着百伎艺人献技，好一派热闹非凡、激动人心的场景。

艺伎们知道皇帝在勤政楼上观看表演，表演起来格外卖力，锦绣长龙在绣球的引逗下上下翻腾；雄狮应着鼓点，时而在地上翻腾，时而在梅花桩上弄姿，时而在桌子上来去腾跃，一个个惊险的动作，引来阵阵的惊叫声和喝彩声；百艺之中，王大娘的杂技最为出彩，她所演的顶竿之戏将热闹的场面推到了高潮，只见五大三粗的王大娘蹬着马步，肩头上竖着一根长竿，长竿顶端设置一座小木山，一小儿手持红绸带，戏耍其间，上下翻腾、歌舞不辍。坐在离李隆基不远的小刘晏未脱儿童之天性，高兴得手舞足蹈、大呼小叫。

李隆基看到刘晏忘情的憨态，指着顶竿之戏对他说："刘晏，你以此为题，吟诗一首，能否？"刘晏稍停片刻，即口占一首：

楼前百戏竞争新，唯有长竿妙入神。
谁谓绮罗翻有力，犹自嫌轻更著人。

李隆基见刘晏才思敏捷，有意要考考他："卿为正字，正得几字？"

刘晏随口答道："天下字皆正，唯朋字未正得。"

坐在一旁的张说听到刘晏的妙对惊异不已，原来"朋"字在古时候是一个"凤"，篆书的"凤"字整个字都是一个歪字，而在楷书的正规写法，"朋"字由两个月字组成，也是歪向一边的。因此，刘晏的回答，不仅表现了他的机智与幽默，同时也说明了他的文字功底相当深厚。故大文豪张说在一旁感到诧异也就不足为奇了。

这就是《三字经》中的"唐刘晏，方七岁，举神童，作正字，彼虽幼，身已仕"的传奇故事。

李隆基泰山封禅时的一念之仁，带回了刘晏，为唐王朝揽下了一位栋梁之材，使中国历史上多了一位杰出的理财家。刘晏经过多年州县"亲民之官"的历练，安史之乱后受命于危难之际，掌管中央的财政工作，官至户部度支郎中、户部尚书、吏部尚书同中书门下平章事（副宰相）、转运、盐铁、常平等特使之职，因为他主管财政工作，故历史上又称刘晏为"计相"。

第一章　昔日神童当了夏县父母官

山西夏县，古称安邑，因夏朝在此建都而得名。夏县虽历史悠久，却是个穷乡僻壤之地。

大唐天宝六年（747 年），夏县百姓遭到一场灭顶之灾，蝗虫铺天盖地蜂拥而来，丰收在望的庄稼，一夜之间被蝗虫吞食得一干二净，田里的稻谷没了穗，剩下稻草一片，高粱没了头，叶子也未存一片，光秃秃的高粱秆犹如一把把利剑竖在地里，剑尖直指蓝天……庄稼人痛心疾首，欲哭无泪，不知今年这个冬天该怎么过，明年的春荒又如何度。

大地灰蒙蒙一片，田野了无生机，蝗虫将庄稼毁于一旦，将百姓一年的希望化为乌有，所有这一切，仿佛预示着大唐帝国兴盛的时代一去不返，贞观之治、开元之治已是明日黄花。

晚年时期的李隆基，已经失去了早年的锐气，整日沉溺于声色之中不思进取，先后任用李林甫、杨国忠为相，宦官高力士得宠擅权，朝政混乱，吏治腐败，郡县之官吏，或经商，或放高利贷盘剥于人，天下百姓日益陷入贫困之中。

从夏县的城门里，走出一老两少三个人，走在前头的中年人三十开外，四十不到，头戴黑色幞头，身着一袭浅色长衫，外套一件深色马褂儿，一副商人的打扮，显得格外的精神；紧跟其后的老者五十开外，着一袭浅灰色长袍，一副老学究的模样，活脱脱一个账房先生；跟在后面的是一个小青年，上身穿一件深短褂，下着浅色长裤，肩上背着一个搭袋，一看就知道是个随从。三个人出了城门，似乎并不急于赶路，时而在大道上缓步而走，时而登高向四周张望，缓缓向东而行。

三人中的中年人可不是等闲之辈，他就是开元十三年唐玄宗泰山封禅、行在进敬《东封书》而名噪一时的神童刘晏，幼时入仕的刘晏，在京官的位置上平安地度过了青少年时代。天宝六年十月，刘晏外放到夏县任县令。风华正茂的刘晏，立志要当一个好官，刚到任，也不忙于处理政务，稍作安顿，便乔装成商人下乡巡察民情，随行的老者是前任留下的钱粮师爷姚缄，背搭袋的青年则是家人刘安。临行之前，他只对师爷说到乡下看看，其他的什么也没讲。

师爷姚缄对这位新县令充满了好奇，早年的神童之名如雷贯耳，如今，昔日的神童成了本县的县太爷。由于时间太短，他还摸不透刘晏的秉性，上宪叫他随同巡察乡里，他也不敢多问。前任县令在夏县刮得个钵满盆满，他这个师爷好处也没少得，换了县令，师爷的位子坐不坐得稳，他也没底，心里犹如十五个吊桶打水，七上八下，一刻也不能安定。新县令到任后，似乎不急于处理政务，除了了解县衙一些钱粮之数外，什么意见也不发表，给人一种高深莫测的感觉，摸不透他的脉络，姚缄似乎有一种不祥的预感，他暗暗地祈祷，但愿自己的预感是错的。正在这时，一阵歌声打断了他的思路：

胥吏催赋呼声疾，农家粮缸已见底。
谁怜我等庄稼汉，何时才能不寒饥。

三人循声望去，不远处的山坡上，一头老黄牛正在山坡上啃草皮，一个牧童站在山坡上放声高唱，牧童的歌声刚停，旁边山林里又传来了一阵歌声：

樵夫砍柴已不烧，送到长街与人交。
换来升米半尺帛，一家老小难温饱。

歌声过后，林内便传来“咚！咚！”的砍柴声。

刘晏一行来到小孩的身边，他温和地对小孩说：“小兄弟，你叫什么名字，刚才唱的歌是谁教给你的？”

“我叫小狗子，刚才唱的歌是我们村的祁林大叔教的。”小孩随口回答。

“你家住在哪里？”刘晏继续问道。

小孩随手一指说：“就在那里，瑶台山脚下的瑶峰岭。”顺着小孩手指的方向望去，不远处的山脚下，散落着二三十户庄户人家，庄户人家的房子绝大部分是茅屋，也有少量的土砖瓦屋。阵阵炊烟正从村落中家家户户的烟囱里冉冉升起。

“能带我们到祁先生家去看看吗？”刘晏继续说。

小孩机警地问：“你们是做什么的？”

刘晏回答说：“我们是过路的，只是听到你的歌唱得好，有些好奇。”

“村穷得很，没有什么好看的。”牧童边说边到山坡牵回牛，带着刘晏一行三人向村子里走去。

刚到村口，小孩就冲着一幢低矮的土坯屋喊道：“大婶，有客人来了。”

“谁来了？”随着话音，从屋里走出一位年约四十的村妇。

“大嫂，我们是过路的，刚才听小狗子说，他唱的歌是你家祁林先生创作的，我们挺好奇的，过来看看。”刘晏边走边对村妇讲。

农妇犹豫了一下说：“是吗？进屋里坐吧！”

这是一栋明三暗六的农舍，堂屋里摆着一张饭桌和几条木板凳，墙旮旯里靠着几样农具，除此之外，可谓是家徒四壁了。

“祁先生在家吗？”刘晏问道。

“什么先生呀，不就是一个种庄稼的吗，仗着他小时候读了几天书，就喜欢充当假斯文，上山砍柴还没回来，还先生呢。”农妇边说边给刘晏三人倒水。

站在门口的小狗子说：“我去叫。”话刚出口，人已去远了。

“出门喜鹊叫，就知有客到，是哪位贵客呀？”话音刚落，随着“啪”的一声响后，一个四十出头、五十不到的汉子已经走进屋里。他看到客人都不认识，只稍一愣神便说：“各位贵客光临寒舍，不知有何贵干？”接着对妇人道：“烧火，做饭，留客人在家吃个便饭。”

师爷姚缄说：“不用了，我们带有干粮。”

大概是家里实在没有什么拿得出手，祁林也不继续坚持，略有歉意地对妇人讲：“那就将蒸山药、咸菜端出来，同客人一块吃，咱们边吃边聊。”

刘安从搭袋里取出干粮，主客互相推让一番，便边吃边聊起来。

“你就是祁林先生吧？刚才路过此地，听小狗子唱的歌蛮好听的，在山上砍柴唱歌的也是你吧？都是你创作的？”刘晏边吃边说。

祁林有些不好意思地说：“也就是一时兴起，随便凑了几句而已，不想惊动了各位贵客。”

“祁先生读了不少书吧？”刘晏继续问。

“俺祖上有几亩薄田，祖父在的时候，坚持要供俺读书，指望考个功名能光宗耀祖，后来家道中落，仅仅参加了个乡试就中途辍学了。”说到这里，祁林眼里透出无限的失落，接着又说，“还没有请教各位呢！”

“我们是做生意的，”姚师爷用手指指刘晏说，“这是刘掌柜。”

刘晏接着说：“能说说你为什么要创作这样的歌吗？”

“不瞒客官，夏县今年遭了蝗灾，庄稼颗粒无收，官府的赋税还是照收不误，庄户人家已没法活了，作几句顺口溜，聊解胸中之郁闷罢了，各位可别当真。”

“农业虽然遭了蝗灾歉收，我看瑶台山里的土特产十分丰富，大家上山去将山里的土特产收起来，再卖到外地去，应该能变出钱，这不是一个很难的事情吧？为什么不这样做？”刘晏询问。

“先生真是生意人，想得也周到。可是，官府可不这样想，你看，瑶台山满山都是宝，可是，只要我们一举斧子，一扬锄头，衙役们便闻风而至，说是要收山泽之税，你说说看，东西还没有收回来，更没有卖出去，哪来的钱交税呀？也不知是怎么回事，好像我们夏县得了瘟疫似的，外地的商人也不到这里来，我们即使将山货收回来，加工好放在家里又有什么用？无人问津，卖不出去呀！”祁林无可奈何地说。

刘晏望着姚师爷说：“真的吗？”

“是有这么回事，这是前任县令定下的规矩。”师爷不知刘晏的真实意图，也就只好如实地回答。

“假如将山泽之税放在山货卖出之后征收，且减免一部分税额，能不能将乡亲们动员起来，采掘、加工山货，并想办法将外地商贾吸引过来，将夏县的山货贩运到外地去，你说这饥荒能度过去吗？”刘晏殷切地望着祁林说。

“如果能这样，肯定不至于饿死人吧。”祁林似乎看到了生的希望，随后又叹了口气说：“这怎么可能呢？县太爷只知道坐在县衙里发号施令搜刮民财，哪管咱老百姓的死活啊！该死的昏官。”

刘安听了祁林的骂声，正想说点什么，被刘晏用眼神制止了。

祁林近乎哀求地说：“刘掌柜，你是做生意的，我们这里的山货土特产很多，有祁家河的柿饼，中条山的蜂蜜，瑶台山的木耳、香菇、中药材，你能要吗？如果你能从外地运来粮食，换我们的山货，那可就救了夏县老百姓的命，成了这一方的活菩萨了。”

“好，真有你的，祁先生，你这可真是个金点子啊。”刘晏忘情地一拍祁林的肩膀，高兴地笑了起来。几天来，沉积于胸的郁闷之气，仿佛就在这“好”字声中全吐了出来，他笑得像个小孩一样。祁林也被刘晏这忘情之举弄得有点不知所措。

“老板，你的意思是？”姚缄试探地问。

“这还用问，将山货收起来，卖出去，这个生意一定得做。”

祁林惊喜地问：“刘老板愿意做这个生意？”

“怎么不愿意，这个生意做定了。”刘晏斩钉截铁地说。

“唉！县太爷要像你这样说就好了。”祁林轻轻地叹了一声。

“这个不是问题，我自有办法，你马上动员乡亲们上山收山货，过几天到县城去看看，一定会有好消息的。”

第二章　夏县的出路在哪里

瑶峰镇是夏县境内除县城外最大的集镇，全镇常住人口有四五千人，集镇上的钱庄、饭庄、茶馆、杂货店应有尽有，南来北往的客商多在此落脚。刘晏一行三人来到镇上已是日落西山之时，街上的店铺都已掌灯，小吃店也摆开了桌椅板凳，拉开了夜市的架势。刘晏叫姚缄去找客店，他和刘安沿街漫步而行。忽然，街边茶馆的对话引起了他的注意："秦老板，宋老板，好长时间没来瑶峰镇，到哪里发财去了？"

刘晏循声望去，临街茶馆里坐着两个人，左边的一位年约四十，身着一件浅灰色长袍，脚蹬一双千层底的方口布鞋，一顶紫色礼帽放在旁边的桌子上，正伸手从桌子上端起还在冒着热气的茶杯轻轻地吹着，右边的是一位年近五十，身着一袭浅黄色长袍，同样脚蹬一双千层底的方口布鞋，只见他左手将桌上一顶深蓝色的礼帽向旁边挪了挪，右手拿起杯盖在刚沏好茶的茶杯上轻轻地拨动着，一看就知道是奔波在外的行商，茶馆老板给两位客人沏好茶后，正将水壶放回茶炉上。

"发什么财哟！到处都是天灾人祸，哪里的生意都不好做，特别是你们夏县，人祸比天灾更严重，我们不敢来哟！"身着浅灰色长袍的客商喝了一口茶，将茶杯放到桌上后回答说。

"我们准备到苏杭去跑一趟，听说你们的剥皮县令调走了，顺路过来瞧瞧，看情况有没有变化。"身着浅黄色长袍的客商接着说。

看到客人不多，茶馆老板顺便拉条凳子坐到客人旁边："前任县令卸任，搬家的马车就有十多辆，辆辆码得都比山高。"接着放低声音说，"新县令已经来了好些天，一点动静也没有，不知又是哪路神仙，喂饱了一个贪官，又换来一个饿鬼，老百姓的日子真难啊。"

刘晏示意刘安，一同走进这家茶馆，刚落座，伙计就上来说："先生，喝点什么？"

"来两杯茶吧！"刘晏随口答道，他有意无意地向两位客商扫了一眼，"两位怎么称呼？好像不是本地人吧？"

"我姓宋，"身着浅灰色长袍的客商又指着另一位说，"他姓秦，我们都是太原府的，先生是？"

"我姓刘，路过此地，宋老板、秦老板，两位好像是生意人吧？"

"长年奔波在外，做点小买卖。"秦老板回答说。

"两位做什么生意？"刘晏边说边接过茶房递过来的茶。

宋老板回答说："走南闯北，贩买贩卖，山货也做，粮食也做。"

"夏县的山货也不少呀，刚才听你说不想来夏县做生意，能说说原因吗？"刘晏借机和两个客商聊了起来。

"我们跑了不少地方，关津之税都是按什一征收，唯独夏县按什三征纳，货还未出境，就已收走了三成，天南海北，没有哪个地方征如此高的关津之税，夏县的生意还能做吗？"秦老板愤愤地说。

"关津之税高，税外之费更让人受不了……"宋老板正说到这里，抬头突然看到姚缄来到茶馆门口，话声戛然而止，转头对茶馆老板说："老板，结账！"

看到客人的脸色不怎么好，茶馆老板也不好多问，连忙给客人结了账，两位客商结完账，对刘晏歉然一笑便离座而去。刘晏向刘安点头示意，刘安便离座尾随而去。

"客店找好了？"刘晏冲着姚师爷问。

"找好了，高家老店，这是瑶峰镇最好的旅店。"姚师爷答道。

刘晏冲着远去的刘安说："去高家老店！"

刘晏随着姚师爷来到高家老店，老远就看见刘安站在不远的转角处，刘安见刘晏过来，走到他身边轻声地说："他们也进了高家老店，住在'和'字号客房。"

"知道了。"

姚师爷将刘晏带到客店的"地"字号客房住下，刘晏抽空轻声地对姚师爷说："等会儿我要去会那两位客商。"向刘安处轻轻地一摆头说，"你放机灵点。"

刘安会意地点了点头。

吃完晚饭后，刘晏对姚师爷说："你们在房里待着吧，我出去遛遛！"

刘晏之所以要别开姚师爷，是因为他对下午的事情很纳闷儿，两位客商同他谈得好好的，看见姚师爷来后就什么也不说，毅然起身而去，他们之间似乎存在什么过节，经过几天的了解和巡察，他心里正在孕育着一个恢复夏县经济、帮助灾民度过饥荒的计划。在这个计划中，商贾必不可少，没有商人，计划就难以实现。他要想办法留住这两个商人，若有姚缄在场，一定就没得谈，他决定单独会会这两位客商，了解事情的真相。

刘晏出门不久，姚师爷也跟了出去，临走前他对刘安说，瑶峰镇有一个老朋友，他要借这个机会去拜访一下。

姚师爷前脚刚走，刘安也在后面猫着腰跟了上来。虽然他还不知道刘晏叫他放机灵点的用意是什么，但从刘晏的眼神里至少可以看出，老爷独自出门，一定与师爷有关。故此他悄悄地跟了出来，想看看姚师爷到底是不是真的拜访老熟人，刚跟出门，一件奇怪的事情发生了，姚师爷根本就没有走出客店，而是悄悄地尾随刘晏来到了"和"字号客房，刘晏进了客房后，姚师爷悄悄地来到"和"字号客房窗外蹲了下来，侧着耳朵，一动也不动，不知道要做什么。刘安心里想，这不是刚才那两位客商住的房间吗？他到这里蹲着干什么？一连串的疑问不得其解。刘安在不远处找一个地方蹲下，他还真想看看，这个姚师爷到底要干什么。这真是螳螂捕蝉，不知黄雀在后。

刘晏来到"和"字号客房门前，轻轻地敲敲门："有人吗？"

宋老板打开客房门，刘晏迈步跨入客房说："两位朋友，刚才在茶馆里说得好好的，为何突然离座而去？"

两位客商连忙站起来让座，宋老板回答说："实在对不起，刚才我们看到了一个不想看到的人，突然就没有了兴趣，刘先生也住在这里？"

"住在本店的'地'字号客房，刚才谈兴未尽，知道二位也住在这里，特地过来拜访，不会影响二位的休息吧？"刘晏笑着说。

"没关系，客居无聊，还正想有人聊聊呢！"二位客商笑着说。

"二位能说说刚才离去的原因吗？"

"没有什么大的事情，只是刚才聊天时进茶馆的那位是衙门的人，夏县的钱粮师爷，去年我们到夏县做生意，他从中搞鬼，敲去了我们一大笔钱，害得我们一趟生意赔得血本无归。"秦老板愤愤地说。

宋老板也接着说："我们走南闯北，各地的关津之税都是什一之税，唯有夏县实行什三之税，比外地高出两成，这我们也认了。估摸着将那批山货贩卖出去，多少还有点赚头。谁知道发货时，就是那位师爷指使人从中插了一杠子，硬要我们交两成的保护费，如果不交，货物就不能出境。你说说看，货还未挪脚，就已经收去了我们五成，这生意还怎么做，谁还敢到夏县来做生意呀？"

姚师爷在窗户外听到这些，吓得是心惊肉跳，心想，完了，他们将自己在前任县太爷手下的劣迹都说了出来，自己这个师爷也就别当了，客房内说话的声音越来越小，姚师爷挪近了一些，竖起耳朵去听，还是听不清楚里面说些什么，只是隐隐约约地听到山货、特产、粮食、关津之税、保护费之类的话，且还不时地传出阵阵笑声。眼看听不到什么话，姚师爷只好心灰意冷地起身离去，没精打采地返回"地"字号客房。刘安见姚师爷起身，已先他一步回到客房坐在床边，看到姚师爷没精打采地回来，故意问道："姚师爷，熟人找到了？"

姚师爷随口答道："找到了，找到了。"

刘安背地里做了个鬼脸，躲在一旁偷着乐。

过了一会儿，刘晏也回来了。三人闲聊了一会儿，便更衣上床休息。刚躺下不久，忽然传来一阵啼哭声，由于哭声伤心欲绝，十分凄惨，吵得人难以入睡。刘安叫道："店家，哪来的哭声，怎么这样伤心？"

店小二马上过来小心地说："实在对不起，这是隔壁的高家，只因交不起地租，女儿被东家抢走了，当家的病倒在床奄奄一息，剩下一个老太婆，好惨啊！"

刘晏翻身起来边穿衣服边对姚师爷说："姚缄，起来，我们看看去。店小二，请带我们过去看看行吗？"

"好，我带二位客官去。"

刘晏和姚师爷在店小二的带领下，出了客店大门，转了一个弯来到一间低矮的茅屋旁，店小二伸手一指："就是这里！"

刘晏掀开门上的草帘，一脚跨进门，他被眼前的景象惊呆了，在昏暗的灯光映照下，只见用砖头架着的木板床上躺着一位骨瘦如柴、气若游丝的老头，他双眼紧闭，鼻孔里只见出气未见入气，眼看就没命了，一位白发苍苍的老太婆趴在床边哭得声嘶力竭，不到一丈见方的屋里，家徒四壁，没有看到一件家具，墙边的一口破缸已经底朝天，里面不见一粒米，墙旮旯里堆放着几件缺胳膊少腿的农具，墙边放着一堆稻草，大概就是老太婆晚上的栖身之处，这哪里是人住的地方，简直就是一座人间地狱，看到这种凄惨的情景，刘晏心里不禁打了个寒战。

老太婆听到有人进屋，大声哭着说："来吧，强盗，女儿被你们抢走了，家里再也没有什么可抢的了，就只有我们这两条老命，你们都拿去吧！"

刘晏从来没有听到过这样绝望的号哭声，特别是在这夜深人静的时候，号哭之声更使人心惊胆战，他轻轻地走到老太婆身边，用颤抖的声音说："老人家，别怕，我们是隔壁住店的客人，听到哭声过来看看，不会加害于你。"

店小二跟着说："可怜呀，两位老人就只有一个十五岁的女儿，今年遭灾粮食歉收，无粮交田租，女儿被东家抢走，造孽呀！东家是一个快进棺材的糟老头子，说是要将姑娘抵债，做他的小妾。"听到这些，老人家哭得更厉害了。

"如此无法无天，难道就没有王法了吗？"刘晏气愤地问。

"东家的儿子是县衙的衙役班头，自古衙门朝南开，有理无钱莫进来，李老头狗仗人势，更是为所欲为，谁能奈其何？"店小二无可奈何地回答说。

刘晏咄咄逼人地注视着姚师爷说："真的有这么回事？"

姚师爷胆怯地说："衙役班头李克龙确实是瑶峰镇的人，其他的事情我就不大清楚了。"

刘晏掏出身上的钱放在床上，转身对店小二说："小二哥，麻烦你帮帮忙，明天替他们请个郎中看看好吗？"

"明天你就去告诉他们的东家，叫他不要为富不仁，恶有恶报，善有善报，这家老的小的若有个三长两短，我让他们父子加倍偿还。"

店小二恭恭敬敬地说："天一亮我就去办这件事。"

刘晏默默地退出茅屋，姚师爷和店小二跟在后面，一同返回客店。

第三章 姚师爷递了辞职书

刘晏经过数天巡察，对全县的灾情有了基本的了解。他认为，只要应付得当，帮助全县饥民度过灾荒、实行灾后重建还是有很大把握的，只是，如何应对人祸，他却还一筹莫展。从了解的情况看，官衙之横征暴敛是人祸的根源，自己初来乍到，总不能将僚属全部革职查办吧。人祸不解决，外地商贾将难踏夏县之境，商贾不至，则夏县之经济就难以有所改观。他苦苦地思索着摆脱当前困境的应对之策。

师爷姚缄在随刘晏巡察乡里的过程中，心里一直忐忑不安，特别是在瑶峰镇的高家老店，听到秦、宋两位客商向新县令反映情况后，他更是惶惶不可终日，觉得自己师爷这碗饭算是吃到头了。谁叫前任县令那么贪得无厌，谁又叫自己为虎作伥呢？与其到时候叫人家赶着走，倒不如自己主动辞职，这样还能给自己留下一点颜面。巡视归来，他写好辞呈，抱着账本来找刘晏。

刘晏在书房里手捧着茶杯，坐在那里发愣。姚缄来到门前看到此情景，进也不是，退也不是。好半天，刘晏还是那个姿势，一动也没动。姚缄鼓起勇气一步跨进门，将账本放在桌上，递上辞呈，胆怯地说："东翁，这是我的辞呈，我想我还是回家种田去。"

刘晏从沉思中惊醒，不解地问："好好的，为什么突然要辞职？"

"东翁，经过多天相处，我知道你要做一个好官，我在前任县令的手下所做之事，确实有些愧对江东父老。前天在瑶峰镇遇见的两个商贾，想必向你说了很多事情，我觉得没脸再在这里待下去了。"说完这些，姚师爷感觉到整个人好像一下子轻松了很多，他长长地松了一口气，静静地望着刘晏。

此时的刘晏一下子想了很多，他仿佛又看到了秦、宋二位商贾愤怒而又无奈的眼光，仿佛又听到白发苍苍的老太婆声嘶力竭的号哭声。他已朦朦胧胧地意识到这些问题都是人祸造成的，如何解决这些问题呢？看到站在面前的姚师爷，他猛地一激灵，一个念头一闪而出，对，解铃还须系铃人。至此，他紧锁的眉头才舒展开了。

刘晏拉过旁边的凳子，请姚师爷坐下后说：“姚先生，你来得正好，我正准备去找你呢。”

“东翁找我有什么事吗？”姚师爷紧张地问。

刘晏和颜悦色地说：“经过几天的巡视，我对夏县的官风和民情已有了基本的了解，总的来说，夏县今年遭了灾，老百姓的日子很不好过，而县衙的同僚们在百姓中的口碑也不怎么好，其中也包括你师爷姚缄。不错，秦、宋两位太原的客商在瑶峰镇向我反映了一些情况，有些还涉及你，我说姚缄呀，过去你们怎么尽做些杀鸡取卵的事情呢？”

姚师爷马上站起来毕恭毕敬地说；“东翁，尽管错不全在我，但我确实有不可推卸的责任。”

“知错能改，善莫大焉。解铃还须系铃人，你只要有办法得到大同两位客商的谅解，使他们继续到我们夏县来做生意，师爷的位子还是你的。”

姚师爷如同一个落水之人抓住了一根救命的稻草，马上起身俯伏于地说：“感谢东翁给我改过的机会，我这就去找他们，就是向他们跪下来磕头，也要将他们留住。”

“他们住在城东的悦来客栈。冰释前嫌后带他们两人来见我。”刘晏扶起姚师爷后说。

“谢东翁指点。”姚师爷站起来，转身要走。

刘晏说：“将账本带走。”

姚师爷抱着账本离开了书房。

城东的悦来客栈是夏县县城最大的客栈，住在西厢“亲”字号客房的两位客人，正是刘晏在瑶峰镇遇见的大同的秦、宋两位商人。自那天晚上在高家老店同刘晏进行了一次深谈后，秦、宋两人改变了行程来到夏县，尽管他们还猜不透刘晏的真实身份，但刘晏言谈举止所透出的坦诚，得到了他们的信任。此时，他们正在客房闲聊着，忽然听到一阵敲门声：“有人吗？”

宋老板马上起来将门拉开：“谁呀？”

“宋老板、秦老板，你们好，我是专程来向你们赔礼道歉的。”姚师爷一脚跨进来。

宋老板一边笑着将姚师爷让进屋里一边说："不知姚师爷何罪之有，太客气了，我们可是承受不起哟。"

姚师爷将手中的一个小布袋放在桌子上说："宋老板、秦老板，我也不拐弯抹角了，这是上次你们来夏县做生意所收的保护费，我全部给你们带来了。请你们大人大量海涵则过，有些事情我也是身不由己啊。这里，我向你们赔礼道歉了。"姚师爷说完向二人深深地鞠了一躬。

秦、宋两位商人马上站起来，有点不好意思地说："姚师爷，过去了的事情就别提了，何必这么客气呢？"

"我家东翁特地叫我来请二位到县衙做客，请二位光临。"

"谁是你家东翁？"秦、宋两位商人有点诧异地说。

"怎么，你们还不知道，就是上次在瑶峰镇高家老店夜访你们二位的人，他就是夏县新来的县令刘晏刘大人呀！"姚师爷有些吃惊，接着说，"我还以为他告诉你们了呢。"

宋老板恍然大悟地说："怪不得上次在瑶峰镇问得那么详细，原来他是在调查民情呀，怪不得他叫我们来夏县等消息的口气那样肯定，原来他就是夏县新来的县太爷呀！"

秦老板将姚师爷放在桌子上的布袋拿起来掂了掂，推给姚师爷说："姚师爷，过去的事就算了吧，兄弟们今后还要在夏县做生意，很多事情还要你关照呢。"

"秦老板，再这么说我可就无地自容了。如果二位有空的话，我们东翁还想见见你们，请二位给我个面子。"姚师爷真诚地说。

看到姚师爷送来的钱，听说新来的县令还要见他们，两位商人高兴得不得了。宋老板拿起桌上装钱的布袋，从中分出一半后递给姚师爷说："姚师爷，上次的保护费绝不是你一个人所为，也不是你一个人拿了，要你一个人倒贴也显得我们太不够朋友了，一点不收，又怕你说我们不领你的情。这样吧，我们收下一半，退给你一半，来日方长，就算我们交个朋友吧。"说完，也不容姚师爷推辞，拉着他的手说，"走，见你们的县太爷去。"

县衙内，刘晏带领衙役们正在对县衙进行修缮，只见他浑身沾满了泥土，边干边指挥，衙役们在他的带领下干得十分起劲。姚师爷领着秦、宋两位客商进入县衙正好看到了这一幕。姚师爷上前叫道："东翁，客人到了。"

刘晏看到客人到了，热情地说："快带他们到书房去，我净手后即刻就到。"

客人在书房内刚落座，刘晏便进来了，还未落座便说：“本官初来乍到，第一次出行便在瑶峰镇遇上了二位，看来咱们还真是很有缘哟！”

“上次在瑶峰镇的高家老店，不知您就是新来的县太爷，言语上多有冒犯，请大人不要见怪。”秦、宋二人说完就要跪下行礼。

刘晏赶紧上前扶起说：“二位不必多礼，今天我叫姚师爷请二位来，一来是想做个和事佬，使你们之间冰释前嫌，二来有事想请二位帮忙，不知二位是否能给我个面子？”

“刚才姚师爷到客栈，将上次收的保护费全部退给我们，还向我们赔礼道歉。我们之间已经没有什么隔阂了。您有什么差遣请讲，只要我们办得到的，一定在所不辞。”秦老板恭敬地说。

“那我也就不拐弯抹角了，你们是在外做生意的行商，天南海北，哪里有生意你们就到哪里去，夏县的商机就在眼前，你们做不做？”刘晏认真地说。

“愿闻其详。”宋老板亦正色道。

“夏县今年闹灾荒，缺少粮食，但是，夏县却不缺土特产，你看瑶台山满山遍野都是宝，运到外地去就是钱。”

“请问刘大人，这个生意如何做？”

“夏县有土特产品，但缺粮食，你们到外地去给我贩运粮食到夏县，我以山货换你的粮食，以物易物，各取所得。”

“刘大人说的确实是个好办法，不过，我们是商，在商言商，亏本的买卖我们是不干的。”

“在商言商是不错，商人逐利也无可厚非，但夏县今年遭了灾，我要粮食是帮饥民度荒，粮食的问题不解决，就有可能饿死人的，二位不至于趁火打劫吧？”

“这倒不会，经商是以诚信为本，做生意也想图个来回，彼此间若有诚意，利少点也无所谓，有得赚就行，如果还是像过去那样，别的地方是什一之税，夏县却收什三之税，这样的生意不做也罢。”

“关津之税在什一之税的基础上减两成征收，你们运来的粮食免收关津之税，这样的政策应该很优惠了吧？”

两位商人听到刘晏开出如此好的优惠政策，简直是喜出望外，抑制不住兴奋地说：“刘大人，只要你开出的条件能兑现，我们立马就给你运来粮食，要多少运多少，你们这里的山货土特产，有多少我们要多少。”

“做生意讲究一个‘信’字，咱先小人后君子，丑话说在先，税收上给了你很大的优惠，收购山货时，必须按市价收购，不得乘机压级压价，粮食免收关津之税，你们在销售粮食时，应以略低于市场价的价格售出，不得乘机哄抬粮价，发灾难财以坑害老百姓。你们帮助夏县的老百姓渡过这个难关，今后的生意有得你们做的，有什么不方便的可以找姚师爷，也可以找我。”

“有如此优惠的政策，山货我们一定按市场价格收购，保证公平合理，粮食的销售价格，肯定低于你们夏县的市场价格，我们只要保本微利就行。”宋老板亦正色地说。

“那我们就一言为定了？”刘晏笑着说。

秦老板、宋老板各人伸出一只手掌，刘晏亦伸出双掌分别击向二人，三人同时说：“一言为定！”说罢，三人同时放声大笑，一旁的姚师爷也跟着高兴得大笑。

第四章　第一次升堂县太爷自己擂鼓

刘晏怒容满面地在屋内来回走动，衙役班头李克龙在一旁垂手而立，突然他停在李克龙面前，冷冷地问："李克龙，姚师爷找过你吧？"

"回大人，姚师爷找过小人，家父在乡下的所作所为，小人确实不知，求大人给我点时间，我回去一定处理好这件事情。"李克龙胆怯地说。

"耳听为虚，眼见为实。一家三口，两个老人带着一个小姑娘，家徒四壁，穷得叮当响。今年全县都遭灾，谁家的收成都不好，没有粮食交租，竟然将一个十几岁的小姑娘抢去做妾。这些都是本县亲眼所见，我不管你知道也好，不知道也好，从今天起，撤销你衙役班头的职衔，给你三天时间去处理这件事情。处理得好，你可继续留在县衙办差，处理得不好，你就不要来了，下去吧！"

"是！"李克龙垂头丧气地走出了刘晏的值房。

衙役们都知道发生了什么事，在院子里紧张地等待着结果，李克龙出来以后，他们纷纷上前关切地问："怎么样？"李克龙无言以对，转头看看里面的刘晏，摆摆头，失魂落魄地走出县衙大门。

大街旁，祁家岭的祁林守在一担柴旁，店小二正在同他讨价还价："二十文卖不卖？"

"二十文也太少了吧！三十文吧，家里还等着这担柴换米开火呢！"

"二十五文，一个子也不能多了，行的话就跟我走。"店小二开出了最后的报价，他看到祁林还在犹豫，"行不行给个话，不行就拉倒，生意不成，你有柴在，我有钱在，各人都去找下家。"

"好。"祁林将柴送到悦来客栈，到账房领了钱，将捆柴的两根绳子绕在一起挂在扁担头，将扁担扛着肩上，一个人在大街上转悠着。最近几天，他卖完柴后，总要在街上转转，似乎是在等着什么，寻找着什么。

忽然，听到不知谁叫了一声：“大家快去看呀，新县令升堂了！”

大街上，三三两两的人群都涌向县衙方向，祁林也跟着人流向县衙走去，忽听到旁边一个人手舞足蹈地说：“怪事年年有，今年不一样。只听说告状的击鼓，县太爷升堂，没看见县太爷自己擂鼓、自己升堂的。”

“你是说，今天的升堂鼓是新来的县太爷自己擂响的？县太爷自己擂鼓自己升堂？”祁林向说话的问道。

“没听说吧？去看看就知道了。”那人边说边向前走去。

县衙里，刘晏身着官服，亲自擂响了县衙门前的堂鼓，在衙役们的威武声中升堂了。惊堂木响后，刘晏大声地说：“今天，堂鼓是本官亲自擂响的。本官上任以来，还没有升堂理事，今天亲自击鼓，是想向僚属们讲讲本官的治政之道。”

大堂内鸦雀无声，衙役们分站两旁，等待着新县令的训诫。

大堂外，乡民们越聚越多。他们有的人听说新县令自己击鼓，自己升堂，特地赶来看新鲜事；也有的是看到人流大量涌向县衙这个方向，随大流跟着来看热闹。祁林将扁担拿在手中挤到前面，举目向大堂上望去，见坐在大堂上身着官服的县太爷有些面善，似乎在哪儿见过。他用手揉了揉眼睛，又仔细地看了看，一拍大腿，自言自语地说：“这不是那个做生意的刘老板吗？怪不得他叫我到县城来看看，原来他就是新来的县太爷呀！”他美滋滋地将这个发现告诉了周围的人。

大堂上的刘晏继续说：“本官上任，虽然还没有升堂理事，但也没有闲着，这几天带着姚师爷走访了大半个夏县，所到之处，哀鸿遍野，民不聊生，本官心里很不好受，但是，在这种情况下，有的不法之徒却还在强抢民女，称霸一方。”说到这里，他狠狠地瞪了一眼堂下已撤职的李克龙。李克龙胆怯地低下了头。“有的人也是趁火打劫，敲诈勒索，使外地之商贾不敢进入夏县之境。”说到此，他有意无意地瞟了一眼姚师爷，姚师爷亦脸色赤红。“从现在开始，在夏县境内，绝不允许再有此等事例发生。”

“好！”大堂外，祁先生带头喊了一声，接着传来一片叫好声。

“从现在起，凡在县衙办差者，都要洁身自爱，为夏县百姓办点好事、办点实事，不得横行乡里，勒索乡民，同时还要约束家人，不得仗势欺人。过去之事，非罪大恶极者，既往不咎。尔后，凡有欺压良民、为非作歹者，严惩不贷。

本官吃的是朝廷俸禄，当的是亲民之官，上任两袖清风而来，卸任一杯淡水而去，绝不营私舞弊，绝不贪赃枉法。各位同僚和众百姓可以监督本官的言行。”

大堂外的老百姓听到新县令如此慷慨陈词，莫不激动万分，群情涌动，大家不约而同地跪伏于地，齐声说：“真是青天呀，大人能如此治理夏县，将是夏县众百姓之福啊！”

刘晏看到大堂外聚集了这么多人，干脆走下堂，来到大堂门口，面对众百姓说：“大家都快起来，快起来。”看到众百姓都站起来后，他继续说，“各位父老乡亲，今年，夏县遭了蝗灾，粮食歉收，百姓们的日子都很难过，搞不好，这个冬天是要饿死人的，我们不能坐以待毙，要想办法渡过这道难关。前几天，我对本县的不少地方进行了巡察，发现瑶台山满山遍野都是宝，中药材、楠竹等土特产到处都是。各乡里正要动员、组织乡民，将山中的中药材采掘回来，进行深加工或初加工，将楠竹砍下山来，加工制成凉席、筲把等篾货。这些，动手就是钱。要不了几天，将会有成批的粮食运进来，你们就将手中的山货或用以换粮食，或用以卖钱，也好度过今冬之饥荒，同时也为明年的春耕准备一点种子钱。”

“请问大人，山泽之税怎么交？”祁林大声地问。

刘晏循声望去，看到问话的人是祁家岭的祁林，上前几步拉着他的手说：“祁先生，我前几天叫你动员乡民们收集山货的事办得怎样？”

“回大人，祁家岭的乡民已采集到了很多的山货，我就是来打听消息的。”祁林乐哈哈地说。

听到祁林的回答，刘晏高兴地说：“好！”接着他转向大家说，“乡民们，本官治理夏县，将以爱民为先，爱民之道，以轻徭薄赋为首务。鉴于今年遭蝗灾的实际情况，今年的山泽之税在往年的基础上减五成征收，货卖出去了再缴纳。明天，县衙将张榜公布山泽之税的征收办法。大家将这个消息带回去，告诉那些没有来的乡民们。”

听到刘晏的方略，众百姓欢欣雀跃，笑语喧天。不知谁喊了一声：“大家还站着干什么，赶快回去啊。”众百姓兴高采烈地陆续散去。

看到众百姓陆续散去，刘晏重新回到大堂，面对众僚属和颜悦色地说：“各位同僚，刚才之情景大家都看到了，为了度过今年之灾荒，本官将山泽之税减五成征收，百姓都高兴得不得了。其实依本官看，尽管山泽之税税率在原来的基础上减五成征收，最后的税额绝不会比去年少。”

众人不解地问："为什么？"

刘晏说："以前的山泽之税是先征收后销售，老百姓的山货没有卖出去，根本就没有钱纳税，如此，山货没有卖，税也没有征收，这不仅影响生产，反过来也影响了税收，十成之税就等于没有，如此，民亦穷，官亦困。而今，尽管只征收五成之税，但百姓不仅能卖山货，而且能够卖很多的山货，售卖山货带动了关津之税的征收。如此，民亦富，官亦活。这个道理不是很明白吗？"

听到此，大家这才恍然大悟，都在心里想，这样的道理我们怎么就想不通呢！看来，新来的县令确实非同一般。

姚师爷笑着说："上一任县太爷的做法是杀鸡取卵，东翁的做法是放水养鱼啊。"大家听到姚师爷的话，不由得笑逐颜开。

刘晏接着说："请姚先生将本官所讲的拟成文稿，待本官审核后在全县张榜公布，晓之于民。从明天起，大家分头下到各乡，组织乡民搞生产，将山上的土特产品采掘、收集回来，加工、整理好，争取卖个好价钱，使百姓能顺利地度过这个灾年，差办好了，本官给各位增加俸钱。"

众人异口同声地说："谢大人，请大人放心，我们一定尽全力办好这次差事。"

第五章　水是农业命根子

春天到了，天空是那么的蓝，云朵是那么的洁白，阳光也是那么的明媚，树上的枝头吐芽了，枯黄的大地也变绿了。春天的气息，给万千植物带来了生命，大地也显现出勃勃的生机。

早春的天气，乍暖还寒。田野里，随处可见扛着锄头、铁锹的庄稼人在走动，他们都在为即将来临的春耕生产做准备。去年的夏县，虽然遭了蝗灾，是一个灾荒饥馑之年，新任县令刘晏运筹帷幄，举止若定，组织全县的百姓以副业生产自救，以夏县的土特产换粮食，不仅使全县的乡民安然地度过了残酷的寒冬，而且手头还稍有余钱，为今年的春耕生产打下了一定的基础。有如此一心为百姓着想的亲民之官，夏县的百姓对今年的春耕生产更有了信心。

原野上，刘晏一路走来，正在田间干农活的老汉老远就冲着刘晏喊："刘大人，您又来了？"

刘晏笑着说："来了，来看看乡亲们春耕生产筹备得怎么样了。"

"刘大人，夏县老百姓有你这样的父母官，不知是哪辈子修来的福啊！你带领全县百姓搞灾后自救，以土特产换粮食，安然度过去年的蝗灾，没有饿死一个人，你可是夏县百姓的再生父母啊！"老人高兴地说。

"春耕的种子都备足了吧？"刘晏继续问道。

"种子不成问题。"

"今年的生产还有什么问题没有解决？"

"水源恐怕还是一个老问题。"老人有点无奈地说。

"你能说具体点吗？"刘晏非常注意老人提出的这个问题，关切地问。

老人指着不远处的一条小河说："大人您看，前面的这条河叫青龙河，它贯穿夏县大部分地区，但由于河床较高，水流量小，每年春耕季节，上下游的乡民常为争水源闹得不可开交，宗族之间为争水源常发生斗殴事件。”

“水是天然的，来了就大家用，为何要发生争斗呢？”

“水当然是天然的，但水又是有限的，春耕生产是农田集中要水的时候，青龙河的水流量太小，难以满足沿河岸农田的需要，上游的村庄为了自己的需要，常在河流中筑坝截水，断了下游的水源，为此，下游的村庄就找上游的村庄理论，言语稍有不合，便会发生纠纷，甚至导致宗族之间的格斗，这可是夏县积年已久的隐患，水源不解决，生产就没保障。”老人无奈地说。

刘晏正在和老人讨论水的问题，一名衙役火急火燎地赶来，气喘吁吁地说：“大人，龙潭凹和汤家嘴两姓乡民为争夺水源闹起来了，姚师爷带着衙役们都赶去了，他叫我赶来告知你！”

刘晏向老人打了个招呼，立即随前来的衙役赶往出事地点。

往日冷清的青龙河畔，今天格外的热闹。龙潭凹与汤家嘴是青龙河畔的两个自然村，龙潭凹位于青龙河的上游，汤家嘴位于青龙河的下游，由于水的流量小，龙潭凹的乡民正在动手筑坝蓄水以备春耕。汤家嘴的乡民听说龙潭凹又在青龙河筑坝拦水，全体乡民不分男女老少，拿着铁锹、锄头赶到河边，要强行制止龙潭凹人筑坝。双方正对峙着，眼看一场格斗一触即发。姚师爷带着衙役们站在双方的中间极力地劝阻，虽暂时阻止住了格斗事件的发生，但双方情绪都很激动，谁也说服不了谁。两村村民仍在对峙着没有散去，斗殴事件仍在一触即发间。

姚师爷看到刘晏来了，迎上前简单地向刘晏介绍了现场的情况。刘晏听了姚师爷的汇报后，走上前大声问道：“龙潭凹和汤家嘴村的里正在不在？”

刘晏的话音刚落，有两个人从双方的人群中走了出来，“刘大人，我是龙潭凹的里正潭仲亭。”刘晏举目一看，心里暗暗地赞道：好一个壮实的庄稼汉。

“刘大人，我是汤家嘴的里正汤涛。”刘晏抬头视之，见是一个年过半百的老者。

刘晏问道：“你们双方如此大动干戈，所为何事？”

汤家嘴的里正汤涛手指青龙河说：“大人你看，春耕生产马上就要开始了，谁家都要水，龙潭凹的人在我们上游筑坝拦水，这不是要我们下游的命吗？如果他们坚持筑坝，我们别无他法，只有同他们拼了。”

龙潭凹潭仲亭也不甘示弱，大声地说：“河里的水只有这么多，不筑坝拦水，我们拿什么水搞春耕。我们在自己的地盘上筑坝，你们管得着吗？拼就拼，谁怕谁呀！”

刘晏劝阻道：“二位都不要吵了。今天你们各自先叫自己村里的人先回去，我们再来共同想办法。”

潭仲亭和汤涛两人仍然是大眼瞪小眼地站在那里不动。姚师爷上前将两人各推了一把说：“还站着干什么？刘大人说的话你们没有听见？”

两人极不情愿地回到各自的人群里，好说歹说地将乡民们都劝走了。

刘晏对大家说：“走，大家沿青龙河岸边走走，看能不能找出一个解决问题的办法来。”

刘晏走在前面，姚师爷紧跟其后，潭仲亭、汤涛和众衙役们散落在两边和后面。大家边走边说。

潭仲亭走到河边，手指青龙河说：“大人您看，青龙河是黄河的一条支流，前面的入口处河面窄，河床高，水都进不来，不筑坝拦水，我们的春耕生产根本就没办法搞。”

“能不能将青龙河入口处的河道疏通一下，那样问题不就解决了？”刘晏带着征询的口吻问道。

汤涛说：“疏通河道确实是一个好办法。但工程量大，需要大量的人力、物力、财力，谁有这个能力？况且春耕生产马上就要开始了，想疏通也来不及哟！”

“春耕最迟还隔多少天？”刘晏问道。

“天放晴后，秧苗就要播种了，大量用水最迟也只有一个月的时间。”潭仲亭回答说。

“集中全县的劳力，清除淤泥，疏通河道，如果抓得紧，我想不要一个月的时间就可以拿下来。你们认为怎么样？”

汤涛惊喜地说：“集中全县的劳力？”

“当然，人多力量大，以后要有计划地将徭役集中起来使用，分期分批地搞好农田水利建设。”刘晏转身向姚师爷问道：“姚先生，将今年的徭役投放到河道上来，有问题吗？”

“东翁，只要是你说的，那就肯定能行。”姚师爷说。

“三天之内民工能不能集中起来？”刘晏问。

“这就要看如何组织了。”姚师爷说。

刘晏转身对潭仲亭、汤涛说："你们两位离此地最近，本县将全县的民工都调来疏通这段河道，你们两个乡除了朝廷规定应服的徭役之外，可否多出一些人工，为外乡的民工提供后勤服务。"

"大人如能组织全县的民工来疏通河道，不但龙潭凹、汤家嘴再也不会为争水源斗得个你死我活，就是下游各乡的农田也会彻底改变望天收的局面。后勤工作我们保证能做好。"

汤涛不等潭仲亭说完就抢着说："我们将动员男女老少所有的劳动力，全力以赴上河道，家里不留一个人。"

"好,我就是要你们这句话。从现在起,你们两人回去,动员各家各户挤一挤,为外来的河工腾出房屋落脚，不够的话，再搭些临时窝棚。我们马上回县衙，通知各乡里正到县衙议事，你们两人就不去了，三天之后，河工全部上河道。"

看到县太爷办事如此果断，潭仲亭、汤涛异口同声地说："请大人放心，我们一定能办好。"尔后，两人一反刚才怒目相向的态度，有说有笑地走了。

"我们也回县衙,将疏通河道的事情再议一议。"刘晏带着大家也回了县衙。

刘晏放下手中的案卷，对一边的姚师爷说："姚先生，河道上的工程进展怎样？"

"回东翁，自从您召开了各乡里正的会议后，今年的河工上得特别的快。特别是龙潭凹、汤家嘴两个乡更是全力以赴，男女老少，只要能动的，全都上了河道，就是那做不动的，也在家里做饭送水，同样也没闲着。大家的干劲格外的高涨。"姚师爷喜形于色地说。

刘晏站起来说："走，我们也上工地去。"

青龙河里人头涌动，排水的、挖泥的、挑泥的，大伙都干得热火朝天。尽管徭役是朝廷强行分派的,但这次疏通青龙河却是一个实实在在的利民工程,大家都干得特别起劲，根本就不要人督促，监工的衙役们也就无事可做了，他们中有的本来就是当地人，被这热火朝天的劳动场景所感染，不约而同地放下手中的鞭子，投入了劳动的人流中。被撤职的李克龙浑身上下沾满了泥水，挑着满满的一担泥土从河中爬上河岸，倒掉泥土正准备返回的时候，抬起头看见刘晏同姚师爷从老远走了过来，大声地喊："乡亲们，刘大人来了，快干啦！"

听说刘县令来了，大伙干得更起劲了。只见瑶峰岭的祁林将手中的铁锹插在泥中，从怀中掏出一对竹板，欢快地唱起了他自编的快板：

烈日炎炎，家夫在田。
苛政猛于虎，无言问苍天。
来了刘县令，治河放在先，
两袖清风在，吏政似古贤。
自把锄犁齐下田。
稻粮谋，稻粮谋，能谋稻粮是好官。
百姓头上有青天，有青天。

“好啊！”祁林刚说完，工地上便传来一阵震天的叫好声。

刘晏来到河岸，看到热火朝天的工地，脸上露出了满意的笑容。潭仲亭、汤涛等各乡里正都先后靠拢过来向刘晏问好。恰在此时，被撤职的李克龙满身是泥地从旁边经过，刘晏喊道：“李班头，过来。”

“大人，我现在不是班头哟！”李克龙满脸通红，有些不好意思地边说边走了过来。

“刘大人，李班头真是好样的，他在工地上一个人顶两个人呀！”龙潭凹的里正潭仲亭笑着说。

“真的吗？”刘晏有些不相信地问。

“是的，刘大人，潭里正说的都是真的。”旁边众人也异口同声地证实。

“既然大家都这么说，那就是真的了，李班头，从今天起，本县正式恢复你衙役班头的职务。好好地干吧！”刘晏笑着大声地说。

“谢大人，小人今后一定要为夏县的百姓多做些好事。”说完，李班头放下肩上的担子，欲跪下行礼。

刘晏跨上一步拦住说：“不必行礼了，去干活吧！”

周围的百姓也乘机起哄：“好啊，李班头，请客啊！”

“一定请客，一定请客。”李班头一边笑着，一边挑着空担来到河底，“快上泥，上满些。”

“快上，上满哟！”旁边的人也接着说。于是，“快上，上满哟！”的声音此起彼伏，响彻整个河道工地。

刘晏看到如此热闹的场面，也不禁脱掉鞋袜，从旁人手中接过一把锹铲，加入了疏通河道的劳动队伍中，同周围的人有说有笑地干了起来。

第六章　两袖清风去，一杯淡水归

转眼间，刘晏到夏县任亲民之官两年有余。在此之前，如果说夏县的赋税繁重，苛政猛如虎，县太爷同老百姓的关系是狼与羊的关系的话，刘晏到任后，自其首次升堂，义正词严地劝诫僚属，剖肝沥胆地畅谈自己的治政方略时起，他便在老百姓的心目中留下了一个较好的形象；而当他竭尽所能地扶持地方生产，且还收到了明显的效果时，老百姓便在心中接纳了他；再当他英明果断地带领全县人民疏通了青龙河的河道，解决了夏县农业生产的用水问题时，夏县的老百姓衷心地感激他、拥戴他。百姓们一致认为，刘晏是一位千载难逢的清官、能吏，是一位货真价实的亲民之官，只要是刘县令交办的事，百姓都会乐意地去办，因为他们知道，刘大人交办的事，都是好事、实事，都是对百姓有利的事。因此，此时的夏县真正是政通人和，县太爷同老百姓，是亲民之官同温顺的子民的关系，是家人式的关系、朋友式的关系，夏县充满了祥和之气。这在唐王朝由盛转衰的当时是一种极少见的现象，可惜这种和谐的景象仅现于夏县一隅，如果当时的唐王朝多有一些像刘晏这样清正廉洁的能吏，也许唐王朝由盛转衰的势头要缓一些，唐王朝的鼎盛时期可能会更长一些。可惜这只是一种良好的愿望，一种不切合实际的幻想。因为，在吏治日益腐败，郡县官吏贪污受贿，营私舞弊、盘剥百姓成风的当时，像刘晏这样亲民之官可谓是凤毛麟角，少之又少了。

七月初的一天，刘晏同姚师爷在县粮库巡看百姓缴纳赋税，他来到一位老汉的身边，伸手抓了把粮食看看说："老人家，交了朝廷的赋税后，家里的粮食还够吃吗？"

"自从疏通了青龙河解决了用水问题，粮食收成一年好过一年，乡民的日子是芝麻开花节节高，越过越好了，今后朝廷的赋税不须县衙派人去督促，我们都会按时缴纳，绝不会让县太爷操半点心。”老大爷又是高兴又是感激地说。

“乡里有特别困难交不出赋税的人家吗？”刘晏关切地问。

“东村的宋寡妇孤儿寡母的没有劳动力，她的田地都是乡亲们帮助耕种的，里正将情况报给了县衙，县衙已将他家的赋税全免了，我们村的王四家里发生火灾，家产多被烧毁，县衙也将他的赋税减了一半。其他的都还过得来。我代表乡亲们感谢县太爷的关怀。”老大爷恭敬地说。

正在这时，衙役班头李克龙匆匆忙忙赶来说：“大人，朝廷钦差秦大人和运城知府吴大人到了县衙，请您马上回去。”

刘晏告别了老人，边走边说：“不是说月底到的吗？”

姚师爷说：“会不会是突击检查钱粮之数？”

“是吗？有道是心底无私天地宽，什么样的检查咱夏县都经受得起。”刘晏一脸轻松地说。

刘晏三人从偏门进了县衙，刘晏在一张纸上快速地写了几行字递给李班头说：“你同刘安到集市去将这些菜买回来，待一会儿本官亲自下厨招待客人。”然后换上官服，急匆匆地来到大堂。

大堂上，运城知府吴大人同钦差秦大人正在闲聊，看到刘晏回来了，钦差忙正襟危坐，刘晏上前，向钦差行了三跪九叩之礼。古时之钦差出巡，是代天子巡视，钦差所到之处，如同皇帝亲临，各地官员要向钦差行觐见皇帝之礼，钦差是代天子受礼。

钦差秦大人代皇上受礼后，从袖中拿出一本册子面对刘晏说：“皇上口谕！”

“臣恭聆圣谕！”刘晏跪在地下毕恭毕敬地说。

“皇上说：刘晏，尔到夏县已近三年，夏县之吏治如何？有何感受？”

“臣认为，一方吏治之好坏，系于最高行政官员于一身，若最高行政官员清正廉洁，则一方之吏治必当清明，势必是政通人和，人民安居乐业；若最高之官吏贪污腐化，或态度暧昧，则一方之吏治必当败坏，官与百姓必将是水火不容。臣上任之时，即当着同僚与众百姓之面承诺，本官是两袖清风而来，一杯淡水而去，绝不徇私舞弊，绝不贪赃枉法，愿意接受同僚和众百姓的监督。臣认为，夏县之吏治尚属清正，官与民形同家人，上下一心，政通人和，呈现出一派祥和的景象。”

“皇上说：尔到夏县近三年，夏县之生产可有发展？”

“臣认为，为官一任，当造福一方，臣到夏县近三年，虽不敢说夏县在臣的治理下有翻天覆地的变化，但作为一方亲民之官，三年来，臣都在竭尽全力地扶持地方的生产，疏通河道，兴修水利，为地方农业生产创造了条件；抓地方土特产的生产，兴商贾之利，都收到了较好的效果，在夏县三年任上，臣上对得起皇上，下对得起夏县的黎民百姓。”

“尔在夏县，财政状况如何？朝廷之赋税都及时完纳否？”

“臣认为，理财当以养民为先，王者爱人，当为老百姓创造一个良好和安定的生产、生活环境，使之男人有田可耕，女人有布可织，生产发展了，朝廷的税源自然也就有了保障。臣自治理夏县以来，以扶持、发展地方的农业生产为首务，宽惠以待民，虽不曾督赋，然百姓却输无逋期，朝廷之税粮，夏县尚不曾拖欠分毫，户部皆有档可考。”

“好了，好了，刘大人，起来吧，皇上要问的话已经问完了，我的五脏庙也已闹翻了天，快拿点东西祭祀一下吧！”钦差笑哈哈地离座而起，扶起刘晏。其实钦差秦守用同刘晏在秘书省时曾共过事，两人是很要好的朋友。官场公事已了，彼此之间说话也就随便多了。

“请钦差秦大人和知府吴大人稍坐片刻，下官亲自下厨，做几个地道的本地美味佳肴请你们品尝！”刘晏转头对姚师爷讲，“姚先生，你在这里好好地招待钦差秦大人和知府吴大人，我去下厨操勺，马上就好。”

餐厅里，姚师爷将钦差秦大人及运城知府吴大人请上餐桌，安排在客位坐上，钦差旁边留下一个空位，这是刘晏的位子。

刘安手托一个方形木托盘，盘中放着一盘还在冒着热气、刚出锅的菜肴，来到桌边，他学着店小二的声音说道：“第一道菜肴，‘高风亮节’！”

姚师爷站起来，从刘安手上的托盘中将菜端起来放在餐桌上，大家举目一看，原来是一盘爆竹笋，大家脸上露出会意的笑。

大家脸上的笑意未尽，刘安的第二道菜肴又端了出来，他仍然是刚才的腔调：“第二道菜，正宗的夏县青龙河特产：‘出淤泥而不染’！”

大家再举目一看，原来是一盘清炒藕片。菜肴虽也平凡，菜名却别具一格，大家不由得都笑了起来。

第三道菜肴端出来，刘安还未报菜名，运城知府吴大人见是一盘凉拌豆腐，地道的家常菜，故意笑着问：“这又是一道什么菜？”

“阳春白雪！”刘安笑着说。

刘安将第四道菜肴端出，一盘水煮茄子，钦差秦大人抢着说：“不要说这盘菜叫‘下里巴人’吧？”

“正是‘下里巴人’！”刘安笑着说，大家也跟着大笑不止。

刘安端出第五道菜肴，也不待别人问，直接说道：“瑶峰一绝！”原来是一盘蕨菜。

刘安端出第六道菜肴，一盘红烧全鱼，知府吴大人说：“猜得不错的话，这道菜应该叫‘鲤鱼跳龙门’！”

本来都是一些家常菜，但每盘菜都起了一个好听的名字，大家为这新鲜的创意大笑不止。刘晏亲自端了一盘菜出来，对钦差和知府说：“这是下官根据杜工部的四言绝句取名的四道菜肴，请品尝。”

“第一道：两个黄鹂鸣翠柳！”两个用蒸熟的红苕雕刻成两只鸟伴以几根绿叶小葱。

“刘大人真是别出心裁啊！”钦差秦守用大笑着说。

刘晏接过刘安送来的第二道菜：“一行白鹭上青天！”按顺序排列而成的凉拌菠菜，菜上面铺着一行鸟状的蛋白。

刘安将第三道菜放在桌上，刘晏报道：“窗含西岭千秋雪！”一盘白花花的炒蛋白。

“门泊东吴万里船！”一碗银鱼汤，汤面上漂着几块船状的洋葱片，这是最后一道菜。

“刘大人真乃文人雅士，连做菜也这样有诗情画意。”知府吴大人笑着说。

“在京师为官多年，从来没有听说过有如此美味佳肴，本官此次来夏县，真是不虚此行了！”钦差秦大人笑哈哈地说。

刘晏端起酒杯说：“都是一些家常菜，取个创意而已，以博一笑，实在是慢待了，为钦差帮会大人和知府吴大人洗尘，请大家干一杯，下官先干为敬！”说完，率先将杯中酒一饮而尽。席上，宾主间边喝边吃边聊，显得非常的热闹。

第二天，刘晏陪同钦差和知府大人巡视了县库钱粮库存情况。

在巡视的路上，钦差大人悄悄地对刘晏说：“刘大人，圣上从山西的廷报中已知你在夏县的政绩卓著，这次本官到山西巡视，皇上特地叫本官到夏县来实地考察一下。想不到在短短的三年里，你将一个有名的穷县治理得这么好，百姓有饭吃，有衣穿，且赋税缴纳还输无逋期，本官真是替你高兴啊！”

“下官也只是做了一些应该做的工作。”刘晏谦虚地说。

“你在夏县三年任期届满，不日便有圣旨到，你还是提前将手头未办完的事尽快办完，做好交接的准备，嫂夫人还在家望梅止渴啊！”说完，钦差向刘晏做了个调侃的怪脸。

送走钦差和知府大人后，刘晏便着手清理手头还没有办完的事情，嘱咐刘安悄悄地收拾行李。

是日，刘晏正在同姚师爷商量政务，忽见李班头来说：“大人，圣旨到！”

刘晏赶忙穿好官服来到大堂跪接，宣旨官手持黄绫圣旨宣读：“奉天承运，皇帝诏曰：刘晏在夏县三年任期届满，即日卸任，回京师听调。钦此。”

“臣遵旨！”刘晏跪接了圣旨。

姚师爷看到刘晏接圣旨，连忙跪在钦差大人面前说：“钦差大人，我们夏县的老百姓离不开刘大人这样的好官呀！求大人您替夏县的百姓在皇上面前求求情，不要调走这样的好官啊！”说完，姚师爷不住地磕头。

不知消息怎么传得这样快，顷刻间，全城的老百姓都知道刘晏要离任了。老百姓蜂拥而来，跪在县衙门口高喊：“钦差大人，求求您呀！在皇上面前讨个情，替我们留下这个好官吧！夏县的老百姓离不开刘大人！”

钦差感慨地对刘晏说：“本钦差宣了无数的圣旨，还从来没有遇到过这样的情况，刘大人果然是名不虚传哟！”

刘晏为了避免离开时因乡民的挽留而难以脱身，将平日所用之公物填好清单放在桌上，连夜同家人刘安坐上马车，悄然地离开了夏县。出了县城后，他从庄稼地里捧起一把土，用布包好放在车内，然后向着夏县县城深深地三鞠躬，踏着夜色离开了夏县。

第七章 科举及第

大唐天宝九年（750年），岁届丁亥，是大比之年，天下各省的举子齐聚京师长安，作十年寒窗苦读之最后一搏。

长安城内东南一隅的修行里，有一栋低矮粗朴、简陋异常、极不起眼的住宅，这就是刘晏在京师的家。刘晏自夏县任满回京，向吏部递交了回牒后，暂时赋闲在家等候吏部的重新派遣，恰逢大比之年，刘晏起了赴考场一试身手的念头。他将此想法告诉夫人，不想夫人满口赞成，支持、鼓励他一试。其实，刘晏七岁以制举入仕，虽然不及于科举入仕荣耀，但他是唐玄宗李隆基钦定、御赐“神童”之名，其身份绝不亚于科举入仕。科举入仕者，并不一定都能补上七品县令之缺，而刘晏已有一任县令的经历，再应科举，对他的仕途并没有什么直接影响，他之所以再应科举考试，并无借此谋求升迁之意，而是了却一桩心愿而已。

刘晏的夫人姓李，名婉君，出身于书香门第。她的父亲李清竹乃长安有名的老学究，桃李满天下，乃兄李廙官至尚书左丞，素有清德。婉君从小受父兄的熏陶，琴棋书画样样皆通，被人称为才女。刘李两家联姻，李老先生看重的是刘晏的学识和为人。刘晏欲赴科考，夫人婉君满口赞成。本来，刘晏三年外任夏县，任满回家候补，除安享天伦之乐外，还亲自教导子女的学业，并帮夫人打理一些家务事。李婉君出阁无婢女陪嫁，一切家务事皆自己亲自打理，刘晏放外任的几年里，所有的家务事更是落在她一人身上。刘晏很想在赋闲待补的这段时间里多做些家务事，减轻夫人的家务负担，自决定参加科举考试后，夫人婉君又将家务事都揽了过去，让刘晏能安心温习功课应试。刘晏深感歉疚，唯有努力应试、再中进士以慰夫人。

刘晏本来就天资聪颖，加之八岁时便入仕秘书省，在秘书省多年又博览群书，且还不时地得到秘书省各位文人学士的指点，更是受益匪浅，在学业上打下了坚实的基础。因此，参加科举考试对他来说并非难事。

刘晏参加完科举应试之后，除了到吏部打听一下候补派遣的消息外，仍在家一心一意地指导子女学业、帮助夫人打理家务。

天宝十年（751年）五月二十日，是一个晴空万里、天高气爽的日子。是日，刘晏一大早就起来，将院落打扫干净，然后便到屋后的菜园子里拔草。

忽听远处传来一阵锣声，慢慢地锣声越来越近，刘安急匆匆地跑来说："老爷，锣声好像是向我们家来的。"

"真的，快去看看。"刘晏丢掉手中的杂草，站起来还没有来得及走出菜园，就听到门口有人喊道："刘晏刘大人是住在这里吗？恭喜了，领赏啊！恭喜刘老爷进士及第！"

刘晏刚赶到大门口，夫人也同时赶了出来。此时，大门口早已涌来了一大堆人，有请安道喜的，有伸手要喜钱的，乱成一团。礼部的两个笔帖式看到刘晏从里面出来，毕恭毕敬地说："您就是刘晏刘大人吧？"

"正是。"刘晏礼貌回答。

两个笔帖式恭敬地呈上喜帖，刘晏接过打开一看，只见大红喜帖上面端正地写着：

"恭喜刘老爷讳晏高中一甲一等第二十八名进士！"

两个笔帖式双手抱拳鞠了一躬说："您老是新贵人，给您老恭喜，请安！"

刘晏转头给夫人示意，夫人掏出赏钱交给刘安，刘安接过赏钱，上前递给两个笔帖式说："两位差哥，不成敬意，拿去买杯水喝！"

两位笔帖式接了赏钱，高高兴兴地带着从人走了。随后，夫人又拿出赏钱交给刘安，打发了讨要喜钱的人们，一家人高高兴兴地回到了屋里。

翌日五鼓时分，三百六十名新科进士头顶满天星斗，排成长队，由礼部司官带领来到皇宫觐见皇帝。大家穿过金水桥，走进太和门，来到庄严的含元殿前，只见两排御林军像钉子一样站在含元殿门两边，一动也不动。刘晏对于眼前这些并不陌生，但那些从宫外来的进士们却不一样，他们紧张而又好奇地注视着眼前的一切。宫廷建筑雕梁画栋，显示着九重天阙皇家的森严，御林军肃然而立，又给这种森严增添了无限的神秘色彩。想到马上就要觐见皇上，谁的心里不是格外的激动，谁的心里不是格外的紧张。

新科进士第一次觐见是朝廷的一件大事，一名礼部的官员指挥着进士们排成队列，交代着觐见皇上应该注意的礼仪，并现场进行操练。别看进士有三百六十名，可他们都是时代之精英，只操练了几遍，就进退自如，秩序井然了。

演练完毕，全体进士静静地站在含元殿前等候皇上召见。忽见一名太监从太和殿倒退着走出，这就是规矩。做臣子的觐见皇上，无论是上朝还是下朝，永远只能面对着皇上，毕辞时只能倒退着出来，不能背对着皇上，否则就是大不敬。这名太监不是别人，就是太监头子高力士。高力士倒退出来后，转身面对众进士大声说："奉圣旨。"

"吾皇万岁！万岁！万万岁！"一阵山响之后，众进士跪伏于地，静听太监宣读圣旨。

"作一甲第四名进士徐鸿儒唱名胪传，众进士觐见圣颜。"高力士亮着公鸭嗓子大声传呼。

"臣遵旨！"徐鸿儒大步走到队伍的前面，从高力士手中接过名册，从第一名状元，第二名榜眼，第三名探花顺次一个一个地唱名，传到的人便随前面的人走进含元殿，再由太监引领到指定的地方跪候圣驾。当唱到一甲第二十八名刘晏时，人群中稍有骚动，要知道，刘晏在天宝年间就以神童的身份入仕，早已是名贯天下的名人，其身份绝不弱于进士及第，且还是刚任满的县令，这一次却又以进士及第，具有如此身份者，刘晏恐怕也是古之第一人了，因此也就成全一段流传千古的奇闻逸事。大家都不由得转首张望，欲一睹刘晏之尊容。

"到！"刘晏从容稳健地走进太和殿。

传胪官顺着名册一个一个地点下去，全部点完，已是辰时之末。进士们进入太和殿以后，全都按顺序跪在地板上，先进来的腿都跪麻木了，但谁都不敢动一下。

忽听"叭！叭！叭！"三声净鞭响过，一阵悠扬的乐声随之奏起。

高力士高声喊道："皇上圣驾莅临！"

老态龙钟的玄宗李隆基在太监的搀扶下走进含元殿，坐到了龙椅上。

"吾皇万岁！万岁！万万岁！"众进士俯伏于地齐声高呼，震耳的呼声，充满了活力，充满了惊喜，也感染了龙位上的李隆基，他不由为之一震，脸上露出了满意的笑容。

新科进士觐见大典，是朝廷一个隆重的仪式。所有在朝的文武百官，都会接到请柬前来观礼。

当皇上在龙椅上坐稳后，宰相杨国忠跨前一步向皇上行了跪拜之礼，然后转身对众进士说："恩科传胪已毕，新科进士跪聆皇上圣谕！"

新进士跪在地下齐声高呼："万岁！万万岁！"

李隆基看着殿下精神抖擞、神采奕奕的进士们，心情格外兴奋，不由唤起了沉淀已久的豪气，他清清嗓子说："各位爱卿，你们都是新科进士，子曰：'学而优则仕'，你们都是学而优者。十年寒窗苦读，由童子而秀才，由秀才而举人，由举人而进士及第，凭的是文章，靠的是学识。仕的第一关你们过了，国家取仕，三年一大比，为的是选取有用之才替朕分忧，为社稷办事，与民造福。尔后，你们或在朝中为官，辅佐朕统筹国务，或放外任，为亲民之官治理一方之政务，调理一方之民情，到时怎样做，做得如何，就要看你们自己了。若千年的大浪淘沙后，你们有的可能会成为朝廷的栋梁之材，封妻荫子、光宗耀祖，有享不尽的荣华富贵；有的也可能会成为沉渣烂泥、遗臭万年的千古之罪人。要成为什么样的人，由你们自己选择，朕向大家引见一个人。"他将手一招，"刘晏，你上来！"

刘晏正跪在下面聆听皇上的训诫，突然听到叫他的名字，忙不迭地站起来，走到李隆基的龙位前复跪于地："陛下，微臣在。"

"平身！"李隆基伸手拉起刘晏，对众进士说："各位卿家，这就是当年名闻遐迩的神童刘晏，二十多年以前便以制举中试而入仕，天宝七年朕将他外放为山西夏县令。人常说，三年清知府，十万雪花银，而他在三年任期内清正廉洁，致力于扶持、发展地方生产，真正做到了为官一任，造福一方。任满办完交接后，连夜同家人雇辆马车回了京城，真正是两袖清风去，一杯淡水归。昨天，夏县之乡绅专程送来一顶万民伞。"

说到这里，高力士指挥两名太监将一顶大红的万民伞举了出来。

"刘晏乃大唐亲民之官的楷模，尔等的榜样，吏部司官。"李隆基向群大臣喊，"考功簿记档！"

吏部的考功侍郎出列答道："遵旨！"

李隆基一口气说了这么多话，气力已有些不继。宰相杨国忠适时地上前一步高声说："新科状元率进士上表谢恩。"

新科状元向前跨出三步，重新跪在龙位前向李隆基行三跪九叩之礼，然后小心翼翼地从怀中取出一个黄绫封面的谢恩折子，抑扬顿挫地读了起来，读到最后一名："谨奉表称谢！"

众进士一齐俯首高呼："臣等恭谢天恩！"

李隆基微笑着从新科状元手中接过谢恩表："众卿跪安吧！"

三百多名新科进士一听此言，齐刷刷地一叩即地，高呼："吾皇万岁！万万岁！"

李隆基离开含元殿后，鼓乐随之大起，礼部两个笔帖式抬出蟠龙金榜，由礼部尚书护着，众进士紧随其后，从午门正中而出，走向长街。这就是传统的"披红戴花，御街夸官"的仪式，由状元、榜眼、探花三位天之骄子胸戴大红花，骑在高头大马上游行示众，百官与百姓争相观看这三年才得一遇的热闹壮观的场面。

翌日，刘晏来吏部，吏部尚书裴卿亲自接待刘晏，他从案卷中抽出一份委札对刘晏说："刘大人，你在山西夏县的政绩，吏部都已记档，今河南温县出缺，遵皇上旨意，遣你署理温县。"

刘晏双手接过委札。

"温县乃河南之大邑，是有名的黄泛区，今年的桃花汛，温县的黄河大堤溃口，淹死百姓数百人，冲毁良田数千顷，损失惨重。皇上已下旨户部，拨温县赈灾粮五千石，钱二十万贯，钱粮均已拨到洛阳，你上任后直接到洛阳去领取。黄河大堤温县段的修堤费用，你上任后去洛阳找河道衙门接洽。灾情严重，朝廷拨给的赈灾钱粮大概也是杯水车薪，只能解燃眉之急，如何收拾温县这个烂摊子，最终还是要靠你自己去想办法。"吏部尚书裴卿和风细雨地同刘晏说了这么多。

"谢裴大人的关照，下官告辞了。"

刘晏的亲戚、朋友听说他又要赴河南上任，都来为他送行，少不了一番热闹。几日后，他又告别了妻儿和亲朋好友，带上家人刘安，踏上了赴温县上任的旅程。

第八章　县丞戏县令，有点出格

温县地处豫北平原之西，南滨黄河，北临太行山，乃河南之大邑、中原地区的粮仓。刘晏署任未到，温县上下已闹得沸沸扬扬，县丞李志宏此时却动起了心思。

李志宏三十来岁，五短身材，紫铜色的皮肤，一对溜圆的眼睛黑多白少、分外有神。他性情耿直，做事认真，是一个只要你让他臣服了，就能为你两肋插刀、肝脑涂地的汉子，但如果他的思想不通，那也是九头牛拉也不回头。从生员到县丞，他靠的是本事，然职责之所在，他只能是一片绿叶而非红花，像他这样的人，若县太爷是一个干事的主，他就能跟着成就一番事业，若县太爷是一个贪官，那他就只有干瞪眼了。就因为前任县太爷是一个贪得无厌的贪官，侵吞了河道衙门拨来维修黄河大堤之款，将温县的黄河大堤修成豆腐渣工程，导致大堤溃口，洪水一泻数十里，淹没村庄四十八个，二百七十六名百姓葬身鱼腹，而他自己却还平步青云升任杭州知府，丢下温县这个烂摊子去了那烟花世界。李志宏对前任县令的所作所为是知根知底，因此他恨死了贪官。他想试一试，看新来的县令是哪路神仙，如果又是一个贪官，他准备辞官回家去种田，再也不当这个受气的县丞了。若是一个廉洁爱民的好官，那就跟着他为温县的老百姓做些有益的事。根据行程推算，新县令这几天就要来了。由京师出发，过黄河入温县，番田坪是必经之地，于是他召来县衙的所有下属，宣布了他的计划，并对有关人员进行了具体分工。

衙役班头宋呈祥胆怯地说：“大人，听说新县令刘大人是一个好官，我们这样做合适吗？”

“好官？什么好官，我就不相信真的还有好官。如今的官场，贪墨成风，草菅人命，满口的仁义道德，满肚子的男盗女娼，打着为官一任、造福一方的幌子，横行乡里，搜刮民财，做满三年清知府，敛得十万雪花银，他们的辉煌是建立在老百姓的白骨堆上的。”李志宏瞪圆了眼睛，一口气说了这么多，好像要将对官场的腐败和痛恨全都吐出来似的。接着，他将一个装满铜钱的包袱打开，对宋呈祥说：“这是一百贯铜钱……”

“听说新来的县太爷在夏县任期内口碑极好，这样做是不是有点过分了？”宋呈祥有些害怕，仍想劝阻李志宏的恶作剧。

李志宏把手一挥：“夏县是什么地方？穷乡僻壤，兔子都不拉屎的地方，不错，是听说他在夏县搞出了点名堂，说不定那是他装的，强盗看四书——假斯文。温县是什么地方？河南之大邑，豫西之粮仓，别看咱们遭了灾，只要将大堤修好了，粮仓照样还是粮仓，他县太爷想贪，还不是手到擒来，我这一招叫请君入瓮，如果他上了套，我这里还有第二招、第三招等着呢！你照着办就是了。”

番田坪南滨黄河，北临沁水，是温县最边缘的一个乡，也是京师长安进入温县的必经之地。宋呈祥遵照县丞李志宏的安排，带几个衙役，抬着官轿提前来到了番田坪，住在东升客栈，等候新县令的到来。

官道上，行走着一辆马车，车上坐着的不是别人，正是到温县赴任的县令刘晏和家人刘安。刘晏从吏部领到委札后，从长安出发，先顺道去了洛阳，办理户部拨给温县的赈灾钱粮的交接手续。好在刘晏名气大，且又圣眷正隆，加之温县目前的情况也确实是很糟，谁也不敢蹚这个浑水，克扣朝廷戴帽子下拨给温县赈灾的钱粮，因此，事情办得还挺顺利。随后，他又去了趟河道衙门，就温县黄河大堤修堤费用进行了接洽，河道衙门的官员正在为温县这段大堤发愁，因为温县的黄河大堤溃口后一直还没有整修，原因是温县的县令迟迟没有到任，没人来牵头具体实施大堤整修计划。刘晏来到河道衙门，河道衙门的官员很热情地接待他，很快办好了拨给温县维修黄河大堤的三十万贯铜钱的交接手续。刘晏办好洛阳的事情后，坐马车一路向温县进发，过了黄河，便进入了温县境内。

番田坪郊外的十里长亭里，宋呈祥带领衙役们坐在条凳上，旁边停放着一顶官轿，他们是在这里等候迎接新来的县令的。忽听到远处传来一阵马蹄声，估计是新县令到了，大家立即打起精神。

“大家一定要小心，千万别出错，一切按原计划执行，看我的眼色行事，别露出破绽。”宋呈祥对衙役们嘱咐着，然后向一位衙役说：“赵老三，你立即回县衙，向李县丞报告这里的情况，今天天色已晚，我们就在番田坪的东升客栈住一宿，明天在岳乡吃中饭，下午回县衙。”赵老三答应一声离此而去。

一辆马车缓缓走近，宋呈祥跨步迎了上去，站在路边问道：“车上坐的可是新署温县的刘大人？我是温县的衙役班头宋呈祥，专程在此迎候刘大人。”

刘晏正在车上闭目养神，听到有人询问，立即睁开了眼。车夫停稳马车，刘安掀开挂在车前的布帘，刘晏起身下车，看到几个衙役站在路边，并无其他官员和乡绅。刘晏似乎有了某种不快，他心里想，你们不迎接本官也就罢了，我直接来县衙赴任也一样，可既然来了，却又只有几个衙役，这也有些不近人情了吧！但这些想法也只是一闪而过，并没有丝毫表露。

刘晏下车后，冲着车前的宋呈祥微微一笑说：“你就是衙役班头宋呈祥吗？本官已有耳闻，怎么，就只你们几个人？县衙其他的人呢？”

“县衙其他的人都下乡了，县丞李志宏大人安排我们来迎接您。天色已晚，我们今晚就在番田坪住一宿。早就听说大人爱民如子，廉洁奉公，该不会因为我们迎接的人不够档次而不快吧？”宋呈祥似乎也意识到了什么，表面上是毕恭毕敬，实际上却是绵里藏针。

天下的事就是这样，千穿万穿就是马屁不穿。刘晏明知道宋呈祥一上来就送了自己一顶高帽子，拍了一个大大的马屁，尽管绵里藏针、话中有话，但心里还是蛮舒服的。何况他并不是一个爱讲排场的人，故刚才心里一点点的不快转眼间也就烟消云散了，他笑着对宋呈祥说：“行，就按你说的办吧！”

“大人请上轿！”宋呈祥谦恭地将刘晏请上轿，一行人向番田坪走去。

东升客栈是番田坪最大的客栈。刘晏一行住宿在客栈，晚饭也是在客栈吃的。由于长途旅行，刘晏显得有些疲倦，宋呈祥等衙役又都各怀心思，因此，吃饭时彼此的话并不多。

晚饭后，刘晏正在客房休息，忽然传来一阵“咚、咚、咚”的敲门声，刘安上前拉开门，衙役班头宋呈祥笑容满面地提着一个布包走进来，有些讨好地说：“大人，还有什么事需要小人办的吗？”

“很好了，没有什么事要办。”

“刘大人，今后小人在您手下办差，有很多地方还要您多多关照，您老远道而来，一路辛苦，这是小人孝敬您的茶水费。”说完，将装有铜钱的包袱放在床上，有意无意地散开一角，亮出黄灿灿的铜钱。然后，转身欲退出客房。

“等一会儿，本官初来温县，尚无寸尺之功，我可是无功不受禄啊！你还是将这包东西带回去吧！”初来温县，情况不熟悉，且还没有正式署理县令之职，刘晏觉得不宜说得太多，只是不温不火、模棱两可地说。

“这样吧！明天我将它放在轿内，由大人处理。小人做事向来是很稳妥的。”宋呈祥笑了笑，拿起包袱，退出了刘晏的客房。

翌日，大家在客栈用了早饭，宋呈祥恭敬地将刘晏请上了官轿。刘晏进轿后，果然看到昨晚宋呈祥拿走的包袱已经放在官轿的座位上，他也没说什么，脸上露出了一股神秘的笑容。

宋呈祥等在轿外，看到轿里的刘晏一点动静也没有，认为刘晏已经笑纳了他所呈上的礼物，心里是越想越气，暗暗地骂道：还说是为政清廉的好官呢，真是浪得虚名，果然被李县丞猜中了，又是一个贪官。

刘晏从轿内伸出头来说：“怎么还不起轿？”

宋呈祥冲着抬轿的衙役诡秘地一笑说：“起轿！”

原野里，一顶官轿缓缓而行，轿内坐着新署温县县令刘晏，跟在轿后的是衙役班头宋呈祥和几个衙役以及刘晏的家人刘安。刚开始，宋呈祥对是否执行县丞李志宏的计划还有些犹豫，官轿也走得四平八稳，一路走来，越想越气。好你个赃官，温县的老百姓怎么这样倒霉，送走了一个贪官，又来了一个污吏，看来只好按县丞的计划办，先教你领教一下做赃官的滋味。他冲着抬轿的衙役大声地喊：“大人，坐好啊，这段路很不好走！”

这是宋呈祥同衙役们约好的暗号，刚才还走得很稳的轿夫，听到暗号，一下子抬起了“簸箕轿”（簸箕，是一种用竹篾或柳条编成的三面有边、一面有缺口的器具。使用时一边紧贴肚部，两手抓住两边并同时上下颠动，杂物随着抖动而随风飘走，留下了粮食）。

刘安在后面也看出了名堂，见状却敢怒而不敢言。

刘晏想探头问问到底是怎么回事，头刚一伸出就嘭的一声撞到了轿窗上。

宋呈祥故意说：“大人，温县的路不好走，你要坐稳啊！”此话一出，轿子颠得更厉害了。

经过一路的颠簸，总算是到了岳乡，这是原定吃饭的地方。刘安赶上一步说：“宋班头，肚子饿了，吃了饭再走吧！”

“停轿吃饭啦！”宋呈祥喊了一声。

刘晏在轿内颠得受不了，抬轿的衙役也累得够呛，都巴不得停下来休息一下。

吃饭的时候，刘晏将刘安叫到一边耳语几句，只见刘安来到停轿的院内，叫来饭馆的老板，指着墙边的一堆青砖头说："老板，我家老爷要买你这堆砖，给你双倍的价钱。你将砖搬到轿里去。"

这些砖头本来就没有什么用，听说还要给双倍的价钱，饭馆老板高兴得不得了，连忙叫来店小二，一起将砖搬到轿子里。这回可轮到宋呈祥和衙役们傻眼了。宋呈祥明知这是在整他们，但还是硬着头皮问："大人，您这是？"

"抬回去，本官自有妙用。"刘晏高深莫测地说。

宋呈祥心里有些发怵了，吃完饭，他有点胆怯地问："大人，轿子都塞满了，您怎么办？"

刘晏轻松地说："这里空气好，我下来走走，呼吸一下新鲜空气。"

宋呈祥有气无力地说："起轿！"

衙役苦着脸抬起装满青砖头的官轿，迈着沉重的脚步上路了。

看到宋呈祥和衙役们狼狈不堪的样子，刘晏和刘安在后面偷偷地笑了。

衙役们抬着装满砖头的官轿，累得七倒八歪地回到县衙，然后将轿内的砖头一块一块地搬下来码好。

新县令还没有正式上任，这件衙役戏县令、县令整衙役的事就已在县衙里传开了，县衙所有的人员都老老实实地来到县衙迎接新上任的县令。大家看到刘晏来到县衙后，一齐跪下齐声说："恭迎大人！"宋呈祥带着衙役跪在旁边，连大气也不敢出。

刘晏走进县衙，看到跪在地下的众人，面无表情地说："大家都起来吧！"直接走进大堂，问道，"哪位是县丞李志宏李大人？"

李志宏跨前一步说："下官就是李志宏。"此时的李志宏心里是七上八下忐忑不安，要知道，戏弄县太爷的歪点子是他出的，县太爷还没有正式上任，就给了衙役们一个下马威，他还真拿不准这位新县令到底是哪路神仙，接下来不知是福还是祸。

"这是本官的委札，请查验。"刘晏将吏部的委札递给县丞李志宏，"没有问题就请出大印吧！"

李志宏同一名书办进内取出用黄绫包着的官印，庄重地将大印放在大堂的案桌上，然后退到一边。

刘晏在刘安的陪同下，在后堂换上官服，重出大堂对着案桌上的官印拜了三拜，受印仪式就算完成。

刘晏受印后，立即升堂，拿起桌上的惊堂木一拍：“宋呈祥！”

“小人在！”宋呈祥颤抖地跪下说。

“砖都搬出来了，轿内剩下的东西怎么不拿出来？”

“是，大人，我这就去拿！”宋呈祥连忙跑到轿边，将钱包拿出来，送到刘晏面前的案桌上。

“跪下！”刘晏一拍惊堂木。

宋呈祥“扑通”一声跪下。

“宋呈祥，你好大的胆子，竟敢拿钱来贿赂本官。”刘晏伸手打开包袱，指着黄灿灿的铜钱说，“大家看看，这是上百贯铜钱，本官身为七品，一月的俸禄也只有七贯铜钱。宋呈祥，你很有钱吗？温县受灾，百姓的家园被毁，良田被冲，你捐了多少钱？”跪在地下的宋呈祥偷偷地看了李志宏一眼，露出求助的眼神。

李志宏赶忙跪下说：“刘大人，所有这些都是下官的主意。”

“你很有钱是吧，本官将此次贿赂之钱充公，你可有话说？”刘晏仍是怒气冲冲地说。

“大人，能听我解释一下吗？”李志宏平静地说。

“当着众人的面，有什么话就尽管说。说得清楚便罢，说得不清楚，本官绝不轻饶。”刘晏仍是不依不饶。

“大人，本官虽为县丞，但对贪官污吏却恨之入骨。都说大人清正廉洁，下官不信。一百贯铜钱是下官交给宋班头的，就是要试试大人到底是清官还是贪官，在路上戏弄大人的恶作剧也是下官的主意。如果大人真的是一个贪官，下官还有第二招、第三招，现在第一招就大败，下官输得心服口服，败得高高兴兴。下官在筹划此策时，内心里不是想着要胜，而是祈求上苍开眼，让下官这次败下阵来，败得越惨越好。从昨晚到今天，下官一直是胆战心惊，害怕自己胜了。下官若败，则温县百姓是福，下官若赢，温县百姓则又要面临一场灾难。”说到这里，李志宏重重地在地上磕了一个响头：“由于下官的无知，使大人在路上吃尽了苦头，但这事确实与宋班头无关，都是本官所为，请大人惩罚我一个人。”

刘晏的脸色有所缓和，他转过脸问宋呈祥：“宋呈祥，他说的可是真的？”

“李县丞说得没错。昨天晚上，小人将钱送到客房的时候，大人说对温县的百姓无寸尺之功，无功不受禄，我还以为大人是不好意思接，因此今天一大早我就将钱放进了轿内。大人进轿后什么也没有说，小的以为大人接纳了这笔钱，因此就认为大人是一个贪官，心里越想越气，也就按照事先约好的暗号，示意衙役们抬起了簸箕轿，一路上折腾了大人，我在这里向您赔罪。”宋呈祥不住地磕头。

堂下众人齐声说：“大人，这件事虽是李县丞筹划，宋班头所为，我们大家都知道这件事，也都参与其中，要罚，我们都愿意受罚。”

刘晏紧绷的脸彻底地松开了，他走下堂，扶起还在一个劲儿磕头的宋呈祥，顺手又拉起跪在一边的李志宏：“都起来吧，磕昏了头谁替本官办差啊！”

“你们的簸箕轿颠得也是太厉害了。”刘晏摸了摸头上隆起的血包。

“大人，都是小人无知，让大人受罪了。”几个衙役又要跪下磕头。

刘晏伸手拦住，哈哈大笑，说道：“抬砖头的滋味也不好受吧？”

大家听到刘晏的话，一时没有吱声，随之哄堂大笑。这是发自内心的笑声，笑声驱散了所有人心中的猜疑，也表示着大家真心对这位新县令的欢迎。

第九章　赈灾

刘晏对参加议事的县衙吏员们说："当前的政务有两件事，一是赈灾，二是修筑黄河大堤。温县遭灾，本官在京师已有耳闻，朝廷也很重视，临来温县时，皇上已着户部拨温县赈灾粮五千石，钱二十万贯，以解温县燃眉之急。本官上任时，绕道洛阳，已办好了领取赈灾钱粮的相关手续。河道衙门对温县黄河大堤的维修也拨了专款，数额是三十万贯，我也顺道去了河道衙门，办好了有关领款的手续。赈灾钱粮如何发放，灾后自救如何搞，大堤怎样修，大家都谈谈看法。"

李志宏说："大人来了，我们就有了主心骨。这次黄河溃口，受灾最重的是赵堡、南关、温泉、岳村、祥云、招贤、杨垒、番田八个乡共四十八个村庄，冲毁良田一千五百余顷，二百七十六人在洪水中丧生，数千难民无家可归。灾民们靠挖野菜、吃观音土活命，当务之急是要解决灾民的吃饭问题。"

刘晏说："灾民的具体数字有没有？"

李志宏拿出几张纸递给刘晏说："数字都在这上面，请大人过目。"

刘晏接过清单看了看说："就以这个数字为准，按在册人口发放赈灾粮，再定点设置几个粥棚，暂时解决饥民的吃饭问题。"他稍停了一会儿，见大家没有异议，继续说道，"在来温县的路上我就考虑，救灾不能完全依赖赈济，要有自救办法，朝廷下拨的赈灾钱粮，对于全县的灾民，不过是杯水车薪。如果不采取自救措施，灾民很难安然度过灾荒。维修黄河大堤，我想实行以工代赈，对修河堤的民工，除管饭外，酌付工钱，这样，既解决了修堤的河工问题，又解决了灾民的吃饭问题。大家看怎么样？"

"以工代赈，将消极的赈灾方式变为积极的赈灾方式，既解决了灾民的吃饭问题，又解决了修堤的河工问题。"李志宏说。

“正是这样，修堤工程开始、河工上堤后，粥棚只对老弱妇孺施粥。”刘晏对大家说。

李志宏说：“办法确实很好，只是钱粮之数有限，僧多粥少，巧妇恐难为无米之炊呀！”

刘晏接着说：“如果仅仅依靠户部的五千石赈灾粮、二十万贯赈灾款和河道衙门的三十万贯修堤经费，当然不够，因此还要想办法筹钱。”

宋呈祥说：“黄河溃口冲毁的农田，很多都是有主之田。朝廷出钱修堤，给他们抢回了农田，他们自己也应该酌情出点河工钱，这在道理上也说得过去吧。”

李志宏拿出一份清单递给刘晏说：“下官作了统计，冲毁的农田一千五百顷，其中有钱大户的占田约一千顷。”

“除了有主之田外，退水后还应该有一些新淤出的田吧？”刘晏问道。

“估计也在一千顷左右吧。”李志宏回答。

刘晏想了想说：“宋呈祥的建议是个好点子，对有主之田，酌收点钱，在道理上也是说得过去的，温县的土地价格水平如何？”

“亩田十五贯至二十贯，上好田可能还要高。”李志宏回答说。

“我看黄河大堤内洪水冲毁的农田，每亩收五贯赎田钱应该是可行的，千顷田可收钱五十万贯；退水新淤出之田归朝廷所有，若以千顷计，亩收十贯，可筹资百万贯。有了这笔钱，不仅修筑黄河大堤的费用无忧，还可挤出一部分资金进行灾后重建。”

大家对刘晏提出的方案进行了热烈的讨论，一致表示赞同，最后刘晏总结说：“今天的议案决定如下：一是赈灾粮的发放，按照李县丞提供的数字，通知各乡里正，统一发放赈灾粮；二是定点设置粥棚，河工上堤后，粥棚只对老弱妇孺施粥，年龄在十八至五十五岁的男丁全部上河道修堤，以工代赈；三是堤内冲毁农田，凡有主之田，每亩按五贯文收取赎田钱，提前缴纳，以九折计，过后缴纳，收五贯文足；四是新淤出之田，每亩按十贯文出售，提前支付，按九折计收，大堤修筑完工后再买者，收十贯文足。立即张榜公布，晓之于民。”

县衙的救灾政策张榜后，立即就轰动了整个温县县城，百姓们像过年一样，扶老携幼奔走相告。

定点设置的粥棚旁，老弱妇孺排着长队等候领粥。百姓异口同声地说，这是新来的县令刘晏刘大人给百姓带来的救命粮。

有田的业主也没有闲着，有的在盘算自己原有之田需要多少钱能够赎回，有的还想再买些田，因为新淤出之田亩钱十贯，提前支付还可享受九折优惠，而温县的良田价格每亩是十五至二十贯，买新田很便宜。

总之，穷人富人都没有闲着，穷人忙着活命，富人忙着买田。

县丞李志宏的心情也特别的舒畅。自从出了迎接新县令的喜剧事件后，他和县衙的其他官员人人都从心底里笑出了声，大家认为刘晏是一个百年难遇的好县令，能摊上这样一个好的父母官，这是上天对温县百姓的恩赐。他暗暗地想，一定要辅佐新县令为温县的老百姓多做一些事。以工代赈的修堤方案出台后，河工很快就上了大堤。一个多月来，他吃在大堤上，住在工地上，奔前走后，一心要将黄河大堤修成能抗几十年一遇洪水的防洪大堤。他要用这大堤拦住黄河这个洪水猛兽，使堤内的庄稼再也不受洪水的侵蚀，使温县的老百姓过上安稳的日子。这日，他叫来衙役班头宋呈祥说："宋班头，我要回县衙一趟，同刘大人商量几件事情，你在这里替我盯紧点，特别是质量问题，一点也不能马虎。"

宋呈祥说："你尽管放心，我一定不会松懈，你看这次百姓的情绪有多高，完全不要人督促，个个都干得那么的卖劲。根本就不用人操心。"

李志宏身背一个小包袱，哼着小曲走在田野上。快到县城时，突听到喊声："救人呀！有人跳水了！"

李志宏急忙向喊声处跑去，看到一个人正在水中上下沉浮。他连忙抛掉包袱，连衣服也顾不上脱，纵身跳进水里，一把抓住了水中之人，迅速地游回岸边。放下一看，原来是一个年轻的女子；伸手一试，还有气，只是喝了几口水。此时周围已围满了人。有认识的人说："这不是老温家的阿秀吗？真是个苦命的孩子啊！"

李志宏拿起地上的包袱说："哪位大嫂帮帮忙，包袱里有干衣裳，到树林去帮这位姑娘换换。"

立即有几个妇女过来，将姑娘抬到树林里换好衣裳，然后扶着姑娘走了出来。

"这姑娘家里还有人吗？"李志宏问周围的人。

旁边有人接着说："一家人都被洪水冲跑了，连尸体也没有看见，叫一个姑娘家今后的日子怎么过啊！"

听到这里，姑娘又哭了起来。李志宏想了一下说："姑娘，我是县丞李志宏，你跟我一起回县衙好吗？"此时的李志宏突然有了一个想法，他看到新来的县令刘晏仅带一个家人来温县赴任，夫人远在京师，生活上很不方便，这位姑娘长得眉清目秀，何不从中撮合，劝刘大人纳个小妾，也好照顾他的日常起居，聊解客居异乡的寂寞。

有认识李志宏的人说："李大人，你就行行好，将这位姑娘带回县衙做杂工，赏她一口饭吃吧！"

"姑娘，你可愿意？"李志宏轻声地问道。

旁边有人劝道："阿秀姑娘，李大人是个好人，你就随他去吧！说不定还能讨个出身，总比饿死强啊！"

"走吧，姑娘！"李志宏又轻轻地叫了一声。

阿秀姑娘点点头，跟着李志宏向县城走去。

李志宏带着阿秀姑娘来到县衙，此时刘晏刚从外面回来，看到李志宏进来，站起身来说："李县丞回来了，辛苦了！"

"这都是分内的事，谈不上辛苦。"李志宏说。

"工程进展顺利吧？"刘晏关心地问。

"河工的劲头都很足，大堤一天一个样。"李志宏喜滋滋地说。

"大堤修成，县丞可是首功一件。"刘晏真诚地说。

"刘大人快别这样说，要不是大人筹措有方，温县现在还不知是一个什么样子呢？乡绅们正在商议，要将今年修筑黄河大堤的事刻于石碑以传后世。"

"都是大家努力的结果，绝非我一人之功哟！"刘晏笑着说。

李志宏对阿秀姑娘说："阿秀，你在这里坐一下，我同刘县令到里间说话。"他拉刘晏到里间："刘大人，刚才那位姑娘叫阿秀，家人在黄河溃口时全都葬身鱼腹，房屋也被冲毁，一时想不开跳水寻短，正好被下官碰到将其救起，我看姑娘长得俊秀，大人未带家属来任上，生活上没个女人照顾，挺不容易的，我想是不是……"李志宏欲言又止。

刘晏已听出李志宏要说的意思，他打断李志宏的话说："多谢县丞的关心，本官无意纳妾，不过，阿秀姑娘倒是可以留下，你看怎么样？"

李志宏看到刘晏同意阿秀姑娘留下，心里的石头总算是落了地，他认为刘晏现在不答应纳妾，可能是想察看阿秀姑娘的品行，于是来到外间对阿秀说："阿秀姑娘，刘大人同意将你留在县衙。"

李志宏又指着刘晏对阿秀说："这就是县令刘大人，你就在县衙里做杂工，照顾刘大人生活。"

“刘大人，小女子多谢大人的关照。”阿秀姑娘向刘晏福了一福。

看到如此漂亮而又有礼貌的姑娘，刘晏心里真是很有好感，他关切地说：“姑娘，你的情况李大人向我讲了，你就留在县衙，把这里当成你的家吧！”

看到刘晏如此平易近人，阿秀激动得哭了起来，刘晏安慰她说：“别哭了，家里可还有什么事没有处理完吗？”

“两间破茅屋让大水冲毁了，租佃的几亩薄田也被东家收走了，再也没有什么牵挂的了。”阿秀姑娘哭着说。

“东家为什么要收走你的田？”刘晏问。

“东家说，温县的农田都被水淹了，要租佃的人很多，他要提高田租，我不同意，所以他就将土地收回转租给他人了。”阿秀姑娘说。

“啊！原来是这样。”刘晏对里面喊，“刘安！”

“哎！”刘安答应着跑了进来。

“从今天起，阿秀姑娘就留在县衙里做事，你去替她收拾一间房，到街上将一应生活用品买回来，给五百文由她自己支配，费用从我的俸钱里支用。”

“是，老爷！”刘安转而对阿秀姑娘说，“姑娘，请随我来！”刘安领着阿秀姑娘到里间安顿去了。

“李县丞请坐！”刘晏对李志宏说。

“大人，刚才阿秀姑娘说业主退佃的事情，恐怕是一个普遍现象，我在大堤上就听百姓们在议论这件事，很多有田的大户业主都在灾荒之年乘机强行提租，佃民如果不同意提租，业主就要强行收佃，佃户们极度恐慌，若不采取措施，提租退佃的事情恐怕要愈演愈烈。”

“我也在考虑此事，今年乃大灾之年，安定乃是第一位，只是还没有想出很好的办法来解决这个问题。”

“县衙发一个《禁提租退佃令》，规定所有业主不得在灾荒之年乘机提租、退佃，若有违背者，将对业主给予处罚，你看怎样？”

“土地是业主的，田租几何，佃与不佃，那是业主与佃农之间的事，‘周瑜打黄盖，一个愿打，一个愿挨’。若强行颁布《禁提租退佃令》，说不出那个道理。佃民虽多勤苦拙朴，但刁顽无赖之徒也大有人在，若他们乘机抗租，闹出纠纷、斗殴打起官司来怎么办？”

“那不是就没有办法解决这件事情了？”

“豪强大户为富不仁者有之，但懂道理的也大有人在。灾情发生后，朝廷已蠲免田赋，这些好处都被有田的业主享受了。按理说，朝廷蠲免田赋，有田的业主理应酌减田租，使佃农也得到一定的好处。现在，业主不但不酌减田租，反而还要加征，似乎于理不合，但这都是以常理论之，大唐律法并无明文规定不可为。解决这件事只能晓之以理，我看就发一个《劝提租退佃书》，对业主提租退佃的行为进行规劝，提倡业主酌量减租，将朝廷蠲免田赋的好处的一部分让与佃农，使皇上之恩泽广施于百姓，县衙对此等行为将给予嘉奖。”

“这个办法好，肯定会有业主响应，百姓也是会拥护的。”

“这件事就这么定了。”

“我这就去找人办，明天就张榜公布。”李志宏是个急性子。

“这件事就不要你操心，我安排人办，工程上还有没有事情需要商量？”刘晏说。

“工地上的粮食只能维持三天，我是为粮食问题才回来的。”李志宏说。

“要多少？五百石够不够？”刘晏问。

“工程已接近尾声，五百石差不多。”

“好，明天我带粮上堤，还有其他事没有？”

“没有了！”

“那好，在大堤上这段时间，你辛苦了，快回家休息吧，老婆还在家里等你呢！”刘晏笑着将李志宏推出门。

第十章　刘晏治水

“老爷，请洗脚！”刘安端来一盆热水放在刘晏的脚边，然后帮刘晏脱鞋。

“刘安，给你找个帮手，满意吧？”刘晏笑着问。

“老爷，这么多年来，小人跟着您走南闯北，烧水做饭，缝补衣裳，可是十八般武艺样样精通，还要什么帮手呀！”

“刘安呀！这么多年，你跟着我颠沛流离，没过一天安稳的日子，我对不住你呀！”刘晏略带歉意地说。

“老爷，能跟着您是小人的福气。外面百姓都说老爷是一个清正廉洁、爱民的好官，小人听了心里别提有多高兴呢！”刘安真诚地说。

“要想当个好官，就得准备吃苦，就得准备受累，贪图享受是做不成好官的，你能想到这一点我很高兴。”刘晏语重心长地说。

“老爷，吃饭了！”阿秀姑娘将饭菜摆好，过来请刘晏去吃饭。

桌上摆的是四菜一汤：一盘青菜，一盘炒萝卜，一盘炒南瓜，一盘咸菜，一碗青菜豆腐汤。主食是蒸红薯和粥。

刘晏将每道菜都尝了一口，咂咂嘴夸奖地说：“味道不错，阿秀姑娘，你的手艺比刘安的手艺强多了哟！”

“谢大人的夸奖。”阿秀有些害羞地说。

“阿秀，从此以后，你就将这里当成你的家，如果刘安欺负你，你就跟我说，我替你做主，好不好？”说完，刘晏自己也笑了起来。

“我高兴还来不及呢，怎么能够欺负她呀！”刘安憨厚地说。

阿秀红着脸不好意思地说：“大人，刘安挺好的。”

“这就好，这就好。”刘晏端起饭碗正准备吃饭，忽见阿秀坐在一边，连忙问，“阿秀，你怎么不吃饭？”

“老爷吃完了我再吃。”

“都是一家人了，不要讲这些俗礼，来，一块吃。”

阿秀看到刘晏执意要她一起吃，进厨房端了一碗粥来到桌边，怯生生地坐下，低下头吃饭，一言不发。

“阿秀，吃菜呀！”刘晏说道。

刘安夹了一撮菜放进阿秀的碗里：“吃菜，今后我们就是一家人，太客气了这日子怎么过呀！”

阿秀瞟了一眼刘安，红着脸一言不发，埋下头吃饭，刘晏看看刘安，再看看阿秀，脸上露出了会意的笑容。

刘晏手拿一把铁锹，在县丞李志宏和衙役班头宋呈祥的陪同下在黄河大堤上巡视工程进度。李志宏指着刚刚修筑的大堤说：“今年修筑大堤，不但进度快，质量也很高，大堤竣工后，可抗百年不遇的大水，堤内数千顷农田再也不会受水患之害了，这可是一个福及子孙的不世伟业呀！”

“大堤修好了，下面该要想想如何搞好灾后自救，发展生产了。”刘晏说。

“大人！您就发号施令吧，您指到哪里，我们就打到哪里。”李志宏说。

刘晏指指水中的芦苇荡说：“找条船，我们到芦苇荡去看看。”

宋呈祥立即跑到河边，摇来一条小木船。刘晏、李志宏先后上了船，宋呈祥站在船尾，手握船橹大声说：“站稳了，开船了啊！”随后，他摇起了船橹，木船缓缓地向水中的芦苇荡驶去。

船慢慢地来到了芦苇边，刘晏顺手抓住船边的芦苇问道：“水退尽后，这块芦苇荡是水面还是沼泽？”

“这里原本就是湖面，水退完后，周围会淤出成片良田，这一片是湖心，仍然是水面，今年过水，芦苇长得比往年茂盛。”李志宏说。

“刘大人，听您几次都提到芦苇，是不是在打芦苇的主意呀？”宋呈祥说。

“不错，我早就注意到这大片的芦苇了。我有位年兄在湖广的武昌府供职，我给他去过信，询问芦苇产品的销路。前天他给我回了信，说江南需要大批的芦席，有多少，要多少，江南遍地都是白花花的大米哟，想不想要？”刘晏笑着问。

“温县需要大米，也是有多少要多少。”李志宏学着刘晏的口吻说。

“大堤竣工后，我们再来唱一曲《芦苇荡》！”刘晏学着戏曲台词的语气有声有色地说。然后哈哈大笑，众人也跟着大笑。

“刘大人，大堤还没有竣工，您的第二步棋已经开始走了，您真该到京师户部去，在皇上身边当一个理财大臣。”李志宏笑着说。

“李大人，您可不能赶刘大人走呀，能有这样一位会理财的亲民之官，难道不是我们温县老百姓的福气吗？”宋呈祥笑着说。

众人也跟着大笑，笑声在湖心久久地回荡，惊飞了在芦苇中觅食的野鸭。

大堤已接近竣工，温县的乡绅们倡议在大堤上立块石碑，将县令刘晏刘大人倡导的以工代赈修筑黄河大堤的丰功伟绩刻之于石以传后世。大家一致推举药商郭家威牵头，负责这件事情。郭家威来到县衙找县丞李志宏商议此事。

“李大人，温县之百姓深感刘大人修堤之德，众乡绅提议大堤竣工后，在堤上为刘大人立块石碑以传后世。大家推举小人来征求大人您的意见。”郭家威对县丞李志宏说。

“立碑之事我早有耳闻，既然是百姓们的意愿，我也很赞同。但这件事一定要悄悄地进行，先不要让刘大人知道。刘大人是一个好官，他只图为老百姓办事，从不计较个人的名利得失，他要是知道了，肯定要制止。等到大堤竣工石碑立起来之后，就是木已成舟、众望所归，他就是想制止，百姓恐怕也不依。”李志宏说。

郭家威说：“好，就这么办！”

“聊什么呀？聊得这样投机？”声到人到，刘晏一步跨了进来。

李志宏随机应变，指着郭家威说：“刘大人，这是本县药商郭家威，下官在同他聊些药材行的事情。”

郭家威站起来笑着向刘晏示意，刘晏跨前一步拉着郭家威的手说：“大药材商郭家威郭老板，早有耳闻，我一直想找你聊聊，可惜没有机会，咱们是选日不如撞日，今天有时间吗？能不能坐下来聊聊？”

“小民乃生意人，难入大人的法眼呀！”郭家威说。

“郭老板，话不能这样说，士、农、工、商，是经过历史上的无数次裂变而形成的一种社会分工，没有贵贱之分。没有商人，互不通商，那不是死水一潭吗？就拿你这个药商来说，温县就少不了你，没有药商，温县的药材就只能烂在山里，药农就只能坐以待毙。你说是不是？”刘晏说。

“听大人所言，小民真是有点受宠若惊，不知大人想知道些什么，小民知无不言。”

“我想请教温县药材的生产情况怎样，药材之销路又如何。”

“请教就更不敢当了，大人愿意听，那我就唠叨唠叨。”

“郭老板请讲！”

“温县药材资源十分丰富，素有‘药材之乡’的美誉。山药、菊花、地黄、牛膝四大中药是温县的拳头产品，因其盛产于温县之怀山，又称为‘四大怀药’，尤其是铁棍山药，为怀药之极品。河南道每年向朝廷进奉贡品，少不了温县的铁棍山药。”

“那药材产业一定可以为药农带来丰厚的利益了？”

“那倒不一定。”

“这又是为何？”刘晏不解地问。

“温县之药材生产分散，难以形成规模。药材乃野生之物，资源有枯竭的趋势，药农只能靠有限的资源聊以糊口，谈不上温饱，更说不上靠药材产业发家致富了。”

“温县之怀药在外面有市场吗？”

“四大怀药名声虽大，却是藏在深闺人不识，销售渠道不畅，反过来又制约了生产的发展。”

“郭老板真是说得透彻，不愧为药材行家，你将我思想上模糊不清的问题一下子理出了头绪。黄河大堤竣工后，本官要好好地研究一下这个问题，到时还要请教哟！”说完，刘晏向郭家威深深地施了一礼。

郭家威连忙避让着说：“大人真是太客气了，今后如果有什么差事，招呼一声就是了，小人是随叫随到，如果没有什么事，小民就告辞了。”

送走了郭家威，刘晏转身问李志宏：“我来是想问一下河道工程的进展情况，竣工后还有很多事情要做。”

“大堤竣工就这几天的事了。温县之乡绅正在准备筹办一个竣工典礼活动，想好好地庆祝一下。”李志宏说。

“现在是百废待兴，要用钱的地方太多，庆祝一下可以，但不可铺张浪费，不能糟蹋老百姓的钱呀！”刘晏语重心长地说。

“大人请放心，庆典活动完全由乡绅们自己筹办，不要县衙出一文钱。届时，我来请大人参加就是了。”李志宏说。

温县黄河大堤上，扎起了高大的彩门。龙灯队、狮子队、锣鼓队、秧歌队整装待发，只等县令刘晏到场，庆祝活动便开始。不知谁喊了一声："刘大人、李大人到！"

顷刻间，锣鼓敲响，龙灯起舞，狮子滚起了绣球，秧歌也一摇一摆地扭起来，大堤上如同过节一样顿时热闹起来。

刘晏看到竣工的大堤，兴高采烈的百姓，心情也格外兴奋。自到温县上任以来，要做的事情是千头万绪，修筑黄河大堤可谓是重中之重。今天，这件事总算是办成了，而且还办得如此的顺利，他怎么能不高兴呢？他一面同前来迎接的乡绅们热情地打招呼，一面又向周围的百姓挥手致意。在李志宏及众衙役、郭家威及众乡绅的陪同下，缓慢地行走在载歌载舞的人群中。

两条彩龙灯上下翻腾地滚了过来，将刘晏一行圈在中间，突地，舞龙的小伙子们一齐停下从龙灯底下钻出来，大喊一声："刘大人好！"

刘晏连忙回答："大家好！"

还没等他说完，小伙子们又一齐钻进龙底舞了起来，随行之人大笑不已。龙灯刚过，两头狮子又靠拢过来，时而示以亲昵之态，时而又前后蹦蹦跳跳，逗得众人笑声一片。忽见狮子抬起前脚，在刘晏的前面做了一个"请"的架势，然后在前面行走，一步一回头。

"刘大人，狮子在给你引路呢！"药商郭家威说。

李志宏附和着说："走，跟上，看它到底有什么名堂。"

大家跟在狮子后面慢慢地向前移动，忽然，狮子在一个被一块大红布遮盖着的石碑前停住，龙灯队早就在旁边不停地翻腾起舞，县丞李志宏和乡绅代表郭家威同时向前一步对刘晏说："刘大人，请你剪彩！"

有人牵着一条红彩带站了出来，一人手托一个托盘，托盘上铺着一块红布，红布上面放着一把剪刀。

"剪彩？"刘晏不解地问。

"请大人剪彩！"李志宏伸手示意着说。

刘晏拿起剪刀，剪断了横在石碑前的红彩带，李志宏和郭家威上前缓缓地拉开红布，一块石碑赫然展现在人们的面前：

晏公堤

大唐天宝十年，黄河涨水，温县段溃口，冲毁村庄四十有八，冲毁良田一千五百余顷，二百七十六人葬身鱼腹。新署县令刘大人，讳晏，率温县之百姓以工代赈，既活一方之百姓，又筑此坚固大堤，惠及当代，福荫子孙。

特立此碑，以传后世。

温县乡绅、百姓：大唐天宝十年立

第十一章　黄河边竖起一座“功德碑”

天宝后期，是唐王朝盛极而衰的转折时期。唐玄宗李隆基，这位昔日的英明之君锐气尽失，日夜沉溺于声色之中，生活奢靡，用不知节，国家财用入不敷出，加之藩镇割据同朝廷分庭抗礼，截留朝廷的赋税收入，更使朝廷之财用捉襟见肘。为弥补国家财用之不足，钱谷之臣挖空心思剥削老百姓，正税不足，再开征附加税，名目繁多，百姓不堪重负，苦不堪言。地方郡县又各自为政，在朝廷规定赋税之外又巧立名目，向老百姓征收五花八门的赋税，使得天下的老百姓处于水深火热之中，过着衣不遮体、食不饱腹的生活。

地处豫西平原之西的温县，在当时似乎是别有一番天地。县令刘晏自署理温县以来，先是率领温县的百姓修筑了黄河大堤，渡过了灾后自救的第一难关；尔后，按刘晏的话说，又唱了两台戏：南唱一曲《芦苇荡》，北唱《药农闹太行》。芦苇荡是借用刘晏当初行船芦苇荡“唱一曲芦苇荡”之戏言，组织湖周围的老百姓将过去弃之不用的芦苇编成芦席，大批量销往湖广之武昌府，又经武昌府向四周辐射，迅速地打开了江南的市场，再将所得之款换成江南的大米，活了温县南部灾区的老百姓。药农闹太行就是听取药商郭家威的建议，将温县之北邻近于太行山脉的分散药农组织起来，一方面是有计划地对野生药材进行采掘，另一方面又组织有经验的药农对中药材进行人工培育，使温县的中药材向规模化、效益化的方向发展。又帮助药商在京师开设“温县怀药专卖行”，推出温县怀药的品牌，且一炮打响，打开了温县中药材的销路，又活了温县北部一方之百姓。所谓万事开头难，一事通而百事顺，温县本末之业在县令刘晏的筹谋下呈现出一派前所未有的新气象。

刘晏经常接触社会下层，亲身体验到老百姓过日子的艰难。因此，他除了努力帮助老百姓发展生产以增加收入外，还尽力维护老百姓的利益。除朝廷规定的正常赋税外，温县绝不像其他郡县那样巧立税目，横征暴敛，使温县的老百姓有了喘息的机会。因此，温县之百姓对这位县令是敬若神灵，感恩备至。

天宝十三年（753 年）的一天吃过晚饭后，刘晏对阿秀姑娘说：“阿秀，碗筷叫刘安收拾，你过来一下，我有话说。”

“好！”阿秀姑娘温顺地同刘晏来到后堂。

“坐下吧！”

阿秀静静地坐下。

刘晏轻声地问：“阿秀，我问你，刘安这个人怎么样？”

“很好呀！大人怎么突然问起这个问题来了？”阿秀有些不解地说。

“真的很好吗？”刘晏紧跟着又问了一句。

“是的，大人，有什么事吗？”阿秀有些疑惑了。

“既然这么说，我想当个月下老人，替你们两人撮合这段姻缘，你可愿意？”刘晏问道。

阿秀的脸唰地一下子就红到耳根，她难为情地低下头，双手拉着衣角摆弄着，一句话也不说。

“阿秀，刘安这孩子跟我这么多年了，为人忠厚老实，靠得住，你也很不错。其实你们两个人很般配的，如果你不愿意，我也没有话说，如果同意又不好意思说出口，我们是摇头不算点头算，你说怎么样？”刘晏语重心长地说。

沉默了一会儿，阿秀说：“大人，小女子孤身一人，无依无靠，是大人收留了我，我早就将这里当成家了，我的事由大人做主。”阿秀说完，不好意思地起身跑了。

望着阿秀的背影，刘晏心里的一块石头总算落了地，脸上露出满意的笑容。

这一天，刘晏请来李志宏说：“李大人，我有件事想同你商量一下。”

“什么事？”李志宏问。

“就是阿秀姑娘的事！”

“大人想通了？阿秀姑娘确实是个好姑娘啊！”

“阿秀确实是不错，我私下里征求了她的意见，她也同意了。”

李志宏乐滋滋地说：“果真如此，也不枉我救了她一场，大人是不是要给我们喜酒喝？”

“是的，我想请尊夫人过来帮帮忙，帮助两个年轻人将婚事给他们办了。”

“什么给他们办了，到底给谁办呀？”李志宏不解地问。

“刘安和阿秀呀！”刘晏说。

“啊呀，说了半天，我还以为是大人要纳阿秀为妾呢！”

“说到哪里去了，我当初不是说了无意纳妾吗？”刘晏说罢，哈哈大笑，接着又说，“阿秀也没有什么亲人，我代表男方，请你代表女方，将婚事办热闹点，你看行吗？”

“行啊！我回去同内人讲一下，叫她帮阿秀办点嫁妆。”

“这倒不必，阿秀的嫁妆由我置办，你我当个证婚人，为他们捧捧场即可。”

“好，这件事情就这么定了，我明天叫内人过来帮助料理，一定要办得让两个年轻人高兴。”

这一天，刘晏同李志宏等人正在县衙议事，驿卒六百里快递传来吏部的诏敕，原来是刘晏在温县三年任期已满，即将离任，御史衙门的侍御史一职出缺，皇上降旨着刘晏实补，温县县令之职由李志宏暂署。

顷刻间，刘晏升迁的消息不胫而走，前来请酒的、拜辞的，人来人往，络绎不绝，但刘晏概不受吃请，坚持一杯清茶同众人话别。

刘晏将政务、财务同李志宏交接完毕后，就准备起程回京。

李志宏这段时间也没有闲着，他除了同刘晏办理交接手续外，还在谋划欢送刘晏的事情。刘晏在夏县离任时主仆二人夜出夏县城，夏县百姓前来拜送而人去楼空的故事他早有耳闻。刘晏来温县时县丞设计试县令的往事也早已成为人们茶余饭后的趣谈，他想替温县的百姓好好地感谢这位好县令，弥补当初设计戏弄刘晏的过失，同时也想表达这几年刘晏对他栽培的感激之情。但是，刘晏既不贪财，又不爱色，想表达点心意还真是有点难。李志宏是个耿直的人，他要是真心服了一个人，他就能够为那人割心割肝，刘晏就是一个让他从心底里服了的人，如果不能够在他临走之时将对他的感激和敬佩之情表达出来，他可真是要抱憾终生了。他秘密地约见了乡绅之首郭家威，两人商定了一个欢送刘晏的方案。

刘晏启程之日，李志宏打起了十二倍的精神，从驿站调来八人抬大轿，外加一辆马车，供刘安和阿秀代步以及装运简单的行李。

临行这一天，温县之百姓自发地扶老携幼聚集在温县县城北门，等候着为他们衷心爱戴的刘县令送行。

辰时刚过，以宋呈祥为首的八名衙役抬着一顶八抬大轿从城里缓慢地走来，新署温县县令李志宏亲自扶轿，官轿刚近北门，郭家威越出人群站在官道中间一挥手说：“刘大人，请留步！”

“落轿！”宋呈祥大喊一声。

官轿平稳地停了下来。李志宏连忙上前为刘晏掀起轿帘，刘晏面带笑容的走出轿，郭家威说：“刘大人，温县的老百姓为你送行来了！”

“刘大人，您别走行吗？”

“刘大人，您是我们的好父母官啊！我们离不开您啊！”

“刘大人，您一路走好！”

大道两旁的老百姓冲着刘晏七嘴八舌地喊开了，有人跪在地下为刘晏送行，随后大道两旁跪下了一大片的老百姓。刘晏面对眼前的情景，心里格外激动，两眼含泪地跪在地下，大声地说：“各位父老乡亲们，我刘晏何德何能，怎经得起大家的如此重礼，大家快起来，快起来吧！”

李志宏连忙上前搀起刘晏，再对众百姓说：“大家都起来吧！”

郭家威大声说道：“刘大人在温县三年，真正是为官一任，造福一方，让老百姓真正体会到了什么样的官才是亲民之官。为了铭记刘大人在温县任期内的丰功伟绩，温县的老百姓，特刻碑记之以传后世，现在，请我们的新县令李志宏李大人为石碑揭幕。”

李志宏满脸虔诚地来到石碑旁，伸手揭开了蒙在石碑上的大红布，一块大理石石碑展现在人们的面前。

功德碑

刘公晏，字士安，曹州南华人氏，生于开元四年。开元十三年，玄宗泰山封禅，晏赴行在敬献《东封书》，谓之神童；幼时入仕，官授秘书正字；天宝六年任夏县令，颇有能名，未尝督赋，而输无逋期；九年再应科举，进士及第，再补温县令，署理温县期间，清正廉洁，励精图治，体察民情，宽惠待民，为官一任，造福一方，深得百姓之拥戴。特刻此传，模范永垂。

大唐天宝十三年立

看着立在路边的石碑，面对旧时的同僚和百姓，刘晏激动地说："各位同僚，各位乡亲们，我刘晏拿的是朝廷俸禄，喝的是黄河水，吃的是温县的粮。为官一任，造福一方是我的宗旨，我在温县所做的一切，都是我分内的事，是应该做的。倒是我本人能力有限，时间也不长，不能为温县的百姓做更多的事，我真是有点对不住大家呀！我看这碑就不要立了，我真是经受不起呀。"说完，他又深深地向周围环揖。

"大人请上轿，下官和温县的百姓为你送行！"李志宏恭敬虔诚地伸手掀开轿帘，请刘晏上轿。

刘晏推辞不过，只好重新上轿。

"起轿！"宋呈祥大喊一声，官轿又平稳地被抬了起来。

官道上，八人抬官轿走在前面，后面是使劲吹打着的乐队，再后面就是长长的一队人，这就是温县为刘晏送行的队伍，他们一直将刘晏送出境，站在那里望着远去的官轿和马车，久久不肯离去。

第十二章　未上任的御史管闲事

刘晏主仆三人离了温县，在就近驿站将八人抬官轿换成四人抬小轿，沿着驿道晓行夜宿，一路向长安进发。这日进入新安县境，临近新安县城，已是日落西山之时，远远望去，只见城门口排队站着一长溜的人。刘晏说道："刘安，去看看是怎么回事！"

刘安走近城门，站在那里看了半天回来说："老爷，衙役堵住城门口收税，凡进城之人一个都不能免，我们怎么办？"

"过！"刘晏面有愠色地说。

刘安长鞭一甩，大喊一声"驾！"赶着马车在前面开路，刘晏的官轿紧随其后向城门口走去。

"站住，没看见都在排队吗？"一个衙役上前拦住马车说。

刘安一勒缰绳，马车在衙役旁边擦身而过，这下衙役们火气可就大了，跑上前拦住刘晏的官轿："停轿，哪里来的野蛮子，这样横？"

轿夫看见无路可走，只好停轿。走在前面的刘安看到衙役拦下了刘晏的官轿，急停跳下马车，冲到拦轿衙役的面前说："你们要干什么？"

"收税，怎么样？"衙役理直气壮地说。

"过路的朝廷命官也要收税？"刘晏掀开轿帘不露声色地问。

看到刘晏穿的是便服，衙役有些不相信地说："你是朝廷命官？有什么凭证？冒充的吧？"

刘安上前大声地说："瞎了你的狗眼，竟敢刁难朝廷官员，向过路的朝廷御史收税！"

"找死呢？还御史，别拿大帽子吓人。"

"睁开你的狗眼看看，看到底谁在找死！"刘安从包裹里拿出朝廷公文向衙役扬了扬。

衙役看到公文后，吓得一下子全都跪在地下："御史大人，小的该死，小的该死！"

"还收税吗？"刘晏问。

"小的不敢！小的不敢！"衙役一个劲儿地赔小心，其他的衙役看到这边有事，马上都靠拢过来，欲帮忙大打出手，不想情况急转直下，一个个全跪在地下不敢出声。

排队交税的老百姓一下子围过来了，议论纷纷，群情愤慨。有的无奈地说："收税，收税，还给不给老百姓一条活路呀？"

有的气愤地说："皇帝在朝中发号施令，贪官污吏在下面胡作非为，如此暴政，百姓还有活路吗？！"

"回去告诉你们县太爷，叫他不要再做这些杀鸡取卵的事情了。就说是侍御史刘晏说的。"

刘晏对轿夫说："起轿！"

刘安跳上马车在前面引道，一车一轿缓缓地走进新安县城，刘安跳下马车来到官轿前说："老爷，前面是新安驿站，今天天色已晚，我们在此住宿行吗？过了这一村就没有这一店了。"

"好，那就在这里住一宿吧！"刘晏在轿内回答说。

新安驿站也是一个大驿站，刘晏的官轿刚在驿站停下，一个老驿卒就从驿站里迎出来："大人从哪里来，要落宿本站吧？"

刘安答道："我们从温县来，这位是侍御史刘大人，要到京师去，请安排两个房间，有吗？"

"有，有，请进来再说。"驿卒将他们让进驿站，在东厢房为他们安排了两间客房。

用过饭之后，刘晏见驿卒闲着没事，说道："老哥，平时都很忙吧？"

"有时忙，有时闲，没个定数，今天就只有二位。"驿卒顺手拉过一条板凳坐下。

"驿站接待的都是些什么样的客人？"

"有传递信函的驿卒，有西去东来的官差，有上任离任的官员，特别是上任、离任的官员，前呼后拥，哪一拨都有十几人，甚至几十人，像大人您这样只有主仆二人的我还真不多见。”

“我的家小都在长安，没带到任上。”刘晏说。

两人正闲聊着，忽听外面传来人喊马叫声，一个破锣嗓子喊道：“有人没有？怎么不来接一下呀？”

“看，刚才还说只有你们二位，看来又来了一拨要威风的大爷。”老驿卒苦笑地摇摇头，赶忙起身答道：“来了，来了。”

一个管家模样的中年人耀武扬威地走进驿站，指手画脚地说：“我家老爷是钦定的淮安县太爷，今天在此住一宿，赶快安排客房，给马匹上料，别误了我家老爷的休息。”

管家的话音刚落，从门外一下子涌进了男女老少七八十人。老驿卒惊讶地问：“这都是去上任的人？”

“怎么样？威风吧？”管家用手指着进来的人说，“那是我家老爷的正室，后面三个是妾，左边那两位是二姑和二姑爷，右边那两位是三姨和姨父……还要我一一介绍吗？”

驿卒摆摆手：“别，别，别，我去为你们准备客房。不过，你们人太多，驿站没有那么多的房间，住不下的人也就只好打地铺了！”

刘晏坐在一旁冷眼相看，见管家说完了，向他招招手：“你过来一下，我有话问你。”

管家三步两步走过来，傲慢地问：“有什么事吗？”

“我想会会你家老爷。”

“有什么事有求于我家老爷吧？”

刘晏笑了笑，含糊地说：“见过了再说。”

“我总不能白白地为你跑路吧？”管家做了个要钱的手势。

“你去叫过来再说，不会亏待你的。”

管家有点不情愿地去将他家老爷叫了过来。面对走过来的新任淮安县令，刘晏仍端坐不动，高深莫测地说：“这位大人红光满面，妻妾成群，可谓是福星高照，官运亨通啊。请问怎么称呼？”

“本官童禄，钦定的淮安县令，去淮安县上任！”

刘晏指指进来的一大堆人说：“这些人都是跟你一同去淮安上任的？”

“还有的没能赶上，说不定随后就到。”童禄忘乎所以地说。

“你一个七品县令，朝廷给你的俸禄能养活这么多的人吗？”刘晏继续问。

“哪能要我养呀？到时有人想出钱，还要看我愿意不愿意收呢！”童禄真是有些得意忘形了。

刘晏正色说：“童禄，淮安你就别去了，从哪里来，还是回到哪里去吧！”

童禄瞪着眼睛说：“你是谁呀？有何权力叫本官打道回府？管得着吗？说话不怕咬到舌头。”

刘安适时地站出来说：“这是刘大人，刚从温县卸任归来。”童禄听罢大笑起来。

“很好笑吗？”刘晏不动声色地问。

“哈哈，原来是一个过气的县令，凭什么管本官之事。”童禄说罢转身就走。

“站住！”

童禄重新转过身来：“叫我吗？”

“还能叫别人吗？”

童禄真是得意忘形，他也不想想，凭一个卸任的县令，他会多管闲事吗？既然一而再，再而三地干涉他，必定是有来头的了，偏偏他就没有想到这一点，瞪眼说道：“我说你是吃错了药吧？”

“放肆！”刘安大吼一声。

“我说错了吗？”童禄听到刘安的吼叫，有点吃不准了。看装束，刘安应该是刘晏的随从，自己是即将上任的堂堂七品县令，一个随从竟敢大声呵斥，莫不是真的有点来头？

“你知道在同谁说话吗？”

“不就是一个卸任的县令吗？”

“准确地说，是御史衙门的侍御史刘大人，你说管得着管不着？”

童禄听说刘晏是朝廷的侍御史，一下子就蔫了，但仍有些不相信地问：“有什么凭证？”

刘安拿出公文在童禄面前晃了晃：“这算不算凭证？”

童禄看到刘安手中的公文，扑通就跪在地下，声音有些颤抖地说：“不知是侍御史大人大驾，小的有眼不识泰山，请您大人不计小人过，饶过这一回，小的一定痛改前非，重新做人。”

“你就等着听参吧！”刘晏一挥手转身进了客房，顺手用力关上门。门外传来一片哭声。

夜已很晚了，刘晏正准备解衣就寝，忽然传来一阵敲门声："侍御史大人在吗？休息了吗？"

"童禄，不要敲了，你这样的人不配当官，三妻四妾、七姑六爷带了一大帮，你哪里是去上任呀，简直就是去刮地皮的嘛！你还是去反省反省，等着听参吧！"刘晏冲着门外说。

"御史大人，我们不是童禄，是新安县的，请大人将门打开行吗？"外面的人说。

刘晏起身将门打开，从门外进来两个人，只见走在后面的那位上前一步说："御史大人，这位是新安县令周秉忠周大人！"

周秉忠迈步进屋说："刘大人，下官刚刚才知道您到了新安县城，恕未远迎，下官是来请您换一个好的客店，驿站的条件太差了。"

"谢谢周县令，这里已经很好了，不必再换了。"

"还是换个地方吧，这里太乱了。"周县令继续说。

"周县令这个时候来，还有什么事吗？"

"御史大人下午进城，衙役们不知大人驾临，多有冒犯，下官是特地来向您赔罪的。"周县令小心地说。

刘晏拉过旁边的长条木凳，说："请周大人坐下来说话。"周县令落座后，他又接着说，"赔罪就不必了，只是我想问一下，新安的赋税都是这样征收的吗？"

"刘大人，您不知道，这里的刁民特别难缠，即使是用这样的方法，朝廷的赋税仍然收不上来。"周县令说。

"周县令，我也做过几任亲民之官，从来就不赞成用这种办法对待老百姓，更不以高压手段强迫老百姓纳税，但每年的税收任务照样都能够完成。"

"刘大人可否教我？"周县令恭敬地说。

"治理一方之政，首务是发展生产，宽惠待民，而不是向老百姓伸手。治政不能爱民，一意横征暴敛，必当失去民心，失民心者失天下，这个道理是很明显的。"

"大人教导的是，下官一定铭记在心。这里实在是太乱了，大人是否能赏个脸，换个地方，本县也好为御史大人接风洗尘。"周县令说。

"接风就不必了，如果没有别的事的话，就请周大人自便吧！"刘晏谢绝了周县令的盛情。

"大人晚安，下官告辞了！"周县令无奈地退出了房间。

侍御史司是御史衙门属下的一个职能部门，从属于御史台，掌纠百僚、推举狱讼之事。刘晏到御史衙门上任的第一天，侍御史司的一众同僚早早地聚集在衙门口，迎接他们的新任长官。刘晏的官轿刚一落地，大家一拥而上，纷纷地向刘晏表示欢迎之意。刘晏走出轿，向前来欢迎的人群一揖说："各位不必客气，今后都要在一起共事，太客气了反而不好意思。"说完同众人沿门前台阶拾级而上，举步跨进侍御史衙门，落座后说："今天是我上任的第一天，只是想同大家见个面，都不要客气，随便些。"

副侍御史何文轩说："刘大人，下官是副侍御使何文轩，虽久为京官，大人在地方上的所作所为早有所闻。前几年进士及第，皇上对您的嘉奖亦传遍京城，能在您的手下办差，是我等的荣幸。侍御史司是个清水衙门，平时的事务不多，清闲得很，你在地方上辛苦多年，正好到御史衙门来清静清静，今天大家凑了个份子，为你接风洗尘。"

刘晏笑了笑说："本来我今天不想说什么的，然文轩兄的观点我却不敢苟同，既然说到这里，我倒也想说说自己的看法，如果有什不对的地方，可以讨论。"

"欢迎刘大人训示！"何文轩说着，带头鼓掌，大家也鼓掌以示欢迎。

"刚才文轩兄说到御史衙门是一个清水衙门，没有什么事，清闲得很，这话要看怎样讲。如果御史衙门真的无事可做，那朝廷为何要设此机构？既然设立这个机构，那就有其存在的必要。御史衙门担肃正朝纲之重任，侍御史司掌纠举百僚、推举狱讼之事，你们成天坐在衙门内，当然不知道外面的世界到底是个什么样子，更不知道吏治腐败到了何等触目惊心的地步。你们知道老百姓是怎么说的吗？出去听听就知道了，老百姓形容现在的官场：随便站在哪个衙门口，只要是在这个衙门办差的官员，见一个杀一个可能会有些冤枉，隔一个杀一个可能又有些漏网，你们说吏治败坏是何等的触目惊心！"他环视了一下周围，见大家都在聚精会神地听，接着说："前些时，我从温县离任回京途中，在新安驿站碰到一位去淮安县上任的县令，除带上一妻三妾外，还有三姑八姨、师爷书办、婢女家仆，好家伙，一共有七八十人，将整个驿站都塞满了。我对他说，淮安就那么大一个地方，你一个县令带这么多人去干啥，去刮地皮呀？我劝他淮安就不要去了，上任侍御史的第一本，就是要参他。同样也是在新安县，衙役堵着城门向老百姓收税，这些地方官，哪里是在替朝廷治民理政呀？他们简直是为朝廷帮倒忙！太宗皇帝说：'君王如舟，百姓似水，水能载舟，亦能覆舟'，这句话说了百余年，为什么就记不住呢？我说呀，御史衙门不是没有事做，而是很多事情放在那里没人去做，如果总是像这样清闲下去，上对不起朝廷，下对不起百姓，中间对不起朝廷的俸禄。贪官污吏到处都有，就看我们怎样去将他们挖出来。请文轩兄拿出个方案，将侍御史衙门的人分成三拨：一拨留在衙门整理文案；一拨留在京畿；一拨下到全国各地去，任务是体察民情，纠正吏治，身体不好和有特殊情况的留下，其余的人都走出去。这是我今天说的第一个问题。”

刘晏环视了大家一眼又说：“古话说‘武死沙场，文死谏’，御史是言官，死于谏是我们的本分，可惜我们都晚生了百余年，没有见到我朝名臣魏征冒死言谏之风范。但是，我们要以他为楷模，要直言敢谏，身为言官，不敢讲话，不如卷铺盖走人！这是我说的第二个问题。我要说的第三个问题，大家出去办差，要注意一些方法，要抓得住重点，不要将张三拿了公家的几本纸，李四偷了厨房里的一条黄瓜这样鸡毛蒜皮的小事拿来大做文章，更不要捕风捉影，无中生有。要认认真真做事，扎扎实实办案，要让那些能够做事的官员放开手脚地去干，要让那些贪官污吏惶惶不可终日。”

听完刘晏振振有词的训示，所有人都热烈地鼓掌，好多人的手掌都拍红了。这些话都说到他们的心坎里去了，都是他们想说又说不上来的话，想做又做不了的事。他们都在心底里说，刘晏的能干果然名不虚传，今后能在这样的长官手下办差，就是再苦也值。

刘晏刚想再说点什么，看见吏部考功郎中伍子明走了进来，他连忙收住话头说：“我今天说的就是：诚心，敢言，不挑剔。下面请文轩主持，大家可以议一议，如有什么不妥之处，可以商榷。”说完，起身向刚进门的伍子明迎了上去，“吏部考功郎中驾到，请到里面坐。”

两人进了里间，刚一落座，伍子明就单刀直入地说：“我是无事不登三宝殿，还没有为你接风，就已经有事找上门来了。”

“有什么事需要效劳的尽管说，只要我能办到的就绝不推辞。”

“吏部接到举报，有人反映临潼县义仓的储粮被县令管宝一伙贪官洗劫一空。吏部已知会了户部，请御史衙门会同户部到临潼辛苦一趟，如果举报属实，恐怕就是轰动全国的大案。”

刘晏刚上任，就看到有人找上门来，立即来了精神：“是到户部去，还是将他们请过来，我们再商议一下，看怎么搞。”

“不到户部去，也不请他来，就到吏部去，顺便为你接风洗尘，案件办完后，再为你摆庆功宴。”伍子明拉着刘晏一起去了吏部。

第十三章　神秘人指点迷津

唐朝的义仓，是地方上为了防备荒年而设置的公益粮仓。义仓的储粮为收获季节的劝导捐纳，饥荒之年，则用义仓之粮赈济灾民。唐代中后期，义仓之粮源悄然发生了变化。政府规定，每亩土地纳粮二升，商贾无田者，户分九等，分别纳五斗至五石不等的粮食作为义仓之储粮，使得义仓之粮有了固定的来源。天宝八年，全国义仓储粮达到六千三百余万石，这是一个十分惊人的数字。

义仓储粮多本来是一件好事情，但却引来了贪官污吏的黑手。许多地方的官吏看到义仓的粮食多了，就动起了脑筋，挪用者有之，盗卖者亦有之，义仓成了贪官污吏们的钱庄。朝廷接到密报，临潼县义仓之粮被县令管宝一伙贪官盗卖一空，县衙所有官员皆参与其中，如若属实，则是轰动全国的大案。

刘晏亲率监察御史冷聪，会同户部员外郎张晓明、主簿王轩，一行四人悄然来到临潼县。二话不说，先查封了义仓的账簿，再礼节性地知会了临潼县令管宝，然后四人分头核对账目，一连数日，从账目上没有发现任何问题。再到临潼县的丰台仓、普济仓、惠民仓实地验库，三个仓库的粮食都堆得满满的。难道是举报有误？难道是贪官们做了手脚？几个人百思不得其解，稽查工作陷入僵局。

是日晚，刘晏一行四人来到一个面馆，买了一斤白酒，几盘小菜，四碗刀削面，边吃边喝边商量着如何查找线索。

他们旁边的一张桌子，坐着一位五十开外的老者，一个人打了一角酒，就着五花豆、臭干子、一碟小菜，自酌自饮。听到刘晏他们的议论，像是自言自语，又像是有意无意地说：“金玉其外，败絮其中！”

老者的话引起了张晓明的注意，他接着说：“老先生，此话怎讲？”

“你们是御史衙门、户部来的朝廷官员吧？”

“不错，我们正是京师来的！”

“可是来查验义仓之粮的？”

“你怎么知道？”刘晏说。

老者冷静地说：“我不仅知道你们是来查义仓之粮的，而且还知道你们已经查了三天，却没有发现任何蛛丝马迹。”

刘晏觉察到老者话中有话，于是说：“翻不过的火焰山，跳不出的盘丝洞，老先生可否指点一二？”

“翻过火焰山容易，跳出盘丝洞也不难。只是你们被眼前的谜团蒙住了双目。我明白地告诉你们，临潼义仓之粮已被硕鼠吞噬一空，丰台仓、普济仓、惠民仓都只是一个空壳子，只是你们不得其门罢了，不知各位是诚心向道，立志除魔，还是虚晃一枪，然后走人！”老者说。

“斩妖除魔取真经！”刘晏接着说。

“不瞒各位说，我也是公门中人，向来洁身自爱，对那些欺上瞒下、贪赃枉法、中饱私囊的贪官污吏甚是看不顺眼。”老者说。

“老先生就是那位……”刘晏欲言又止。

“彼此就心照不宣吧！”老者向口中丢了几粒花生米，头也不抬地说。

“义仓粮食的问题到底出在哪里呢？”张晓明问。

“我不是说了虚有其表吗！”

刘晏接着问：“此话怎讲？”

“各位来临潼之前，就有人给临潼通了消息，管宝一伙早就知道你们要来查核义仓之粮，连夜做了手脚，你们都被骗了。”

“就是提前得到信息，这么短的时间，他们哪来这么多的粮食将如此巨额亏空补上？”刘晏不解地问。

“这就是我说的虚有其表了！”老者说。

“能说得具体点吗？”刘晏说。

“别看丰台仓，惠民仓，普济仓，仓仓丰盈，事实是，内装草，外装粮，内外两重天。”老者说。

“这就是金玉其外、败絮其中？”刘晏问。

“不仅如此，就是外面仅有的一点粮食也都是临时借来充数的。”老者说。

“你是说三个粮仓本来就是空的？”刘晏急切地问。

老者笑了笑，转头对店小二说："伙计，结账！"结完账，老者起身欲走。

刘晏站起身说："老先生，你……"

"不要问我从哪里来，也不要问我到哪里去，只求善果，莫问前程，在下不认识各位，各位也不认识在下。"老者说完走出门，身影很快就消失在暮色中。

临潼县衙内，刘晏、张晓明和县令管宝坐在一起说话。管宝说："刘大人、张大人，你们来临潼有不少的日子了，不知稽核义仓之粮的进展如何？下官在临潼多年，历年的考功都是上或中上，还从来没有一个中评的，这些吏部都有档可查。"

"管大人，义仓储粮到底有没有问题，你是乌龟吃萤火虫——心里明白，哑巴吃汤圆——肚子里有数，何必问我们呢！"张晓明说。

"我当然有数，丰台仓、惠民仓、普济仓三个粮仓粮食都堆得满满的，义仓储粮进出的账目也是来去清楚，没有半点的含糊。"管宝有点得意地说。

"如果真能像管大人所讲的那样，那就再好不过了，只怕事情不是这样，那就有点不好办了！"刘晏说。

正说到这里，一名衙役匆匆地走进来，将管宝叫到一边小声地说着什么。管宝听了衙役的话，脸色立即就变了，冲着刘晏、张晓明说："二位大人，外面的布告到底是怎么回事？"

"管大人别急，经过几天稽核，看到贵县义仓之粮丰盈，心里实在是高兴。近来京师粮食匮乏，户部决定将临潼之粮调一部分支援京师，张贴布告只不过是想将此事告诉临潼的老百姓，让他们知道临潼义仓储粮丰盈。同时也是将管大人的政绩告知临潼的百姓，替管大人扬名哟！"刘晏调侃地说。

"户部调临潼之粮，也得同下官有个商量，似此不声不响地一张告示大白于天下，简直是视本县如无物，这断然是不可以的。"管宝有些激动地说。

"管大人先别激动，如果情况发生了变化，户部可以改变主意，不调临潼义仓之粮，也许临潼根本就无粮可调也说不定。"张晓明说。

正在这时，王轩手拿一把纸条大步地走进县衙，递给张晓明说："大人，这些都是县衙向当地大户借粮的借据，一共是二千石。他们听说户部要调走临潼义仓的粮食，都怕借出的粮食落空，抢着拿出借条要取回自己的粮食。"

张晓明接过借据，看了看放在桌上说："管大人，这些借据如何解释？"

看到桌上一大沓借据，管县令像泄了气的皮球，一下子就蔫了，有气无力地坐在椅子上，一声不吭。

“走，请在场的各位陪本官一起去看看义仓之粮吧！”刘晏说罢，带头走出县衙，向普济仓走去，临潼的官员们也只好怏怏地跟在后面。

刘晏来到普济仓，对守库的库吏说：“打开门，叫几个人来翻仓！”

库吏站在那里，望望管县令，再看看刘晏，有点不知所措。刘晏大声地说：“愣着干什么？叫你打开库门，叫几个人来翻仓，听见了没有？”

库吏慌乱地打开库门，连忙喊几个人来，手忙脚乱地将仓库里的粮食向外搬。搬到第三层时，粮袋似乎就变了样，轻飘飘的，放在地下也没有了响声。刘晏亲自进库拉出一个麻袋抛在地下，对库吏说；“打开这个粮包！”

库吏不知所措地站在那里，王轩大声说：“御史大人叫你打开粮袋，你听见了没有？”

库吏不情愿地将麻袋的封口打开，展现在大家面前的不是粮食，而是一麻袋的稻草。刘晏指着地下的稻草说：“管大人，这也是粮食吗？”

管县令张口结舌，一句话也说不出来。

随后再到丰台仓、惠民仓翻仓查验，都是一样，外面堆码的是粮食，里面塞的全部是稻草。

刘晏的奏章以六百里加急传到朝廷，玄宗李隆基看了奏章后十分震怒，下旨着刑部将临潼所有贪官全部锁拿进京，严惩不贷。

正当刘晏踌躇满志地准备在侍御史这个职位上大显身手的时候，唐朝一场空前的灾难悄然而至。天宝十三年，渔阳鼙鼓动地来，边将安禄山同其部属史思明起兵反唐，一场毁灭性的战争——安史之乱——爆发了。转瞬间，战争便席卷了整个华北。不久，又蔓延至江淮，烽火遍地，狼烟四起，一个“人情欣欣然”的繁华美景顿时变成荒草千里、尸积如山、烟火断绝的荒凉世界。整个唐朝的经济顷刻间被破坏得荡然无存。当时的著名诗人岑参在其《行军》一诗中说：

胡兵夺长安，宫殿生野草。
胡雏尚未灭，诸将恳征讨。
昨闻咸阳败，杀戮尽如归。
积尸若丘山，流血涨丰镐。
……
村落皆无人，萧然空桑枣。

第十四章 安史之乱

安史之乱是唐玄宗李隆基后期内政腐败、无节制地扩大边将的权力所带来的恶果。当时边境多事，朝廷为了给边将更多的权力，授予他们节度使之职，节度使有节制边境之军政、民政、财政的职权，实际上成为了一方之霸主，时间一久，诸节度使便因功高震主而不受朝廷节制，逐渐形成了尾大不掉之势。胡人安禄山以重金贿赂高力士，结交杨贵妃，高力士、杨贵妃两人在李隆基面前为安禄山歌功颂德，安禄山很快被李隆基封为平卢、范阳、河东三道节度使，成为李隆基驾前说一不二的宠臣，圣眷超过了任何人。这使安禄山的势力迅速地膨胀起来。他一朝得道，便生叛逆之心，趁唐王朝内政腐败之机，于天宝十四年十一月，伙同手下大将史思明在范阳公然举兵反唐，剽悍的叛军骑兵顷刻间蹂躏了黄河南北的广大土地，很快就攻陷东都洛阳，直逼西京长安。

李隆基见大势已去，率皇子皇孙、贵妃宠臣潜出延清门，向西溃退。大队人马行至左藏库，宰相杨国忠说："陛下，请下圣旨，将左藏库焚毁，以免库存钱帛为叛军所获。"

"贼兵进入都城，如果没有库藏可掳，势必要大肆屠掠百姓，不如将左藏库之钱财留给贼兵，使百姓少受些杀戮掠夺之灾吧！"李隆基愀然地说。

李隆基率领群臣一阵疾奔，出京城过了便桥后，杨国忠命令行军士说："尔等听着，待皇上过桥后，准备好薪柴，立即将此桥焚毁，以断绝叛军追赶之路。"

"不可，贼兵破城，军民百姓都得避贼逃生，此桥若是焚毁，岂不断了军民百姓逃生之路。"李隆基立即制止了杨国忠的做法，转而对高力士讲，"你留下来，指挥军士迅速将桥上余火扑灭，然后再行赶来。"

高力士领旨，组织官兵迅速将桥上余火扑灭，仍将一座完好的桥留下，供军民人等逃生之用，随后再快马加鞭追上大队人马。

李隆基在众人的簇拥下逃至咸阳望贤宫，此时咸阳县令早已闻风而逃，只留下一座空空的咸阳城。众人一路逃窜犹如丧家之犬，早已是饥寒交困，疲惫不堪。因出逃仓促，随身并没有带上粮食，也根本没有预料到路上连饭也没得吃，于是只好令民献食，给予现钱。但人民所献多为粗食，若在平日，李隆基与群臣对此等之食，恐怕望都懒得望一眼，但在此时，可谓是饥不择食，粗食也成为美味佳肴。君臣将百姓所献之粗食一阵哄抢，狼吞虎咽、风卷残云，其状不忍直视。稍事休息，李隆基又率领群臣仓皇向西逃窜。

是日行至马嵬坡，李隆基同杨贵妃住在驿馆之内，正准备休息的时候，忽听到外面喊杀连天，李隆基以为是贼兵杀到，吓得魂不附体。忽见高力士慌里慌张跑进来，语无伦次地说：

“陛下，大事不好。”

“发生了什么事？”李隆基紧张地问。

“兵变了，兵变了。”

“说清楚些，到底是怎么回事？”

“宫廷禁兵发生兵变，乱刀砍杀了宰相杨国忠父子，现在包围了驿馆，坚决要求陛下诛除贵妃娘娘。”

杨贵妃听到高力士之言，吓得瘫倒在地，号啕大哭，说：“陛下，臣妾侍奉陛下多年，您不能弃我于不顾呀！陛下，饶命呀！”

李隆基上前抱住杨贵妃，杨贵妃乘势倒在他的怀中痛哭流涕。看到“回眸一笑百媚生，六宫粉黛无颜色”的宠妃哭得如此伤心，李隆基心如刀割，他带着哭腔对高力士说：“高爱卿，你去对众将士讲，国忠当诛，但贵妃无罪，请他们高抬贵手留下贵妃一命，什么条件朕都答应他们。”

高力士慌慌张张地跑到驿站门口，对群情鼎沸、手持兵器的众将士大声喊道：“众将士静一静，我已将大家的意思禀报皇上。皇上说，国忠当诛，然贵妃无罪，念在贵妃娘娘跟随皇上多年的分儿上，请大家高抬贵手饶贵妃娘娘一命。皇上说，只要能留贵妃娘娘一条命，大家提出的任何要求都可以商量。”

众将士听到高力士的讲话，高举手中的兵器齐声高呼：“杀了杨贵妃！杀了杨贵妃！”

禁军统领陈玄礼冲到高力士面前大声说道：“乱臣贼子杨国忠、杨玉环兄妹俩乃安史之乱的祸根，今杨国忠已诛，岂能容杨贵妃这个红颜祸水留在人间继续为祸？况我等已诛杀杨国忠，杨贵妃一定会记恨在心，他日得势，我等还有活路吗？皇上如果要赦免杨贵妃，我们就不保皇上，是杀是赦，请皇上马上答复我们。”

“杀了杨贵妃！杀了杨贵妃！”众将士继续齐声高呼。

高力士转入驿馆之内，哭丧着脸看着李隆基一言不发，李隆基迫切地问：“怎么样？”

“群情激愤，六军将士不言恕！”

“贵妃深居内宫，何罪之有？众将士为何要夺爱妃之命，剜去我心头之肉！”李隆基痛心疾首地说。

“将士乱刀砍杀杨国忠，贵妃虽无罪，却在陛下身边，众将士岂敢自安！陛下要审视此事，将士安则陛下安，陛下若赦免贵妃娘娘，众将士定将离此而去。若此，陛下就真的成为孤家寡人了。陛下，当断不断，必有大乱。形势迫在眉睫，不容半点犹豫，若众将士果真一哄而散，大家就全都完了。”高力士带着哭声说。

“爱妃，不是朕寡情，实在是没有办法呀！”李隆基轻轻地推开杨贵妃，慢慢地站起来，无奈地对高力士说，“高爱卿，你去准备一下，给她留个全尸吧！”

“陛下！”杨贵妃凄惨地叫道。

马嵬坡驿馆内有座佛堂，佛堂前的院子里有一棵两丈高的大梨树，树下放着一条木凳。高力士手捧一个托盘站在木凳旁边，托盘上放着一条七尺白绫。

驿馆内，杨贵妃慢慢地从地上爬起来，走到梳妆台前，对着镜子取下头上的发簪，拿起一把玉梳，将蓬乱的头发梳理一遍，随手将玉梳折断弃之于地，再将刚才取下的发簪插在头上；从架子上取下温脸巾，擦去脸上的泪痕，随手将脸巾弃之于地；取出随身携带的胭脂水粉，在脸上轻轻地涂抹一遍，随手又将这些名贵的胭脂水粉弃之于地；最后将身上凌乱的衣裳抖了抖，转过身对着李隆基福了一福：“陛下，臣妾去了！”

李隆基不忍相视，背对着杨贵妃摆了摆手，痛苦地说：“你去吧！”

梨树下，高力士手捧托盘静静地站在那里，看到杨贵妃从里面慢慢地走了出来，轻轻地颤声叫道：“娘娘！”

杨贵妃迈着碎步缓缓地来到梨树下，冷若冰霜地说：“逆胡犯境，与我一个弱女子何干？叛军的铁蹄踏遍黄河两岸，谁能阻抗？说本宫是红颜祸水，祸在哪里？本宫同皇上如鱼得水，恩恩爱爱，这是上苍赏赐的缘分，试问天下的女子，谁不想得到这种荣幸？能得到此际遇者，天下又有几人？想我杨玉环貌若天仙，自幼聪颖过人，琴棋书画样样皆通，通音律，善歌舞，色艺双全，谁人能及？凭姿色、靠技能博得皇上的宠幸，使尽浑身解数侍奉皇上，想方设法逗皇上开心，难道这也有错吗？朝中的文武百官，哪一个又不是使尽浑身解数欲博皇上一笑？都是你们这些臭男人……我恨啊！若杨玉环之死能换得唐室安宁，那我就去吧！”说完，她蹬上木凳，取过高力士手中托盘里的七尺白绫，左手握住白绫的一头，右手将白绫的另一头抛上树梢，伸手接过穿过树梢的白绫，将白绫绕了一个圈子，系好结，幽怨地将头伸进白绫圈子里，双脚蹬开凳子……一代绝世美人，就此香消玉殒。此时是天宝十五年六月。

有词为证：

逆胡兴兵烟尘起，铁蹄踏碎好山河。
大厦将倾人心惶，明皇弃都走西门。
落魄夜宿马嵬坡，六军哗变夜惊魂。
乱刀砍杀杨国忠，逼宫再催贵妃命。
君王掩面救不得，忍赐追命七尺绫。
满腔幽怨谁知晓，佳人含恨脱红尘。

李隆基因安史之乱弃京城仓皇出逃已成惊弓之鸟，马嵬驿之变痛失爱妃更是悲痛万分、万念俱灰。在赐死杨贵妃之次日，他命高力士传旨继续西行。刚出驿站，前面的人马突然停滞不前，李隆基大吃一惊，急令随驾的御史中丞韦谔前去探看，韦谔驱马上前大声问说：“前方并无敌情，尔等为何勒马不行？”

禁军统领陈玄礼说：“昨日我等已除杨国忠，逼杀杨贵妃，而杨国忠的门人、部下多在西蜀，此时却要奔赴彼处，这不是令我等飞蛾扑火，自投死路吗？”

“尔等不愿赴西蜀，意欲何往？”韦谔问道。

“到河陇去！”

“到灵武去！”

“到太原去！”

“干脆掉转马头，挥师东进，杀回长安去！”

众人议论纷纷，莫衷一是。

韦谔勒转马头，来到李隆基的銮驾前：“陛下，众人不愿走西蜀。”

“他们要去哪里？”

“有人说去河陇，有人说去灵武，有人说去太原，有人说干脆杀回长安去。”

李隆基愣在那里一言不发，韦萼继续说：“陛下，臣以为，陛下身边既无大将，又无强兵，挥师东进杀回长安无御敌之兵，何以与数万贼兵抗衡？不如继续西行至扶风以获喘息之机，然后再从长计议。”

“卿言之有理，速传谕，大队人马立即启程西进，最终行程待到扶风以后再行定夺。”

韦萼复又掉转马头，对众人传谕：“皇上有旨，人马启程继续西进，待到扶风后再从长计议。”

大家听说皇上有了商量的余地，均松了一口气，遂放心启程西进。谁知一波未平，一波又起。沿途之百姓闻说皇上要放弃中原而赴西蜀，遂纷纷扶老携幼前来拦驾，东凑西集，沿途的百姓是越聚越多，道路滞塞，车驾寸步难行。阻道的百姓自发地分成了两拨，一拨拦住玄宗李隆基，一拨拦住太子李亨。

李隆基銮驾前的百姓说：“皇上，逆胡叛贼残暴不仁，嗜杀成性，所过之处无恶不作，寸草不留。皇上不可弃天下子民于不顾，弃中原而奔西蜀啊！皇上留下来，带领军民人等共同抗击贼兵吧！”

太子李亨马前的百姓说：“太子殿下，皇上欲赴西蜀，殿下却不可行啊！若皇上、太子均赴西蜀，中原大地谁主沉浮？恳求太子殿下留下来，小民等愿率子弟跟随太子殿下抗击贼兵，收复沦陷的大好河山。”

恰在此时，韦萼前来传谕：“传皇上口谕，太子殿下暂且留下，安抚好众百姓之后，即刻赶上圣驾！”

众百姓听说太子殿下留下，自发地让开道，放銮驾西行。

“太子殿下，你就留下来带领我们抗击贼兵吧！”

太子见父皇车驾向西而去，对众百姓说：“圣上向西而去，路途遥远，凶险无常，我身为太子，不能侍奉左右，叫我于心何安？且皇上只是口谕本太子暂时留下安抚，并没有明谕留下抗击贼兵，我怎好擅自做主，待我禀报父皇后再定行止吧！”说罢，欲打马冲出重围。

忽见三子建宁王李倓跃至马前，挽住太子的马缰说：“逆胡犯境，大厦将倾，若太子追随皇上同赴西蜀，沦陷之河山何日得以收复？且赴蜀后，若贼兵焚烧栈道，则皇上与太子将永无归期，中原之地势必拱手让与逆胡。若此，则人心涣散，再想收复沦陷之地则要难上百倍。今百姓拦道挽留，正当顺应民心，乘机招兵买马，号召各路兵马，共同抗击贼兵，收复山河有望矣！请太子殿下三思！”说罢，同百姓一道跪在太子马前。

众百姓齐声说：“太子殿下，留下来吧！”

又有一人趵至马前说：“建宁王所言极是，请太子殿下以社稷为重。我以为，太子殿下追随皇上至西蜀，侍奉左右以尽孝道是为小孝，若能留下来，率军民人等共同抗击叛军，收复沦陷的河山后再迎接皇上还京，此孝则为大孝，是为天地之孝也。恳请太子殿下留下来以顺应民心吧！”

太子举目望去，拦马恳求者乃长子广平王李俶。太子对广平王说：“尔等既欲留我，必当禀明皇上，你可前去奏文！”

广平王李俶应声而往，赶上李隆基，叩首道：“陛下，众百姓誓死挽留太子殿下阻击叛军，太子嘱微臣前来禀明，请陛下圣断。”

李隆基叹道：“人心如此，此乃天意啊！”遂命将后军兵马分二千与太子，当众口谕，“太子仁孝，可奉宗庙，汝等要善待太子！”又对广平王李俶说，“你去禀报太子，凡事要以社稷为重，不必念我。朕从前待西北诸胡多不薄，惠多怨少，将来必得以用，朕赴西蜀稍作安顿后，亦当有旨传位于太子。”说罢，率领追随的文武百官和大队人马，一路向西而去。

李俶叩送玄宗李隆基，归来将皇上的口谕传之。太子立于马鞍，大声疾呼道：“尔等军民人等听着，今奉皇上口谕，本太子不去西蜀，留下来同尔等共同抗击叛军，遂图收复河山，还尔百姓一个清平世界，朗朗乾坤！”

“皇上万岁！太子千岁千千岁！”百姓们高兴得大叫起来。

广平王李俶说：“此处非屯兵之所，太子殿下当选一座城池暂作栖身之地，再图克复两京之事。”

建宁王李倓说：“灵武地处交通要塞，可暂作栖身之地。太子暂据灵武，北可收诸城之兵，西可发河陇劲骑，南进则可收复中原。”

众人皆以为建宁王李倓言之有理。太子听从众议，率人马直奔灵武。

灵武县城，众将士将太子的住所装饰如宫殿，非常豪华。太子看后说：“国难当头，百姓皆处在水深火热之中，身为太子，当洁身自好，以国事为重，速将奢侈摆设之物撤去，诸事能从简者，皆从简为好。”

是日，众将联名上笺，请太子遵皇上在马嵬驿之口谕，即皇帝位。太子李亨推说：“父皇在马嵬驿虽有口喻，但未见正式禅位诏书，此事万万不可！”

众将再次上笺，太子只是不允，众将士无奈。众人合议，一同来到太子大帐，伏地叩首道："太子殿下，随太子征战之将士多来自关中，父老乡亲皆留在故里，莫不思归。历尽艰险依附于太子，皆有攀龙附凤之心，以图有个进身，若太子坚意推托，岂不冷了众人之心？今逆胡叛乱，天下纷争，事急从权，太子应以大局为重，切不可以拘泥于小节。今皇上远在西蜀，中原将士皆群龙无首，太子此时若不能站出来主持大局，两京何日得以收复？到时皇权旁落，太子将悔之晚矣！"

其实，太子窥伺皇位已久，此前之推托，只不过是虚情假意地装装门面罢了。他看时机已到，装作无奈地说："未得禅位之诏，岂能草草即位，诸位这是陷我于不仁不义啊！"

"太子即位，正是顺应民心。待收复中原后，再迎接先皇回京，此乃是舍小孝而成大孝也！"众将士叩首劝说。

天宝十五年七月（756 年 7 月），太子李亨在众人的簇拥下，半推半就地在灵武南楼即皇帝位，是为肃宗。肃宗皇帝即位，大赦天下，改元至德元年（756 年），遥尊身在西蜀的玄宗李隆基为太上皇。

李亨在灵武即位，李隆基还在赴西蜀途中，并不知情，还在继续颁发圣旨，封太子为大将军，统领天下兵马抗击叛军。李亨既已即帝位，怎能再接此旨，于是遣使赍表蜀中，向李隆基陈述在灵武即位之事，也不管玄宗允是不允，便在有限的范围内行使起了皇帝的职权。

第十五章　颜真卿在河北干了一件大事

肃宗在灵武即位后，深觉身边谋士乏人，于是，他下的第一道圣旨就是特召故友李泌速赴灵武以备咨询。

李泌，字长源，祖籍辽东襄平人氏，世居京兆。幼时才思敏捷，聪颖博学，性格放任不羁。年长，上书言事皆切中时弊，深得时之宰相张九龄的器重。天宝中，玄宗欲授予官职，李泌固辞不受，于是乃令其与太子肃宗为伴。太子与李泌过从甚密，对李泌不呼其名，而称先生。玄宗与李泌则为布衣之交。杨国忠忌妒其才，恨其语言偏激，在玄宗面前诬陷李泌借感遇诗讽刺朝政，于是奏徙蕲春，归后隐居颍阳。此次肃宗在灵武即位，遣使访召李泌，泌无可推托，只好奉诏赶赴灵武。

李泌至灵武，向肃宗行君臣之礼。肃宗见到李泌，非常高兴，令其坐于身旁，如当初为太子时一样亲昵，片言数语，便欲授李泌右相之职。

李泌固辞不受："陛下，臣乃闲云野鹤，山野闲人，素不喜官身羁绊。恳请陛下仍以宾友之礼相待，则比授宰相之职更为显贵，我将竭尽所能为陛下出谋划策，辅佐陛下抗击叛军，收复河山，以报陛下的宠遇之恩。功成圆满之日，臣仍将归隐山林，过那闲云野鹤的逍遥生活。"

肃宗无奈，只好仍以客礼待李泌。然礼遇甚佳，出则联辔，寝则对榻，事必垂询之，犹刘备之事诸葛孔明。李泌侍于肃宗左右，为肃宗参议政事，草拟圣旨，颁诏四方，相处甚是融洽。

李隆基在四川接到太子在灵武即位的奏表，借坡下驴，大喜说："太子即位，应天顺人，我无忧矣！"于是立遣韦见素、房琯、崔涣三相为禅位传诏使，赴灵武向太子宣读传位诏书。

太子初登帝位，因值战乱时期，交通不畅，驿道阻塞，诸道并不知道大唐已经改朝换代。而李隆基远在西蜀，对诸道也是鞭长莫及，很难控制中原之局势。大唐朝政实际上处于一个群龙无首的局面。

颜真卿据守河北，闻知太子在灵武即位，即遣使绕道至灵武，呈上用蜡丸密封的奏章。肃宗看到颜真卿的奏章后大喜，立即下旨，授颜真卿为工部尚书，兼御史大夫，复为河北招讨使。圣旨亦用蜡丸密封，令来使带回。颜真卿接到肃宗皇帝肃宗的圣旨后，即颁知郡县，又遍传河南、江淮，诸道方知肃宗在灵武即位，大唐已改朝换代。于是天下稍安，形势渐稳。

郭子仪闻太子在灵武即位，亦率精兵赶赴灵武护卫。肃宗见郭子仪率兵赶到，心中大定，立授郭子仪为灵武长使，同平章事。至此，灵武声威日振。

九月初，房琯等禅位传诏使自西蜀奉传国玉玺及传位诏书，风尘仆仆地赶至灵武。肃宗率群臣至城外恭迎，房琯当众宣读了上皇的传位诏书，并授予传国玉玺及宝册。肃宗假意推托道："中原沦陷，事急从权，暂且总领百官，岂敢乘此国难之际，图谋承袭帝位？"

诸臣固请领受，三位禅位传诏使亦道："太子荣登九鼎，上有上皇敕文禅位，下有众将士及百姓拥护，实乃应天顺人，请不要再推托了。"一番假意推托后，肃宗接过宝册，至此，太子肃宗才算是名正言顺地登上了皇位。

肃宗留韦见素、崔涣、房琯三位禅位传诏使辅政，因见房琯词气激昂，以为得良才，待之格外从厚，仍授其为宰相之职。

颜真卿据守河北，战事频繁，军费日益困竭。他知道，安史之乱以后，东都洛阳、西京长安相继沦陷，本就空虚的国库也随之落入贼手，向朝廷索要军费肯定是枉然，自寻财路恐怕是最好的办法。然军费不是一个小数目，到哪里去能筹得如此一笔巨款呢？

正当颜真卿一筹莫展的时候，部将李萼进言："景城盐产丰富，而盐乃人必食之物，莫若在食盐上做做文章，或许还是一个解决问题的办法！"

颜真卿猛然惊醒，一拍头说："哎呀，我怎么没有想到？真是守着粮仓去讨饭，守着盐场吃淡食啊！"他立即同李萼等人就如何利用景城盐筹款的事情进行了详细的研究。

盐乃老百姓生活之必需品，人可数日淡食，但不可长期无盐。秦汉时期，实行的是榷盐制，即政府对食盐实行专卖制度，通过专卖，将食盐之利收归国家所有。隋朝放弃了榷盐制，对食盐实行放任自流的政策，盐由人民自由生产，自由销售，自取其利，政府并不干预。唐初承袭隋制，对食盐仍实行自由放任政策，政府不与民争盐利。开元十年（722年），政府对盐实行征税制，但也只将食盐视为一般货物纳税，税率也不甚重。颜真卿经过慎重的考虑，决定官收景城盐场之盐，沿运河置场销售，令诸郡实行统一的价格，所获盐利供作军用。由于盐利颇丰，基本上解决了河北之军需。

颜真卿的盐政虽说是因军费困竭而被逼出来的权宜之计，但他却为后来的第五琦、刘晏解决唐朝的财政困难开拓了一条广阔的思路。这是后话。

李亨自受禅位诏书名正言顺地做了大唐皇帝后，便与李泌商讨抗击叛军之策，欲授建宁王李倓为兵马大元帅，统兵讨贼。李泌道："建宁王素有才干，足可胜任兵马大元帅之职，然广平王李俶为兄，若建宁王为兵马大元帅而建功，声望则有超越广平王李俶之势，则两人的位子就很难处理，此不可不察。"

"广平王李俶本是冢子，长子名分自在，何必要以元帅之名为重呢？"

"不然，广平王本为长子，但并未正位为太子，今叛逆未平，人心所属皆为元帅。尚以建宁王为帅，若其建功，陛下将何以处之？若立广平王为太子，则辅佐建宁王打天下之功臣将士岂肯袖手旁观？若改立建宁王为太子，则废长立幼为历朝历代取祸之道也！请陛下三思！"

"先生说得是，朕将听从先生的意见。"

李泌退出，建宁王迎谢道："多谢先生所奏，不然将陷小王于两难之境地。"

"我一心只知为国，无意培植党羽，建宁王不必疑我，亦不必谢我。我只是以友事陛下，能帮助陛下渡过目前的难关，则是国家之福，我之愿也！"李泌说罢自行而去。

数日后，李亨发下圣旨，令广平王李俶为天下兵马大元帅，统领诸将东征。广平王李俶表奏李亨，请选谋臣同参军事。李亨有意于李泌，然苦于李泌执意不受官，犹豫再三，终得一计。一日，李亨将李泌召入，对李泌说："先生以布衣事朕，朕深为敬佩，然前日朕同先生联辔视军，闻军士言，黄衣为圣人，白衣为山人，此乃千古之奇闻也。朕赖先生出谋划策以定方略，然风言风语之流传实于军不利，请先生暂着紫袍以平此风波如何？"

看到肃宗言辞恳切，再者身着紫袍也不是一件大不了的事情，于是李泌勉强答应了。肃宗即亲赐紫袍与李泌，待李泌受之方出，肃宗从案桌上取过纸笔，匆匆书写数语，盖上国宝后笼于袖中。待李泌身着紫袍入内称谢时，肃宗笑着说："既着紫袍，岂能无职？"于是取出笼在袖中的手敕，递与李泌。

"拜李泌为天下兵马大元帅广平王之行军司马！"李泌接过敕文一看，当即拜辞道："微臣不敢任其职，请陛下另选他人吧！"

"朕本不敢委屈先生，然方今天下大乱，全仗人才匡济，先生上事上皇，中为朕师，今又下辅广平王俶，朕之三代皆受益于先生，请先生以天下苍生为念，屈而受之吧！"肃宗说到动情处，竟向李泌深深一揖。

李泌慌忙避让，进而道："陛下如此器重，真叫微臣愧不敢当。今逆胡犯境，权且受此职，待克平叛贼，收复两京后，当退而归隐，到时陛下必当允我！"

"朕准先生所请就是！"

肃宗慨然应允，嗣后，有时呼李泌为卿，有时仍呼先生，以示优宠。而各道上呈朝廷之军事奏章，都须经李泌及广平王先行审阅商议后再上传与肃宗议事，而泌也做到随到随阅，从不拖延。若是急报，即使是深夜宫门已闭，仍经过侧门而入，将奏章及时传与肃宗。无论是李泌还是广平王，宫门昼夜通行无阻，自是政令一新。

第十六章　避难襄阳城

玄宗的另一个儿子，江陵大都督，山南东道、江南西道、岭南、黔中四道节度使永王李璘在战乱中至江陵，见江淮之租赋如山似的堆积在江陵，顿而萌生异志，在他的儿子与左右的煽动下，在江陵加紧召募勇士，网罗人才，以图扩张势力，图谋不轨，堆积如山的江淮财赋被其耗用巨亿。

刘晏在京师沦陷后，全家随着逃难的人群流落至襄阳避乱，觅得住所后，过着深入简出的生活，静观时局的变化。

永王素闻刘晏是个人才，欲收为己用，遣使赴襄阳招抚刘晏。是日，家人刘安报知刘晏，说有两人求见，刘晏道："请他们进来吧！"

不一会儿，两个中年人随刘安进来，还未落座就自我介绍说："刘大人，我们是江陵永王府的使者，受永王之托，特地前来拜望您！"

"多谢了！"刘晏回答说。

"永王久欲结识于您，只是无缘拜会，听说您避乱隐居在襄阳，特令我等前来问候，大人在此地方便否？生活上有何困难？有什么地方需要我们效劳的吗？"两位使者毕恭毕敬地说。

"多谢永王记挂于我，自长安沦陷以来，我随大批人群流落至此地，今已觅到住所，各方面还能应付，没有什么不方便之处。"刘晏回答道。

使者看到刘晏回答得滴水不漏，只好单刀直入地说："刘大人，逆胡犯境，国难当头，现在正是用人之际，永王素闻刘大人之名，特令我们二人前来聘请大人到帐前，永王将授予大人右职。"说着，他们递上带来的一个礼盒，"这是礼金和聘书，请大人过目！"

刘晏虽然避乱襄阳，但他时刻都在关注着时局的变化。尽管他没有同永王打过交道，经过对局势的分析，他敏锐地觉察到永王有另立朝廷的异志。虽然传说肃宗在灵武即帝位没有得到玄宗的正式传位诏书，但他毕竟是太子的身份，荣登九五也是迟早的事，且事后不久，玄宗皇帝也诏告天下，传位于太子，肃宗就已是名正言顺的大唐天子，无论任何人对皇位有非分之想，都是叛逆。但襄阳乃永王的管辖区域，刘晏还不能公然同他翻脸，他略为沉思了一下说："谢永王赏识，只是我在逃难途中劳累过度，身体多有不适，已无意于官场，请两位向永王致意，他日若有机会，定当报效永王。"边说边将两位使者送来的礼盒推了过去，"家里的积蓄虽然有限，但生活还能应付，请二位将这些一并带回吧！"

二位使者见刘晏辞意甚坚，很是无奈，且临行前永王只言礼聘，并未授意强求，也就只好就此打住，寒暄一阵后便辞别刘晏，回江陵向永王复命去了。

刘晏送走永王的两位使者后，给宰相房琯写了一封信。他在信中说："今玄宗的各位皇子出走深宫，一旦有求武王、文王之功的念头，为争夺皇位而进行割据，到时局势恐怕就很难收拾了，朝廷对此可得防之，免生后患。"

房琯接到刘晏的信后，将其意达知肃宗。肃宗素闻刘晏是个人才，颇有能名，今闻知他固辞永王，上书房琯，请提防诸王篡位，更引起了他对刘晏的好感，遂召来李泌、房琯商议起用刘晏之事。

李泌说："刘晏是个人才，幼时以神童之名而入仕，昔年在朝堂上，上皇曾当着文武百官及众进士之面大加赞赏，国家正当用人之际，此等人才不可埋没，当委以重任。"于是，肃宗下旨，授刘晏为户部度支郎中，兼侍御史，主管江淮租赋。

安史之乱后，北方的老百姓惨遭逆胡屠戮，人口十耗其九，社会经济遭到严重破坏，江淮乃富庶之地，朝廷经济命脉之所在。度支司是户部主管财政收支预算的专门机构，是一个极为重要的部门，只是由于当时正值战乱，朝廷的绝大部分机构处于瘫痪或半瘫痪状态，度支郎中实际上也没有什么事情可做，但肃宗任命刘晏为户部度支郎中之职又主管江淮租赋，则说明他很器重刘晏。肃宗之所以重用刘晏，应该说有两个方面的原因：一是刘晏确实是一个人才，颇有能力；二是政治上的原因，当初肃宗即位并不是名正言顺的，尽管后来也有了玄宗的禅位诏书，但肃宗仍脱离不了谋朝篡位之嫌，刘晏避难襄阳时，固辞永王的高位聘请，这说明他是衷心拥护自己的，既有能名而又忠于自己，肃宗当然要重用这样的人。

刘晏在襄阳接到肃宗皇帝的圣旨，欣然领命，即刻带上一家老小日夜兼程，赶至吴郡赴任。

灵武行宫里，肃宗同李泌正在讨论朝政，肃宗说道：“朕自即位以来，军事给养皆仰赖朔方旧日的军储及关内盐道之收入，财政开支捉襟见肘，而军事力量也相对薄弱，先生有良法否？”

“臣以为，目前叛军声势正盛，仅凭灵武现有之兵力很难与安禄山、史思明之叛军相抗衡，陛下莫若效仿汉昭君出塞之举，遣使回纥，与其和亲并许以厚利，若能借得回纥之兵，则剿灭叛逆就胜券在握了。”

肃宗沉思良久道：“以和亲的方式结交回纥倒不失为一个好办法，然厚利却没有出处，先生您是知道的，国库本来就很空虚，两京沦陷之后又落入贼手，朝廷带出来的也不多，就是这为数不多的钱帛，也都被上皇带往西蜀，留在朕这里的也就非常有限了，朝廷的日常开支尚且捉襟见肘，文武百官的俸禄也久未支付，更为要命的是，将士总不能饿着肚子上阵打仗吧？朕真是巧妇难为无米之炊啊！哪还有厚利结交回纥。”

“财用不足，可以采取一些战时政策筹措，国库虽空，但有钱的人还是很多，就看当政者用什么办法让他们心甘情愿地拿出来，前朝的杨国忠不是以卖度牒的形式在僧尼身上敛钱吗？”

肃宗就财政问题同李泌进行了广泛的探讨之后，即派遣度支员外郎、侍御史郑叔清赴江淮、陶锐往四川率贷借商，责令富商及豪门望族，都要按其家产的五分之一向朝廷纳钱，朝廷向纳钱者出具借款凭条，待收复两京后再行归还，美其名说是借，实际上是有借无还，此种做法，实际上就是向富商及豪门望族征收财产税。

肃宗又命已故豳王守礼之子宷为敦煌王，出使回纥和亲，借兵征讨叛军，又悬赏招募朔方番夷，令从军讨贼。

至德元年（756年）十月，肃宗又听从李泌的建议，将行宫迁至彭原，以待西北援军，因廨舍狭隘，只好内作行宫，外作元帅府。彭原这个地方本来就不是很大，陡然增加这么多人马，一切所用之物均难以为继，肃宗根据宣谕史、侍御史郑叔清，宰相裴冕的建议，以天下用度不足为由，诏诸道人等纳钱入官，官府可根据所纳钱数的多寡给以空名告身，授予官勋邑号，可世代相袭；天下道士僧尼，只要纳钱百千，即可赐名经出身；商贾出其资产五分之一助军者，政府给以优复。诏文一出，筹资巨万，暂时缓解了财用不足的情况。

北海郡太守贺兰进明部下有一录事参军名叫第五琦，八月间，其在不知肃宗已在灵武即位的情况下入蜀，乘机在玄宗面前毛遂自荐："朝廷赋税多出自江淮，陛下若能委臣以重任，臣将竭尽全力征纳江淮之赋税以供军需。"

李隆基信其言，当即封第五琦为监察御史、江淮租庸使。然而，此时的李隆基已是上皇之身，并不能够决定大局，而真正的皇帝却在灵武，第五琦知道太子在灵武即位已是月余后的事情。十月，第五琦又风尘仆仆地赶到彭原拜谒肃宗皇帝，他先向肃宗说明他在不知情的情况下到西蜀拜见上皇，上皇封他为监察御史、江淮租庸使之职，又乘机对肃宗说："陛下若能委臣以要职，臣有良策使朝廷走出当前的财政困境。"

"你有何办法？"肃宗迫切地问。

第五琦奏道："以江南租赋之入，就地购买当地的土特产品，溯江而上至洋川，然后令汉中的王禹运至扶风，以供朝廷之用。"

肃宗听后大悦："卿言可行，朕封你为监察御史、江淮租庸使，江南等五道度支使。你当尽忠职守，一如所言，为朕分忧。"

一旁的房琯说："第五琦乃聚敛之臣，今皇上复宠之，是杀一国忠而又用一国忠啊！其人不可用，其法不可取。"

肃宗怫然道："今两京失守，战事频繁，军费却十分困竭，没有后勤作保障，这仗怎么打？难道叫前方的将士喝西北风吗？卿欲拒绝第五琦的建议，更不欲重用此人，但朝廷财用的问题如何解决？你有什么好的办法吗？"房琯无言以对。

北海郡太守贺兰进明从北海至彭原入觐肃宗，肃宗对其抚慰有加，当面许诺封其为岭南节度使兼御史大夫之职。贺兰进明辞归在驿站待命，接到的正式任命却是"摄岭南节度使兼御史大夫"，贺兰进明百思不得其解，皇上亲口授予的岭南节度使兼御史大夫，怎么变成了代理岭南节度使兼御史大夫呢？经过打听才知道是房琯从中搞了鬼，又听说第五琦觐见时也遭到了房琯的刁难，于是，他对房琯怀恨在心。

贺兰进明向皇上毕辞时，肃宗抚慰他说："卿为岭南节度使，上马管军，下马管民，当为朝廷尽忠职守，莫负朕望！卿还有什么要说的吗？"

贺兰进明望望旁边的房琯，沉声说："请陛下恕臣无罪，臣方敢直言。"

"朕就恕你无罪，有何事尽管奏来。"

"臣昨天听陛下封臣为岭南节度使兼御史大夫，不知是不是臣听错了？"

"没错，难道有什么问题吗？"

贺兰进明从怀中掏出圣旨举过头顶道："请陛下过目。"

侍者上前接过贺兰进明手中的圣旨递给肃宗，肃宗看后脸色大变，对房琯怒目而视，沉声问道："房宰相，这到底是怎么回事？"

房琯没有想到贺兰进明敢在皇上面前拿出圣旨对质，立即跪下来硬着头皮说："臣当时听到的是摄岭南节度使兼侍御史，想必是臣听错了。"

贺兰进明听到房琯的狡辩，气不打一处来，也忘了是在朝堂之上，大声地斥责道："房宰相，我们这些外臣，为朝廷出生入死，很难有入朝觐见的机会，你身为宰相，不但不能替皇上抚慰外臣，反而还要截留圣恩，是何道理？身在帝侧，不知道为皇上分忧，却在背后做这些小动作，有何居心？此非宰相之道，而是卑鄙小人的行径，你有本事，自己带兵到战场上去显显本事看！"

李泌上前拿过圣旨看了看问道："陛下？"

"先生再拟一道圣旨吧！"

李泌到案前，文不加点，一挥而就，递给肃宗过目用了宝印后，房琯跪在地下向贺兰进明投去怨毒的眼光，贺兰进明也狠狠地向房琯回了一眼。

"贺兰进明接旨！"

"臣在！"

李泌宣读："命贺兰进明为岭南节度使兼御史大夫，钦此！"

"臣接旨，谢主隆恩，吾皇万岁！万万岁！"

肃宗道："你跪安吧！"

贺兰进明接旨后，又狠狠瞪了房琯一眼，转而退出。此后，肃宗对房琯渐渐疏远。

第十七章　刘晏奉命赴吴郡

房琯本是一个心高气傲的人，何时受过如此之奚落，何况还是当着皇上的面，简直使他颜面扫地。此后肃宗明显地对他有所冷淡，他越发地为失宠而不安，为了恢复他在皇上心目中的地位，同时也为了证明自己的能耐，他毅然上疏，请求领兵收复两京。

肃宗接到房琯的奏疏，不由得喜上眉梢，于是命房琯为招讨西京兼蒲、潼两关兵马节度使，一切参佐准其自选，即刻出兵收复两京。

房琯本非带兵之帅才，受命后所选之将如户部侍郎李楫，给事中刘秩也都是白面书生，均非带兵上阵打仗之人选，初次出兵便大败而归，懊丧至极的房琯，如丧家之犬回到彭原，硬着头皮入朝向肃宗负荆请罪。

肃宗见房琯如此狼狈，愤怒异常，正待发作，李泌适时劝道："陛下，房琯兵败虽罪不可恕，念其乃上皇之老臣，有禅位传诏之功，请法外施恩吧！"

肃宗稍微冷静一下，冷冷地对房琯道："下去吧，收拾残兵，随图后进。"房琯怏怏地退了出去。

肃宗对房琯兵败之事余怒未息，又闻永王李璘起兵造反。原来，永王李璘借东巡之名，沿江东下，率大队人马浩浩荡荡杀奔吴郡。江南采访使兼吴郡太守李希言闻知永王来袭，火速遣使驰报彭原。肃宗接到李希言的军报叹道："璘为朕之弟，自幼丧母，乃朕扶养成人，为何要背朕而反呢？"他一面表奏四川的上皇，一面下旨敕璘归蜀觐上皇。

永王李璘在江淮接到肃宗的归蜀敕文，愤然掷之于地说："兄未奉上命就能够僭号河北，弟难道就不能称帝江东吗？"可见肃宗当初未等到玄宗的传位诏书、仅凭玄宗逃难时之口谕而在灵武称帝，不但天下人议论纷纷，就是自家兄弟也是心有不服。永王李璘根本就没有将肃宗的敕文当一回事，继续率兵进攻丹阳。

李希言同刘晏等人商议，遣使至信永王，劝其息兵，他们在信中说："永王李璘千岁，今逆胡安禄山已攻陷河南、河北，西京长安、东都洛阳仍沦陷于贼手，千岁不思剿灭逆胡，反而进袭江南，欲自毁大唐之社稷，是何道理？目下太子在灵武君临天下，千岁之行为实与叛逆无异，望千岁慎之再慎，速息兴兵之念。"

永王接书后大怒："尔等小儿，有何资格同本王谈这些大道理，同为玄宗之子，皇帝之宝座，他坐得，难道我就坐不得吗？"

李希言闻知永王继续带兵向丹阳进发，遣副将元景曜和丹阳太守阎敬之共同抵御永王的进攻。首战，阎敬之阵亡，元景曜反而投奔了永王，永王军威大震，江淮一片惊恐。李希言一面向彭原告急，一面告知度支郎中刘晏，欲弃城而逃。

度支郎中刘晏极力反对李希言的决定，他说："太子已得上皇传位诏书，即帝位是上应天命，下顺民心，永王璘此举，实为叛逆，目前唐室虽战乱未息，但老百姓已不堪安禄山、史思明叛军之残杀侵掠，日夜都盼望着消弭战乱，实现国家统一，能平定此乱者，非肃宗莫属，这是人心所向，众望所归。永王乃乱臣贼子，不服君命，虽逞一时之威，但终难成大器，逃脱不了灭亡的命运，此时弃城而逃，无异助纣为虐，当以据城固守，断不可去。"

李希言依刘晏之议，一面部署兵力坚守吴郡，一面请刘晏分兵镇守余杭，使两地成犄角之势，相互照应。

永王李璘挥胜利之师大举进攻吴郡，李希言终因势单力薄而溃败，率领残部弃城奔余杭，同刘晏会兵一处，刘晏动员全城百姓，扼守城池及各地要塞。

肃宗接到吴郡告急的文书，速调大兵讨伐永王璘。不久，永王璘战败，欲转攻州县，但听说刘晏早有准备，防范甚严，不敢贸然南下，败军绕道从常州向西逃窜。

刘晏在平定永王李璘之乱中功不可没，他镇守余杭抗击永王，对保障江淮人民的安全起到了一定的作用，但他绝不居功自傲，终不言功。由于刘晏固辞永王的高位礼聘，平定永王之内乱有功，深得肃宗的赞赏，至德二年（757年），肃宗召回刘晏，委以彭原太守之职，其江淮租赋之事改由第五琦负责。

吴郡的兵事刚过，河北数郡又遭贼将史思明袭击，河间、景城先后皆落贼手，颜真卿孤军奋战力不能支，弃郡南走。

贼首安禄山又大举进攻，军报颍水为贼攻破，颍水太守、长史均死于贼手。肃宗惊惧万分，一时慌了手脚，急召李泌问计，李泌答道："贼势虽盛，但其并无大志，据臣估计，不出两年，贼势可平。"

"先生为何如此有把握？"

李泌分析说："贼中骁将，不过史思明、安守忠、田乾真、张忠志等数人而已，陛下若令李光弼出井陉，郭子仪入河东，则史思明、张忠志二贼不敢擅离范阳，安守忠、田乾真二贼不敢擅离长安，我以两帅，足可牵制四贼。安禄山潜据洛阳，随军战将只有承庆一人而已，若陛下再从扶风出兵，与郭子仪、李光弼遥相呼应，则贼兵首尾不相顾，待到来春，令建宁王为范阳节度使，与李光弼南北互为犄角，直取范阳捣毁贼穴，使贼兵退无可归之处，留又陷四面楚歌的境地，安禄山虽然诡计多端，必也逃不出唐军之手。"

"先生对军情形势分析得如此透彻，运筹帷幄之中，决胜于千里之外，真乃汉之张良，蜀之诸葛也，有先生辅佐，朕可高枕无忧矣！"于是，肃宗立即颁旨，命郭子仪入兵河东、李光弼出兵井陉，行在仍暂居彭原，拟来春迁徙扶风，并将扶风改名为凤翔郡。

至德二年初，突然传来惊报，安禄山被其手下李猪儿刺杀而死。肃宗闻报喜出望外，顿觉一身的轻松，索性将原拟定的建宁王南征的方案搁置不行。建宁王有志靖贼，进宫直言进谏："陛下若信内宫之言，恐两京收复无期，上皇何日得还？"

"大胆，退下！"肃宗愤然斥退建宁王。

原来，肃宗有妃张良娣，深得圣宠，张妃生子后，圣宠更甚于前。张妃本不仁，同宦官李辅国相互勾结，图谋夺嫡，常在肃宗耳边扇风点火，建宁王等人早有觉察，故此番之言实指的是后宫干政，但因言辞过于直率，肃宗难以接受。

李辅国将建宁王进谏之事密报张妃，两人认为建宁王是他们图谋夺嫡的一大阻碍，欲图除之，于是就来了个恶人先告状，张妃找个机会对肃宗说："陛下，臣妾有句话不知当说不当说。"

"你认为当说，就说与朕知，不当说，不说也罢！"

"臣妾认为此事事关重大，若隐而不说，一旦东窗事发，将会天崩地裂，天下震荡，直接危及到大唐江山。"

"什么事有如此严重？"

"臣妾闻知建宁王常有夺嫡之念，图谋加害广平王，上次没有得到兵马大元帅之职，失去了一个夺嫡的大好机会，常口出怨言。”

肃宗本就是一个没有主见的人，听说建宁王有夺嫡之心，顿时怒火冲天，立下手谕，赐死建宁王。李泌知道此事进宫劝谏之时，建宁王已服药酒命赴黄泉。好好的一个贤王，就这样不明不白地被奸人所害，去了枉死城。

李泌经此一事，更知伴君如伴虎，圣意难测，皇上竟然连自己的儿子都能够听信谗言而杀之，何况他人呢？于是退意更甚。

广平王知建宁王为张妃、李辅国所害，密与李泌商议，欲除此二人。

李泌劝诫道：“断然不可，否则将会重蹈建宁王之覆辙，能尽孝道自是福。张妃乃妇人，不足惧，为社稷计、为自身安全计，都只能委曲求全，切不可轻言报仇之事而致惹祸上身，能够做到这一点，我保你前途自可无碍。”

肃宗以为，安禄山既死，祸根已去，从此便可高枕无忧了，谁知余波未了，太原又传警讯，贼将史思明、蔡希德、商秀岩、牛廷玠分别从博陵、太行、大同、范阳相继入寇太原，肃宗急召李泌入议。

李泌分析说：“太原有李光弼拒贼，陛下尽可放心。不过，请陛下速速移驾凤翔，以示朝廷进兵之意，此举既可壮军心，又可就近伺机进兵中原以收复两京。”

“有劳先生迅速整顿军装，一待完毕，朕即刻启程赴凤翔。”

数日后，李泌报称军装已备，肃宗遂移驾凤翔。

圣驾进驻凤翔后，陇右、河西等处兵士相继来会，恰在此时，江淮租赋也陆续运抵凤翔，解了朝廷军费紧缺、财用匮乏的燃眉之急。原来，永王李璘在江淮吃了败仗后，绕过余杭，向鄱阳溃退，逃窜途中为唐军所杀，江南又复为安定。故江淮租赋能顺利运抵凤翔。

由于各路援军陆续集结，江淮租赋无阻，肃宗从李泌之议，准备大举反攻，收复两京。

第十八章　传说中的“山中宰相”

肃宗见诸路援军皆至，召李泌入议：“朕欲出兵陕西一举收复长安，先生以为如何？”

李泌建议道：“臣以为应先北攻范阳，再克复两京。”

“现大军聚集，正应直捣贼巢，为何要迂道西北往攻范阳、舍近而求远呢？”

李泌解释道：“陛下所集之兵，皆为西北戍卒及诸胡部落，北兵耐寒畏暑，此时以刚聚集兵马之锐气一鼓击败贼兵并不难，但很难全歼叛军，叛军溃败后必遁归巢穴关东，其时当是春去夏来之际，天气转热，北兵畏暑必困倦思归，而贼兵则得以休兵秣马，待我军退去，贼兵必再行南犯。因此，臣主张先攻范阳，切断贼之退路，然后再挥师南下，一举克复两京，则天下可定矣！”

肃宗不听李泌之言，坚持出兵陕西直取长安，恰在此时，郭子仪遣使奏捷，肃宗大喜，即召见郭子仪。

郭子仪赶至凤翔，入行宫觐见，肃宗看到匆匆而来、一身戎装的郭子仪，心情格外高兴，见郭子仪欲行君臣之礼，挥手道：“卿戎装在身，行礼不便，免了！”

郭子仪双手一抱拳，行了个简单的觐见之礼：“微臣拜见陛下！”

“郭子仪听旨！”肃宗由于心中高兴，不待说话，即宣圣旨。

“臣恭聆圣谕！”郭子仪也有点莫名其妙，怎么刚一见面，二话未说便宣旨。

“朕封你为大司空，兼天下兵马副元帅，调遣天下兵马，择日率军入陕，收复长安。”

“臣遵旨！”

“此次两军对决，成败在此一举，卿要竭忠尽智，莫负朕望。”

“此番出兵，不成功，便成仁，但臣有两个建议。”

“卿有何建议只管奏来，朕无有不允。”肃宗道。

“第一，请兵马大元帅广平王俶亲自督军；第二，请遣使回纥，乞其发兵援唐。”

肃宗一如郭子仪所请，一面令广平王俶调集北方、西域之军大举出战，一面遣使回纥，乞其发军入援。

回纥葛勒可汗有意同唐交好，接到唐使求援之信，立派太子叶护率兵急速驰赴凤翔。肃宗闻回纥兵至，立即召见，厚利相待，并令广平王俶与叶护相见，二人互以兄弟相称。这样，各路聚集的兵马加上回纥之兵共有十五万之多，号称二十万，浩浩荡荡杀奔长安。

唐军在广平王俶的统领下，经过数月浴血奋战，收复了长安，整兵入城之际，百姓扶老携幼夹道欢迎，安民已毕，广平王李俶即遣使驰报凤翔。忽有人来报，说回纥太子求见，广平王即离座出迎，叶护尚未落座就说：“王兄，今长安已收复，我是来请求王兄履行诺言的。”

广平王李俶不解地问：“什么诺言？”

“前次弟率兵至凤翔，皇上亲口许诺，回纥兵助王兄收复长安后，土地、人民归唐，金帛子女归回纥，今长安已收复，我是来请求王兄履行这个诺言的。”

广平王李俶听完叶护的话，好一阵沉默，心想，父皇亲口许下的诺言理应履行，否则将有损于大唐国威，但如果真要履行的话，长安之财物可任由回纥之兵掠取、妇女可任由回纥兵奸淫，而唐军则只能在一旁眼睁睁地看着而不能施以援手，这对长安之百姓无异于一场浩劫。思之再三也别无良法，万般无奈，只好向叶护跪拜道：“长安百姓刚离苦海，若再遭抢夺，无异于一场灭顶之灾，望叶护弟大发慈悲，待收复西京后再从长计议。”

叶护亦拜答：“弟愿助兄攻克洛阳，许诺之事等收复洛阳后再议。”言罢出城，安营扎寨，等待号令进攻洛阳。

肃宗在凤翔闻此捷报大喜，即令广平王李俶继续往攻洛阳，一举收复东都，并将行军长史李泌召还行在，不必随军东行。

李泌回京乘机向肃宗乞求道：“今西京长安已经收复，东都洛阳的收复亦指日可待，臣已略报圣恩，请陛下准臣为闲人。”

“先生与朕同忧，今西京已复，洛阳也收复在望，先生理应与朕同进退，共享荣华，为何屡萌去意？”

“臣有五不可留，恳求陛下准臣归去，赐臣余生。”李泌诚恳地说。

“何为五不可留，先生为何将事情说得如此严重？”

“臣与陛下相交太早，此一不可留；陛下任臣太重，此二不可留；陛下宠臣太深，此三不可留；臣功劳太高，此四不可留；臣遭遇太奇，此五不可留。有此五不可留！臣还能留吗？”

“今日时候已晚，此事容后再议吧！”肃宗推辞地说。

“今日此情此景，臣尚不得请，他日在御前又如何请得动？陛下若不许臣去，便是要杀臣了。”李泌哭泣着说。

“先生何出此言，朕非病狂，为何要杀先生呢？”

李泌凄然道：“正因为陛下不欲杀臣，臣才得能求去，否则臣何以敢言去？臣恐杀身，并非怀疑陛下，臣思陛下待臣甚厚，也倚臣甚重，臣尚且未得尽言，他日天下太平，臣就不一定能常邀圣眷，那时还敢尽言么？”

“朕知道了，先生屡欲北伐，朕未从之，先生是否介意此事？”

“非也，实乃建宁王之死，令臣心寒。”

“建宁王听信谗言，欲陷害广平王李俶图谋夺嫡，朕恐其因此而致朝廷大乱，不得已而将其赐死，难道先生认为朕处置错了吗？”

“建宁王若有此意，广平王李俶必当怀怨，今广平王李俶每提及建宁王之事皆声泪俱下，痛惜乃弟含冤而死。陛下曾欲令建宁王为兵马大元帅，因臣之劝阻而改用广平王李俶，建宁王若有心图谋夺嫡，必当对臣怀恨在心，然他却视臣为忠，且还感恩于臣，待臣较之以前更加亲善，陛下想想看，这是一个有夺嫡之心的人的所作所为吗？”

肃宗听了李泌的分析，不禁潸然泪下，泣道：“先生所言极是，朕处事不明，误杀爱子，然错已铸成，朕悔之晚矣！”

“臣并非追究此事，只是警示陛下，从前天后错杀太子弘，次子贤内甚为忧惧，曾作《黄台》诗词一首，其中两句为‘一摘使瓜好，二摘使瓜稀’，陛下经此一摘，切不可再摘啊！”

肃宗愕然道：“先生是否听到了什么传言，此等事绝不会在朕的身上再发生，先生金玉良言，朕当铭记在心里。”

“陛下若能常亲君子，远小人，则是大唐之幸也，此言既明，臣的最后一个心愿已了，恳求陛下准臣归隐。”

“还是等克复了东都洛阳以后再说吧！”

李泌无言，只是此番密奏，虽说请求归隐是因为其深知伴君如伴虎，有明哲保身之意，然涉及广平王李俶之事，确实是为了广平王所想。因为张妃仍很得宠，李辅国又占居要职，二人内外勾结，既然能谋害建宁王，就有可能谋害广平王，以求达到张妃所生之子夺嫡之目的，故李泌才苦口婆心地劝说，可谓是用心良苦。

长安收复后，肃宗一面遣使入蜀迎接上皇，一面启驾回京。銮驾入城，百姓欢欣雀跃，皆夹道欢迎皇上班师回朝。肃宗安顿已毕，即出榜安民告示。

贼将严庄料知大势已去，遂背叛安禄山之子安庆绪，潜至长安降唐，肃宗即命严庄为司农卿。又命郑叔清为京兆尹，刘晏升任河南尹。时洛阳城为贼兵史朝义所占领，刘晏便暂署天水，打理河南政务。

唐军经过数月鏖战，攻破洛阳城，大军进城之日，百姓皆夹道欢迎，广平王李俶一面遣使长安报捷，一面出安民告示。且说回纥兵进入洛阳城后，也不待告知广平王李俶，即四处寻找目标，大肆抢夺民财，奸淫妇女。可怜洛阳城的百姓，上次遭逆胡屠杀，这次又遭回纥兵蹂躏，原指望赶走叛军后能过上安生的日子，不承想在唐军眼皮底下遭番兵的抢夺和凌辱却求救无门，儿啼女号，家财被抢劫一空，其状惨不忍睹。副元帅郭子仪实在是看不过眼了，在征得广平王李俶的同意后，召集洛阳城百姓及望族，募集罗锦万匹送给回纥兵作为酬谢，方使回纥兵罢手。这都是肃宗父子病急乱求医，轻许诺言所惹的祸。

肃宗日夜翘首以盼前方战况，闻知洛阳已经收复，不由喜出望外。李泌闻知唐军已攻克洛阳，即入内奏道：“陛下，今两京已复，上皇不日亦可还京，今臣报德已毕，诸般心愿已了，恳求陛下开恩，赐臣骸骨，放臣归去！”

肃宗欲再挽留，李泌伏地不起，乃怆然道：“先生请起，两京已复，荡灭逆贼也是指日可待。朕本当与先生共享荣华，先生既然执意归隐，朕也就只好暂允先生所请了！”说完上前扶起李泌。

李泌起身退出，草草地收拾了一下行装，即入内毕辞。肃宗亲送至城外，挥泪而别。李泌一肩行李，两袖清风，翩然南行而去。到了衡山，地方早已奉敕为李泌筑室于山中，并送给三品俸禄，李泌自乐山中，不问世事。历史上传说唐朝有位山中宰相，指的就是李泌。

肃宗自李泌去后，有好一阵子闷闷不乐，然刚入京师，诸事烦琐，渐渐地也就将此事放下了。稍后不久，肃宗即封张妃良娣为皇后，命李辅国为太仆卿，两人内外勾结，权倾朝野。

是日，张皇后向肃宗言道："兴王是本宫所出，恳请陛下立兴王为太子！"

此时广平王李俶已被封为楚王，肃宗见张妃公然道出废长立幼之念，李泌临行前的忠谏又响在耳边，他断然拒绝道："兴王虽为皇后所出，但年纪尚幼，还有数位皇子在其上，历朝历代，废长立幼皆取祸之道，此事断不可再提。"皇后虽心有不甘，却也无可奈何。

乾元元年（758 年）春三月，肃宗又改封楚王为成王。是日，肃宗对考功郎中李揆道："朕欲立长子成王李俶为太子，卿以为如何？"

李揆拜而贺道："皇上立成王为太子，这是国之幸也，臣恭喜皇上能当机立断作此英明的决定。"

李揆的祝贺，更加坚定了肃宗立成王为太子的决心，是年四月，他正式立成王李俶为皇太子，并改名为"豫"，彻底地断绝了张皇后夺嫡之念。

第十九章　第五琦创行新盐法

第五琦在肃宗初年被任命为租庸使及山南等五道度支使的时候，曾因历尽千辛万苦将江淮租庸调运至朝廷所在地凤翔，为收复两京奠定了物质基础，暂缓了朝廷当时的财政危机而得到肃宗的信任。但是，值此战乱之际，国家的财政支出是一个无底洞，浩大的财政开支，仅靠江南之租庸是很难维系的。京师豪将是不问国库有与无，照样索取无度，给身为度支使的第五琦增加了很大的压力和麻烦，为了减少麻烦，第五琦奏请肃宗皇帝同意，将天下之财帛由左藏库移交给内库储藏。

唐朝旧制，左藏库是国库，专以储藏天下之财帛，供户部调度；内库是皇家私库，专供皇室费用支出，由皇上指派内监宦官掌管，两库互不相干。第五琦为减少麻烦，打破唐朝惯例，将左藏库的钱帛转入内藏库，他自己的麻烦确实是减少了，但却给唐朝的财政管理带来了无穷的后患。因为内库归太监掌管，不受有司控制，将天下之财帛全部委之于内库，就是将国库与皇家私库混为一体，并将国库储存管理之权拱手让与内廷太监，户部就失去了对国家财政的支配权，若要调用国库之钱粮，反而还要经过太监之手。阉宦本来就是一批蠹虫，能有几个清廉，一下子见到这么多钱，哪个不怦然心动，很自然地就从内廷蠹虫而变为国家财政的蠹虫，趁机中饱私囊，吞噬国库的钱粮。阉宦贪赃枉法，有司无权过问，将左藏库之储转入内库，其弊端也就可想而知了。

第五琦交出了财政支出这个十分棘手的难题，就着手考虑如何增加财政收入的问题，至德年间，颜真卿曾因军费困竭，在河北创行过榷盐法，带来了巨大的经济效益，解决了河北军费不足的问题，后因抗贼不敌撤出河北中断了河北榷盐法的推行，他认为，通过食盐专卖来开辟财源，大有潜力可挖，于是，他秉烛夜书，起草了《奏行新盐法疏》上报肃宗皇帝。

肃宗正在为朝廷的财用不足伤透了脑筋时，接到第五琦的《奏行新盐法疏》，不由喜出望外，很快批准了第五琦的奏疏，并鼓励第五琦大胆施为。

第五琦得到肃宗的首肯后，便大张旗鼓地推行新盐法。他在产盐区设置盐院，加强对食盐生产的管理。所有生产食盐的盐民，都必须到盐院进行登记，由盐院造册著其户籍，入籍之盐民称之为亭户。为了使亭户能专心于制盐，特地免征亭户的杂役，亭户所生产的食盐，也统一由官府收购，然后由官府转卖。这种办法就是制造归民、运销归官的就场专卖制。

新盐法推行后，市场食盐的销售价格就完全由官府制定。天宝、至德年间，市场上每斗盐的销售价格是十文铜钱，第五琦实行食盐专卖后，每斗加时价一百文铜钱，每斗盐的销售价格为一百一十文铜钱，较之专卖前提高了十倍。提价的百文钱归政府所有，仅此一项，国家财政就得到了非常丰厚的收入。

乾元元年（758 年）二月，肃宗为庆贺唐军收复长安而对百姓施加恩惠，免除百姓一年的租庸，这与第五琦新盐法的推行恐怕也不无关系。因为当时的财政来源主要靠租庸的收入，而当时的租庸收入是很有限的，如果没有一定的替代财源作为基础，肃宗即使想对百姓施惠恐怕也是心有余而力不足了。由于有了替代财源，肃宗才可以给老百姓一个休养生息的机会。由此可见政府通过第五琦创行新盐法所获盐利收入之丰及国家对盐利之倚重程度。

创行新盐法，以盐利收入补充国家财政之不足，是第五琦得之于颜真卿而行之于百废待兴的安史之乱后的唐帝国的新政策。这一新的财政政策较之于此前实行的率贷、卖官鬻爵、度僧尼道士等措施是不可同日而语的。此后，盐法经刘晏的再次改革，使之成为国家财政结构中与农业税并驾齐驱的重要税源。

第五琦在创行新盐法取得初步成功后，又着手对币制进行改革。他奏请肃宗同意，下令铸钱局开炉重铸新钱，新钱名为“乾元重宝钱”。每缗（千钱）重十斤，新钱与旧钱“开元通宝”并行，新钱一当旧钱十使用，故此新钱又称为“乾元十当钱”。但由于新钱质量低劣，容易铸造，导致社会上出现盗铸新钱的现象，使“乾元十当钱”的通行没有达到增加财政收入的预期目的，但也没有再引起社会大的动荡。

乾元二年，第五琦进封中书门下平章事，入了相位，由于上一年币制改革没有达到增加财政收入的预期效果，第五琦又奏请肃宗，准备再行铸造新钱。

肃宗道："目前市面上已是'开元通宝钱''乾元重宝钱'二钱并行流通，若再行铸钱，将会出现三钱并行的局面，卿将何以处之？"

"'乾元重宝钱'与'开元制钱'的比例是一当十，臣拟铸新钱取名为'重轮乾元钱'，与'开元通宝钱'一当五十的比例同时流通。"第五琦回答。

肃宗准奏，于是第五琦下令绛州诸炉开炉铸造"重轮乾元钱"，新钱每缗（千钱）重十二斤。这实际上就是政府公开地进行铸币贬值，实行通货膨胀政策，这种通货膨胀政策的施行，立即在社会上带来了一系列的连锁反应。

郑叔清时任京兆尹，他曾在至德年间以度支员外郎兼侍御史的身份赴江淮实行"率贷"，收富人钱而颇有所获，后又同当时的宰相裴冕向皇上建议卖官和度僧尼纳钱，为朝廷筹得可观的资金而暂缓了因安史之乱造成的财政困难，算得上是肃宗的钱谷重臣。京兆尹作为唐代京城的最高行政长官，对京城的治安、生产都负有重要的责任，连日来，京兆尹衙门接到大量的铜制器物失窃的报案。郑叔清召来所有衙役说："近段时间，京城寺院、庙宇被盗的案件接连发生，严重影响到京城的社会安定，从现在起，全体人员集中精力、全力以赴侦破寺院、庙宇被盗案，力争在最短的时间内破案。"

有衙役来报，寺院、庙宇失窃的器物多是铜钟、铜像等铜制品。经过进一步调查发现，窃贼将铜钟、铜像等铜制器物盗走后，都是将其熔化铸造新钱，同时民间还有将旧钱熔化以铸新钱的现象。原来，"乾元重宝钱"每千缗耗铜十斤，"重轮乾元钱"每千缗耗铜十二斤，然"乾元重钱"与"开元通宝"比值是一当十，而"重轮乾元钱"与"开元通宝"的比值却是一当五十。同样是制钱，耗铜量相差不大，价值却相差数倍，导致百姓铤而走险，熔旧钱以铸新钱，甚或盗取寺院、庙宇的铜钟、铜像以铸新钱。故长安城盗贼四起的根源，就是由第五琦币制改革造成并行的三种钱币比价不合理所引起的，说到底，就是货币政策混乱造成的。

郑叔清将众衙役召集在一起，下令道："皇城之内，天子脚下，盗贼竟然如此猖獗，是可忍，孰不可忍。尔等倾巢出动，翻遍长安城的每一个角落，挖地三尺，一个月之内将窃贼一网打尽。凡盗窃寺院、庙宇的铜钟、铜像私铸钱者，将依唐律严惩不贷。"

长安城里风声鹤唳，缉盗的公门中人如猎犬一样在长安城的大街小巷里上窜下跳。凡有盗窃嫌疑者，皆缉拿归案关入大牢，一时间牢房里人满为患，整个长安城因盗窃寺院、庙宇的铜像铸钱和熔旧钱铸新钱而被官府捕捉杖责或至死者多达八百余人。市民每论及此事皆谈虎色变，连小孩深夜啼哭，大人吓唬道："再哭，郑大人来了。"小孩闻之，则哭声顿止。可见，郑叔清的酷政到了何等地步。

长安城原本是唐朝的富饶之都，安史之乱以后，昔日的富饶景象已风光不再，残墙碎瓦，断垣废墟随处可见。米店、布店、小吃店虽也照常营业，但生意冷清，门可罗雀，市场上不仅物资匮乏，生意萧条，而且物价还贵得惊人。特别是经过第五琦的币制改革、实行通货膨胀政策后，物价更是飞涨，斗米价格暴涨至七千钱，较之战前的每斗二百钱的价格上涨了三四百倍，这对灾民无异于是雪上加霜，百姓饥饿而死者不计其数，饿殍遍地，惨不忍睹。

安史之乱并没有结束，安禄山虽死，其子安庆绪取而代之仍占据范阳，史朝义杀死乃父史思明，取而代之亦占据东都洛阳，仍然都在同朝廷对峙。尽管第五琦推行新盐法取得了一定的财政收入，但币制改革却遭到重大失败。不但没有达到缓解财政危机的目的，反而还导致市场物价飞涨，加之郑叔清为缉拿盗贼施以酷刑，此时此刻，朝廷上下、京城内外可谓是人心惶惶，弹劾第五琦、郑叔清的奏章如雪片一样飞向肃宗的御案前。

肃宗召集文武百官商议此事，朝臣众口一词，均言京师社会治安不好，市场物价飞涨都是由于第五琦的币制改革造成的，第五琦是罪魁祸首，必须要依法严处。肃宗不是一个能替臣子开脱的英明君主，更何况国家出现了这样大的乱子，没有一个人来承担责任，也很难向文武百官交代。

乾元二年十月，肃宗下旨，罢郑叔清京兆尹之职，贬第五琦为忠州长史。

在长安到忠州的路上，孤零零地行走着一辆马车，马车上坐的是第五琦及其家小。忽见后面尘土飞扬，几骑人马飞奔而来，还没有走近第五琦的马车，就听见马队中有人大声地喊："前面可是第五琦吗？快留步！"

听到喊声，第五琦令车夫拉住马缰，车刚停稳，后面的人马已赶到，第五琦举目一看，原来是朝廷御史刘期光。

刘期光刚停住马便大声道："圣旨到，第五琦接旨！"

"臣接旨！"第五琦连忙下车跪于道旁，家人跟在后面跪下。

“皇上口谕，有人举报，忠州长史第五琦在任中书门下平章事、户部侍郎期间，收受他人贿赂黄金二百两，可否有此事？”

第五琦听到御史刘期光的口谕，惊得目瞪口呆，好半天后才泣诉道：“臣冤枉啊！臣虽主持币制改革遭到失败，那只是政务上的过失，但臣绝不是一个贪官。臣若收受二百两黄金之巨额，绝不可能不遗下蛛丝马迹，若说有人行贿，可有凭证？再说，二百两黄金，重达十多斤，不是一个小数，要藏也是藏不住的。钦差大人若不信，罪臣全部家当都在这里，尽可查之！”

“那我就得罪了！”

刘期光对同来的人一挥手：“抄！”

同来之人如饿虎扑食般立即将第五琦车上的全部家当翻了个底朝天，结果是一无所获。刘期光有些失望地向第五琦说：“皇上不日便有旨到！”说罢打马而去。

刘期光回到京城，不但不如实汇报追见第五琦时的实情，更不转达第五琦的申诉之词，反而说第五琦态度暧昧，所言难以令人置信。奏请肃宗将其流放夷州。于是肃宗又下一道圣旨，将第五琦流放夷州，以驿站快马传递敕文，令有司将第五琦押送夷州。

第二十章　大唐经济濒于崩溃，谁收拾残局

乾元三年（760年）闰四月，肃宗又改年号为上元元年。就在这一年，为了解决朝廷财用不足的困难，又下敕文，命江淮堰塘，商旅牢船过处，准户纳钱。即全国各地之水路设卡，对过往商客征收关津之税，称之为“埭程”，这是朝廷因战乱导致财政困竭而采取的又一项敛财的权宜之计。

自从郑叔清撤职，京兆尹一直虚待，第五琦被贬忠州，判度支、租庸诸使之职亦有待来者。肃宗遍寻群臣，想到了河南尹刘晏，由永王之乱可见，刘晏是朝廷不二之忠臣，夏县、温县两任亲民之官，政绩斐然，秉政理财之能初露。当年上皇在新科进士进见之时对刘晏的褒奖之言犹在耳边，任江南租庸使也积累了一些管理中央财政的经验，因此，他认为，刘晏是郑叔清罢官、第五琦贬职后最合适的继任者，于是亲拟圣旨，调刘晏到长安接替郑叔清的京兆尹之职，并作为第五琦的继任者，任户部侍郎兼御史中丞，度支、铸钱盐铁等使。唐制，诸使不归户部管辖，属皇帝特派，直接对皇上负责。也就是说，刘晏所任户部侍郎虽从属于户部，但度支、盐铁使、铸钱使则是直接向皇上负责，涉及中央财政，这是刘晏接触中央财政工作的开始。

由于安史之乱的影响，唐朝的国库已十分空虚，军费支出亦严重不足，无论是中央财政还是地方财政，都陷入困竭之境。朝廷为解决财政困难，曾先后采取了五项应急措施，抑或五大经济政策：一是向富人纳钱，称为“率贷”，假以官爵，给空名告身以及商贾纳钱给予优复；二是征收关津之税，称之为“埭程”；三是贩运商货，从中取利，江淮手工业品由江陵、襄阳、上津路转运至凤翔；四是铸行大钱，用通货减重的形式来套取商民的物资；五是实行盐铁专卖，加价十倍。

上述一项之“率贷”、二项之“埭程”都是权宜之计，实施不久即停办，

三项至五项措施皆出自第五琦之手，他是当时替唐政府弄钱的主要人物。然而币制改革却导致通货膨胀，物价飞涨，造成很坏的后果，第五琦因此而被贬职。

第五琦创行新盐法之初，虽然给中央财政带来了可观的收入，但由于做法不尽合理，问题很多，以致形成积弊。因此，如何从依靠非常措施为财政筹钱到转而建立一套正规制度，合理地解决财政困难，这是摆在刘晏面前的一项全新而又十分艰巨的任务。要完成这个任务，较之先前的督办江淮租庸不知要难上多少倍。

京兆尹是首都长安及京畿诸属县的最高行政长官，其工作任务较之一州一郡也要繁重得多。特别是安史之乱以后，人民流离失所，大量的土地荒芜，皇城脚下京兆尹这个官，也就成了一个烫手的山芋。如何做好户部及诸使的工作和履行好京兆尹的职责，对刘晏也是一个极大的挑战。

刘晏上任面临的情况是：在户部，是刻不容缓的币制混乱、物价飞涨的问题；在京师，是人口流失、土地荒芜的问题。这两个问题不解决，不但京城的社会治安得不到保障，生产得不到发展，人民生活得不到安定，就是整个唐王朝的经济体系也有彻底崩溃的危险。轻重缓急，权衡再三，刘晏认为，应将通货膨胀视为首务，于是他请求谒见皇上，阐明自己理财治政的观点。

刘晏谒之时，肃宗说道：“第五琦的币制改革虽然得到了朕的首肯，但币制改革他是创议者，也是具体的实行者，目前这样混乱的局面，他是要负责任的。”

刘晏道：“第五琦币制改革失败，导致国家经济出现混乱而难以收拾，当然要承担责任，但其出发点是欲通过发行新钱以解决财政危机，且还得到陛下的首肯。如今错已铸成，他也因此被贬忠州，微臣想，首务是考虑如何收拾残局，而不是追究谁之过失。”

“朕也有此想法，故只是将其贬至忠州，并没有将他一棍子打死，至于此后流放夷州，是因为有人举报他收受巨额贿赂。现在前方战事未平，国家财用入不敷出，国库空虚无一文之储，朕在此时重用你，就是要你替朕分忧。”

“臣以为，货币制度不宜再大动干戈，建议陛下先发一道明诏，将币制改革的问题向文武百官作个说明，然后将开元通宝、乾元重宝、重轮乾元钱三钱之间的比价作适当调整，理顺货币关系，控制物价飞涨，稳定民心。”

“如卿所奏，就按你刚才的意见，代拟一份诏文吧！”

刘晏对于如何收拾当前的残局，已经有了一套解决方案，只是不清楚肃宗的真实意图，不好将自己的计划全盘托出。他认为，朝廷积弊已深，如同一台年久失修的破机器，一位百病缠身、病入膏肓的患者。这个破机器的每一个部位都有故障，但还要继续运转，要想在不停止运转的情况下修理好这部破机器，必须要循序渐进，一个部位一个部位地找出病因，再各部位分别进行维护保养，否则，不但修不好这部破机器，反而会使机器彻底散架而停止运转。这个重病患者久病在身、卧床不起，已经是病入膏肓，身上所有的器官都有毛病，心脏随时都有可能停止跳动，是郎中都知道，对这样的病人只能用温药慢慢地调理，切忌下猛药，否则，病人会突然地停止呼吸。第五琦的改革之所以失败，就是他企图通过实行通货膨胀政策的办法来推动国民经济的发展，为国家带来更多的财政收入，岂不知他这是饮鸩止渴，犯了欲速则不达的毛病。刘晏深知其中奥秘，因此，对于如何处理当前国家的财政经济问题，他是非常慎重的。听到肃宗叫他代拟一份诏文，他马上走到桌案旁，文不加点地一挥而就。写好再审查一遍后，恭敬地递给肃宗道："诏文已拟好，请陛下过目！"

肃宗接过诏书一看，其正文是："因时立制，顷议新钱，且是从权，知非经久，官炉之外，私铸颇多，吞并小钱，逾滥成弊，抵罪者众，禁奸未绝，况物价益起，人心不安，事急变通，斯于折中，其重轮五十价钱，宜减着三十文行用。其开元旧时钱，宜一当十行用，其乾元十当钱，宜依前行用。"

肃宗看完刘晏草拟的诏书，心里想，都说刘晏是个人才，果然不假。诏文中所采取的变通折中办法，确实是目前解决币制混乱、物价飞涨的最佳办法，既防止了币值的再次大起大落，同时又起到了稳定人心的作用。肃宗看后非常满意，一字不改地全文照发了刘晏所起草的这份诏书。

刘晏起草的这份诏文，没有对第五琦铸行新钱而导致国家经济形势混乱的局面提出任何责难，而是用"且是从权，知非经久"予以解脱，不仅体现了他处理国家财政问题所具备的过人才干，同时还体现了能团结同僚，不对人落井下石，不借第五琦币制改革失败来贬低第五琦而抬高自己身份的美德。诏书颁发后，很快就缓解了当时的通货膨胀问题，远在夷州的第五琦看到这份诏令，内心对刘晏怀有感激之情，这给以后刘晏与第五琦分理唐朝南北区的财政经济工作，各管半壁江山奠定了良好的合作基础。

刘晏调入京师的主要职责不在于户部侍郎及诸使之职，而是京兆尹。制定稳定币值的政策只是刘晏履行兼职的工作，如何维持京师长安及京畿各县的社会治安和生产的发展，则是刘晏首先要考虑的问题。上任伊始，刘晏不是忙于发号施令，而是深入京畿各县，调查了解生产状态及民情。这是刘晏多年来任地方官所沿用的工作方法。

经过调查发现，一方面，京畿内有很多蒿荒的土地有待开垦，而原本就是肥沃的土地有很多被人为地抛荒，另一方面，相当多的流民无地可种，过着沿门乞讨的流浪生活。他有意像当年为温县令时那样设置粥棚施粥以救灾民，然战乱之后灾民无数，仅凭他京兆尹的力量恐怕还不足以解决这个问题。且长安乃朝廷所在地，皇室和文武百官的粮食供应容不得半点闪失，为朝廷计，为民生计，他必须要寻求一个两全齐美的解决办法。他指着满山遍野挖野菜寻找食物的人群对随从人员说："王者爱人，不在赐予，而在于使他们男有可耕之田，女有能织之布，则胜于施舍一饭一粥百倍。"

考察归来，刘晏夜不能寐，京城满目疮痍、京郊凋敝荒芜的情景总是在他脑海里闪现，抹也抹不去，干脆披衣起床，秉烛夜书，将在京城和京郊所看到的、听到的实际情况，原原本本地写了一个奏折，他认为，战后重建，恢复农业生产是当前的头等大事，京畿经济萧条，流民无数，然国库空虚，朝廷的正常费用支出都难以为继，以赈济为主的救济灾民的办法显然不切实际，因此，他主张以发展生产来促进经济的发展，制定优惠政策鼓励人民回归土地，他在奏折中说："当府蒿荒地，其本户有能复其业者，请免差科，如无复业者，请散给居人及客户，并资荫家，随例纳官粮，所冀田亩不荒。"

刘晏的奏折很快就得到肃宗的批准，于是，在京城及京畿诸县便大张旗鼓地掀起了生产自救的运动。刘晏规定：如果业主能够将原先抛荒的土地重新耕耘，则国家给予蠲免三年科差的优惠；如果业主不能复业，则将这些土地分给没有土地的当地老百姓或外地流落至京师的客户，赋税则由这些耕种田地的人来缴纳，对于无主的荒芜之地，鼓励老百姓去开荒种植，谁开荒谁受益，同样蠲免三年的科差。力争做到田亩不致荒芜，人民不致失业，无论是当地百姓还是外地流落至京的客户，都能安居乐业，老百姓有饭吃，国家也有税收。这无疑是一项两全齐美的双赢措施，它既使人民通过生产达到灾后自救，又扩大了国家的税源，增加了国家的税收。同样是收税，这种通过鼓励人民发展生产扩大税源而收税与向人民巧取豪夺、横征暴敛相比，显然更能使人民接受。这也是刘晏理财特色的初步体现。

第二十一章　京兆尹不好当

京兆尹这个官不是好当的，他的难处不在于战后生产恢复之不易，而在于人事关系处理之难。因为京师是王公贵族、大小京官云集的地方，官场上尔虞我诈、钩心斗角的花样层出不穷。刘晏虽然为官多年，但对这一套却不熟悉，他只知道为朝廷办事，为民请命，没有应付这些事情的经验，在官场斗争这个漩涡里，他是一个弱者。

严庄本是安禄山的旧将，安禄山死后，他看出安庆绪大势已去，难成大器，遂背叛安庆绪而潜至长安降唐，被肃宗封为司农卿。有人告发，说严庄降唐是假，来长安卧底、私通叛逆是真。肃宗下旨查办，刑部将严庄逮捕入狱。

刘晏知道，通敌叛国是诛灭九族的大罪，协助刑部办案也是京兆尹的职责，严庄逮捕入狱后，他即刻派人对严庄的住宅进行全天候监控，防止其家属走漏消息或藏匿财产。

经查，严庄事属株连，肃宗又下旨将严庄释放，且还召见了他。严庄本来就是一个政客，他得知在其入狱期间，刘晏曾派人对他的住宅进行监控，便对刘晏怀恨在心，总想对刘晏施以报复。他趁肃宗召见之机对皇上说：“臣此次被冤入狱，全仗陛下英明，才不致使臣冤死狱中，臣对陛下可是忠心耿耿，任劳任怨啊。”

“朕知道卿之忠心，不然今天你也不会坐在这里同朕说话了。”

“但有人却不是这样，常居功自傲，不可一世，说是朝廷离开了他就不行。”严庄卖了个关子，故意不说此人是谁。

“是谁这样狂妄？”

“除了京兆尹刘晏还有谁？他认为自己没有得到皇上的重用，平时颇多怨言，常说他八岁便以神童之名而入仕，是上皇的宠臣，对皇宫内室之事了如指掌，常将皇宫禁中之事吐露出去以示炫耀。”严庄为了达到将刘晏置之死地的目的，竟无中生有，加油添醋地说刘晏吐露皇室的隐私来诬陷刘晏。

宰相萧华素对刘晏有嫉妒之心，也在一旁火上浇油：“严司农所言不假，臣也常听到京兆尹刘晏有此类言论。”

听到严庄的言论，肃宗还是半信半疑，宰相萧华从旁做证，可就不由得他不信了，要知道，无论是什么人，都不愿意别人在外面到处说他的隐私，何况他还是一国之君呢？他怎么能够容忍别人将他的隐私在外面到处乱说？这下肃宗可真是火冒三丈，也不做调查，不问青红皂白地立即下旨，将刘晏贬为通州刺史。刘晏就这样莫名其妙地遭到小人的陷害而贬官，承受了他政治生涯中的第一次重大打击。

蜀道上，刘晏、刘安主仆二人坐在马车上，缓缓而行。有道是蜀道难，难于上青天，不知他们主仆二人这一去何日能归。

宝应元年（762 年）四月初，太上皇李隆基积郁成疾，因病而逝。同年，御史中丞兼江、淮五道租庸使元载依附宦官李辅国，拜为同中书门下平章事（宰相），其度支转运使之职仍然兼任。

元载，字公辅，陕西凤翔岐山人，其出身贫寒，科举屡试不中。肃宗即位后，急于招揽人才，诏令诸道广为推荐，凡有可造之才，皆选用为吏。时元载避乱江左，江东采访使兼吴郡太守李希言请元载为副将，拜为词部员外郎，迁洪州刺史。当时刘晏以户部度支郎中的身份居于吴郡，与元载有过往来。

元载智性敏悟，善于奏对，深得肃宗的欣赏而被召入京，封为度支郎中，并委以出使江淮，都领漕运之事宜。元载是一个野心极大的人，在出使江淮期间，为了创造政绩邀宠于皇上，他不顾老百姓的死活，按老百姓的户籍，强行征收江淮地区安史之乱期间老百姓所欠八年之租庸，当时江淮乃大饥之年，百姓已经是挣扎在饥饿死亡的边缘线上，饥饿所致，相互间易子而食的惨剧时有发生，而元载无视这些，为了达到强行征收的目的，他选择豪吏为县令督办此事，无论你欠多少或家里存粮有多少，只要发现百姓家里有粮食，即派兵前去以武力征收，少则取百姓家中粮食之半，多则取十之八九，稍有不服，则以棍棒刀枪相向，闹得整个江淮地区哭声震野，鸡犬不宁。为了逃避官府的勒索，老百姓纷纷逃往深山隐居甚或聚众造反，有歌谣称：

上元官吏务剥削，
江淮之人多白著。

这是当时官吏豪取于民的真实写照。元载就是用此强征暴敛的手段向皇上邀功请赏，以老百姓的血泪和白骨铺就了升官之道。

在横征暴敛以邀功的同时，元载又依裙带关系攀上了李辅国。原来李辅国之妻与元载同宗，且还关系暧昧，当京兆尹之位出缺时，李辅国有意让元载出任京兆尹之职，然元载之意不在京兆尹，而在于国相，因此他对李辅国有意让他出任京兆尹之职一事固辞不受，李辅国只好作罢。李辅国从中周旋，终使肃宗拜元载同中书门下平章事，并继续兼任度支转运使。

四月，肃宗皇帝肃宗驾崩。宦官李辅国、程元振拥太子豫即位，是为代宗。

代宗皇帝李豫很器重刘晏，即位后便将刘晏从通州召回，恢复了刘晏的京兆尹、户部侍郎、领度支、盐铁、转运、铸钱、租庸等使之职。时颜真卿为利州刺史。刘晏向李豫奏请将户部侍郎之职让与颜真卿，将京兆尹之职让与严武。

李豫道："户部钱谷之事乃卿之所长，何以要让与颜真卿？"

刘晏回答道："颜真卿颇有经济头脑，是个不可多得的人才。广德初年，他曾在河北首创榷盐法，解决了当时军费困竭的难题，官至工部尚书兼御史大夫。因遭人嫉妒而一贬再贬，这对颜真卿是不公平的，臣推荐颜真卿户部侍郎之职，正是替朝廷着想，也是用颜真卿之所长。"

"那为何又要将京兆尹之职让与严武呢？"

"严武乃郭子仪之部将，协助郭子仪平定叛乱，收复两京功不可没，用此有功之臣正能体现陛下之英明。"

李豫听刘晏所言处处是以朝廷大局为重，甚是喜悦，遂命颜真卿为户部侍郎，严武为京兆尹。一时间，刘晏让官之事在京师广为流传。

刘晏让官后，李豫乃改封刘晏为国子祭酒，同时，第五琦亦被重新起用为朗州刺史。

宝应二年（763年）正月，李豫正式任命刘晏为吏部尚书同中书门下平章事，晋封为彭城郡开国公，食邑二千户，仍兼任度支诸使。这一年，刘晏四十八岁，当上了副宰相，因其主管财经，故后人称之为"计相"。

刘晏拜相之际，正是安史之乱平定之时，李豫以雍王李适为天下兵马大元帅，朔方节度使仆固怀恩为副帅，会同回纥兵马，向史朝义盘踞的东都洛阳发起了最后总攻。一番激战后攻克洛阳，史朝义仓促出逃，逃窜途中因绝望而自缢身亡。至此，长达七年又三个月的安史之乱终于宣告结束。

安史之乱平定后，宦官李辅国在朝中的权势日重，他与宦官程元振狼狈为奸，把持朝政，大有将李豫驾空之势，唐廷只知有李程，不知有代宗。李豫心中虽有觉察，因忌李程二人手持兵权，却不敢轻举妄动除此奸佞。

李辅国常向李豫面赞元载的才识，极力向李豫举荐，李豫封元载为中书侍郎。至此，元载已官居相位，达到了其为官的最终目的。

元载正式登上相位后，很多想法也随之发生了改变。他认为，度支转运使所承担的工作繁重、琐碎，牵涉面广，工作量大，稍有不慎，便有损于他的名声和仕途，且还要受到吏部官员的督察，实在是有损于他这个宰相的尊严，于是，他将钱谷之事全部都委托给刘晏管理。

代宗皇帝李豫对李辅国、程元振两人的专横跋扈极为不满，一直在等待机会摆脱两人的羁绊，不想时间一久，李辅国、程元振两人之间为争权夺势出现了矛盾。程元振密奏李豫，请解除李辅国行军司马及兵部尚书之职，李豫见他们两人之间出现矛盾，借此机会，利用程元振一举除去了李辅国。

元载是个极善钻营的人，他见李辅国倒台被诛，又重金交上中人董秀，使其在宫中专门为他打探代宗的行踪及言论。他再在这些信息中揣摩圣意，在朝廷议政时，元载发表的言论，总能投李豫之所好，很快就得到李豫的极大信任。

刘晏初为计相，常与舅兄李廙一起探讨国事，李廙乃刘晏夫人之兄，位居尚书左丞之职，官誉甚佳，颇有清德，刘晏同李廙志趣颇合。刘晏每至李廙家，见其室门帘破旧，便问道：“门帘破而不堪用，兄长何不更换一个？”

“我以门帘为镜，一日数见，视其破，常以为鉴，时刻提醒自己要洁身自好、以俭养廉，不以善小而不为，不以恶小而为之。”

刘晏暗度门帘尺寸，回家后亲手做了一副不带任何装饰的竹帘，数次带上这个竹帘至其门却未敢贸然而入。他很尊重李廙的为人，“以帘为镜、以俭养廉”之语常在耳边响起，最后只好作罢，门帘始终没有送出去。其实，区区一个门帘，何涉廉与不廉，况且又是郎舅之间，送一个小小的门帘，体现的是一种亲情关系，本乃人之常情，但他们二人都不这样想，这是他们两个人都把“廉”字看得太重的缘故。

刘晏自拜同中书门下平章事、受宰相元载之托，主管户部的钱谷之事并兼东南租庸使后，实际上是独立地接管了中央的财政事务工作。正当他踌躇满志地准备施展抱负的时候，一场厄运悄然而至。

肃宗皇帝肃宗初年，吐蕃曾乘唐室内乱，屡次攻陷威武、河源等地，并取廓、霸、岷诸州。代宗皇帝李豫即位后，复又攻陷临、洮，朝廷遣使往修旧好，使节反被其羁扣不返。宝应二年（763 年）七月，李豫改年号为广德元年，是年，郭子仪就吐蕃扣留唐使之事提醒代宗皇帝，慎防吐蕃有反唐之谋，可惜没有引起李豫的重视。十月，吐蕃兵马果然大举入侵大震关，连陷兰、廓、河、鄯、岷、秦、成、渭诸州，尽取河西陇右之地。边吏纷纷向京师告急，然而，告急文书却都被程元振截留而未达代宗皇帝御案，至使李豫对边廷之事一无所知。吐蕃贼众长驱直入，泾州刺史高晖开城投降后，引导贼寇深入邠州，战事越来越大。直到此时李豫才知道吐蕃入寇之事，时朝中已无大将，李豫只好请出被程元振陷害贬官的郭子仪，拜为兵马副元帅出镇咸阳。然郭子仪闲废已久，旧有部将多已离去，仓促之间召募将士，却是一士难求。遣使入奏却又为程元振所阻，难以进入长安面圣，致使吐蕃兵马在没有遇到多少抵抗的情况下便攻陷京师，使长安又一次落入贼手。李豫惊慌失措，带领妃嫔数人和雍王适出走陕州，只有刘晏等宰臣随同，其余百官皆遁匿，兵马多逃散。

郭子仪闻知京师失守，遂招谕溃军抗敌，各路兵马多为郭子仪旧部，闻郭子仪复出，遂纷纷前来聚集。郭子仪老泪横流地泣谓众将道："安史之乱初定，吐蕃贼寇又入侵，今京师长安再次沦陷贼手，弟兄们啊！我们身为大唐子民，岂能容忍大好河山任由外族践踏，大家一定要协同一心，共同抗敌，驱逐吐蕃贼寇，收复京师长安。"

有将道："老元帅，你一生驰骋疆场，却屡受朝廷奸贼陷害，保此昏庸朝廷又有何用？我们在战场上拼了老命杀敌，权臣们却在皇帝面前刁难陷害，不若乘收复长安之机，率兵入宫，诛佞臣，清君侧。"

郭子仪劝说道："奸臣当道，只能得逞一时，不能得逞一世，我们是为朝廷打仗，并不是为奸贼卖命，大家一定要以大局为重，切不可轻提清君侧之事。"

众将齐声说道："老元帅发令吧，我们愿以元帅的马首是瞻。"

李豫闻知郭子仪在召集溃军，下旨召郭子仪至陕扈行在议事，子仪遣使奏道：“臣不收复长安，无颜以见陛下，请陛下静候臣的好消息吧！”

李豫收到郭子仪的奏章，心中一块石头总算落了地，他即刻下旨，授权郭子仪遇事可便宜从事，这可是代天行命的至高无上之权。

郭子仪召来羽林大将军孙全绪，授以密计，命其率精兵二百骑潜入京师，并命第五琦暂代京兆尹之职，与全绪同行，随后，郭子仪便率领大军，浩浩荡荡地进军长安。

老百姓素敬郭子仪，尊之为郭令公，今闻郭令公率兵收复长安，遂奔走相告：“郭令公率兵攻长安了！”顷刻间，郭子仪进攻长安的消息传遍长安，城内贼兵甚是恐慌。是夜，长安城内号角齐鸣，鼓声震天，“郭令公攻城啦！”“郭令公攻城啦！”的喊声此起彼伏。其实，这就是郭子仪授予孙全绪的密计，他命令孙全绪、第五琦率领二百骑潜入京师，再联络城内的老百姓，虚张声势，大声叫喊郭令公攻城，借以扰乱贼之军心。

叛贼高晖素知郭子仪的威名，听到郭子仪攻城的喊声，吓得魂飞魄散，急忙率领亲随连夜弃城而逃。吐蕃军兵看到高晖军兵逃走，亦纷纷带上抢劫来的财物仓皇撤出长安城，向北逃窜。此时，郭子仪的大军离城尚有数十里之遥。凭郭子仪的妙计，唐军兵不血刃便收复了长安。入城后，郭子仪一面出榜安民，一面遣使飞马向代宗皇帝报捷。

捷报传至行在，李豫大喜过望，准备应郭子仪之请回銮京师。此时，文武百官议论纷纷，都说吐蕃作乱是因程元振把持禁军，屡扣奏章，暗通吐蕃所致。程元振素嫉子仪，今闻郭子仪又立此大功，听到这些流言后心里非常害怕，于是他心生恶计，入内向李豫奏道：“陛下，今郭子仪收复长安，功高震主，请陛下还京，恐防其中有诈，不如迁都洛阳，似乎更为安全些。”

刘晏身为计臣，他认为目前京师长安百废待兴，粮食短缺，若能迁都洛阳以就食江南，倒也不失为一个好的办法，他哪里料到程元振是别有用心呢？于是，他也从旁附和程元振之议，由于他们的奏议，李豫萌生迁都之念，下旨对郭子仪予以宣慰，丝毫不提还京之事。

郭子仪闻知李豫有迁都之意，甚是震惊，连夜拟定奏章，派人快马送至咸阳行在，坦陈迁都之弊：“臣闻陛下有意幸都洛阳，不胜震惊。洛阳虽为东都，但久陷贼手，数历战火洗劫，宫室殿宇十不存一，居无寸椽，百废待兴。畿内之民不满千户，沃野千里，百兽横行，既缺军储，又乏人力，陛下为何弃久安之京师而赴至危之洛阳？老臣以为，长安乃数代帝都，基业已深，切不可轻动迁都之念。今逆胡已平，吐蕃贼寇亦已逐出中原，陛下正可回銮京师，选贤任能，励精图治，若此，何愁唐室不兴。望陛下以社稷为重，以天下苍生为念，即刻回銮京师吧！老臣顿首泣奏。”

李豫看到郭子仪的奏章，甚为感动，对左右道：“子仪真乃社稷之忠臣也！”于是他即刻下旨，起驾回京。

群臣以吐蕃入寇乃程元振之过，系联名弹劾程元振，李豫念程元振曾有护驾之功，免其死罪，削职为民，遣回乡里。

安定以后，李豫赐予郭子仪金牌铁券免死金牌以示奖赏，随之封元载为行军司马，第五琦为京兆尹。

刘晏素与程元振甚善，且还附和程元振劝皇上迁都洛阳，遭到一些人的非难，李豫下旨贬刘晏为太子宾客。这是刘晏政治生涯中遭受到的第二次打击。

刘晏遭受打击后情绪十分低落，闭门谢客。李廙劝道：“人生不如意者十之八九，谁也不能保证自己乘的总是顺风船，落难不落志，倒霉不沉沦，此乃大丈夫、真男人之所为。三十年河东，三十年河西，谁又能说得清楚？只要你问心无愧，洁身自好，是金子总会有发光的机会。”

刘晏赋闲在家，或读书，或与乃兄李廙下棋，以静待东山再起的机会。

第二十二章 关中闹粮荒

唐朝建都于长安，关中虽称沃野，由于土地狭窄，所产之粮难以满足京师百姓及驻军之需要，更谈不上储备粮食以调剂水旱之灾，年年岁岁都要从东南地区运输大量的粮食以供京师之需。古时运输，在水路称之为漕，在旱路称之为转，合称为转漕。由于从东南运抵京师的粮食多从水路运输，因此，习惯上将从东南地区向京师运送粮食称之为漕运。在唐高祖、唐太宗时代，用度比较节制，漕运粮年不过二十万石，“故漕运简”。自唐太宗以后，国家“功利繁兴”，京师人口增加，对粮食的需求也就日益增加，每年须从东南漕运百万石粮食方能满足京师百姓和驻军的需要，漕运的任务越来越繁重，困难也越来越大。唐初漕运的路线是从江淮将租赋之粮运往河南洛阳储之于含嘉仓，然后再择机运往京师长安。由于黄河三门峡惊涛骇浪，水底暗礁密布，航船穿过三门峡，常发生船翻人亡的事故，从水路直接运输风险很大。为了降低风险，转运漕粮采取的办法是将从含嘉仓至陕州太原仓三百里路程改为陆路运输。由于陆路运输路程太远，习惯上采取接力的形式转运，即将全程分为八段，每段相距四十里，雇民工牛车以载之，古时将此段接力运输称之为“八递”。每递用车八百乘，征发民夫数千，运距长，运费甚巨，斗米需运费五十钱，倍于米价，耗费了大量的人力、物力、财力。

安史之乱期间，洛阳沦陷，淮河被阻，叛军切断了漕运路线，这也就意味着切断了京师的粮道，京师的粮食得不到补充。江淮租赋只好溯长江、渡汉水而抵四川洋州，再转陆路运往长安。运距远，运量少，时间长，运输费用浩大，且还很难满足京师的需要。在人祸泛滥之际，往往又是天灾频发之时，当时关中连年发生灾荒，加剧了京师缺粮的局面。

成群结队的饥民涌入长安城，京城的米店纷纷挂出无粮可售的招牌关门停业，不法粮商趁机哄抬米价，斗米价格高达一千四百钱，饥民只能望米兴叹而无可奈何。有道是，饱暖思淫欲，饥寒起盗心，无数的饥民在饥饿的死亡线上挣扎，为了生存他们也就只好铤而走险，没有钱买就去抢。只要米店开业，饥民便蜂拥而至，一抢而光，官府虽禁也不可止。于是，京师的米店，无论有米无米，均会停业。整个长安城陷入无粮的恐慌之中。

禁军乏食，军心动荡，畿内百姓被迫捋青穗以供军需，御厨亦无隔夜之粮。

是日早朝，延英殿上，文武百官也因少食而无精打采，即使有的人家有余粮，但大势所趋，谁也不敢过分张扬，跟着大家一样装着饥饿无力的样子。李豫面对殿内的群臣问道："各位臣工，京官无禄米，御厨无隔夜之粮，市场粮食脱销，米店纷纷关门，街上饥民成群，朝野一片恐慌，谁有良策使朝廷摆脱目前之困境？"

文武百官面面相觑，均露出无可奈何的神色。京兆尹第五琦是京城地方的最高长官，对京师的社会治安负有极大的责任，他出班奏道：

"启奏陛下，长安城内饥民流窜，不少米店纷纷遭抢，缺粮的局面已经严重地危及到社会的安定。"

李豫不耐烦地打断第五琦的话道："这些我都知道了，我现在要的是解决问题的办法。"

第五琦继续小心道："臣已下令畿内各县，紧急征调粮食以解京师燃眉之急，但数量恐怕也有限。"

"元载，你怎么不说话？"李豫将眼光投向宰相元载。

元载出班奏道："启禀皇上，中原地区已经很难筹集到粮食了，京兆尹第五琦到畿内各县征调粮食，数量也很有限，只能暂解京师缺粮燃眉之急。臣以为，尽快恢复漕运，迅速将江南之租赋运抵京师，这才是解决问题的根本办法。"

"江南物阜丰盈，且受战祸的影响较小，宰相所奏恢复漕运，以江南之租赋解京师缺粮之困境，确是良策。然而，由于战祸连年，漕道久未疏浚，河道严重淤塞而致漕船难行，陆运同样也不畅，且沿途各地盗贼四起，诸道官军为求所食亦如匪类，过境之粮不是遭到盗贼的抢夺，便是遭到驻军的拦截。要想将江南租赋安全地运抵京师，难度实在不小。"第五琦亦出班奏道。

"元宰相，京兆尹第五琦的话你可听见？"

"第五琦所言，正是微臣想说之语，只是考虑尚未成熟。"

“恢复漕运，将江南之租赋运抵京师之事就交给你去办。”李豫对元载说。

听到皇上之言，元载大脑嗡的一声响，整个人几乎要昏过去了，要知道，漕运是当前最棘手、最难办的事情，谁都没有把握能将漕运办好，即使是没有困难，他也不敢贸然离开京师到东南去筹粮，他害怕一旦离开了京城，朝廷稍有风吹草动，他就会相位不保，甚至还有性命之忧。不过，元载到底还是元载，所有这些想法只是在他大脑里一闪而过，他生来头脑敏捷，脑筋转得快，稍顿便奏道：

“启禀陛下，时值战乱刚息，百废待兴，朝廷政务繁忙，臣身为宰相执掌政事堂，实难假手专事漕运之事，臣保举一人足当此任。”

李豫身子向前一倾，迫切地问：“谁能担当此任？”

“臣认为，因程元振事件受牵连而罢相、赋闲在家的太子宾客刘晏足可担当此任。”

第五琦亦出班附和道：“太子宾客刘晏，为人正直，办事能干，是个不可多得的人才，他既担任过计相之职，还担任过盐铁、转运使之职，对漕运之事很在行，臣也保举刘晏能担当此任。”

想当初第五琦因币制改革而遭贬之时，刘晏替肃宗肃宗代议圣旨时以一句“且是从权，知非经久”减掉了第五琦莫大的责任，当时第五琦与刘晏并无深交，更谈不上感情，刘晏在春风得意之时，对人不落井下石，且还为其开脱，如此之心胸，第五琦从内心里很是敬佩，因此也对刘晏怀有一份感激。今日听到元载保举刘晏，他也马上出班保荐，一来，他是为了报恩，二来，刘晏也确实是个人才，恢复漕运恐怕也非刘晏莫属。

李豫本来就很器重刘晏，上次因程元振之事而贬刘晏，事后也曾后悔过，因没有人重提此事，他也就将此事放下了。今日朝堂之上，元载、第五琦二人同时举荐刘晏，仿佛一语惊醒梦中人，真是患难思知己，国难思忠臣，他也觉得刘晏是整顿漕运最合适的人选，面带喜色地说：“元载、第五琦之荐甚合朕意。”转首对侍奉太监道：“传朕旨意，升刘晏为御史大夫，检校（代理）户部尚书，充河南、江淮转运盐铁使。立即启程赴江淮整顿漕运，听便宜从事。”

刘晏真正着手管理中央财政管理工作是从这个时候开始的。

广德二年三月间，刘晏正式就任代理户部尚书，充河南、江淮转运盐铁使。是日，刘晏轻装简从来到户部衙门，说是户部衙门，其实也很简单，就是一间简陋的房子，摆上桌椅，也就成了户部衙门办公的地方。因为在安史之乱期间，长安城数次遭到浩劫，完好无损的房屋很难找到，就是皇宫也是百孔千疮，桌椅板凳也都是缺胳膊少腿的。刘晏来到户部，只有几个下等官吏在那里闲聊天，他也无暇顾及风纪，将吏员李若初、卢征、韩洄三人叫到值房说道："你们几个人回家准备一下，三天之内我们同赴江淮整顿漕运，边考察漕运路线边向江淮进发，时间可能会很长，将家里的事都安顿好。"三人各自分头去做准备。

长安城东门修行里巷有一处宅院，宅院四周青砖砌起的围墙有一人来高，住宅低矮简陋，宅院的后围墙开了一扇小门，门后面便是一小片用篱笆圈起的菜园。宅院虽不豪华气派，却也收拾得干干净净，这就是刘晏的家。奉命赴江淮整顿漕运的刘晏，在户部挑选了几个能干的年轻吏员后，回到家中收拾行李，准备赶赴东南整顿漕运。

夫人李氏一边收拾行李一边关切说道："老爷，你已是年近半百的人了，不似当年初放外任血气方刚的时候，出门在外，要注意身体。"

"知道了，夫人，我又不是小孩子，这些事还要你说吗？"

李氏夫人有点埋怨地道："你这一走，又不知要多长时间才能回来，屋顶漏水了，叫你维修一下的，总是一拖再拖，又拖下了。别人家的住宅盖了一处又一处，我们家的住宅一住几十年，一点变化都没有。"

"夫人呀！居有定所就行，何必要追求宽敞豪华呢？难道你要我做贪官，盖豪宅吗？"

"我也不是要你做贪官，居家七件事：油、盐、柴、米、酱、醋、茶，你也总该要操点心吧！"

"食不在多，果腹就行，你没有看见长安城饥民成群，饿殍载道吗？这次皇上起用我，就是要解决居家七件事，有道是，大河有水小河满，大河无水小河涸。只要这次赴东南顺利地恢复了漕运，不光是我们家的粮食问题解决了，就是整个长安城也不会缺粮，难道我这不是为了居家七件事吗？"刘晏笑着说。

"好了，都是你有理，我说不过你。"李夫人转头对在一旁收拾东西的家人刘安半开玩笑半认真地说，"刘安，出门在外，放机灵些，老爷的起居都交给你了，你可要照顾好啊！若有个闪失，我可要拿你是问。"

刘安苦着脸说："夫人，您还是先问了再说吧。"

李夫人不解地问："什么意思？"

刘安道："我听人说，东南漕运已停多年，恢复漕运困难重重，路上还很不太平，满朝文武百官没有人能干得了这件事，皇帝这才想起了我家老爷。老爷这次到东南去筹办漕运，不瘦掉几斤肉，磨去几层皮是办不到的。所以说，您交给我的任务肯定完不成，不如问了再说，免得总是心挂挂的。"

李夫人关切地问："老爷，真的吗？"

"别听他胡说，只要我亲自出马，再难的事也一定能马到成功！"刘晏若无其事地回答，回过头向刘安狠狠地瞪了一眼。

看到刘晏马上就要出远门，李夫人已经是有些不舍，又听刘安说这次出门凶多吉少，这种不舍又变成了担心，不由心中一阵难过，强忍住泪水道："相公，出门在外，万事可得小心啦，我们娘儿几个都在家中等你安全归来啊。"

刘晏安慰地说："你看你，这么多年了，风里来，雨里去，不是都过来了吗？没有什么好担心的了，只是你们在家也要好好地过日子，别让我记挂就行了。"说着话，行李也就收拾好了，刘晏告别了家人，刘安背上行李，二人便走出了家门。

第二十三章　沿黄河顺流而下，勘察漕道

长安城门口，几个兵丁分列于城门两边盘查着过往行人，从城内走出五骑人马，领头者就是新任检校户部尚书、江淮、河南转运、盐铁使刘晏，跟在他后面的是李若初、卢征、韩洄、刘安。一行人出城后，展现在他们眼前的是满山遍野觅食的人群，路边，坐着一个衣不遮体、怀抱着一个饿得大哭不止的婴儿的妇人，她将干瘪的奶头塞进哭闹的婴儿口中，婴儿猛吸几口，见吸不出一点奶水又吐了出来，张着小嘴啼哭，妇人无助地大哭起来。刘晏看到这些情景，不由发出一声长叹。心情却愈加沉重，不由得在马屁股上猛抽一鞭，率先向他们此次出发的第一站东渭桥而去。

东渭桥位于灞水入渭水处，万县东北五十里，是渭水南北交通之要道，也是东南租赋转运到京师的聚储中转之地，平西王李晟东渭桥纪功碑所载：“东渭桥抵城东四十里，而国之廪积在焉。”

东渭桥的出现，与唐代漕运路线的变化有直接的关系。隋朝开皇四年，渭水多沙，河道深浅不一，漕船行走极不方便，故开掘广通渠，引渭水，自大兴城东至潼关三百里。此后，漕运皆通过广通渠而入长安，渭水则废而不通漕。

开元二十一年后，关中地区恢复渭河漕运，渭河、广通渠并行成为唐代漕运最显著的变化。由于渭水多沙，深浅不一，从黄河入渭水的漕船舟重船大，难以进入渭河上游，因此，在裴耀卿大规模转运江淮漕粮时，东渭桥附近已设置国廪储粮，即为北太仓。开元二十二年，渭河通漕，漕船自太原仓浮河入渭而直达东渭桥仓，东渭桥储粮激增，东渭桥仓在当时被称为天下北仓。天宝中，北仓储粮达六百六十一万余石，而京师之太仓仅储粮七万余石，北仓成为国家的重要仓储，渭河则成为关中唯一的漕运动脉。漕粮入太仓要由东渭桥中转，

东渭桥仓在国家财政中已占有举足轻重的地位。

安史之乱以后，虽然经东渭桥仓输入京师的粮食减少，但其作为太仓的一个重要组成部分，乾元元年，度支郎中第五琦充两京司农太府出纳使时，东渭桥仓亦置有出纳使一职。宝应元年，元载秉政为相，蒋沇以兼侍御史的身份出任东渭桥出纳使，掌理东渭桥河运院的事务。

刘晏一行出京向东渭桥进发之时，东渭桥河运院已接到朝廷公文。是日，蒋沇正在河运院召集僚属传达朝廷旨意，安排部署对东渭桥仓进行检修的事宜，忽见有人来报，朝廷上差已到河运院门口。

蒋沇接报，连忙出迎至大门口："刘大人真是神速，下官才接到朝廷公文，还在安排部署东渭桥仓廪检修之事，你们就已经到了。"

"皇命在身，容不得半点松懈，我们也就只好日夜兼程了。"刘晏回答说。

"我也不做表面文章，请大人稍事休息后，我请大人巡察东渭桥仓，有什么不足的地方，请大人当面指正。"蒋沇说罢，将刘晏一行让进河运院。

稍事休息后，刘晏一行便在蒋沇的陪同下巡察东渭桥仓库，刚打开仓库大门，只见仓库里老鼠四处逃窜，还有的老鼠从地洞里伸出头来四处张望，仿佛在观看它们的领地今天来了哪些不速之客。因久未使用，地下积满了灰尘，上面织满了蜘蛛网，破损的门窗被风吹得扑打着墙壁，发出啪啪的响声，从屋顶残破的孔洞里，可以直接看到天上的太阳，仓库的地下显现出一块一块的水渍，不难看出，每当下雨的时候，一定是外面下大雨，里面下小雨。刘晏指着破烂不堪的仓库道：

"蒋大人，不用我说你也已经看到了，这仓库的上面、地面都要维修，蜘蛛网、灰尘都要扫，就目前这个状况，仓库根本就不能使用。"

"刘大人请放心，下官正在安排仓库维修的事情，我这里是以本来面目让大人看，丝毫没有表面文章，到正式通漕时，东渭桥绝不会拖漕运的后腿。"蒋沇打保票地说。

"有你这句话我就放心了，不过，漕运整顿尚在准备阶段，只要抓紧去做，时间上是没有问题的。"

巡视完东渭桥仓，刘晏一行沿着渭水河岸顺流而下，路上行程非止一日，到了黄河与渭水的交汇处——渭口。渭口是唐代漕运的大型中转站，黄河水深，渭河水浅，行走于黄河水道的漕船都是大船，到达渭口后不能直接进入渭河，必须靠岸停泊，将漕粮卸船运入渭口之太原仓储存，然后由渭河段的漕船转运至东渭桥。

太原仓的司库刘世璋在刘晏到来之前也接到公文，早就在对仓库进行维修，且常差人到渭口等候刘晏的到来。这一天正好是刘世璋亲自在渭口等候，远远地看见五骑人马急驰而来，他迎上前问道："来者可是户部的刘大人？"

刘晏一行勒住马，李若初手指刘晏道："这位就是户部刘大人，请问来者何人？"

"下官是太原仓司库刘世璋，从东渭桥河运院传来消息，知道刘大人一行沿渭水考察漕道，不日将至太原仓巡视，下官派人在此已等候多时了。"随后他对同行人员说了几句什么，同行人员即离此而去。

"刘司库，你可知道我们此行的目的是什么？"刘晏问道。

"刘大人此行的目的是要恢复漕运，太原仓是漕运道上的一个大型中转站，大人此来的目的自然就是看太原仓在恢复漕运时是否能正常投入使用了。请刘大人放心，太原仓的维修工程下官已经着手进行，漕运恢复之时一定能投入使用，绝不会拖漕运的后腿。"

刘晏哈哈大笑道："刘司库真是快人快语，既然这样，太原仓我也就不看了，你抓紧维修就行了，我们还要继续赶路，到下游去考察。"

"一路奔波，想必大家的肚子早就饿了，下官已做了安排，各位用餐后再走也不迟。"

李若初道："好，就在这里撮一顿，好几天没有吃到热菜热饭了。"

"刘司库，人饿了，干粮袋也瘪了哟！"刘安拍拍已瘪了的干粮袋说。

"保证都能吃饱。"

卢征边走边对刘司库道："刘司库，除了太原仓外，你能将渭口的情况向刘大人介绍一下吗？"

刘世璋指着河道对大家："大家看，这里是黄河与渭河的交接处——渭口。黄河与渭河属于两个不同的水域，渭水河浅流缓，黄河水深流急，黄河漕运用的是大船，很难进入渭河行走。故此，黄河水道运粮的漕船至渭口后，都要停泊靠岸，将船上的漕粮卸船运入渭口之太原仓储存，再由渭河段的漕船转运至东渭桥。安史之乱以后，经水道转运的漕粮少了，太原仓长期处于空闲状态。"

刘晏道："我们这次沿漕道考察，就是要摸清漕道的现状，寻找好的办法恢复漕运，尽快地将江淮租赋通过漕道运抵京师，以满足京师对粮食日益增长的需求，到时候，太原仓可就闲不住了。”

“这样就好，这样就好。”刘世璋带着大家边说边向前面一个小集镇走去。

出渭口就进入了黄河水道，刘晏带着大家沿着黄河河岸顺流而下，眼见就要进入陕县了。举世闻名的三门峡就在陕县境内，而三门峡是这次考察的重点地段。

陕县县令柯昌平同太原仓司库刘世璋一样，早已接到通知，知道河南、江淮转运使刘晏一行要来考察三门峡，估计行程已近，他就到黄河边，等候朝廷上差的到来。是日，正在河边等候的柯县令，看到上游驰来几骑人马，估摸着是上差到了，迎上前去道：“来者可是户部的刘大人？下官是陕县县令柯昌平。”

李若初打马上前回答道：“我们正是京师来的，”伸手一指刘晏，“这位就是刘大人。”

“陕县早就接到朝廷公函，在此等候多日，请各位大人先到陕县去，下官为各位大人接风洗尘。”

“贵县不必客气，盛情我们也领了，公务繁急，我们不能在此耽搁，还是请贵县陪同我们继续巡视三门峡吧！”刘晏说道。

柯县令见刘晏无意到陕县县城去，当即对随行的衙役说：“你到前面黄河渡去安排一下，我陪同刘大人一行巡视三门峡，然后再去就餐。”

刘晏在柯县令的引导下，沿黄河岸巡视，柯县令边走边指着前方一排房子介绍说：“前面那排房子是三门峡上游之西仓。”

“这就是裴耀卿为绕过三门险峡而设置的西仓？不是还有个东仓吗？离此有多远？”刘晏问道。

“不错，是有个东仓，东仓也叫集津仓，它在三门峡的下游，”柯县令用手一指前方，“前面那道峡谷就是三门峡。”

“走，先到三门峡去看看再说。”刘晏一抖缰绳，坐骑迅即向三门峡驰去。

柯县令鞭指狭窄的三门峡河道说：“黄河水道进入三门峡后陡然变窄，水流由缓而急，由于水底暗礁丛生，奔腾咆哮的黄河水遇到暗礁的阻挡，形成一个又一个的漩涡，使这一段水道变得凶恶异常，险象环生。行走三门峡的漕船和商船到了这里，经常出现船翻人亡的事故，久而久之，不是黄河道上的老船工，谁都不敢贸然行船三门峡。”

刘晏说道：“正因为如此，裴耀卿才在三门峡东西设仓，漕船临近三门峡，靠岸卸船将漕粮输东仓，又于河岸上开山门十八里，将东仓之粮食陆运至西仓，以避开三门险滩。他的做法最大限度地缩短了陆运里程，使漕运量大增。据统计，三年运漕粮达三百余万石，节约运费达四十余万贯。裴耀卿因此而得到皇上的赏识，官升黄门侍郎，同中书门下平章事，位至宰相。”

“刘大人真是好记性，说起漕运来如数家珍。”

“相传在高宗显庆年间，诸朗议凿三门山为梁，可通陆运，乃发军士六千进山开凿，最后无功而返。其后，大匠扬务廉又凿壁为栈，以挽漕船，纤夫将拉纤绳的钩子捆在胸前，四肢着地在开凿的栈道上爬行，但却经常出现纤绳断裂、纤夫坠落黄河连尸体也找不到的悲惨事故。官府为了逃避责任，反而对落水者家属说是船工吃不了挽舟之苦而逃跑。开元二十九年，陕郡太守李齐物凿砥柱为门以通漕，开其山巅以挽路，烧石醯而凿之，本官想看一看这个地方在哪里。”

“大人下马，请随我来。”柯县令说完，自己先下马，将缰绳交给随同前来的衙役，带头沿着崎岖不平的小路向下走去，大家也随其下马，跟着柯县令向峡谷走去。不一会儿，柯县令指着不远处峭壁上由人工开凿出的栈道说：“大人您看，那就是人工开凿、纤夫挽舟赖以行走的栈道。”

刘晏仔细地察看了人工开凿的栈道，所谓的栈道，实际上就是在黄河河岸的峭壁上人工开凿出的、只能容一人落脚行走的小道，常人就是空着手在上面行走都非常困难，不难想象，纤夫们背着沉重的纤索在上面挽舟而行是多么的艰难和危险。他看看峭壁上的羊肠小道，再看看脚下奔腾咆哮的黄河水，还真的想不出使漕船安全地通过三门峡而不至船翻人亡的好办法。正在这时，忽然从上游传来一阵高亢的号子声：“放排啰！放排啰！”嘹亮的号子声经过山谷的回响，在空中久久地回荡。

一长串木排在几个放排工的操纵下，随着一泻千里的黄河水呼啸而下，在三门峡的惊涛骇浪间时起时伏，顷刻间随着倾泻而下的黄河水消失得无影无踪。目送远去的木排，刘晏似有所动，似乎想说点什么却又说不出来。他只好对大家说：“上去吧！再到裴耀卿开三门十八里的地方去看看。”

大家爬上岸，重新骑上马，继续沿着河岸顺流而下，行不多久，柯县令指着前方劈山而过的小道说：“大人您看，那就是为避开三门险峡而开凿的陆运粮道，储之于东仓的漕粮，就是经过这条小路陆运至西仓，再装船转运至渭口。”

刘晏看着那穿山而过凸凹不平的山间小道感慨地说：“看来这段陆运也不容易啊！”

“大人如果认为这段路太窄了，下官可以征调民工前来开凿。”

“以后再说吧，如果真要开凿，到时候再做安排。”

“大人，我们是从这条小路行走，还是沿河岸顺流而下？”

“继续沿河岸顺流而下。”

刘晏带着大家继续沿着黄河岸顺流而下，正在这时，从前方驰来一骑人马，在离他们不远处便勒缰停马，骑马之人跳下马，来到柯县令面前：“大人，前面已到黄河渡，我在那里准备好了饭菜，请大人们到那里去就餐。”

柯县令马上对刘晏道：“刘大人，前面就是黄河渡，下官已着人在那里安排就餐，还顺便做了一些干粮，请大人到前面去吃个便饭。”

黄河渡是黄河岸边一个不大不小的集镇，因有渡船在此处专门渡行人过河而得名。黄河渡的一个饭馆里，柯县令正在招待刘晏一行用餐。刘晏边吃边问李若初：“若初，我问你，为什么船在三门峡行走要翻船，木排却可以在三门峡中畅通无阻？”

“大概是木船的体积小，木排是由很多木材捆绑在一起、体积大的缘故吧！”

正在这时，店小二手托菜盘大步走过来：“各位客人，请品尝黄河渡的特色菜肴，红烧黄河鲤鱼啰！”

店小二从托盘中端起一盘红烧黄河鲤鱼，正准备放到餐桌上时，不想踏到一块残菜，脚下一滑，身体失去了平衡，整个人向前倾倒，右手的一盘红烧黄河鲤鱼啪的一声摔落在地，左手的托盘也摔落地下，双手本能地撑到刘晏他们的餐桌上，桌上的菜盘被这股冲力打翻了好几个。柯县令正要发脾气，店老板听到响声也赶了过来。

刘晏却摆了摆手，用筷子指着桌上打翻了的和没有翻的菜盘道：“大家看，这桌子上的每一个菜盘，就相当于一只船，一条船在三门峡中行走，经不住惊涛骇浪的颠簸，很容易翻船。”他将手中的筷子放在两个盘子之间一搭，向着大家问道，“如果这样呢？”

卢征也将手中的筷子放在两个菜盘之间：“大人是说，一只船难以航行，就将多只船连在一起，像木排一样？”

“正是这个意思，你们说怎么样？”

刚赶过来的店老板好像忘了他是来做什么的，忍不住插嘴说：“先生说的是这么回事。”

“道理在哪里？”刘晏抬起头来问道。

“我以前也是驾船的，只知道一条船行走不稳，两条船扎帮就稳多了。至于道理嘛，我也说不清楚。”

“还不快将打翻的菜盘收走？”柯县令对店小二吼道。

店小二如梦初醒，边赔小心边快手快脚地将打翻的菜盘收走。

店老板也赔着笑脸说道：“各位客官得罪了，凡打翻了的菜，小店再免费各补上一份，请稍等片刻，小店再重做一道红烧黄河鲤鱼，免费奉送给各位品尝。”

柯县令一挥手：“快去做吧！”店老板千恩万谢地回到后面叫厨师重新为客人做菜去了。

“怪不得大人在三门峡看着远去的木排发愣，原来是在想这个问题呀！”韩洄似有所察地说。

刘晏比画着说：“我当时只是想，为什么木排能在三门峡航行畅通无阻，船却寸步难行，刚才店小二打翻了菜盘给了我启示。”

“大人是想在三门峡实行水路直达运输？”李若初吃惊地问。

“不行吗？水道直达运输，是漕运的最佳选择，不但可以避免多次装卸船的麻烦，而且还可以节约大量的人力、物力、财力和时间。”

“漕船直通三门峡，行船安全很难得到保障。”韩洄还是不无担心地说。

刘晏解释说：“开元二十九年，陕郡太守李齐物凿山开渠后，漕船不是不能通过三门峡，而是没有掌握好漕船通过三门峡的时间，水浅时容易触礁，水涨时则能够避免触礁翻船事故的发生。过去搞水运，船过三门峡失败的根本原因在于船只不坚固，纤索不扎实，稍一碰撞船便破、稍一用力纤索便断，才使得船过三门峡犹如过鬼门关，这才出现了谚语所说的‘古无门匠墓’的悲惨情景。我认为，只要打造坚固耐用的大船，用上等苎麻制成坚韧的纤索用以挽舟，就能够保证漕船安全，也就能够完成漕船直通三门峡的壮举。”

在讨论的过程中，一顿饭不知不觉地吃完了。稍事休息，刘晏一行告别了柯县令，继续向三门峡的下游河南境内进发。

第二十四章　荆紫山历险记

河南位于中原之腹地，黄河、汴河贯穿其间，开元间，刘晏曾在河南温县当过一任亲民之官，对河南的情况颇为了解。后来还曾做过河南尹，只是时间很短。这次考察漕道路过河南，可谓是旧地重游了。然而自过三门峡后，映入眼帘的已不是昔日之袅袅炊烟、人欢马叫的太平景象，而是满目创伤，一片萧条荒凉的景色，不见男耕女织，但见兽游鬼哭。有时行走一天也很难见有几户人烟，肚子饿了，只能就着干粮和所带的凉水充饥。

是日进入河洛之地，刘安手指前方道："你们看，前面好像是一座城堡。"

刘晏说道："如果记得不错，前面应该是东垣县城，我们到东垣去打一站，顺便也加点干粮。"

大家快马加鞭向前面的城堡驰去。东垣县虽说不是一个大邑，但由于其距东都洛阳城不远，受洛阳的影响，昔日也是一个比较繁华的地方。但在安史之乱期间，东垣县城数次遭叛军洗劫，财物被劫，城池被毁，房屋被焚，偌大的一个东垣县城已了无生机，断垣遍地，杂草丛生，哪里还有一个县城的气派，乍一看，充其量也只是一个小集镇而已。

刘晏一行进入县城后，卢征拦住一位老者问道："老人家，这里是东垣县城吗？"

老人回答："这里正是东垣县城。"

"请问县衙在哪里？"

老者伸手指着不远处的一栋房子道："那栋房子就是县衙。"

众人抬头望去，老人所指的县衙，实际上就是一栋低矮破旧不堪的民房。卢征对老人道："谢了！"大家牵着马向县衙走去。

李若初将马缰绳交给刘安，率先来到县衙门口大声喊道："有人吗？"

从里面走出一个小伙子道：“客人要找谁？”

李若初道：“我找这里的县太爷！”

小伙子冲着里面喊：“老爷，有人找！”

一个年近半百的老者从里面走出来：“我是东垣县令孔儒，请问客人从哪里来？”

“我们从京师来。”李若初又指着刘晏介绍说：“这位是江淮、河南转运使刘大人，我叫李若初，他们二位卢征、韩洄。”

“原来是刘大人驾到，下官已接到朝廷公文，知道皇上派刘大人到江淮整顿漕运，大家请进屋里来说话，”孔县令转头对小伙子道，“孔科，快帮客人将马牵到后院马厩去上料。”

大家随着孔县令走进县衙，孔儒指着屋里的摆设道：“原来的县衙在战乱中被叛军一把火烧了，这是借用的民房暂作县衙的办公之所。”

“这里的条件是够苦的了。”刘晏同情地说。

“苦点倒不怕，就是不知何时是个头，”孔儒又对刚系好马回屋的孔科道：“快去给客人准备饭菜，他们长途跋涉，想必肚子早就饿了，只要是屋里有的，只管做好了端上来。”

李若初接着说：“随便弄点什么吃的就行，再帮助我们准备一点干粮，我们好带在路上食用。今天要在这里借住一宿，明天再继续赶路。”

“按李大人说的去办，”孔县令吩咐孔科后，接着说，“东垣过去也是个很热闹的县城，逆胡攻陷洛阳城时，同时也席卷了东垣，并屠城三日。当时整个东垣县城，尸横遍地，血流成河，侥幸活下来的人也都流落他乡，堂堂的东垣县衙，就只有我一个光杆县令和一个家人，没有衙役，没有师爷。”

刘晏问道：“东都洛阳呢？情况怎么样？”

“大人应该知道，洛阳城不仅遭逆胡屠城，同时还在唐军的眼皮底下遭到回纥兵丁的洗劫，当时的洛阳城，几乎成了一座空城。昔日洛阳城的富商大多南徙，活下来的老百姓也流落异乡，洛阳城又怎么能好得起来呢？”

“要想办法召集流民回归故土，尽快地恢复生产才是正途。”刘晏担忧地说。

“下官在着手这个事情，也有少量的流民回归，但效果并不理想。”

“要想办法使外逃的人民回归，并尽可能地帮助他们恢复生产，朝廷财政状况很不好，难以拿出财物来赈济灾民，如何渡过这个难关，各郡县自己想办法解决。如果漕运恢复了，对河南经济的恢复一定会起到推动作用。”

“不知大人所讲的恢复漕运，能对河南经济的复苏起到什么样的推动作用？”

“漕运恢复，可以给河南带来三大好处：一是江淮之粮食通过漕运进入河南，河南就有了粮食，有了粮食就可以吸引人民回归；二是漕运要使用大量的劳力，则可使河南之民有了就业的机会；三是漕运的恢复还可带来商业的复苏，如此，河南之经济就有可能逐渐恢复到战前的水平。”

“大人不要说恢复漕运、使用河南的劳力了。”

“此话怎讲？”刘晏不解地问。

“过去漕运所使用的劳力，是由百姓的徭役充当，朝廷租庸调制规定，男丁二十一至六十岁者，每年需服徭役二十天，河南老百姓的徭役多是充当船工，这对老百姓是一个沉重的负担。”

“未出京师之前，我研究了这个问题。过去的漕运属于民办，这次整顿漕运，要改民运为官运，所有船工都实行雇佣制，对船工给付工钱。如此，充当船工者可获佣金，这也是百姓谋生的出路之一。”

“若能如此，则是百姓之幸了。”

“委托贵县办一件事行吗？”

“大人请讲！”

“东垣、陕县在黄河边，这次漕运欲采取水运直达，因此，需要熟悉黄河水道的船工，请你知会陕县柯县令，就说是我说的，你们两个县负责招聘黄河段的船工，向百姓说清楚，这次的船工不是服徭役，船工可以得到优厚的佣金。”

“这件事下官一定能办到，不知几时要人？”

“贵县负责招聘船工，到时我会派人来通知你的。”

说着话，饭菜已经准备就绪，大家边吃边聊，一顿饭在不知不觉中吃完了。一宿无话，第二天一大早，吃了早饭后，刘晏一行告别了东垣县令，继续向黄河下游进发。

临别时，孔县令关切地说：“刘大人，兵荒马乱的，路上很不安全，一路上可要小心啊！”

刘晏问道：“你是说路上有强盗？”

“饱暖思淫欲，饥寒起盗心，很多灾民为生活所迫铤而走险，占山为王，落草为寇而沦为盗贼。就是下官所辖的东垣县，也有数处饥民占山为王，拦路抢夺过往商旅的钱财。我身为县令，却是赤手空拳，连衙役都养不起，没有能力保一方之平安，下官无能啊！”

“贵县也不必自责，情况总会慢慢地好起来的。”他们告别了东垣县，沿着黄河岸继续往江淮进发。

刘晏一行离开东垣县，一路行来，仍然是少见人烟，到处呈现出一派荒凉的景象。是日已近晌午，大家已经是人困马乏了，正在这时，刘安兴奋地指着前面说：“前面有个茶棚，我们可以到那里去歇歇脚，顺便也填填肚子，我的五脏庙可在造反了。”

说话间，众人已近茶棚，大家都勒马下鞍。茶棚里，两位老者，大概是一对老夫妻，看到有客人走过来，老头子连忙上前打招呼：“客人快进来坐，歇歇脚喝口水再赶路。”一边说一边将凳子摆开，顺手拉下肩膀上的抹布，将所有的凳子都抹了一遍。

大家在路边的树上系好马，先后都进了茶棚，茶棚内的老太婆麻利地给每人沏了一碗茶。刘安从肩上取下包裹，从里面取出干粮放在桌子上说：“找饭馆已经是没有希望了，还是用干粮凑合吧！”

茶棚里的男主人看到客人就着茶水津津有味地吃着干粮，主动问道：“客人们走了不少的路吧？”

刘晏无论走到哪里，都忘不了要了解情况，他答话道：“我们从京师来，要到扬州去。”

“客人真是走了不少的路，这段路不甚太平，客人们可得当心啊！”

“怎么个不太平法？”

老人指指前方道：“你们看，前面那座山叫荆紫山，最近集结了一伙强人，专门抢劫过往客商的财物。”

卢征问道：“你们在这里摆茶摊安全吗？”

“我们是本地人，俗话说，兔子不吃窝边草，他们是不会招惹我们的，再说，我们也就只有一个破茶棚，没有什么可抢的。”

刘安好奇地问：“强盗到底是个什么样子？”

“山上的强人和我们一样，多是穷苦出身的老百姓，只因连年的天灾人祸，断了活路，他们也是为生活所迫才沦为山贼的，有时候他们到我这小茶摊上喝茶，照样也付茶钱，都是人，没有什么特别的。”

李若初问道：“他们杀人吗？”

“杀人倒不曾听说，他们只劫财，不害命。你说这好端端的老百姓，怎么就变成了山贼呢？”

刘晏说道：“只要不害命，总还有得救。”

“既然荆紫山上有山贼，为了安全起见，我看不如绕道而行。”李若初说道。

刘晏却不这样认为，他说：“老人家说，荆紫山的强人只劫财，不害命，这就是说，我们从荆紫山经过，不会有生命危险，再说，山贼多为穷苦老百姓出身，他们也是为生活所迫才沦为山贼的，说不定我们从山中经过，还可以劝导他们改邪归正呢！”

“万一他们劫财又害命怎么办？我们这几个人都是手无缚鸡之力，没有人能够应付这种场面的。”李若初不放心地说。

“即使有危险，我也想闯闯荆紫山，为了安全起见，我们将人员分成两拨，我和韩洄、刘安为第一拨走在前头，若初和卢征为第二拨走在后头，两拨人拉开一段距离，万一我们前面的人被贼人掳走，天黑之前还没有信息，你们后面两个人就想办法去救我们。”

李若初急着说道：“我说绕道而行，并不是贪生怕死，既然大人决定要走荆紫山，我走前头，不走后头。”

刘晏解释说：“你不要误会了我的意思，我认为过荆紫山绝对没有生命危险，前头和后头都是一样的，我之所以这样安排，是以防万一。其实要是真的出了事，后面的人责任还要大些，你想想看，假如前面的人出了事，后面的人必须想办法去营救我们，你说是不是？”

“大人既然如此说，那我就留在后面吧！”

刘晏、韩洄、刘安三人走在大道上，李若初、卢征两人间隔两里路程尾随其后缓缓而行。刘晏一行刚行至荆紫山脚下，突然从树林里冲出一群手持棍棒、砍刀的强人，只见一位领头者大声喊道：“此树是我栽，此路是我开，要想从此过，留下买路财。”

刘晏答道：“要钱没有，要命你们拿去。”

为首的山贼说道：“我们不要你的命，放下你们随身所带的全部财物，赶快逃命去吧！”

“叫你们的大王来，我要同他论论理，说得过我，我放下东西走人，说不过我，他这个强盗也就别当了。”

山贼们一阵交头接耳，最后还是那位为首的山贼说：“要见我们的大王可以，蒙上你的眼睛，随我们上山。”

刘晏接受了山贼们的条件，任由山贼将他们三人的眼睛用黑布蒙了，由山贼们牵着一起向山中走去。转过一个山坳，前面便是一座大山，半山腰的丛林中，隐隐约约的看见一座寺庙，山贼们将刘晏一行牵到寺庙前，解开蒙住眼睛的黑巾。除去黑巾后，刘晏闭上眼睛适应一下后，睁开眼睛再抬头望去，一座寺庙就在眼前，只见寺庙大门上悬挂着的横匾上书刻“荆紫山古寺”五个大字，寺门两边悬挂着一副对联：

野渡无人流水急，
荆紫有主白云闲。

一个小山贼冲着里面喊：“鲁大哥，我们今天截住了几个肥羊，他们非要见你不可，已经将他们带上山来了。”

喊声刚落，从寺庙内走出一个五大三粗的彪形大汉，声若洪钟地说道：“留下钱财，放他们走路，带上山来干啥？”

小头目说：“他们不肯走，非要见你不可。”

彪形大汉哈哈大笑地说：“我还是第一次碰到有这样不怕死的，竟敢往我这贼窝子里钻？”

刘晏说道：“早就听说好汉拦路抢劫，只劫财，不害命，今日路过荆紫山，就是想来会会你。”

“我们是拦路抢劫的强盗，你们是过往的商旅，我们是狼与羊的关系，有什么好会的？”

“我却不这样认为。”

“你怎样认为？”

刘晏耸耸肩：“就这样站着说话，恐怕不是待客之道吧？”

彪形大汉手一伸：“那就寺庙里说话！”

刘晏三人随山贼进了寺庙。这是一座一进两重的寺庙，第一重大堂正中供奉着一尊笑容可掬的大肚和尚弥勒佛，弥勒佛的两边悬挂着一副对联：

开口便笑，笑天下可笑之人。

大肚能容，容天下难容之事。

弥勒佛像虽年久失修没有了原来的光泽，但周身却也抹得干干净净，一尘不染，整个庙堂也打扫得干干净净，看来，山贼对神灵还是不敢冒犯的。过了第一重便是一个院落，院落两旁有几间厢房，那是山贼们晚上的栖身之所。

庙宇的第二重是大雄宝殿，宝殿上供奉着如来佛祖的神像，四周是十八罗汉的塑像，大雄宝殿的背面是净瓶观音塑像，两边分列文殊、普贤、地藏和大势至四菩萨之像。

山贼们将刘晏让进厢房，刚坐下，便有人端上一大碗白开水。刘晏道：“请问壮士尊姓大名？”

彪形大汉道：“在下鲁仲胜，过去是驾船的，战乱期间，船被贼兵烧了，我也失去了吃饭的本钱，只好带领一帮兄弟占山为王讨生活。”

“鲁壮士，听说你们只劫财，不害命，这说明你们善良的本性未灭，但是，你们为了生存抢夺他人的钱财，他人的钱财被抢了又怎么活呢？”

“我管不了那么多，只要手下这帮兄弟有饭吃就行。”

“如果有个正当职业，你们还做山贼吗？”

“那不是吃饱了没事干吗？兄弟们都是穷苦百姓，只要有活路，谁还来当强盗呀？”

“我给你们指条明路，你们愿意不做山贼，改邪归正吗？”

鲁仲胜叹息地说：“人都说，苦海无边，回头是岸，真不知道我们的岸在何方啊？”

“路就在你脚下，岸就在你身边，你从前不是驾船的吗？朝廷正在准备恢复漕运，需要很多船工，你们可以去当船工，凭力气混饭吃。”

鲁仲胜愤愤地说：“这哪里是明路？还不是死路一条。”

“怎么是死路一条呢？”

“漕运之船工，都是徭役充任，徭役不但是替官府无偿卖命，而且要受船头的气，当船工不如当强盗。”

“这次恢复漕运，不派徭役，船工实行雇佣制，只要是当船工的，都可以拿到较丰厚的工钱。”

鲁仲胜不相信地摇摇头说：“天下哪有这么好的事？活了几十年从来没有

听说过！”

韩洄说道：“不瞒壮士，同你说话的就是江淮、河南转运盐铁使刘大人，我们这次下江南，就是为恢复漕运而来。”

鲁仲胜不信地问刘晏：“他说的是真的？”

刘晏说道：“有必要骗你吗？”

鲁仲胜翻身跪下道：“草民不知大人是朝廷命官，多有得罪，请大人海涵。”

刘晏一把扶起鲁仲胜：“只要你诚心向善，改邪归正，重新做人还来得及。”他转头看看外面的天，“我还有两个伙伴在后面，太阳下山之前如果没有我们的消息，他们一定会去搬救兵的。”

“幸亏草民没有做出伤天害理的事，否则，我这一山的兄弟此刻性命可就不保了。大人，快通知后面的人上山来，明天我就将兄弟们解散，结伙当船工去。”

刘晏对刘安道：“刘安，你去通知若初、卢征，叫他们也上山来。”

刘晏等人在荆紫山吃过晚饭后，连夜下了山，临行前，刘晏写了一封信交给鲁仲胜：“你带着这封信到东垣县去找孔县令，他那里正在招聘船工，要不了多长时间，我会通知你们上岗的。”

鲁仲胜千恩万谢地送别了刘晏一行。回到山寨后，连夜将山寨上的众人召集在一起说道：“兄弟们，刚才上山来的是朝廷派往江淮恢复漕运的刘大人，他说恢复漕运需要很多船工，船工可以得到丰厚的报酬。刘大人还给了我一封信，叫我们到东垣县衙去找孔县令，安排我们当船工，我们占山为王为了啥？不就是为了讨碗饭吃吗？既然有了谋生之路，干吗还要当这个千人恨、万人骂的山贼呀？不如散伙当船工去，大家愿意吗？”

山贼们听了鲁仲胜的话后，七嘴八舌地议论起来。

有的说：“这是不是真的呀？”

有的说：“当什么船工呀？当强盗多快活，有吃有喝，快活逍遥。”

有的说：“鲁大哥，还是先到县城去看看吧！”

鲁仲胜道：“好，明天我就带上刘大人的信到县城去找孔县令，如果是真的，我们就散伙当船工去，如果是假的，我们还是继续占山为王，大家说好不好？”

“好！”众人异口同声地说。

第二十五章　乱世兵如匪

河阴是黄河与汴水的交汇处，漕船到达河阴后，就要进入黄河流域。由于黄河与汴河的水情不同，漕船很难直接进入黄河行走，裴耀卿分段运输时，在河阴设仓储粮，此仓名为河阴仓。天宝以后，河阴仓废而不用。

刘晏指着前方对韩洄道："前面就是河阴县，我们就不去了，你到河阴去，将县令找来，到汴河岸来同我们会合。"韩洄单骑去了河阴，其余的人继续沿汴河顺流而下。

汴河边停泊着几只小渔船，几个渔民正在收拾渔网准备下河捕鱼。刘晏远远地就下了马，徒步来到渔民身边，找一个年岁大些的渔夫亲切地问道："老人家，准备下河捕鱼？"

老渔夫道："是呀！一天不下河，家里就揭不开锅了。"

"想必你们都是世代在此捕鱼吧？"

"过去在漕帮混饭吃，都是那该死的战争，战火一起，朝廷忙着打仗，也无暇顾及漕运，漕运停了，谋生之路也就断了，只好改行当了渔夫，聊以养家糊口。"

听说是漕帮旧人，刘晏连忙说："老人家，能耽搁你一点时间聊聊吗？"

"我一个穷打渔的，有什么好聊？"

"我想了解一下漕帮的情况。"

提起漕帮，好像勾起了老人无限的回忆，他不知不觉地停下了手中的活，既像是回答刘晏的问题，又像是自言自语地道："漕帮……那该是多年前的事情了，那时候，我们一帮兄弟在汴河水上行船，从淮阴之清口入汴河而直达河阴，偶尔也曾过清口而入淮河，虽说生意不是很兴旺，一家的生计还是能够维持。天宝十四年，叛军攻陷洛阳，席卷整个中原，朝廷只顾打仗，没有人来办漕运了，漕运停止了，我们也就失业了。”说到这里，老人似乎有很大的失落感。

刘晏问道：“你说漕运能恢复吗？”

老渔夫眼光一亮：“恢复漕运？”随后又不无失望地说，“难呀！”

刘晏诚恳地问道：“你说难在哪里？”

老渔夫指指河道：“你看眼前这汴水，当年漕运畅通的时候，朝廷常对河道进行维护。每年正月，沿岸各县的男丁都要上河道清除淤泥，疏通河道，清明桃花汛通过汴河，一泻千里，畅通无阻。安史之乱以后，汴河河道再也无人管理，河岸崩塌，河岸的泥土随着雨水冲入汴河，河床泥沙沉积，河道淤塞，千里河道到处都是浅水滩，如此河道，漕船何以行走？”

刘晏指着近处露出水面的一团淤泥说：“你是说整个汴河水道都是这样，全被淤泥阻塞？”

“都是这样，有的地方还有过之而无不及。”

“老人家，你对漕道熟悉吗？”

“漕运路线若从长江算起，至渭水东渭桥止，包括长江、运河、淮河、汴水、黄河、渭水几个河流，绵延数千里，没有哪一个船工能说对全部河道都熟悉。”

“你熟悉哪个河段？”

老渔夫介绍说：“漕帮又分长江帮、运河帮、淮河帮、汴河帮、黄河帮、渭水帮，我是汴河帮的，汴河帮负责汴河河道的漕运，对汴河水道可以说是了如指掌，但对其他水道就不敢担保了。”

“假如说恢复漕运，你能将过去的兄弟们都召集来吗？”

“你们真的要恢复漕运？”老渔夫满怀期待地问。

李若初接着说：“老人家，这位就是江淮、河南转运、盐铁使刘大人，我们就是为恢复漕运而来的。”

老渔夫听说刘晏是朝廷官员，虽然说他不知道转运、盐铁使到底是一个多大的官，但他可以断定，刘晏的官职肯定要比县令大，于是欲跪下叩拜。

刘晏连忙伸手拦住道：“老人家不必多礼，我们还是坐下来说话！”

老渔夫同刘晏聊了这么长时间，觉得他平易近人，没有一点官架子，也就不再坚持，干脆坐了下来，向刘晏详细地介绍汴河的有关情况。

韩滉告别了刘晏，单枪匹马来到河阴县，向河阴县出示了公文。河阴县令王大钟道：“下官知道你们到了河南，只是不知几时到达河阴，不知下官能为韩大人做点什么？”

韩洄说道：“为了不耽搁时间，刘大人已沿着汴河岸继续考察漕道去了，安排我来请贵县到汴河边会合，说是有事相商。”

河阴县令王大钟道：“大人们该到河阴县来，也好让下官略尽地主之谊。”

“刘大人是个急性子，时间抓得非常紧，一路上我们走到哪，住到哪，遇到什么就吃什么，行至荒野之地，常常是干粮充饥，根本就没有休息的时候，贵县帮我们准备一些干粮带上，我就感激不尽了。”

“大人们一路如此辛苦，真的令下官感动，请稍等，下官这就去安排。”

汴河岸，刘晏、李若初、卢征在老渔夫的陪同下，沿着河岸边走边聊，刘安则牵着几匹马在不远处放牧。几匹马、一辆马车，由远及近，向河岸疾驰而来，抬首望去，走在前面之人，正是派往河阴县的韩洄，还未下马，韩洄就大声说道：“刘大人，河阴县王县令来了！”

刘晏听到喊声停住了脚步，话音未落，马和马车已经来到面前，河阴县令王大钟跳下马车，对着刘晏深深一揖道：“下官河阴县令王大钟，拜见刘大人！”

“旷野之地，不必多礼！派人请贵县来，只是有事相商。”

“大人们长途奔波，难得吃上一顿热饭，下官带来了饭菜，估计还是热的，吃了饭后再说行吗？”王县令也不等刘晏回话，立即叫随来的衙役从车上搬下饭碗和菜盘，选择一块长满青草的干净地方摆好，然后再取出一包包用油纸包好的菜肴，打开一看，菜肴果然还都冒着热气，打开放入菜盘中一看，都是些卤牛肉、兰花豆、卤干子、咸鱼等便于携带、冷了却也可食的卤菜。老渔夫看到摆上了菜肴，转身欲走。刘晏拦住道：“老人家别走，一块吃饭。”

“县太爷已经来了，有些事情你们可以问他，这里没我的事了，我还要下河捕鱼呢！”

刘晏真诚地说：“你今天就不用下河了，工钱我来付，饭都准备好了，吃了饭你再去忙。”

老渔夫见刘晏执意相留，也就不再坚持，留下来陪同刘晏他们一起吃饭。吃饭的时候，刘晏对河阴县令王大钟道：“朝廷要恢复漕运，请贵县来有两件事商量：一是在汴河与黄河交界处建一座储粮仓库，仓库的名字叫作汴口仓，我将韩洄韩大人留在这里专门负责筹建汴口仓，建仓费用由转运院负责，请你协助韩大人解决人工和材料的问题；二是漕运恢复后，需要大批船工，请贵县出面，在河阴县招聘船工，特别是招聘熟悉汴河水道的船工。”他用手指指老渔夫说，“这位老人家过去是漕帮的，熟悉汴河水道，招聘船工就是要招聘这样的船工。”

王县令说道：“这两件事下官都能办得到。”

刘晏又对韩洄交代了一些需要注意的问题。事情交代完了，饭也吃完了。刘晏告别了韩洄和王县令，继续沿汴河向江淮进发。临行前，他没忘叫刘安向老渔夫支付了工钱。

清口镇位于泗水入淮河之入口处，这里是唐代漕运的又一中转站，转运江南租赋的漕船自运河、淮河而至清口后，漕粮都要起船进入清口仓库储存，待时再转装漕船入汴河继续向西转运。刘晏一行巡视了清口之漕粮仓库后，顺河而下进入淮河流域。是日，正在河岸行走之时，忽见前方河岸围了一大堆的人，争吵之声异常激烈，走近一看，只见几个商人跪在一群兵士的脚下苦苦地哀求着，听了一会儿才知道事情的原委。原来是一艘商船由此经过，被河南驻军拦截，兵士说船上装有违禁物品，货物要全部没收。其实，船上所装之货物都是一般的日用杂货，根本就没有什么违禁物品，所谓违禁者，乃兵士拦截商船找的借口。

一个商人低声下气地哀求道：“军爷，我们都是正当商人，船上所运乃粮食、百货、日用杂货，没有什么违禁物品。”说着从怀里掏出几串铜钱哭着说：“小人出门在外，所带之钱都买了货物，只有这点钱，请军爷拿去买杯水喝，求军爷放我们一条生路吧！”

一名士兵伸手接过铜钱，在手中掂了掂道：“算你还懂点事，钱收下了，你们快走吧，我们也不为难你们了。”

商人胆怯地指着河中的商船问道：“我们的货物呢？”

刚才接钱的兵士恶狠狠地道：“什么？你还要货物？”

一个小头目模样的兵士道：“算了，你去叫车，将船上所有的货都起船装走，将船还给他们。”商人们见索货无望，有的坐在地下痛哭流涕，有的仍在苦苦地哀求。

刘晏忍不住上前问道：“你们是河南副帅李光弼的部下吧？”

小头目看了刘晏一眼，傲慢地说：“呀！你知道得还不少呢？”

“是谁叫你们拦截过往商船的，是李副帅吗？”

小头目推了刘晏一把道：“你管得着吗？”

刘安见小头目动手推刘晏，他怕刘晏吃亏，马上上前插在刘晏与兵士中间，大声问道："有话好好说，动什么粗？"

小头目又推了刘安一把道："动粗又怎么样？你们是哪座山的鸟？"

刚才接钱的兵士看到闹起来了，大喊一声："兄弟们，抄家伙！"霎时间，散在四周的兵士手持刀枪将刘晏他们团团围住，刚才还在哭泣的商人们看到一触即发的架势，马上都不哭了。为首的商人看到要出事，连忙哀求道："算了，军爷，货物我们不要了，船我们也不要了，不要难为这几位客官。"

刘晏不怒而威地问道："能告诉我你们的编号吗？"

小头目瞪着眼道："凭什么告诉你？"说完，又欲上前动手。

卢征一跃上前说道："不得无礼，他是朝廷官员，江淮、河南转运、盐铁使刘大人。"

小头目不相信地说："别是冒充的吧？"

"真的也好，假的也罢，见了你们的李副帅就知道了，请问李副帅的行辕在哪里？"刘晏说道。

看到刘晏一脸正气，小头目有点胆怯，不情愿地指着不远处的一座小山说道："李副帅的行辕就扎在那座山脚下。"

刘晏翻身上马，对李若初等人道："上马，我们找李副帅去。"说完，在马屁股上狠狠地抽了一鞭，率先冲开人群，向对面山脚驰去。李若初、卢征、刘安紧随其后一起绝尘而去。

刚才还气势汹汹的兵士望着远去的几骑人马，一齐都愣在那里，不知怎么办才好。

大约一顿饭的工夫，李副帅的行辕驰出一骑人马，向汴河边飞驰而来，刚到兵士拦截商船的地方，马上之人手持令牌大声道："李副帅有令，众兵士不得拦截过往商船，连人带货一律放行，违令者斩。"

众商人听说连人带货全放行，高兴得不得了，千恩万谢后，欢天喜地地驾着商船离此而去。众兵士灰头土脸地随着传令兵返回大营。

第二十六章　勘察报告六百里加急进京

太阳下山，夜幕降临，村庄的农舍里升起了袅袅炊烟。暮色中，还有几骑人马沿着淮河岸一路奔驰。只听其中的一位说道："老爷，我们已经错过了宿头，前头不知有多远才能找到住宿的地方。"问话者不是别人，正是跟着刘晏前往江淮整顿漕运的刘安。原来刘晏一行贪图赶路错过了宿头，现在天快黑了，他们还没有找到住宿的地方，于是，只好披星戴月地继续向前赶路。

刘晏说道："继续向前走，只要有落脚的地方，凑合一宿就行了。"

一阵急驰过后，李若初惊喜地指着前方说："你们看，前面有灯光，有灯光就有人家。"

"走，就到那里去借宿。"大家策马向灯光处驰去。

原野里出现了一个村庄，村头有一栋四合院，灯光就是从四合院内的农舍里透出来的，灯光下，有一对年过花甲的老人，老大娘在灯下纺纱，老大爷在逗一个小孩子玩。

"咚！咚！咚！"四合院外传来了敲门声。

"有人吗？请开门！"

屋内的老大娘对老大爷说："老头子，好像有人在叫门，你去看看！"

老大爷来到院门口，隔着院门问："谁呀？"

"老人家，我们是过路的，错过了宿头，想在你家借宿一晚，行吗？"叫门者正是李若初，后面跟着刘晏、卢征、刘安几个人。

老大爷隔着院门看见门外站着四人四骑，不像是坏人，打开院门说道："客人请进吧！"

李若初上前道："老人家，打扰了。"

"出门在外，谁也不会顶着房子走路，客人若不嫌农舍简陋，就请进来吧！"

四人跨进四合院，老大爷帮客人系好马，老大娘起身将大家让进屋里，然后拿起水桶要到院内水井去打水。

刘安放下肩上的包裹，上前抢过老大娘手中的水桶："老人家，让我来。"接过水桶就到院内水井中打水去了。

"小哥，将水提到厨房去！"老大娘见刘安打水进来，指着旁边的厨房，"你们一定饿了，我马上给你们做饭。"她拿起水瓢，舀了几瓢水倒进锅里，盖上锅盖后坐到灶门口，吹着火折生着了火。

刘安又来到灶台前："老人家，还是让我来。"说着，接过老大娘手中的烧火棍，坐在灶门口向灶内添柴烧起火来。

老大娘见刘安帮忙烧火，她自己则拿起淘米箩，到旁边一个木桶里打米做饭。

卢征上前说道："老人家，借宿就已经很麻烦了，怎么好意思要你做饭呢？我们随身都带有干粮，有开水就可以凑合一顿的。"

"既然进了我家的门，就是我家的客人，哪有让客人饿着肚子过夜的道理，你们稍等一会儿，饭马上就会做好。"老大娘继续淘米做饭。

不一会儿，刘安端来了热水，老大娘端来一个木制洗脸盆和一个木制椭圆形的四脚洗脚盆："客官先洗把脸，再用热水泡泡脚，这样可以消除旅途的疲劳，饭一会儿就做好了。"说完就到厨房做饭去了。

老大爷在大家洗脸、泡脚的时候问道："客人从哪里来？"

刘晏边洗脸边说："我们从长安来，要到扬州去。"

"听口音，客人好像是山东人吧？"

"老家是山东曹州南华，离家已经多年了。"

"乡音未改呀！"

刘晏听到老大爷提起老家，一下子就勾起了对家乡的思念。他七岁时便由玄宗皇帝李隆基在泰山封禅时带到京师，此后一直为官在外，很少回家探望双亲，只是按时给家里寄些钱以尽孝道，曹州离淮北不远，可以说是近在咫尺，他多么想回家看看啊！

刘安非常理解刘晏的心情："老爷，这里离曹州已经很近了，趁这个机会，您回老家去看看吧！"

李若初亦劝道："大人，难得有此机会，这次又离家这样近，回老家去看看也耽搁不了多少时间。"于是，大家你一言我一语地劝刘晏回家看看。

刘晏不无眷恋却又无可奈何地说："不行啊，皇命在身，京师还有那么多人饿肚子，我又怎么能擅离职守呢？”

吃罢晚饭，稍坐片刻后，大家都休息了，刘晏一个人步出院外，向屋后的一个小山包走去。刘安看到刘晏出了门，也跟着出门，远远地跟在后面。

刘晏站在山顶上，怀着无比眷恋的心情，向着他的家乡曹州眺望，刘安不忍打断他的思路，远远地坐在那里等候。约一个时辰之后，刘晏仍然还是一动不动地站在那里，刘安起身走过去，轻轻地咳了一声，关切地说：“大人，还是回去看看吧！”

刘晏轻轻地叹了口气：“不了，我们回去吧，明天还要赶路呢！”

刘晏赴江淮整顿漕运过家门而不入的事迹，时人钱起曾作了一首名为《奉送刘相公江淮催转运》的诗予以颂扬，诗文为：

国用资戎事，臣劳为主忧。
将征任土贡，更发济川舟。
拥传星还去，过池凤不留。
惟高饮水节，稍浅别家愁。
落叶淮边雨，孤山海上秋。
遥知谢公兴，微月上江楼。

这首诗很形象地描述了刘晏为整顿漕运过家门而不入，风尘仆仆，劳累奔波的情景。

大运河是隋炀帝时开凿，分为北段、中段和南段，中段自洛阳至江苏淮安，名为通济渠，从淮安起，再疏导春秋末年吴王夫差所开的邗沟，南达扬州。这是唐代漕运南线的主要漕道。是日，中段运河的水上行驶着一艘名为水上漂的小快船，船上有四位乘客。他们不是别人，正是赴江淮整顿漕运的刘晏、李若初、卢征和刘安，那日错过宿头夜宿农家，第二天起床，因长途奔波，一路劳累，刘晏渐感身体有所不适，于是大家决定弃马乘舟，从水路向扬州进发。

经过几天的乘船休息，大家长途奔波的疲劳逐渐恢复，闲来无事，一起坐在船舱外面，欣赏运河两岸的景色，刘晏对船家道：“船家，在运河上行船，生意还好吧？”

“过去驾的是货船，后来卖了货船，换了现在的水上漂，专门做载客的生意，生意马马虎虎地还过得去。”船家回答说。

“驾货船不是很好吗？为什么要弃货船换客船呢？”

“过去的货运主要是以漕运为主，战乱以后，漕运阻滞，货船常无事可做，加之近几年运河水位下降，货船装少了不划算，装多了又常搁浅，运河上的货运生意就更不好做。所以就卖了货船，换了现在这艘水上漂。”

“货运量少，生意不好做，原因在于漕运受阻，但运河水位下降，原因又在哪里呢？”

“运河水位的深浅，只有我们驾船人知道。浙西有个丹阳湖，湖面方圆四十余里，同运河相通，前些年，丹阳县的豪强富户强行在湖中筑堤围堰，圈湖造田，堤堰切断了丹阳湖与运河相连的水道，导致运河水位下降而船难行。”

“难道就没有人管这件事吗？”

“人家有钱、有后台，谁管得了？”

刘晏对大家说：“看来，要恢复漕运，就要解决运河水位下降的问题，到了扬州后，一定要派人到丹阳去一趟，将丹阳湖筑堤围堰的事情彻底调查一下。”

唐代的扬州，是中国东南第一大都会，农业、商业和手工业都很发达，出现了大量的工场和手工作坊，在江淮之间有“富甲天下”之说，同益州（即成都）一起闻名于当时，史称“扬一益二”，当时的都督府、淮南道采访使和淮南节度使治所都设在扬州。

扬州扼长江入淮河之口，在以长安为中心的水陆交通网中，扬州始终起着枢纽和中心的作用。作为对外交通的重要港口，扬州专设司舶使，经管对外交往和友好往来，扬州和大食（阿拉伯）交往频繁，侨居扬州的大食人数以千计。波斯、大食、波罗门、昆仑、新罗、日本、高丽等国人成为侨居扬州的客商。日本遣唐使来扬州和高僧鉴真东渡日本，促进了大唐同日本的政治、经济、科学和文化的交流。作为对内交通的重要港口，江南租赋经长江船运至润州（镇江），由润州转陆路运往扬州，再从扬州上船漕运至长安。因此，江淮转运使的漕道衙门，江淮盐铁使的盐道衙门都设在扬州。

安史之乱的战祸中，安禄山、史思明叛军作乱的范围大体在关中一带，逆胡的铁蹄甚少踏入江南，且关中的富商巨贾为了躲避战祸而纷纷南下扬州，富商巨贾的到来，不但导致扬州人口的增加，同时还带来了大量的资金，带动了扬州经济的发展，因此，富甲天下的扬州历经安史之乱之后，不但没有受战祸的影响而萧条，反而还较之以前更为繁荣，此时的扬州，真正是商货云集，舟车相继，昼夜不绝，热闹异常。

白天："南来北往商贾聚，贩夫走卒汇扬州。"

夜晚："夜市千灯照碧云，高楼红袖容纷纷。"

丝毫不见关中地区那种市场萧条、人口凋零、残垣断瓦的痕迹。

刘晏他们从长安来到扬州，好像是到了另一个世界，扬州城的人文风貌，扬州城的灯红酒绿，简直使他们应接不暇。然而，此时的刘晏完全没有心情欣赏这江南重镇之美景，他满脑子装的就只有"漕运"两个字。抵达扬州以后，刘晏顾不上休息，马上将大家召集在一起，研究如何尽快恢复漕运的问题，经过分析，大家一致认为，恢复漕运的主要困难有四点。

战乱之后，函、陕地区经济凋敝，东都洛阳尤为严重，过重阳、熊耳至武牢、成皋，五百里编户仅千余而已，而仅存的百姓也是居无定所，家无隔夜之粮，茫茫数百里间，不见人欢马叫，但闻兽游鬼哭，一路上犹如进入无人区，要恢复漕运，陆运赖以生存的牛和车将很难征集。这是困难之一。

黄河、汴河数有淤积，不修则毁淀，战前的每年正月，沿线各县的男丁都要上河道清除淤泥，疏通河道，清明桃花汛期，洪水一泻千里，畅通无阻。安史之乱以后，汴河河道再也无人问津，河岸崩塌，河岸的泥土随着雨水冲入汴河，致使河床泥沙沉积，河道淤塞，千里汴河到处都是浅水滩，载粮之漕船很难通行。这是困难之二。

东垣、砥柱、渑池、二陵、北运河五六百里戍卒久绝，县吏多赤手空拳，没有能力整顿社会秩序，许多灾民为生活所迫，纷纷占山为王而沦为盗贼，过往行人的生命财产受到严重的威胁，漕粮从此经过，难保不为盗贼所劫。这是困难之三。

还有一个人为因素，东自河阴，西临蒲坂，绵延三千里，驻扎着各道军兵，这些驻军军费困竭，为了生存，他们对过往的商旅、漕粮都要强行拦截，几与盗贼没什么区别，这是个十分棘手、很难对付的问题。这是困难之四。

但是，漕运一旦恢复，将又会带来很多好处。主要好处也有四点。

一是调江、湖之米入长安，可解决京师严重缺粮的问题，进而减轻长安地区人民的租赋负担。

二是引海陵之仓的粮食供给河洛地区，必使该地区外逃的百姓回归故土，河洛地区久被荒芜的土地将会得到耕耘，这样就可以促进河洛一带生产的恢复和经济的发展。

三是可以满足军需，有助于国防的巩固，国家的统一。

四是舟船既通，商贾往来，百货杂集，江南、江浙及中原、关中地区的经济都会因之而渐趋活跃，由此，可渐追贞观、永徽之盛世。

通过对恢复漕运利弊的分析，刘晏觉得责任重大，虽有决心、也有信心完全恢复漕运，绝无畏难而退之意，但他是遭受过两次打击的人，深知朝臣在外办事，处处要受到朝中权臣的掣肘，加之漕运路上，驻军跋扈，运粮途中定会遭到他们的拦截，横生的枝节不少，所遇的阻力很大，不是仅凭一己之力解决得了的。为此，他秉烛夜书，将恢复漕运的利弊和困难，向宰相元载作了详尽的汇报，他在《遗元载书》中说：

浮于淮泗，达于汴，入于河，西循底柱、硖石、少华，楚帆越客，直抵建章、长乐，此安社稷之奇策也。晏宾於东朝，犹有官谤，相公终始故旧，不信流言。贾谊复召宣室，宏羊重兴功利，敢不悉力，以答所知。驱马陕郊，见三门渠津遗迹。到河阴、巩、洛，见宇文恺置梁公堰，分黄河水入通济渠。大夫李杰新堤故事，饰象河庙，凛然如生。涉荥郊浚泽，遥瞻淮甸，步步探讨，知昔人用心。则潭、衡、桂阳，必多积谷关辅汲汲，只缘兵粮漕引。潇湘洞庭，万里几日，沧波挂席，西指长安。三秦之人，待此而饱；六军之众，恃此而强。天子无侧席之忧，都人见泛舟之役；四方旅拒者可以破胆，三河流离者於兹请命。相公匡戴明主，为富人侯，此今之切务，不可失也。使仆湔洗瑕秽，率罄愚懦，当凭经义，请护河堤，冥勤在官，不辞水死。

然运之利病，各有四五焉。晏自尹京，入为计相，共五年矣。

京师三辅百姓，唯苦税亩伤多。若使江湖米来，每年二三十万石，即顿减徭赋，歌舞皇泽，其利一也。

东都残毁，百无一存，若米运流通，则饥人皆附，村落邑廛，从此滋多。受命之日引海陵之仓，以食巩、洛，是计之得者，其利二也。

诸将有在边者，诸戎有侵败王略者，或闻三江五湖，贡输红粒，云帆桂楫，输纳帝乡，军志曰：先声后实，可以震耀夷夏。其利三也。

自古帝王之盛，皆曰“书同文，车同轨，日月所照，莫不率俾”。今舟车既通，商贾往来，百货杂集，航海梯山，神圣辉光，渐近贞观、永徽之盛，其利四也。

所可疑者，函、陕凋残，东周（洛阳）尤甚，过宜阳、熊耳，至武牢、成皋，五百里中，编户千余而已。居无尺椽，人无烟爨，萧条凄惨，兽游鬼哭。牛必羸角，舆必脱輹，栈车挽漕，亦不易求。今于无人之境，兴此劳人之运，固难就矣，其病一也。

河汴有初（淤），不修则毁淀，故每年正月，发近县丁男，塞长茭，决沮淤。清明桃花已后，远水自然安流，阳侯、宓妃，不复太息。顷因寇难，总不淘拓，泽灭水，岸石崩，役需于沙，津吏旋于泞，千里洄上，罔水舟行，其病二也。

东垣底柱、渑池二陵，北河运处五六百里，戍卒久绝。县吏空拳夺攘，奸宄窟穴囊橐，夹河为薮，豺狼狺狺，舟行所经，寇亦能往，其病三也。

东自淮阴，西临蒲坂，亘三千里，屯戍相望，中军皆鼎司元侯，贱卒亦仪同青紫。每云食半菽，又云无挟纩，挽漕所至，船到便留，即非单车使折简书所能制矣，其病四也。

惟小子毕其虑奔走之，惟中书详其利病裁成之。晏累年已来，事缺名毁，圣慈含育，特赐生全。月余家居，遽即临遣，恩荣感切，思殒百身。见一水不通，愿荷锸而先往；见一粒不运，愿负米而先趋。焦心苦形，期报明主，丹诚未克，漕引多虞。屏营中流，掩泣献状。

书中措辞，情深意切，忧国忧民之心，溢于言表。书信写好后，通过驿站以六百里加急送往京师。

第二十七章　身负重任

润州（镇江）濒临长江，是当时漕运的一个大型中转站，江南租赋运往京师，都是经长江水路运抵润州卸船储存于润州的仓库，然后再由陆路转运至扬州，再在扬州装船经运河漕运至京师。

刘晏向朝廷发出奏章后，便带上李若初、卢征、刘安，在江淮转运院漕道衙门留守判官张秘书的陪同下来到润州巡察。到了润州后，在粮仓司库叶冲的陪同下来到润州港口的储粮仓库。

润州库是漕运的起点库，规模很大，仓库内用篾席圈起的粮囤一个接一个，粮囤里的粮食堆积如山，还有民工正在源源不断地从港口码头向仓库里搬运粮食。刘晏顺手在粮屯里抓了一把粮食闻了闻："粮食好像变质了！"

"漕运不畅，粮食屯积在仓库里难以发运，时间长了，加上仓库里通风条件也不好，变质也就在所难免了。"司库叶冲无奈地说。

看到这些堆积如山的粮食运不出去，而京城百姓又为无粮所困，刘晏真是忧心忡忡，他丢掉手中的粮食，对大家说："走，到港口去看看！"

润州港口码头，停泊着各种各样的船只，有的装满了货物准备起航，有的满载货物刚到，准备卸货，有的空船以待，等待生意上门，有的忙忙碌碌正在卸货，无数的水上漂停在岸边等待顾客，数不清的花船在水中荡来荡去，打扮得花枝招展的姑娘站在船头卖弄风骚……

最引人注意的是一艘停靠在码头上卸货的粮船，脚夫们将粮食装进篾箩筐里，再用肩挑到仓库去。由于粮食都是散装，脚夫们在挑运的时候难免有些漏撒，因此，从船码头到仓库这段路面到处都是撒落的粮食。

原来，唐初的粮食转运都是散装，这种运输办法既费时又费力，且还极易漏撒，粮食损耗相当大，运量少的时候问题还不很突出，运量多时，麻烦也就大了。唐初之所以将接运制改为直运制，很大程度上同粮食散装、装载船困难有关。

刘晏和大家一起来到港码头，看到撒落在地的粮食，痛惜地说："地上怎么掉了这样多的粮食，这样浪费多大啊？"

"收工时，我都要安排人将撒落在地下的粮食扫起来的。"叶冲连忙说。

刘晏指着一个挑着一担粮食正从船上走到岸边的跳板上的挑夫说道："掉在地面上的粮食可以扫起来，你看那掉到水中去的呢？不是都被水冲跑了吗？"

判官张秘书说道："漕运从来都是这样，谁也没有办法解决。"

"漕粮如此转运，浪费太大了。"刘晏自言自语地说。突然，天宝年间，他从河南温县卸任回京任侍御史、赴临潼稽查义仓储粮时，时任临潼县令的管宝伙同其僚属沆瀣一气，侵吞义仓之粮的情景浮现在眼前，当时，管宝一伙为了应付检查，采用了瞒天过海的手法，在仓储里大做手脚，他们在靠近仓库门口的地方堆放的是粮食，而靠仓库里面堆放的却全是稻草，这些稻草都是用麻袋装着的，表面上一点也看不出来，如果不是神秘人在面馆里指点迷津，几乎就被管宝一伙蒙混过关了。临潼的粮食可以用麻袋装，漕运的粮食不是也可以改为袋装吗？改为袋装，不就解决了粮食易撒造成大量浪费这个难题吗？想到这里，刘晏情不自禁地笑了："有了，有了解决的办法！"

李若初不解地问："有了什么解决办法？"

刘晏道："囊米而运，装卸快捷，损耗也小。"

卢征惊喜地说："囊米而运？真是个绝妙的好办法。"

"从此以后，漕粮全部囊米而运。"刘晏坚决地说。

所谓"囊米而运"，实际上就是粮食袋装运输，这虽然是个很简单的问题，但在唐代漕运租赋的数十年间，粮食浪费十分惊人的情况下，从来就没有人想到要改变粮食散装运输的办法，唐初办漕运者虽也认识到，漕粮散装运输装卸费力、浪费大的问题，但却没有人想到要改变粮食的散装运输，只是将漕运的分段运输改为直运制，通过减少装卸船的次数来减少浪费。因此，刘晏能想到囊米而运的办法，这就是他的过人之处。

囊运法的优越性在于：水浅的时候，可以由人将粮食背着走，过了浅处再装船，或者用小船分载以过；即使水急翻了船，粮食是用袋子装好了的，掉到水里也便于打捞，不至于像过去那样翻船后粮食就荡然无存，打捞起来的粮食纵有所湿，也可以就地消化，不至于完全浪费。刘晏创行的囊运法，是对唐代漕运的一项重大改革，同时也是一项重大贡献，为此后的漕运带来了巨大的经济效益。

“我有个疑难问题想了好几天，一直找不到答案。”刘晏解决了囊米而运的问题后，又向判官张秘书等人提出了一个新的问题：“润州至扬州，本有运河相通，从长江过来的漕船，为什么不直接运抵扬州而要在润州停泊，卸载后再转陆路运至扬州？”

叶冲解释说：“江南漕船历来都是运抵润州，然后再转陆路运往扬州。”

“我想改江船直达扬州，你们看有什么问题？”

“不行，肯定不行！”叶冲抢着说。

“为什么？”刘晏反问道。

“江船之所以停靠润州而不直达扬州，主要是因为运河水位太浅，江船船大吃水深，这是不得已而为之，近年来，浙西之丹阳湖又筑堤围堰，切断了丹阳湖同运河的水源联系，运河的水位比以前还要浅，因此，江船直达扬州的方案是行不通的。”

张秘书也吃惊地问：“什么？江船直达扬州？过去从来没有人这样做过。”

“我不是问过去有没有人做过，而是问有什么办法能够使江船直达扬州。”

张秘书摆摆头：“卑职从来没有想过这个问题。”

“江船不能从运河直达扬州，是因为运河的水位太浅，要想直达运输，关键是要解决运河的水位问题。”李若初试探地说。

“有什么办法能够提高运河的水位？”刘晏继续问道。

张秘书说道：“造成水位下降的原因大概有两个：一是运河淤泥沉积，导致河床抬高；二是丹阳湖筑堤围堰，隔断了丹阳湖同运河的联系，直接导致运河水位下降。如果能够解决这两个问题，我看江船直达扬州应该是可行的。”

刘晏对大家说道：“解决丹阳湖围堰问题和疏浚润州至扬州的运河河道这两件事应该不是很难，稍后我们坐船回扬州，可以实地考察一下运河水道的情况，可以现场确定疏导方案。”

元载正在朝中忙于抓权，无暇他顾，他举荐刘晏赴东南整顿漕运，就是不想将漕运这种既具体而又棘手的事情揽在身上，他看了刘晏送呈的书信和奏折，即刻将奏折送呈李豫御览，并奏请代宗同意，将整顿漕运之事全权委托给刘晏办理，有关漕运的一切事务，刘晏可以根据情况自行决定，并由李豫亲自向刘晏及漕道沿线州县下了一道圣旨，凡漕运之事，皆听江淮、河南转运盐铁使刘晏调遣。

正是由于元载忙于抓权而无暇他顾，将漕运之事尽行委之于刘晏，才使刘晏有了充分施展才华的机会，能无所顾忌、放心大胆地对漕运制度进行改革，使唐代的漕运事业从此以后进入了一个崭新的时期，刘晏为振兴唐代的战后经济创下了不朽的业绩，同时也确立了他在中国历史上的地位。

通过对漕道的巡察以及到扬州后的调查研究，刘晏对如何整顿漕运实际上已经是成竹在胸，只是担心改革方案出台后会遭遇到阻力，这才上书朝廷，并给宰相元载专门写了一封信，其目的就是要朝廷授予他整顿漕运的决定权，现在，宰相元载将漕事尽行委之，使他对整顿漕运充满了信心。经过深思熟虑，刘晏决定从如下几个方面对漕运制度进行改革。

第一，改民运为官运。过去的漕运，是州县委托富户督办，这些富户称之为“船头”。唐制，二十一至六十岁的男丁每年都要服徭役二十天，这些徭役很多都是充当船工。法定期限内的服徭役都是无偿的，也就是说，漕运船工的劳动都是无偿劳动，这些船工不仅没有报酬，而且还要受船头的气，因此，没有人愿意干漕运船工这种苦差事。另外，由于服徭役的时间由官府决定，因而“水漕陆挽方春不息，劳人夺时，关东嗟怨”，劳役给百姓带来了无穷的苦难。鉴于此，刘晏决定将漕运由过去的民运改为官运。

第二，实行水路直达运输。漕运路线的起点是润州，终点是长安，过去：润州至扬州段实行的是陆运，车载牛拉，人力挑背，运输里程远，劳动强度大，运输速度还极为缓慢；黄河段，为了避开三门险峡，在三门峡东西两端设置东仓和西仓，漕船行至三门峡下游便停泊靠岸，粮食起船进入东仓储存，再经陆路转运至西仓，起船、进仓、出仓、上船，不仅运输时间长，而且劳动强度大，且浪费惊人。刘晏认为，李齐物凿山开渠后，漕船可以通过三门峡，过去有人搞水运，船过三门峡出现船翻人亡的事故，以至于有“古无门匠墓”之说。原因在于一是船过三门峡时没有选择好最佳的时机；二是船只不坚固，易于损毁；三是纤索不结实，易于绷断。只要选择适当的时机，打造坚固耐用的船只，配备坚韧的纤索，漕船完全可以安全地通过三门峡。他决定，打造特制的、坚固耐用的漕船，选用上等的原料制作纤索，润州至扬州实行水路运输，江船直达扬州，黄河水道漕船直接通过三门峡，漕粮实行水路直达运输。

第三，实行分段运输。唐代的漕运在安史之乱以前实行的是直运法。江淮的漕船每年二月至扬州，四月后始进入淮河、汴河，此时常苦水浅，六至七月才得以到达黄河与汴水交界的河口，此时黄河水猛涨而船难行，漕船只好停泊靠岸等候时机，直到八九月份黄河水位下落时，漕船才能进入黄河而入东都洛阳，这样，漕船从江南至东都洛阳，停滞的时间长，行走的时间短，同时，由于江南的船工、河师对黄河水道不熟悉，还要请熟悉黄河水道的河师、水手导航和驾船，无形中又增加了运输费用。刘晏深悉其中之弊，经过对漕运路线的考察，他决定采用唐初采用过的、曾一度为裴耀卿恢复使用的分段接运的办法，将漕运全程重新分为四段：

第一段：扬州→邗沟（扬州到淮安间的运河）→淮水→清口（古泗水入淮之口，在今淮阴县之南）；

第二段：清口→汴水→河阴；

第三段：河阴→黄河→渭口（渭水入黄河之处）；

第四段：渭口→渭水→长安。

江船不入汴，汴船不入河（黄河），河船不入渭。江南之运积于扬州，汴河之运积于河阴，黄河之运积于渭口，渭船之运积于太仓。为此，在各段河道的入口处——扬州、清口、河阴、渭口四个地方设立粮仓，运完一段，粮食就起岸进入仓库储存，漕船就地回转，这样可免旷日之久等，待河水深浅适度之时，再由下一段的漕船转运。粮食入库保管，还可减少偷盗损失。运河、淮河、汴河、黄河、渭河水势不同，实行分段而运，各段船工都熟悉本段的航运，这样就能确保运输的安全。

第四，全面推行囊运法。实行分段运输后，漕粮起船、装船次数频繁，为了方便装卸，减少损失，刘晏命囊米而载以舟，全面推行袋装运输。

第五，漕运劳力实行雇用制。唐制规定，凡二十一岁至六十岁之男丁每年须服徭役二十天，服役期间的劳动为无偿劳动，不出工者可以交钱，由政府代雇人员顶替其服役。唐代的官营手工业就是以老百姓服役的无偿劳动为主干，由轮番服役的工匠担任，是为短番匠。官府诚然也出资雇请一些工匠，但大抵是属于有特殊技术之人，这些人称之为明资匠，但为数并不多，雇用的办法也不通行。安史之乱以前从事漕运的船工同官营手工业一样，也是由服役的老百姓充任，形式也与官营手工业的工匠相同。刘晏认为，徭役是一种超经济强制劳动，劳动者没有积极性，而雇佣则体现的是买卖双方平等互利的关系、可以最大限度地调动劳动者的积极性。基于这一认识，他决定将造船工匠和漕运船工的用工制度，由无偿的徭役制改为有偿的雇用制，调动劳动者的积极性，提高造船和漕运的效率。

刘晏制定的整顿漕运的改革方案，很多地方有裴耀卿时漕运的缩影，但较之裴耀卿的漕运制度又更为高明，更为科学。表现如下。

一是裴耀卿经办的漕运，为了支付陕、洛的库存费用支出，全国每丁额外增加一百五十文税钱，这等于是全国人民办漕运，而漕运所需之劳力，也是靠征派老百姓的徭役。开元二十一年（733年），“天下输丁四百万人”，而开元二十二年全国的总人口是四千六百二十万五千余人，这就是说，天下徭役输丁几乎占总人口的十分之一。额外的征税和繁重的徭役，严重地影响了正常的农业生产，老百姓已不堪负重。刘晏办漕运，对劳力实行雇用制，漕卒所需雇值由政府支付，不要老百姓出一文钱，不仅如此，同时还“罢无名之敛”，“不发丁男，不劳郡县”，民不困于转输，这是刘晏对漕运制度的改革和创新，属自古未有之事。

二是裴耀卿分段较粗，江南漕船至河口为一段，刘晏则分得更细，江船至扬州而回，淮船至清口而回，汴船至河阴而回，接运制度推行得更为彻底。

三是裴耀卿的漕运为避开三门险峡，仍然要开山十八里陆运绕道而行，刘晏则完全采取水运直达，征服了三门峡，这是前所未有的壮举。

第二十八章　丹阳湖水清人不清

浙西有个丹阳县，丹阳县境内有个丹阳湖，丹阳湖，古称“巨浸”，旧名“南湖”，又称“西莲湖”。《太平府志》载：丹阳旧多红杨，一望皆丹，故曰丹杨，杨与阳同音，遂称丹阳湖。丹阳湖又称练湖，湖面方圆四十余里，烟波浩渺，水天相连，“荷花夏月”“莼菜秋风”“云边落雁”“沙上眠鸥”是丹阳湖的特有景色，夏季水盛，汪洋含蓄，浩瀚无垠，风帆沙鸥出没其间，远山浮黛，俨然一幅湖山图。丹阳湖的鱼、虾、蟹、蚌、蛤蜊、茭菰、菱、芡实、莲藕、莼菜等水产品非常丰富，有“日出斗金”之誉。

丹阳湖同周边的丹阳、延陵、金坛三县相邻，湖水灌溉万顷农田，孕育一方百姓，是湖四周数万百姓赖以生存的母亲湖。丹阳湖位于运河之西，直接与运河相通，是江南运河的著名天然供水水库，有“湖水放一寸，河（运河）水涨一尺”之说，每年春夏雨水之季，溢满的湖水经运河向北倾泻，可使湖周围的农田免受涝灾之害，运河由于有丹阳湖水源的补充，保持较高的水位，租庸转运，商旅往来，都能够经运河水路行走，使老百姓免受车载牛拉之苦。

唐代大诗人李白游览丹阳湖，一首《姑孰十咏·丹阳湖》，道尽了丹阳湖的天然景色：

湖与元气连，风波浩难止。
天外贾客归，云间片帆起。
龟游莲叶上，鸟宿芦花里。
少女棹归舟，歌声逐流水。

然而，一场意外的事件，破坏了丹阳湖的生态环境。

且说丹阳有一巨富，此人姓雷，名凯家，唐初无盐禁，盐商都发了大财，雷凯祖上为盐商，靠经营食盐积聚了万贯家财。乾元初年，第五琦初变盐法，实行榷盐法，禁止商人经营食盐，雷凯家便用积聚的钱财，大量地购置田产。后来，他看到三亩五亩地小打小闹不过瘾，就打起了丹阳湖的主意。通过各种关系，他买通了当时的丹阳县令，又联络几家有钱有势力的豪强，在丹阳湖中间筑起了一道长约十四里的大堤，将丹阳湖一分为二，泄干围堰内之水，夺湖为田，据为己有。导致丹阳湖水面变窄，春夏雨水之季，湖水暴涨，因横堤壅碍，隔断了丹阳湖与北运河的联系，暴涨的湖水不能向北外泄流入运河，改而向南倾注，致使丹阳、延陵、金坛三县原本旱涝保收的良田变成一片泽国，百姓深受其害。丹阳湖周边的百姓向丹阳县、润州府具状申告，终因阻力大而不了了之，为恶者仍逍遥法外。

永泰元年十一月，韦坚由常州刺史调任润州刺史，他素知截湖围堰对丹阳湖四周的农田所带来的危害，恰在此时，一位上差到了润州府，促成了韦坚的决心，加快了整顿丹阳湖的步伐。

丹阳湖上，一群水鸭在水面上无忧无虑地戏耍，在远处的田野上，一些庄稼人散落在农田里，锄草、施肥。湖边上，不知从什么时候起就站着几个人，只听其中的一个人说道："韦大人，卢大人，你们看，湖中那条大堤，就是豪强们围堰所筑，堤北面的农田原来都是湖面，筑堤围堰后，开渎泻水，湖下地就变成了农田。"

韦大人是润州刺史韦坚，卢大人就是卢征。原来，丹阳乃润州府之辖区，卢征遵照刘晏的指示，到润州府调查丹阳湖豪强大户筑堤围堰、截湖造田之事。润州刺史韦坚陪同卢征到丹阳县，会同丹阳县令余萧一起来到丹阳湖边，实地勘察丹阳湖夺湖围田的情况。

听到余县令的介绍，韦坚和卢征随着他手指的方向望去，只见一条长长的大堤将丹阳湖一分为二，横堤南面是宽阔的一片湖面，北面则是成片的农田。

余萧继续说："丹阳湖自被筑堤围堰后，湖面变窄，无处蓄水，横堤壅碍还隔断了丹阳湖与运河之间的水道。春夏雨水之季，暴涨的湖水不能向北流入运河，只能改道向南排泻，延陵、丹阳、金坛等县，民田八九千顷常遭水淹；稍遇亢阳，则又因围堰使湖面变窄、蓄水量减少，使近湖农田无水灌溉，原本旱涝保收的良田，变成遇雨便涝、遭旱则干的望天收。而失去丹阳湖水源支持的运河，也常患水浅而船难行。”

卢征问道：“筑堤围堰的面积有多大？”

余萧道：“堤长约十四里，堰内面积约为一百一十五顷，受益的只是少数几户豪强，受害的则是丹阳湖四周数万百姓。”

“刘大人说，豪强大户与湖争田，行为霸道，为民生计，为漕运计，横堤一定要扒除，还丹阳湖本来之面目。”

润州刺史韦坚接着说：“本官在常州任上，即闻丹阳湖夺湖围田之事，今实地考察，果然不假，整治丹阳湖，势在必行。”

“雷凯家财大气粗，听说朝中有人，后台硬，我们动得了吗？”丹阳县令余萧不无担忧地说。

“夺湖为田，贻害一方，夺田还湖，此乃顺应民心之事，只要本官登高呼之，百姓必当群起而应，区区几户豪富，何足挂齿？民心大过天，谁能止之？整治丹阳湖，本官意已决。”韦坚毅然决然地说。

“大人若主治丹阳湖，丹阳打头阵。”余萧也来了精神。

韦坚指着横堤说：“先炸掉横堤，于横堤上建涵闸斗门，夺田为湖，将丹阳湖由横堤隔为上、下两湖，运河水源不足，则放水济运；再疏通四周之故塘，整修堤岸，扩大湖面，湖的西、南堤上设涵闸，引水灌田，湖堤、斗门、涵闸等组成一个较为完备的济运、灌溉的工程体系。”

“好，大人的设想太好了！”余萧兴奋地说。

丹阳县县衙门口围满了人，后来者不知发生了什么事情，纷纷地挤上前去想看个究竟，有好事者跳上一块大石头大声地说：“大家都不要挤了，润州府有令，丹阳湖围堰之堤，贻害丹阳、延陵、金坛三县，危及运河运输，为维护丹阳、延陵、金坛三县百姓之利益，恢复运河之水源，润州刺史韦大人决定：炸掉横堤，夺田还湖，恢复丹阳湖本来面目。限令围堰内所谓的业主，十日之内退出围堰，十日之后将强行扒掉横堤。”

围观的群众听到这个消息，高兴得不得了，顷刻之间，炸掉丹阳横堤的消息便传遍了丹阳县。

同样的布告，延陵、金坛二县也有张贴，布告上盖有润州府的大红官印。

丹阳县县衙内，韦坚、卢征、余萧正在商量整治丹阳湖的事情，忽见师爷来报：“东翁，雷凯家求见。”

余萧道：“你去对他讲，他来的意思我知道，叫他回去做好善后，贴出的告示是不会改变的。”

“见见又有何妨，看他怎么说。”卢征劝道。

“好，就叫他进来。”韦坚、卢征二人马上转到偏房回避。

一个五大三粗、满脸横肉、手中提着一个大礼盒的人跟在师爷的后面进了县衙，刚来到余县令面前，就将手中的礼盒放在桌上说：“小小薄礼，不成敬意，望大人笑纳。”

余县令扫了一眼桌上的礼盒说：“雷凯家，不要来这一套，你还是抓紧时间将围堰内收拾一下吧！润州府已在丹阳、延陵、金坛三县都贴了布告，朝廷也派员在此督办，你还是死了这份心吧。”

雷凯家低声下气地说：“大人能否向润州府求求情，宽限一个月，到时我一定自行扒掉横堤。”

“缓兵之计没有用，你还是回去吧！”余萧一针见血地说。

眼看一点余地也没有，雷凯家气呼呼地转头就走，边走边怒气冲冲地说：“余大人，事情不要做绝了，要给自己留条后路。”

余县令大声地呵斥道：“站住！”

雷凯家闻声而止，转身看着余萧一言不发。

“你的东西掉在这里了，带走吧！”

雷凯家怨恨地返回屋里，拿起放在桌上的大礼盒，什么也没说，转身大步流星地走出了县衙。韦坚、卢征从偏房闪出，几个人会意地笑了。

布告贴出后的第十一天，是润州府炸堤的最后期限。

丹阳湖周边三县的老百姓来了，他们来看官府是否说话算数。

雷凯家及另外几家豪强带着庄丁、打手来了，他们来阻挠官府的行动。

润州刺史韦坚、卢征、丹阳县令余萧及延陵、金坛两县官员也来了，他们是带着衙役来炸堤的。

余县令来到湖边后，立即安排衙役在大堤上挖洞埋炸药。

“你们真的要炸堤？”雷凯家带着一群庄丁气急败坏地跑上大堤，一屁股坐在大堤上，声嘶力竭地说：“我们雷家与大堤共存亡，你们要炸堤，干脆将我们一起炸死算了。”

衙役们看到这个架势，一齐望着州刺史和县太爷。

余县令手一挥，大声地说："不管这些，你们继续埋炸药。"

大约个把时辰，埋炸药的衙役都陆续地回到湖边，余县令来到雷凯家的身边说："雷凯家，带着你的人赶紧离开大堤，马上要点火了。"

雷凯家哭丧着脸说："大人，何必做得太绝，放小人一条生路吧！"

"给你一条生路，丹阳湖四周三县之百姓可就是绝路了，一家饱暖千家怨，你看老百姓答应不答应。"

围观的百姓齐声大喊："不答应！"

余县令又指指韦坚和卢征说："这就是润州刺史韦大人，朝廷派来督办的卢大人，你看他们答应吗？"

雷凯家马上来到卢征面前，摇尾乞怜地说："卢大人，我表兄是吏部的王大洪，看在他的面子上，帮小人一把吧！"

卢征不怒而威地说："啊！王大洪是你表兄，回京师后我倒真要问问他，你在丹阳县为富不仁，强霸湖面为己有，置丹阳湖四周三县数万生灵之生存于不顾，看这些是不是他叫你干的？"

雷凯家看到卢征出言不善，连忙说："不，不，不，不是他叫我这样干的。"

"不是就好，若真是他幕后指使，我必在皇上面前参他一本。"

雷凯家眼看回天无力，就使出了最后一招，耍赖。只见他又哭又闹地躺在大堤上哭着喊："要炸堤，就将我一起炸死了吧！"

韦坚果断地对几个衙役说："将雷凯家架下去，将其他人赶下大堤，按原定计划点火，火药点着后，放开雷凯家，他要再上大堤，大家都不要阻拦，那是他自寻死路，由他自己去。"

韦坚率众人撤离了大堤，两个衙役上前，强行将雷凯家架下大堤，围观的百姓也跟着向后撤退，雷凯家带来的家丁眼看大势已去，也跟着灰溜溜地撤离大堤。

负责点火的衙役拿着火折走上大堤各就各位，余县令一声令下，点火的衙役由远及近，依次点火，然后迅速撤离大堤，眼看大家都撤到了安全地带，余县令冲着架住雷凯家的人大声说道："放人！"架着雷凯家的两名衙役一齐松手。

雷凯家看着吱吱作响、冒着火花的导火索，腿脚都吓软了，哪里还敢向大堤迈出一步。只听"轰"的一声巨响，无数的尘土伴随着水珠抛向空中，横卧在丹阳湖中的长堤拦腰炸开了一个大缺口，湖水"哗"的一声涌进围堰内，周围观的百姓看到炸开的大堤，高兴得跳了起来。

雷凯家看到葬身水底的农田，号啕大哭："我的田呀！我的田呀！"

在随后的整治工程中，百姓不用官府动员，便自带工具，都来参加整治丹阳湖的工程建设。按照韦坚的设计，以横堤为界，隔为上下两湖，湖的东堤设置涵闸斗门，若运河水源不足，则放水济运，湖的西、南堤上设涵闸，引水灌田。几个月的时间，工程便告结束。

从此以后，偌大的丹阳湖，"灏灏如吞吐日月，沉沉如韫蓄风雨。所润者远，原隰皆春，耕者饱，忧者泰"，"大雨时行，群潦奔流，水势所入，盈而无伤"，夏秋干旱时，启西南涵洞放水灌溉，湖下数万亩农田获浸润之利；运河浅涸，则开东堤斗门放济运，"湖水放一寸，河水涨一尺"，丹阳湖的生态环境得以恢复，湖畔百姓再也不为常年旱涝而忧。

卢征回到扬州，将丹阳县所发生的一切情况都如实的向刘晏作了汇报。刘晏大加赞赏。为了防止豪强大族再来捣乱，同时也为了避免韦坚、余萧遭到朝廷某些人的非难，他连夜起草了一份《奏禁隔断练湖状》：

"东都河南江淮等道转运使、检校户部尚书兼御史大夫刘晏状：得刺史韦损、丹阳耆寿等状，上件湖，案《图经》，周回四十里。比被丹徒百姓筑堤横截一十四里，开渎口泄水，取湖下地作田。其湖未被隔断以前，每正春夏，雨水涨满，侧近百姓，引溉田苗。官河水干浅，又得湖水灌注，租庸转运，及商旅往来，免用牛牵。若霖雨泛溢，即开渎泄水，通流入江。自被筑堤以来，湖中地窄，无处贮水，横堤壅碍，不得北流。秋夏雨多，即向南奔注，丹阳、延陵、金坛等县，良田八九千顷，常被淹没。稍遇亢阳，近湖田苗，无水溉灌。所利一百一十五顷田，损三县百姓之地。今已依旧涨水为湖，官河又得通流，邑人免忧旱淹。奏闻中书门下，牒浙西观察使与韦损，勿使更令修筑，致有妨夺。

永泰二年四月十九日。"

《奏禁隔断练湖状》以六百里加急上达朝廷，一时间，丹阳县炸堤还湖面，刘晏奏状朝廷请褒奖的故事在朝野传得沸沸扬扬，那些想捣乱、想非难的人看到这种阵势，也不敢轻举妄动了。

第二十九章　扬子县造船

漕运靠船，漕运由民运改为官运，官府必须要有自己的船。扬子县是著名的造船基地，当时很多大船都出自扬子县，传说鉴真大和尚东渡日本所乘坐的大海船就是由扬子县的船厂打造。安史之乱以后，漕运受阻，社会对船只的需求量减少，很多船厂因之倒闭，造船工匠也都转作他业，扬子县的造船业逐渐萧条。

刘晏认为，扬子县的造船厂虽然倒闭了，旧址还在，工匠虽然转作他业，人还在，利用旧址或重新选址筹建造船厂，招揽工匠打造官府自己的漕船是可行的。经过反复的研究论证，刘晏决定在扬子县筹建造船厂，打造官府自己的漕船。

唐代的官营手工业就是以老百姓服役的无偿劳动为主干，由轮番服役的工匠担任，是为短番匠。官府诚然也出资雇请一些工匠，但大抵属于有特殊技术之人，这些人称为明资匠，但为数并不多，雇佣的办法也不通行。刘晏认为，徭役是一种超经济强制劳动，劳动者没有积极性，而雇佣则体现的是买卖双方平等互利的关系、可以最大限度调动劳动者的积极性。基于这一认识，他决定将造船工匠的用工制度，由无偿的徭役制改为有偿的雇佣制，调动劳动者的积极性，提高造船和漕运的效率。

刘晏认为，漕运乃国之大计，船又是漕运最基本的运输工具，要想使漕运事业发展壮大，长盛不衰，漕船必须符合两个条件：一是能保证行船安全；二是经久耐用。基于这一认识，他决定出重金打造坚固耐用的大船。

刘晏安排李若初负责造船的事，临行前他对李若初说："转运使要筹建造船厂，自己打造漕船。这件事交由你负责。"

"造船厂建在哪里？"

“扬子县。”

“具体的任务？”

“你到扬子县后，一是选好厂址，二是物色造船的管理人员和造船工匠。”

“造船厂准备建几个？”

“筹建十座造船厂，可以先找原来的老厂合作，这样可以事半功倍。”

“那管理人员呢？”

“具体地讲就是船厂的专知官，我想专知官实行招聘制，竞相营办，有能力者任之，你说这样行吗？”

“我看行，竞相营办，引进了竞争机制，可以将一些优秀的人才推到专知官这个职位上来，这对船厂的建设是很有好处的。”

“再就是造船工匠的问题。”

“怎么样？”

“过去的官营手工业，工匠实行的是徭役制，劳动者没有积极性，阻碍了官营手工业的发展。”

“大人要改变这种现状？”

“对，官营造船厂，工匠实行雇佣制，并且要提高佣金，将一些能工巧匠吸引到官营船厂中来。”

“好，大人的想法真是太妙了。”

“还有，就是漕船造价的问题。”

“大人准备如何确定？”

“造船工价实行包干制。你到扬子县后，先做好调查研究，测算一下打造一艘坚固耐用、载米千石的大木船的物料工本费是多少，然后再确定包干定额。”

“对漕船有什么要求？”

“数量二千艘，要求是坚固耐用的‘歇艎支江船’，每船可载米千石。船型分两种。”

“哪两种？”

“一类是专门行走于黄河水道的漕船，因为黄河水深流急，三门峡水底暗礁密布，漕船必须坚固、耐碰撞，保证漕船安全地通过三门险峡。”

“第二类呢？”

“第二类是专门行走于长江、运河、汴水、渭河等处的漕船，要以轻便快捷为特点，以保证行船的速度。无论哪一类，都必须保证货真价实，经久耐用。

我要说的就这些，还有什么不明白的没有？”

“没有了。”

“那明天你就赶往扬子县。”

在筹建造船厂的同时，刘晏又从巴、蜀、襄、汉等地调运大批的竹子和麻皮，制成坚韧的纤索用以挽舟，以保证漕船运输的安全。

扬子县宏基造船厂，是一个久负盛名的老船厂，老板吴宏基出生于造船世家，一生不知打造过多少艘船，自造船业萧条以后，宏基造船厂同样也陷入了困境，经营惨淡，一年不如一年，有活就做，没活就歇着，就这样半死不活的拖着。近来，老妻又卧床不起，家里已经是等米下锅了，吴宏基一筹莫展，急得团团转，正准备出门想办法借点钱给老妻抓药，忽听到门外有人叫道：“吴老板在家吗？”

吴宏基出门一看，院内站着两个人，都不认识，回答说：“船厂都要倒闭了，还什么老板啊！二位从哪里来？找在下有何事？”

来者正是从扬州来的李若初及随行人员，李若初道：“我们从扬州来，久闻吴老板是造船世家，今天特地来拜望你。”

“什么造船世家啊！船坞的杂草都有半人高了，造船工具都生了锈，我也记不清有多长时间没有动它们了。”说完，吴宏基将李若初他们让进屋里，并为他们沏上茶。

“吴老板还能造船吗？”

“只要能揽到活，船厂马上就可以开工，你们想造船？”

“我们从扬州转运院来，要在扬子县筹建造船厂，欲请你出山，帮助我们筹建造船厂，打造漕船。”正说话间，从屋里传出一阵咳嗽声。

吴宏基站起来抱歉地说：“请你们稍等一下。”快步进里屋，好一会儿才出来。“让你们久等了，真的不好意思。”

“家里有病人？”李若初关切地问。

“老妻卧病在床。”吴宏基忧心忡忡地说。

“没有请郎中来看看？”

吴宏基面有难色，欲言又止。李若初意识到可能是无钱却又难以启齿，立即掏出身上的钱：“钱不多，聊解燃眉之急，先请个郎中看看病人再说！”

“素不相识，怎么好意思用你的钱！”

“今天初次见面，以后经常要打交道，来日方长。”

“那我就恭敬不如从命，就算暂借，我给你立个字据。”

李若初连忙制止道：“不必，今天就谈到这里，改日再聊，你先去请郎中。”

“内人的病不急在一时半会儿，有先生的钱，请个郎中看看很快就会好的，还是言归正传，说说你们的来意吧！”

“请你出山，帮助我们筹建造船厂。”

“我能帮上什么忙？”

“宏基船厂是个老厂，吴老板在造船界也极有声望，有你帮助我们筹建造船厂，可起到事半功倍的作用。”

吴宏基听说有事做，高兴地说：“需要我做些什么？”

“这次要筹建十处造船厂，我想聘请你当技术总监，除负责宏基船厂外，还负责对其他船厂进行技术指导和质量监督。”

吴宏基想了想说：“这些我大概做得了。”

李若初继续：“造船厂实行官办，专知官实行招聘制，竞相营办；工匠实行雇佣制，给付佣金；造船实行物料工本费包干制造。”

“还挺新鲜，都是真的？”吴宏基怀疑地问。

李若初笑了笑：“我有必要大老远地跑来骗你吗？”

吴宏基高兴地说：“我接受你们的聘请，跟你们一起干！”

“好！我们现在要做三件事：一是除宏基船厂外，还要选择九处厂址，凑齐十处船厂之数；二是要出榜告示，招聘九名船厂的专知官；三是搞一个千石载重量的大木船的物料工本费的成本核算材料，确定一个合理定额。”

此后，他们就筹建造船厂、招聘专知官等一些具体问题进行了研究。

刘晏来到扬子县，船厂的选址都已落实，专知官的招聘也只差没有发聘书了。刘晏听完李若初的汇报后对他的工作表示赞许，接着他问道：“造船的物料工本费的测算搞得怎么样？”

李若初将早已准备好的一叠资料递过来：“这是千石载重量的大船所需物料工本费的详细资料，请大人过目。”

刘晏接过资料仔细地看了看：“资料很详略，同我掌握的情况相差不大，为了能打造出坚固耐用的大船，我决定每艘船出重金七百贯钱。”

李若初吃惊地说：“七百贯钱？五百贯钱足矣，为何要出七百贯钱？这不是有很大的浪费吗？”

“不是这样的，做大事不可吝啬小钱，实行一项大的谋略必须要有远大的眼光，现在的船厂才刚刚创建，办事的人很多，很多地方都要花钱，在经费这个问题上不能控制得过紧，不能使办事人的用度过于困窘，这样才不致挫伤他们的积极性，使他们打造出货真价实、坚固耐用的好船。如果同造船办事的人讨价还价、斤斤计较，事情怎么能够长久地办下去呢？日后一定会有人嫌我包工包料给价太低而减少造船的工价钱，如果减量在半数之内，造船业或许还能维持，如果超过了半数，所造之船一定是薄而不堪用了。”

五十年后，果然有人将造船工价减了一半，到唐末，主管的官员按照物料和工本给钱，物料核得苛，工钱定得低，不留一点余地，工匠的生活十分困难，连专知官的家属也要挨饿受冻。船造得越来越薄，漕运也就因之陷入困境。此是后话。由此可见，刘晏确实有先见之明，是为国家谋大计而又具有远见卓识之人。

今天是向专知官颁发聘书的日子，在宏基造船厂的院子里，选定的专知官高兴地坐在一起有说有笑，周围还围了不少的人观看，刘晏在李若初、吴宏基的陪同下从屋子里走出来，李若初走到摆放好的一张桌子前说：“大家安静一下，我来向大家介绍。”他指着刘晏说：“这位就是我经常向大家说的刘大人。”下面响起了热烈的掌声。

“首先是发聘书，我叫到谁，谁就上来领。”随后，李若初叫到谁，谁就上来从刘晏的手中接过聘书，发完聘书后，李若初说：“现在请刘大人讲话。”

刘晏站到前面，清了清嗓子说：“各位都是造船业的佼佼者，现在都是官办造船厂的专知官，我这里就直入正题。这次造船，时间紧，任务重，同时质量要求也高。根据漕运的需要，初步确定要打造二千艘、载重千石漕粮的大船。”听到一下子要打造这样多的船，专知官们均露出惊讶和喜悦之色。

刘晏继续说：“船分两种型号，一种是专门行走于黄河水道的特制大船，黄河水深流急，三门峡暗礁密布，要求船要坚固耐用，这样才能保证漕船安全通过三门险峡；一种是行走于长江、运河、汴水、渭河等水道的歇艎支江船，船只要以轻便快捷为特点，以保证行船的速度。这在技术上没有问题吧？”

“没问题，完全做得到。”专知官们齐声答道。

“第二个问题是漕船的造价，各位都是行家，打造这样的船，物料工本费五百贯足矣，七百贯钱就可以打造出一艘非常非常好的船，你们说是不是？”

“是这样的！”专知官们纷纷赞同。

“我出重价，每艘千贯，实行包干负责制。”刘晏的话刚出口，专知官中出现了骚动，大家交头接耳，均露出惊讶之色。

“造船用工实行雇佣制，专知官可以根据工匠的技术水平和劳动强度，给付合理的佣金。之所以出此重价，就是要提高专知官和工匠的收入水平，改善大家的生活，提高大家的积极性，专知官要善待工匠，给他们最高的佣值，不要克扣他们，更不要虐待他们，任何事情，有因必有果，有得必有失。你克扣工匠，工匠就会糊弄你，到时船就会出现质量问题。我在这里丑话说在先，重价打造漕船，要的是坚固耐用、货真价实的好船。谁要是偷工减料，投机取巧，谁出了问题，谁负责，到时，你赔偿得了经济损失，也赔偿不了我的工期。漕运乃国之大计，谁要是从中捣鬼，就是违抗皇命，有什么后果大家自己去想。大家明白吗？”

“明白了！”专知官们齐声道。

刘晏接着说：“为了保证造船的质量，转运院聘请宏基船厂的吴宏基担任技术总监，全面负责技术问题。请吴老板接受聘书。”

吴宏基再次走上前，从刘晏手中接过聘书。

李若初宣布散会，各位专知官手捧聘书，高兴地离去。

刘晏对造船的事情进行交代后，赶回扬州，带上卢征、刘安日夜兼程赶往河南，巡视判官张秘书主持开决汴河的工程。

第三十章　刘晏搬兵

汴河在河南道境内，是漕运要道。过去，临县每岁派河工清淤疏浚，漕道可畅通无阻。安史之乱以后，漕运停滞，汴河清淤之事也就无人问津。时日一久，泥沙沉积，河床淤塞，千里河道几乎成了浅水滩，稍大的船只很难在汴河上航行。淘挖淤泥，开决汴河河道，是恢复漕运的关键。判官张秘书受刘晏的指派，先期赶赴河南，主持开掘汴河的工程。

汴河岸边一个简陋的工棚里，刘晏在听取张秘书的汇报，并不时地提出一些问题。听完汇报后，在张秘书的陪同下，亲自上河堤视察。

河道上，淤泥沉积，开决工程量大，因河工数不足，淘挖淤泥的进展缓慢，刘晏眉头紧锁、一言不发，张秘书在一旁说道："战乱刚息，百姓流落他乡尚未返回，河工很难征调。"

"再到洛阳去一趟，看能不能想点办法。"刘晏果断地说。

洛阳乃唐之东都，本是一个繁花似锦的地方，无奈安史之乱期间，洛阳城破坏惨重。先是安禄山、史思明的叛军几进几出，烧杀抢夺，无所不用其极，将洛阳城洗劫一空，而后，唐廷为了击退叛军，请回纥出兵帮助收复西京，长安收复后，又求其助收复东都，许诺攻克洛阳后，土地归唐，财物任由回纥番兵取之以为报，可怜洛阳城的老百姓，在唐军的眼皮底下任由番兵抢掠奸淫。经此数次浩劫，繁花似锦的洛阳城，几乎成了一片无人居住的废墟，装饰豪华的宫殿已是千疮百孔，店铺林立、热闹非凡的大街已是门可罗雀，偌大的一座洛阳城已了无生机。安史之乱结束后，外逃的人民虽然也在陆续地返回故里，但因受创太重再难重现昔日之生机。

河南尹的官邸在洛阳城中，河南尹杜子中热情地接待了刘晏一行。寒暄过后，刘晏单刀直入："杜大人，本官乃为开决汴河之事而来，开决汴河的工程已启动。但工程量大，河工不够，进度缓慢，想请你再想想办法，加派河工。"

杜子中道："刘大人，不是下官故意推辞，安史之乱，逆胡叛军数次进出洛阳城，洛阳城可是十室九空，侥幸能活者，也避祸他乡，实在是无人可找啊！"

"杜大人，开决汴河，恢复漕运，虽说是解决京师长安缺粮的问题，但河南却是最大的受益者。"

"愿闻其详！"

"东都洛阳受战祸的影响百废待兴，老百姓缺衣少食流落他乡而不思归，恢复漕运，则江淮之粮可源源而至，流落他乡之民闻之必当回归故里，村落邑廛，从此而人口滋多，若此，洛阳之生产则可尽快地得到恢复，要不了多久，洛阳将会重现昔日之勃勃生机。"

"河南经济萧条，下官一直苦无应对之策，虽知恢复漕运能给洛阳带来机会，然并未悟透其中奥秘，听大人一席谈，真是受益匪浅。"

刘晏继续说："情况还不仅仅如此。"

"请大人赐教。"

"漕运通，则舟车通，舟车通，则商贾云至，百姓杂集，如此则带来商业之兴盛。人口增加，生产发展，商业兴盛，洛阳城将会是一个什么样的情景，想必就不用本官再说了吧？"

杜子中离座一揖道："多谢刘大人提醒，下官将再下令，河南道所有男丁，只要是能动的，都得出河工，就是捆也捆到河道上去。"

刘晏哈哈大笑。杜子中道："公事已了，今天请大人一醉方休。"

"一醉倒不必，一饱就足矣！"

"这……"

卢征插嘴说："杜大人，你不知道，我们从长安出发，一路上栖风餐雨，日夜兼程，经常都是干粮就凉水凑合，没睡过一宿安稳觉，没有吃过一顿安稳饭，不求一醉，但求一饱，不求舒适，但求一眠，我们真的就很知足了。"

杜子中激动地说："想不到刘大人为了恢复漕运竟然如此辛苦，下官真是由衷地佩服。"

"杜大人如果看到京师饥民成群之景，心情一定会和我一样的。"接着他又对卢征说："看来我们还要到泗州去一趟。"

"到泗州去干什么？"

“河南副帅李光弼的行辕在泗州，开决汴河缺劳力，到泗州去搬兵。”

“大人是想请李副帅派兵士前来协助开决汴河？”

“看来也只有这条路可走了。”

杜子中说道：“这倒是一个好办法。”

刘晏一行出了洛阳城后，安排判官张秘书回汴河工地去督阵，他自己则同卢征、刘安直奔泗州。

河南副帅李光弼的行辕扎在泗州，这一天他正在大发雷霆，原来，军营粮饷不继，李光弼发函甬桥巡院，请拨粮草以资军用，甬桥巡院知院官、殿中侍御史、佐盐铁转运使穆宁接函后拒绝给付，李光弼暴跳如雷，欲遣兵将穆宁擒而杀之，穆宁闻此消息，不待派兵便只身来到行辕求见李光弼。

李光弼大吼道：“匹夫敢来见我？刀斧手准备。”

穆宁从容地走进行辕，而对两边站立的刀斧手却视而不见，李光弼怒斥道：“我统率军众数万，为天子讨贼而保一方平安，若无粮草，兵士将会溃散，而你却闭廪不出，坐视不理，是何道理？是想使我的军队溃散吗？”

“本巡院直属盐铁转运使，盐铁转运使直属于皇上，本官掌管甬桥之粮，奉的是上命，你怎能发文取之？李帅要粮，本官自作主张拨付，他日有事，请你出兵帮忙，没有兵部的虎符，你能私自发兵吗？”

李光弼被穆宁问得哑口无言，后悔自己太猛浪，大手一挥，令刀斧手退出，赔着笑脸道：“本帅知道不可以，不是没有与你用强吗？闭廪不出，是你的职责，正如本帅不能私自发兵一样，不怪你。”于是，两人言归于好。

李光弼虽然没有同穆宁发生正面冲突，但兵饷不继之事仍未解决。是日，他正在帐中同诸将商议应对之策，忽见兵士来报，江淮转运盐铁使刘大人拜见。听说是刘晏来了，李光弼似乎看到了希望，连忙大开中门，亲率众将出迎，迎上前去说：“刘大人，是什么风将你吹来了？”

“无事不登三宝殿，今天是专程来向李副帅求助的。”

“上次你匆忙来，又匆促而去，饭未吃一口，本帅后悔得不得了，这次来，可得要好好聊聊。”

李光弼将刘晏等人迎进行辕，寒暄过后，也不待问刘晏，一桌丰盛的酒菜便端了上来，开了一坛上好的陈年老窖，先替刘晏斟上满满一杯，再依次给卢征、刘安都斟了一杯，率先拿起酒杯道："来，刘大人，没有准备，先干了这杯。"

刘晏道："李副帅，我今天到此，是有要事相商……"

李光弼打断他的话说："无论什么事，先吃了饭再说。"于是，在饭桌上，李光弼殷勤劝酒，但刘晏却总是控制不饮，李光弼放下酒杯道："刘大人，到底是什么事，使你急成这个样子，我就依了你，说了再喝。"

刘晏道："李副帅，你是知道的，我这次是奉皇命下江南整顿漕运，现在是困难重重，遇事受阻，真是寐不安枕，食不甘味，虽琼浆玉液亦难下咽。"

"什么困难搅得大人如此不安？"

"汴河淤塞，漕运难通，河南道人口流离，一丁难求，我想借李副帅之兵，开决汴河，漕运开通后，派遣兵丁押运漕船，以保证漕运之安全。至于朝廷的手续，我会办好的。"

"仅此？"

"仅此而已。"

李光弼说道："我也有一事相求！"

刘晏道："请讲！"

"我身为河南副帅，统兵数万，吃、喝、拉、撒、睡样样都要操心，真是有些穷于应付。刘大人身为检校户部尚书，河南、江淮盐铁、转运使，河南之军费，大人可否为我笔下超生？"

"仅此？"

"仅此而已！"

"好说。"

李光弼惊喜地说："好说？"

"真的好说。"

"说来听听！"

"副帅派军士开决汴河，我给兵士付工钱，漕运开通后，为防止沿途流寇抢劫漕船和沿线驻军拦截漕粮，请副帅拨兵士押运漕粮，这部分兵丁的费用由我支付，你说，这不就是给你拨了军费吗？若此，我也不会背上个袒护河南之名，而你的军费也得到了部分解决，漕粮也可安全抵达京师，你说这不是一箭双雕，一举两得啊？"

李光弼听完刘晏的一席言论，沉思了一会儿，笑眯眯地说："那我们成交了？"

刘晏举起一只手："成交！"

李光弼举起双手，刘晏亦伸出另一只手“成交！”，接着四掌相击“啪”的一声。然后，两人高高兴兴地端起酒杯：“干！”

刘晏落实了借兵开决汴河和派兵押运漕粮的事情后，心情轻松了不少。从军营出来，他对卢征道：“你到东垣去，安排东垣、陕县两县召集的黄河道船工进行训练，黄河道最险，安全最重要。一个月之后，安排船工赴扬州。返程时再去汴口，若汴口仓第一期工程完工，叫韩洄将工程移交给河阴县，随同你一起返回扬州，准备漕粮启运。”

送走了卢征，刘晏带着刘安重新回到开决汴河的工地。

汴河工地上，淘挖淤泥的河工干劲冲天，人来人往，来去如梭，刘晏浑身沾满了泥水，在河床时而挥锹铲泥，时而指挥调度，一刻也没有闲着，张秘书几次要他上岸休息，都被他拒绝。

河岸上，河南尹杜子中带领随从，由东向西边走边巡视，河南副帅李光弼带领兵丁，由西向东一路巡视，两队人马在河岸上不期而遇。杜子中看到李光弼，老远就说：“李副帅，你派兵丁协助开决汴河，本官这里谢了！”

“杜大人别客气，军政、民政，都同朝政，何谢之有？”

河堤下，张秘书指着岸上说：“刘大人，你看河岸上哪些人来了！”

刘晏抬头一看，河南副帅李光弼，河南尹杜子中都站在那里，他将手中的铁锹递给身边的人，跑步走上河堤：“今天真是幸会啊！”

李光弼、杜子中看到满身是泥的刘晏从河底跑上来，吃惊地说：“刘大人，你何必亲自动手呢！这些卖力的活，有兵士、河工们干就行了。”

“没什么，闲着也是闲着，活动活动筋骨也是好的。”

李光弼打趣地对杜子中说：“杜大人，我们也来活动活动筋骨，怎么样？”

“李副帅是行伍出身，本官却是一介寒儒，怎能和你比呀，不过，刘大人做了表率，我们恐怕也得做做样子哟！”杜子中说完，真的准备脱掉鞋袜下河清淤。

刘晏连忙制止道：“二位大人不必了，工程进展很快，要不了多长时间即可完工，漕运恢复在即，本官要赶回扬州去，准备第一批漕粮的启运。”他将张秘书拉到身旁介绍道：“这是判官张秘书，汴河工程由他主持，此后还望继续予以支持，我这里就拜托了。”他向李光弼、杜子中鞠了一躬。

李光弼道："刘大人尽管放心地走，疏通汴河的工程即将完成，押运漕粮的兵丁我也安排好了，只需刘大人知会一声，护漕兵士即刻披挂上阵。"

"朝廷将漕运尽委之于本官，凡与此有关的事皆可听便宜从事，你的事情就按本官说的办，本官禀报皇上知道即可。"正说时，他看见河阴县令王大钟夹杂在杜子中所带的人群中，连忙冲着王大钟问道："上次本官叫贵县征招汴河段船工的事情，不知贵县办得如何？"

"下官已禀报杜大人，按照大人的安排，河阴县早已做好了准备，所招的船工随时可以听候调遣。"

"准备好了就好，我已安排卢征去了东垣，转头他还要到贵县，主要是安排对新招的船工进行训练的问题。具体怎样训练，到时他会告诉你的。汴口仓建造的进度如何？"

"第一期工程已近完工。"

"第一期工程完工后，后续工程就交给贵县，你有何想法？"

"杜大人说，恢复漕运，河南有钱出钱，有力出力，绝不讲价。"

"如此，我就可以放心地离去了。"

诗人岑参曾为张秘书写了一首《送张秘书充刘相公通汴河判官便赴江外觐省》的诗：

新登麒麟阁，适脱獬豸冠。
刘公领舟楫，汴水扬波澜。
万里江海通，九州天地宽。
昨夜动使星，今晨送征鞍。
老亲在吴郡，令弟双同官。

张秘书及其弟都是刘晏盛选从事，皆敏锐之士。其诗虽然是以友人的身份写给张秘书的，但却表达了对刘晏开决汴河、整顿漕运的歌颂之意。

第三十一章　漕运船队从江南起航

漕运乃国之大计，恢复漕运固然很难，恢复后如何保证长期正常运转可能会更难。漕运由民运改为官运后，漕粮转运完全由转运使负责，沿线各州县不直接参与其事，绵延数千里之漕道。每年春夏之际，沿线两岸百姓常盗开闸门，私引河水灌溉田地里的庄稼和蔬菜，导致河道水位下降，影响漕船的正常航运。刘晏决定在漕运沿线的交通枢纽之地：泗州、甬州、宋州、汴州、郑滑、陈许、郓兖、扬子、白沙、庐寿、淮西、浙西、汝南十三处设置巡院，改过去的巡院由判官出使为知院官常驻，选拔年轻有为的能吏以举其事。这就是历史上著名的十三巡院。

十三巡院并非刘晏首创，如甬州、泗州等处巡院，在第五琦主政时就已有之，刘晏在原有的基础上对巡院重新进行了整顿，对原有设置不合理的巡院予以撤除，对需要保留的则予以加强，需要设置的地方重新设置。

巡院不直接参与漕粮转输，负责漕道维护，对从江淮至东渭桥的转运补纲吏督之，监督、维护漕道并使之贯通，防止私盗灌溉。巡院虽为漕运而设，同时也为此后即将进行的盐政改革在机构上做好了准备。这是后话。

扬子县宏基造船厂，造船工匠们，有的搬木材，有的截木料，有的正在用糯米、石灰、苎麻、桐油锤打嵌塞新船缝，船坞上几艘新船边，几个工匠正一手提桶，一手拿毛刷给新船上桐油，每个人都做得那么认真、仔细，整个船厂呈现出一派繁忙的景象。

刘晏带着刘安来到新船边，站在一位工匠身边亲切地问："师傅，贵姓呀？"

工匠边刷桐油边说："免贵，姓王。"

"是在给新船上桐油吧？"

“这是第三遍，也是最后一遍，桐油干燥后，新船即可下水。”

“船的质量怎么样？”

“我造了一辈子的船，从来没有造过这么好的船，要是保养得好，使用二三十年都没有问题。”

“工钱老板都按时支付了吧？”

工匠喜形于色地说：“给了，给了，比以往赚的多得多，每天回家，堂客早就备好了洗脚水，脚还没有洗完，饭菜就端上来了，哈哈，从来没有享受过的待遇。”

“赚钱多了，堂客好好地伺候你，伺候好了，再赚更多的钱。”

王师傅听罢哈哈大笑。正在这时，技术总监、宏基造船厂厂长吴宏基大步流星地赶了过来：“刘大人，工匠说有两个人进了船厂，我估计是你来了，果然不错。”

刘晏迎上前道：“吴老板，你好，李若初呢？”

“我已叫人找他去了。”

正说着，李若初已快步赶来：“刘大人好，我在门口就碰到找我的人，于是就赶过来了。”

“我刚到扬子县，造船的进展如何？”

“专知官和工匠的积极性都很高，日夜赶工期，进度很快。”他指着船坞上的新船说，“宏基船厂造好的新船有二十艘，其他各船厂也各有十多艘，大部分都上过三遍桐油，要不了多长时间，新船就可以下水了。”

“材料供应跟得上吗？”刘晏问道。

“扬子县的木材早就用完了，从邻近州县也调来不少，我已派人到外地调运去了，不会影响造船进度。”

“船的质量都有保证吧？”

“这个问题由技术总监吴老板来回答。”李若初拉过吴宏基说。

“我造了一辈子船，从来没有造过如此坚固耐用的大船，小小碰撞根本就无关紧要，保养好，可用二三十年。”吴宏基道。

“新船几时可以下水？”

“十天半月就够了！”

“船厂新船下水有什么规矩吗？”

“新船下水是造船厂的一件大事，自然要庆祝一番了，船厂要扎彩门，放鞭炮，玩龙灯，舞狮子以示庆祝。”

刘晏手一挥：“我们仍按老规矩办，搞一个像样的新船下水仪式，十处船厂同时进行，场面可以搞得隆重些。”

“好，我也有这个意思。”

“那就这样定了，各厂的彩门、龙船、狮子、鼓乐队，各厂自己解决。吴老板认为这样行不行？”刘晏问道。

“这些不是问题，但转运院是业主，也应有所表示。”

“怎样表示？”刘晏见吴宏基欲言又止，笑着说，“怎么，不好意思开口？”

“新船下水，业主请客，历来的习惯。”

“好，就按习惯办，这个客请了，还有没有其他的事情？”

“就这些，其他的事情就不要刘大人操心了。”

“好，那就分头筹备吧！”

卢征、韩洄从河阴返回扬州，得知刘晏到了扬子县，他们又赶到扬子县。韩洄向刘晏汇报，汴口仓第一期工程完工后，后续工程已移交给河阴县。

卢征向刘晏汇报，东垣、陕县、河阴县招聘的船工，包括李副帅的兵士，都在进行训练，近日内将赶往扬州听候调遣。

刘晏听后问卢征：“张秘书那里有消息没有？”

“回扬州之前，我去了一趟汴河工地，汴河已全线贯疏，他不日将带李副帅的兵丁赶回扬州。”

“你们两人仍回扬州，待船工、兵士到后，快马通知我，好安排新船下水那一天都赶到扬子县驾船起航。”

扬子县虽为著名的造船基地，但一次百艘新船下水的情况却未曾遇见，为了筹办这次新船下水仪式，船厂的专知官绞尽脑汁，使尽浑身解数，将各自的船厂装扮得像过年一样，近日的扬子县，处处都洋溢着一派喜气洋洋的景象。

宏基造船厂是新船下水仪式的主场，由刘晏亲自主持，但各厂都希望转运院的官员主持本厂的新船下水仪式。于是，刘晏将随行人员作了分工，李若初、卢征、张秘书、韩洄四人各负责两个厂新船下水的剪彩仪式，刘安也负责一个船厂的剪彩仪式。刘安跟随刘晏多年，见过了不少的世面，也学到了不少的东西，在某种程度上，他已不仅仅是刘晏的生活助手，在工作上也成为刘晏不可或缺的随员。为了使剪彩仪式更紧凑，由一人负责的两个船厂都安排为紧挨在一起的船厂，并在第一个厂备好快马，剪完彩后，即刻骑上快马赶往下一个船厂主持剪彩仪式。

十处造船厂都设在河岸，远远望去，彩门排成一长串，显得格外壮观。

宏基造船厂的船坞上排着二十艘新船，往日架设在船边的脚手架都已拆除，整条大船被最后的一根缆绳拉着。每艘新船从船头到河里都开挖有一条沟渠，沟渠从高向低一直延伸到河里，沟的坡度同木船底的坡度基本相吻合，沟两边都经过人工处理，非常光滑，这就是引新船下水的通道。十处造船厂约定以宏基船厂的冲天花炮为信号，冲天炮一响，斩断缆绳，送新船下水。

清晨，一轮红日从东边的地平线上冉冉升起，红色的阳光冲破黎明前的黑暗，给大地带来了光明。辰时刚至，只见宏基造船厂的上空，满天星的礼花大炮冲天而起，刘晏手持一把崭新的板斧站在第一艘大船的旁边。在礼花的爆炸声中，刘晏举起手中的板斧，奋力向拉船的缆绳砍去，“嘭”的一声，缆绳应声而断。系在树桩上被砍断了的缆绳反弹回去，在地下击起一片灰雾。其他新船的缆绳也都被人一一砍断，失去缆绳牵扯的新船先是一震，然后沿着船头的沟渠慢慢下滑，由慢而快，一直滑向河中。新船下水后，锣鼓随之敲响，龙灯在手持龙球的指挥者的引导下应着鼓点上下翻腾，狮子踏着绣球，整个扬子县沉浸在一派节日的喜庆之中。

从远处看去，排在第三号、五号、七号、九号位置上的船厂鞭炮还在爆响声中，鞭炮烟雾中各冲出一骑快马，风驰电掣般地奔向四号、六号、八号、十号位置上的船厂，在锣鼓喧天和人们的热闹喜庆之中，新船通过船坞前的沟渠缓缓地滑向河中。

看着顺利下水的新船，刘晏满意地笑了。

第三十二章　重续关中生命线

扬州运河码头上，停靠着一长串整装待发的漕船，这些船都是刚刚在扬子县打造下水的新船，船面如镜、闪闪发亮，同刚下水不同的是，这些船都已装备好了桅杆和帆篷，装满了用麻袋灌装好了的粮食。每艘船上配备的三十五名船工都已各就各位，其中五名撑船的篙工手握长竿站在船头四处张望，三十名挽舟的纤夫手握纤索并排地站在河岸，船队前头的河面上横牵着一条彩带，一看就知道，又一个剪彩仪式即将开始。

河岸边临时搭起一个戏台，李若初来到台上大声地说："各位兵丁、船工们，今天是漕运起航的日子，为了这个日子的到来，大家都做了不少的工作，现在请刘大人给大家讲话。"

刘晏健步上台，清了清嗓子大声说："今天是第一批漕粮启运的日子，京师长安的百姓还在盼星星、盼月亮地盼着这些救命粮，漕道是朝廷的生命线，我们一定要保证这条生命线畅通无阻。"

李若初接着大声说："请刘大人为第一批漕船起航剪彩！放鞭炮！"

河岸各处的鞭炮一同点燃，五彩缤纷的花炮冲天而起，照亮了整个扬州港，龙船队舞了起来，狮子队跳了起来，高跷踩了起来，整个扬州港像过年一样，热闹异常。刘晏在李若初、卢征、韩洄、张秘书等人的陪同下上了第一艘漕船，从早就摆放好的托盘中拿起剪刀，剪断了横在船头的彩带。

彩带刚剪断，船工的号子就响了起来："开船啰！"整个船队在号子声中缓缓地起动了。

漕船刚到清口镇，准备接运的汴河段船队早已等候在那里，漕粮无须下船进仓就直接装船过载，由于粮食都是袋装，转载便利、快捷。

刘晏看到船工们有条不紊地转载漕粮，脸上露出了满意的笑容。除张秘书留守扬州漕道衙门外，其他人都同刘晏在一起，李若初说道："囊米而载，不但装卸快捷，而且还很少浪费，真是一个好办法啊！"

正在这时，一名船工在搬运粮袋时不小心弄破了麻袋，粮食从破了的口子里涌出来散了一地，刘晏连忙上前边将散落在地的粮食用手捧起来边说："一粒粮食一滴汗，不可浪费一粒粮啊！"

卢征去找来空袋子，帮助刘晏将散落在地的粮食扫起来，装进袋子，一名老船工走过来说："刘大人，这些小事何劳你动手？"

刘晏抬头一看："哟！是你呀？你还好吗？"

老船工不是别人，正是刘晏考察漕道时在汴河岸遇到的老渔夫："刘大人真是好记性，还记得小人。"

"吃得消吧？"

"没问题，我们吃的是力气饭，只要有事做，越累越高兴，刘大人你忙，我干活去了。"

刘晏冲着离去的老人说："老人家，做事注意安全啊！"

"知道了，谢大人的关心。"话音未落，老人已消失在人群中。

三门峡是漕运最为关键的地方，当漕船接近三门峡时，刘晏命令停船靠岸，他将李若初、卢征、韩洄、刘安叫到身边说道："大家分头行动，通知漕船扎帮，以十船为一纲，捆绑要结实，要保证漕船的绝对安全。十船有漕卒三百五十人，以三百人挽舟，五十人撑船，以纲为单位，扎帮通过三门峡。挽舟的纤索、撑船的撑竿全部检查一遍，破裂不堪用者，一律弃之不用，要将一切安全隐患消除在进入三门峡之前。"大家分头行动去了。

刘晏沿岸上巡视，随处可见废弃的纤索、撑竿，非常可惜，弯腰将它们捡到一起堆起来，只见一人上前一边帮助刘晏捡拾一边说："刘大人，这些废弃的东西一点用也没有，捡起来做什么？"

"弃物虽然不能撑船挽舟，但可以用代薪煮饭，交给伙房，能节约不少的柴火钱。"刘晏抬头一看，惊喜地说，"哎哟，原来是荆紫山的鲁仲胜。"

"刘大人真的好记性，我就是荆紫山的鲁仲胜。"

"你来当了船工，其他的人呢？都来了吗？"

"刘大人离开荆紫山的第二天，我便解散了山寨的人众，拿着大人的手书到东垣县，孔县令二话没说，全部录用了我们这批人。多谢刘大人给了我们改邪归正，重新做人的机会。”鲁仲胜转头向正在忙碌着的船工们喊道：“兄弟们，快向刘大人问好啊！”

“刘大人好！”船工们放下手中的活，站起来大声地喊。

刘晏举起双手大声说道：“大家好，大家辛苦了！”

鲁仲胜大声喊道：“兄弟们，刘大人为了减少浪费，亲自将我们丢弃的纤索、竹竿捡起来，拿到伙房去用以代薪。大家都来帮一把，将这些废弃纤索、竹竿捡到一起送到伙房去，以后换下来的再也不要乱丢了，好不好？”

“好啊！”船工们有的继续扎帮，有的将废弃的纤索、竹竿捡到一起放好，由伙房的人员搬到厨房去用作煮饭之薪。

漕船扎好帮，进行最后一次检查后，刘晏大声下令：“起锚开航！”

“起锚开航啰！”船工随声附和，洪亮的声音久久在空中回荡。

扎好帮的漕船缓缓起动，每纲都有一人手执令旗指挥，在他的统一号令下，船工们有节奏地喊着号子，弓着背，弯着腰，肩背手挽着纤索，迈着沉重而有节奏的步伐，艰难地拉着沉重的漕船逆水而上；撑船的船工站在每纲船的船头，用长长的竹竿点撑着岸边的实地，以肩胛窝顶着撑竿顶端，船行竿不动，人随船行走，从船头走到船尾，到达船尾后，拔起撑竿，又来到船头重复着先前的动作。五十名撑船的船工除一人执令旗喊号子外，其余四十九名如此循环往复，艰难地推着漕船向前行进。

刘晏站在第一纲漕船上，手执令旗，亲自指挥漕船进入三门峡：“漕船已进入了三门峡，加油哟！过了三门峡，我请大家喝酒！”

“好呀！加油！”

纤夫们附和着刘晏的号子，肩背纤索，整个人弯成了一张弓，四肢着地在栈道上艰难地爬行着，口中发出沉重的吼声。

经过艰苦的努力，漕船安全通过三门险峡，完成了漕运史上的一个伟大创举。

漕船顺利通过三门峡后，刘晏下令所有的漕船抛锚靠岸停泊，他大声喊道：“今天晚上，伙房特地加了几道菜慰劳大家！”

船工们高兴地喊道：“好啊！好啊！”

黄河岸边，生起了堆堆篝火，船工们围在篝火旁，大碗喝酒，大块吃肉，又唱又跳，又打又闹，个个都高兴得手舞足蹈。刘晏也夹杂在船工中间，一样地大碗喝酒，大块吃肉，露出了孩子般的笑容。

是日早朝，元载出班奏道："启禀皇上，臣接报，检校户部尚书、河南、江淮转运、盐铁使刘晏赴东南整顿漕运已大功告成，漕道已全线贯通，从江南运往京师的第一批漕船已经进入渭水，不日即可抵达漕运的终点东渭桥。"

李豫大喜过望："刘晏果然不负朕望，漕船一至，朕无忧矣。元载听旨！"

"臣在！"元载答道。

"刘晏恢复了漕运，这可是奇功一件，朕命你率文武百官到东渭桥，迎接刘晏及运抵京师的第一批漕粮。"

"臣遵旨！"

"传朕口谕，着宫廷乐队随同文武百官到东渭桥迎接！"

"遵旨！"内侍官道。

东渭桥码头，自元载起，依次站满了文武百官、军民人等，宫廷乐队也等候在旁，大家都在翘首以盼，等候着漕船的到来。

渭河中，刘晏和李若初、卢征、韩洄、刘安等站在第一艘漕船的船头之上，漕船在纤夫们的拉引下缓缓地向东渭桥逼近。

"大家快看，漕船过来了！"不知谁喊了一声，桥头的文武百官、军民人等看到渐渐走近的漕船，高兴得欢欣雀跃。锣鼓声、鞭炮声一齐响了起来。

刘晏万万也没有想到有这么多人在东渭桥迎候，船还没有停稳，他便跳下船，高兴地向迎接他的人群走去，刚准备向元载问候致意之时，忽见一骑白马飞奔而来，马上之人尚未下马就高声喊道："刘晏接旨！"

刘晏尚未站稳，听到叫他接旨的声音，略一愣神，便撩袍跪下："臣在！"

飞驰而来的宣旨官跳下马，展开手中的黄绫圣旨，展开一看，不由得一愣，接着大声道："卿，朕之酂侯也！"

所有在场的人都没有预料到会是这么一道圣旨，一时全场鸦雀无声，刘晏只略一愣神："臣接旨！"

稍许，全场突然爆发出一片欢呼声。

酂侯乃汉高祖刘邦之谋臣萧何，在楚汉之争中，萧何负责军队的后勤供应，协助刘邦击败了西楚霸王项羽而建立大汉王朝。李豫以萧何来比喻刘晏，从应急的角度来讲，刘晏则当之无愧。就拿国家政权已经安定了的西汉前期相比，同是建都长安，同有三门砥柱之险，汉时漕运山东之粟至中都年不过十万石，而刘晏漕运的年运量达到了四十万石，唐时一石折合汉时三石，米六斗合粟一石，则唐时米四十万石折合汉粟二百万石，两相比较，刘晏漕运粮食的数量已远远超过西汉萧何漕运粮食的数量。

大批漕粮陆续运抵京师，从根本上扭转了京师地区粮食匮乏的局面，京城市场上的粮食价格也逐步趋向稳定。河洛地区的经济随着漕运的恢复也出现了复苏的迹象，所有这些，展示了转运使在中央财政管理组织中所承担的沟通西北与东南财赋中心之间联系的作用。

漕运的恢复也带来了一个新的问题，这就是巨额的漕庸，即漕粮的运输费用问题，因整顿后的漕运，已由民运改为官运，官运与民运最为显著的区别，就是漕运的劳力由徭役制改为雇佣制，漕卒的佣金必须由官府来支付。虽然说刘晏在整顿漕运的过程中精心策划、精打细算，极大程度地降低了漕粮的运输费用，如润州陆运至扬州，斗米费钱十九，晏命囊米而载以舟，减钱十五；由扬州至河阴，原来斗米费钱百二十，晏为歇艎支江船二千艘，每船受米千石，自扬州遣将送至河阴，斗米减钱九十；调巴、蜀、襄、汉之苎麻，制成坚韧之纤索用以挽舟、竹竿用以撑船，以朽索腐材代薪，做到物无弃者；转运漕粮无升斗溺者；如此等等，确实也节约了不少的费用。但是，漕粮的运输费用仍然是一个巨额的数字。如从江淮至东渭桥，十万石漕粮的运输费用为钱七万贯，斗米需钱七十文。漕运恢复正常后，每年从江淮向京师运送漕粮四十万石，运输费用为二十八万贯，还有留给东都洛阳的十万石漕粮，其运费以半计之，也需三万五千贯，两项合计，运输费高达三十一万五千贯钱。这里还没有计算扬子县打造漕船的费用。

刘晏出任河南、江淮转运使的同时还兼任盐铁使，当时，江南盐利年收入是六十万贯，乾元年间，第五琦任京兆尹、度支郎中，苦于京师豪将索取无度而难于应付，奏请肃宗肃宗同意，将盐利由左藏库转入内库，左藏库是国库，由户部掌管，内库是皇室私库，由皇宫太监掌管，由于朝廷将漕事尽委于刘晏，且能听便宜从事，刘晏决定以盐利充漕粮运输费用。

以盐利充漕庸，这在唐代后期的财政史上具有重大意义。从此后，盐铁使和转运使职掌合一，引起了财政机构的重大调整组合，不仅如此，将盐利为漕庸，也是中央财政与内库争利的结果。刘晏以盐利为漕庸，减少了盐利入内库的数额，变进奉为国用，使盐利支出逐渐制度化。这也是刘晏以盐利为漕庸的深刻用心。漕运是唐代后期的经济命脉，漕庸是维系这条命脉之根本，刘晏以漕庸分割进入内库的盐利，为唐朝后期的财政确立了一代制度。

第三十三章　东南财政领军人

代宗皇帝李豫虽然是一个优柔寡断、没有主见的皇帝，但他对刘晏的任用却还是正确的。如果说，李豫在广德二年（764年）将刘晏由太子宾客迁升为代理户部尚书、河南、江淮转运、盐铁使时是因为整顿漕运迫在眉睫，朝中确实没有合适的人选可用；那么现在，他认为刘晏确实是个人才，具有管理经济工作的天赋，是管理财政经济工作不可或缺的人选。为了进一步了解刘晏理财的思路，他在勤政楼单独召见了刘晏，欲同其探讨一下国家的财政问题。

李豫召见刘晏，只留一名贴身太监在旁侍候，李豫坐在龙椅上，刘晏坐在一条小凳子上。李豫对刘晏说道："停滞多年的漕运得以恢复，从根本上扭转了京师严重缺粮的局面，且还带动了洛阳一带经济的发展，你为振兴大唐经济立下了汗马功劳啊！"

刘晏小心地说道："微臣只是做了为人臣子应该做的事情，没有陛下对微臣的信任和支持，恢复漕运的工作是不会这么顺利的。"

"京师严重缺粮的矛盾虽然缓解了，但朝廷财用匮乏的矛盾却仍然存在，你对这个问题有何见解？"李豫问道。

"臣以为，大唐帝国历经数年之战祸，国库积蓄耗用已竭，开辟财源以摆脱目前之困境乃是当务之急。"

"国家财政之入，皆出之于民。朝廷百官之俸禄久未给付，人心不稳，元载、第五琦奏请开征青苗税钱，凡苗一亩，税钱十五，以给百官俸。朕已批准实施，你以为此举如何？"

"国家赋税征收已有成例，因一时之急而开征新税目，似有不妥。全国赋税收支由判度支执掌，臣本不该多言，但陛下垂询，微臣却又不敢虚言。臣以为，新税目其名虽为青苗钱，实则是额外加征，于国家财政虽可解燃眉之急，但却加重了百姓之负担。似此等事例，只可有其一，不可有其二。”

“卿之所言不无道理，然军费不可以冻结，百官之俸不可以不给，国家之政权机构不可以不运转，所有这些，没有钱是不行的。但国库空虚，财用入不敷出，巧妇难为无米之炊啊！”

“臣以为，聚敛虽然很重要，但不能置百姓之死活而不顾，国家理财，当以养民、爱民为先，想方设法开辟财政资源不是不可以，但不能竭泽而渔。养民爱民者，就是要与民休养生息，给老百姓创造一个安定和谐的生产和生活环境，让老百姓男子有田可耕，女子有布可织，如此，才能使国家的税源不断。若只顾眼前的利益而苛求于民，无异于杀鸡取卵，必将会贻后患于无穷。”

“理财、聚敛与养民、爱民本来就难以调和，国家聚敛财富，当然要取之于民，且还是多多益善，而于民者，向朝廷缴纳赋税乃君主所定，谁也不敢抗拒不缴，但谁也不想多给。朝廷与百姓是统治与被统治的关系、是征赋与纳赋的关系，两者之间的均衡恐怕是理论上的存在，在实际中是很难做到的。”

“这就要看当政理财者如何理财了。”

“对于国家理财，你有何见解？”

“臣以为，国家财政收入源之于赋税，而赋税之入则取之于民。户口滋多，则赋税自广，百姓人口的增加，就是税源的增多；臣前面讲的王者爱人，当使农家男子有田可耕，女子有布可织，讲的是发展农业生产，农业生产发展了，税源也就有了保障。”

“增加百姓人口，发展农业生产，大力保护和培植税源，把国家的财政收入建立在发展经济的基础上，确实是一个很正确的财政思路。但在赋税的征收上，你又有何见解？”

“臣以为，扩大税源，增加财政之入，是国家理财的最终目的，达到这个目的有两条途径：一种办法是用高压手段，强制性地增加赋税项目，提高征收标准以增加财政收入，另一种办法是以商业经营的办法获取收入。”

“你认为采用哪一种办法更好？”

“臣以为，受安史之乱战祸的影响，诸州县人口大量的流失，成片的土地荒芜，朝廷的田制遭到严重的破坏，建立在均田制基础上的赋税制度即租庸调制已经很难适应新形势的要求，但臣不敢轻言对其进行改革。原因地于：国家的经济正处于崩溃的边缘，老百姓还处于极度困穷之中，如果对赋税制度进行大规模的改革，过度地强索于民，老百姓便会认为是刚离狼口又进虎窝，有可能给国家带来动乱。国家的经济已难再承受任何动荡，老百姓也经不住任何折腾，都需要有一个安定的环境。因此臣认为不宜采用改革赋税制度或提高征收标准的办法来增加国家的财政收入。要采取一种新的手段来管理国家财政。”

“什么新的手段？”

“在国家财政管理中注入商业经营的方式，以此来获取国家财政收入。”

“如何进行商业经营？又如何从中获得财政收入？”

“因民之所急而税之，则国用足。”

“何为因民之所急而税之？”

“民之所急者，莫过于日常生活之必需、但又不容易找到代用品的东西，比如食盐，乃人人生活之所必需。具体到某一个人的身上，消费量虽然很有限，但将全国人口的消费量集中起来，却是一个巨大的数额。对于这类商品加些价，不会导致需求量的急遽减少，课之以税，就可以获得充足稳定的财政收入。春秋时期齐国的管仲是官山海之鼻祖，他在齐国对人民生活之必需品盐铁实行专卖，获利甚巨，助齐桓公成就一代霸主之地位。汉代的桑弘羊实行“官山海”政策，对盐铁实行专卖，积聚了巨额的财富，为汉武帝抗击匈奴积聚了雄厚的物质基础。这些历史上成功的经验我们都是可以借鉴的。”

“如此说来，对食盐等商品实行高价政策，岂不是财源滚滚？”

“因民之所急而税之，并不是乘民之所急而任意地加价加税，而是通过人们对这些必需品的消费，不论贫富老幼，人人都要承担这样一笔隐蔽税，富者、贫者、强者、弱者均不能幸免。即予之于有形，取之于无形，行所以取，人不怨，知所以予，人不乏。否则就变成了乘人之危、趁火打劫了。”

“这样理财，确实要比单纯的、强制性的增税形式而增加百姓的负担要高明、隐蔽、巧妙得多。”

“这只是臣一孔之见。”

“你的见解，确实是一种值得一试的理财思路，你回去再好好地研究一下，拿出一套实行的方案来。跪安吧！明日早朝，朕会有旨意给你的。”

永泰二年（766年）正月二十日，一大早，刘晏便从长安城的家中出门，由于其室无媵婢，家务事都是由夫人李氏亲自操持，因此，早起上朝，他经常是悄悄地起床而不惊动夫人，是日，他骑着高头大马、空腹上早朝，行至途中，看到路旁一个卖烧饼的早点摊上热气腾腾，热气中飘来一股浓浓的香味，沁人肺腑，惹得人垂涎欲滴，他对牵马的刘安说："刘安，去买几个烧饼来，这香气诱得我简直馋得走不动路，五脏六腑都动了起来。"

刘安忙收住马缰，到卖烧饼摊子上买了几个烧饼，递几个给刘晏，他自己也留下几个，刘晏将热气腾腾的烧饼以袍袖包于帽底边走边吃。恰在此时，从另一条道上走过一名同样是骑着马赶早朝的官员，只见他边走边打着饱嗝，看到刘晏边走边吃着烧饼，说道："刘大人，饮食何必如此俭狭，早餐就如此对付了？"

刘晏口里含着烧饼说："美不可言，美不可言，来一个试试？"说完，他真的向那位官员递上一个热气腾腾的烧饼。

该官员打着饱嗝说："足矣！足矣！刘大人请自己慢用。"

朝堂上，代宗皇帝李豫威严地坐在龙椅上面对着文武百官，旁边站着一名侍奉太监，只听侍奉太监唱道："刘晏接旨！"

刘晏出班跪下："臣在！"

侍奉太监手捧黄绫圣旨："刘晏，整顿漕运有功，实授户部尚书之职。诸使如旧。钦此！"

读毕，上前将圣旨递给刘晏。

刘晏举起双手接过圣旨："臣接旨！"然后退回班中。

李豫站起来面对金銮殿的文武大臣说道："各位卿家，漕运之恢复，从根本上扭转了京师严重缺粮的局面，同时还带动了河南洛阳地区的经济发展，刘晏功不可没，真乃朕之酂侯也。"他向下面的文武百官扫了一眼，继续说道："目前，朝廷的财政状况仍然很糟，朕虽数召臣工们议论此事，仍苦无对策，昨天，朕在勤政楼召见了刘晏，讨论了国家的财政管理问题，朕很受启发，经过慎重的考虑，朕决定对中央财政管理机构进行调整，将天下财赋分东区和西区两个区，分别任命理财大臣主持两个地区的财政经济管理工作。"说完，他望了望下面的文武百官，向侍奉太监点了点头。

侍奉太监唱道："刘晏、第五琦接旨！"

刘晏、第五琦同时出班："臣在！"

侍奉太监再次展开手中的黄绫圣旨："奉天承运，皇帝诏曰：命户部尚书刘晏兼理都畿、河南、江南、荆南、山南东道转运、常平、铸钱、盐铁等使；命户部侍郎第五琦为京畿、关内、河东、剑南、山南西道转运使。两人共同分理天下财赋。钦此！”

刘晏、第五琦齐声道：“臣遵旨！”

刘晏为户部尚书，只是职位的迁升，因为当时的户部在很大程度上只是一个虚衔而已，国家财政的管理权实际上都落在了朝廷专设的特使和户部判度支之身。因此，刘晏的主要工作是盐铁、转运、常平等使的实际工作，这些使职属于中央特派，直接听命于皇帝，权力是很大的。

第五琦为户部侍郎，从事的也是判度支的工作。因此，此次财政以判度支和转运使为首的分区管理的二重格局，奠定了唐代后期财政管理机构的基础，此后的军国之用，皆判度支，转运、盐铁两使供给。

在财政分区管理之前，第五琦为判度支，掌管国家赋税的收支，拥有天下租税收支管理的领导权。刘晏为转运使，在东部地区只保持赋税征收的监督权，而其主要职责是负责东部租赋的漕运和经营东部的盐利，故在此期间，刘晏一直致力于整顿漕运和经营盐利，而未染指租赋方面的问题。

刘晏升任户部尚书、分管东部地区财政经济工作后，其管理的范围扩大了，业务内容也增加了。由于是主持东区的财政经济工作，因此，他就有权力、有时间来全盘考虑整个东区的财政经济工作，放开手脚实施他的改革计划。上任伊始，刘晏对东区的财政形式进行了详细的分析研究。他认为，唐朝中央政府经过安史之乱的影响，整个中央财政已临近崩溃的边缘，若不想办法开辟赋税资源，中央财用支出将难以为继，若重走对人民施以苛捐重税的老路来增加财政收入，这无异于杀鸡取卵，因为老百姓的日子也不好过，因此，他决定实行酝酿已久的因民之所急而税之的租税方法，以在“见予之形，不见夺之理”之中来扩充税源，增加财政收入。从当时的情况看，民之所急者莫过于食盐，而唐代此前的食盐专卖政策却是弊端重重，因此，他准备着手对盐政进行改革。

唐代的产盐区很广，从蓟北到岭南，沿海地区出产海盐，其中以江淮为大宗；河东、西北一带出产池盐，共有盐池十八个，其中以解县和安邑池盐最为著名，在历史上并称为两池盐，西北池盐较小；西南地区产井盐，大小盐井共有六百四十个。

其时，许（河南许昌）、郑（郑州）、邓（邓县）、汝（临汝）各州以西皆食河东之盐；汴（开封）、滑（滑县）、唐（唐河）、蔡（汝南）各州以东则食海盐，除了河东及西北的池盐、山南西道的井盐由户部度支管辖，河北、山东海盐为地方藩镇割占之外，东南海盐和山南东道的井盐都归刘晏管辖，而唐代的盐利主要靠东南海盐。

唐初不榷盐，官府对食盐实行开放政策，允许私人自由生产、自由销售，对食盐没有特别的管制，食盐不交特别专税，同其他商品一样，只交纳市税，商人从中赚了大钱。安史之乱期间，颜真卿据守河北抗击判军，军费困竭，为了筹集军饷，他在河北首创了榷盐法，对食盐实行专卖，收到了较好的效果，解决了军费不足的问题。尽管其实行的时间并不长，却为唐代的食盐专卖开创了先河。

乾元初，第五琦仿行颜真卿之举而初变盐法，就山海井灶近利之地置盐院，以游民业者为亭户，免杂徭。这次变法是将食盐由征税制改为专卖制，盐直接由隶属于盐铁使的亭户生产，亭户不系于民籍，得以享有免除徭役的待遇。亭户所生产之盐，全部由官府低价收购，然后再由官府加价出售，严禁盗煮私市，有犯禁者，将依据其情节之轻重予以处罚。在中国古代的食盐专卖中，这属于民制、官收、官运、官销的直接专卖制。同春秋时期齐国之管仲、战国时期秦国之商鞅和西汉之桑弘羊的食盐专卖制属于同一类型。但是，在销售环节上，第五琦由官置吏经营或派人带盐至乡村交易，完全排除了零售商人的经营行为，这比管仲、商鞅、桑弘羊的专卖做得更彻底。第五琦创行的食盐专卖，是一种战时经济政策，创行之初，也确实为国家财政筹措到了大量的资金，但在此后的实行过程中暴露出很多弊端。本来，直接专卖制这项政策本身就有缺陷，又加上他广泛置官，使食盐在专卖过程中的费用支出剧增，在很大程度上冲减了财政收入。第五琦罢官后，元载管财政，充盐铁使，又选豪吏督办盐政，催收盐利，盐吏骚民，使得直接专卖制的矛盾更为突出。

上元元年（760 年），刘晏初为京兆尹，虽也兼任盐铁使，但主要精力放在了京兆尹上，而且时间不长就被贬通州。宝应元年（762 年），刘晏升任副宰相，仍兼任转运、盐铁等使，正要考虑整顿盐政，又因程元振之祸而罢相赋闲在家。广德二年（764 年）以代理户部尚书的身份充任转运、盐铁使，但当时国家财政最迫切的问题是京师严重缺粮，代宗皇帝取用刘晏的直接原因就是恢复漕运。因此，刘晏重新出山后，把主要精力放在了整顿漕运上，仍然无暇顾及盐政。现在，整顿漕运的工作已经结束，且还正式升任户部尚书，主管整个东南地区的财赋，至此，他就有时间、有精力、有权力对国家的盐政进行改革。

为了保证盐政改革取得成效，刘晏准备深入东南地进行调查研究，摸清旧盐政弊端之所在，找出改革的正确思路，制定正确的改革方案以达到预期目的。

第三十四章 有钱就是任性

永泰二年（766年，是年十一月改为大历元年）夏，天旱无雨，酷热难当，整个铜陵地区连续月余，别说下雨，天上连块云朵也不曾见。太阳就像一个大火球，烤得大地发烫，人就像被关在蒸笼里，热得透不过气来。一到晌午，大家都不敢出门，大树下，门洞里，到处都躺着纳凉的人。说是乘凉，其实每个人都是出了一身臭汗。如此的天气，很难找一个能纳凉的好地方。铜陵城南门外靠近官道，有一片柳林，柳林背靠一座小山，山脚下一条小溪潺潺流过，小溪里水虽不多，却透着一股凉气，妙还妙在这样好的一个地方旁边，竟还有一片瓜园，瓜园里满园泛绿、绿中泛亮的大西瓜惹得行人垂涎欲滴，过往的行旅客商至此，皆不由自主地停下脚步到树下歇一歇。每当此时，瓜园的主人都会适时地为你奉上一个用凉水浸泡过的大西瓜，因此，谁都乐意往这里凑。是日，瓜园四周的柳树下坐了好多的人，他们都在这里纳凉吃西瓜。

在纳凉吃瓜的人群中，有三个外地过境商旅并排坐在一棵大树下，没有参加众人的闲聊，只顾自个儿吃瓜纳凉，其中一位年长者大概吃得差不多了，正在那里扇着凉扇左顾右盼，东张西望，过了一会儿，他对坐在离他们不远的一个年轻人说："喂，小伙子，你怎么不吃西瓜，来来来，我这里还有。"

年轻人连忙说："不敢当，我在这里纳凉，等个朋友，谢谢你！"

"客气什么，拿去吃吧！"一边说，一边递过一大片西瓜。

年轻人接过西瓜，边吃边问道："听口音，你不是本地人吧？"

"哦，算你说对了，我姓刘，老家是山东的，少小离家，在长安生活了多年，出来做点小生意，碰上这大热的天气，也只好借此地纳纳凉了。"

"哦，原来是刘老板，失敬了，我姓李，名青，刘老板走南闯北，做什么生意，做得很大吧？"

“小本经营而已，勉强过得去，听说铜陵的盐商个个都肥得冒油，是真的吧？”

“小本经营的盐商也只是赚几个辛苦钱，聊以养家糊口而已，真正富有的是那些神通广大的大盐商。他们有钱，钱能通神，买通了官府，大量地贩运私盐，那才叫肥得冒油呢！铜陵原任县令宋太爷每天都和大盐商朱老八泡在一起，不明白底细的人还真的分不清楚哪一个是官，哪一个是商。听说宋太爷京师的靠山吃了官司，他也跟着受了牵连而被革职。新任的县令李衡李太爷一到任，就在醉仙楼宴请了朱老八。连堂堂的江淮盐铁使刘大人还在扬州宴请过朱老八呢！”

刘老板听到这些不着边际的话，不由得心里暗暗发笑。其实，这个刘老板确实姓刘，但却不是做生意的刘老板，而是新任户部尚书、江淮转运、盐铁使、分管东南地区租赋的朝廷大员刘晏，跟他在一起的是李若初、刘安。自从确定要对盐政进行改革以后，刘晏便带领李若初、刘安，深入东南地区对盐政进行实地考察。出京师后，过河南、入安徽，今天来到了铜陵。他自己请没有请朱老八在醉仙楼喝酒他自己心里清楚，可是，听说这个新任的县令李衡是位新科进士，后起之秀，他为什么要去巴结盐商呢？

就在这时，忽听到一阵吵吵嚷嚷的声音。刘晏抬头一看，只见一乘二人抬的小轿飞快地来到瓜园，小轿停稳后，从轿中走出一个满脸横肉、眼光阴毒、年过四十的汉子。刚才还在吃瓜纳凉、有说有笑的人们，一下子都不出声了。在吃瓜的人群中，有一人说道：“朱大爷，你好！”

来者不是别人，正是大名鼎鼎的盐商朱老八，那朱老八并不理睬打招呼的人，向大树底下扫了一眼，突然指着李青大叫一声：“就是他，把这个私盐贩子拿下！”

随朱老八同来的打手们听到叫声，饿狼般地扑向李青，将李青死死地按在地上，拿出绳子将他捆得结结实实。朱老八提起李青身边的一袋盐说：“这就是他贩私盐的证据，走，押到县衙去！”

朱老八重新钻进了小轿里，随他同来的打手们耀武扬威地推着李青向县衙走去。刘晏向李若初点点头，也跟了上去，李若初、刘安马上收拾好东西跟上。

朱老八带着从人，押着李青来到县衙时，县衙二门内的大树上已经绑着两个人，被绑的人见到李青急着说：“你怎么没有跑啊？”

李青说道：“我在城南柳林里等王三，不想朱老八追到那里，就被抓住了。”

就在这时，堂鼓“咚、咚、咚”响了三声，县太爷升堂了，八个衙役手持大棍分站在大堂两边，新任铜陵县令李衡威严地走上县衙大堂。落座后，刑名师爷递过一张诉状，李衡接过诉状看了一下道："传原告朱老八。"

刑名师爷连忙退下，来到朱老八身边说："八爷，县太爷请你，这位李老爷不似前任，你可要多加小心啊！"

朱老八满脸不在乎地瞥了师爷一眼，一撩袍子，大摇大摆地迈着八字步走上堂来："老太爷在上，晚生拜见了！"一边说，一边略一拱手，拉过旁边的一把椅子，大大咧咧地坐下，跷起了二郎腿。

李衡问道："我真的很老吗？"

朱老八连忙说："不、不，县太爷年轻有为！"

"看年龄你应当在四十开外，这晚生二字恐怕也用错了地方吧！"

一句话把朱老八问得个面红耳赤，愣在那里不知说什么好。李衡又发话了："用错了称呼尚可原谅，但你只不过是一个盐商，见了本县只是一揖，本官尚未叫看座，你竟敢目中无人，不仅贸然就座，而且还大大咧咧地跷起了二郎腿，难道连见官的规矩也不懂吗？"

这一问，不但使朱老八无言以对，就连堂下的师爷、衙役们也都傻了眼。往常，不光是他们同盐商朱老八相互勾结，狼狈为奸，历任的县太爷也没有一个不巴结朱老八的。没想到这位新上任的年轻县太爷一上来就给了朱老八一个下马威。朱老八慌慌张张地站起来愣在那里，眼睛都直了。

"怎么不回话？"

看着新任县太爷威严的目光，朱老八有点发慌了，语无伦次地说："老爷，历来的规矩都是这样的啊！"

李衡一拍惊堂木："那是过去，本官是堂堂七品县令，你算什么东西，竟敢在大堂上同本官分庭抗礼！进大堂如同在家里一样随便，简直是目无王法，来人！"

堂下的衙役们见县太爷发了火，早已吓得不知所措，此刻听到一声招呼，连忙答道："在！"

"把这个藐视官府、不懂规矩的家伙拖下去重责二十杖！"

"是！"

几个衙役涌到朱老八面前，朱老八在铜陵作威作福多年，还从来没有人能对他这样，就堂上的这些衙役，平时也不知得了他多少好处，他看到衙役涌到面前欲施刑，不由脸上横肉一颤，豹眼一瞪，把几个衙役一下子就镇住了。

这一下子李衡就更火了，"啪"的一声扔下一个火签："怎么还不动手，拖下去重责四十！"

好呀，刚才还是杖责二十，转眼间就变成了四十，衙役们不敢怠慢了，朱老八也不敢耍横了，再耽误一会儿，恐怕要变成八十了呢！衙役们一拥而上，将朱老八拖到堂下。这一顿打呀，直打得朱老八喊爹叫娘："哎呀！别打了，饶了我吧，好县太爷、好父母官，小的再也不敢了。"

刘晏看到这里，扑哧一声笑了："好，打得好，朱老八还算聪明，服输了，迟啦！行，不糊涂，李衡。"

李衡坐在堂上，向说话的刘晏看了一眼。

衙役们打完板子，将朱老八拖上堂来，李衡指着院子里被绑着的几个人问："朱老八，你怎么知道他们几个人是贩私盐的？"

"回大人，他们每次贩私盐都住小人的客栈，因此认得他们。"朱老八又指指李青，"这个人就是头儿。"

李衡叫人为绑着的人松绑，将李青叫上堂来问道："你叫什么名字？一共有多少人，朱老八告你们贩卖私盐，你有什么话说？"

"我们一共五个人，为了养家糊口，我们才贩私盐的，我们没有本钱，每次也只背三五十斤，拿到官盐运不到的偏远乡村卖与那些穷苦的老百姓。"李青回答。

"你们五个人是怎么被抓起来的？"

"回大老爷，今天头晌，朱老八带人来抓我们，大家一哄而散跑掉了，有两个人外出没有回来，所以小人在城外柳林等他们，另外两个人大概是跑掉了。老爷，其实朱老八才是真正的大私盐贩子、暴发户，他凭什么抓我们？他抓我们的目的，就是他自己要垄断铜陵的私盐市场，他在铜陵的势力胜过官府啊！"

"哦！原来是这样！那么，你们三个人还能跑吗？"

"这……"几个人你望望我，我看看你，不知县太爷说的是什么意思。

"本官问话，你们听到了吗？被抓了当然不能跑，可是，要是真能跑，将你们的盐袋背上，跑几圈给我看看。"

三个人不知道县太爷葫芦里卖的是什么药，可是，县太爷发了话，他们也不敢不照办，背上盐袋，在院子里慢慢地跑起了圈子，李衡抓过一把扇子，一边轻摇一边笑着说："好，好，好，跑啊！快跑啊！"

三个人似乎明白了，原来县太爷是要放走他们，此时不走，更待何时，他们互相递了个眼色，箭也似的冲出了县衙大门。两旁的衙役似乎也明白了过来，况且县太爷坐在堂上故意装聋作哑，对三人的离去视而不见，故衙役们站在那里也是一动不动，任由三人冲出县衙。

朱老八这个气呀，原告挨了打，被告却被放跑了，他冷笑着说："李大人，李县令，李老爷，你这是断的什么案子？我要告你！"

"你不是告他们贩卖私盐吗？你可知道贩私盐是什么罪？如何处罚？本官告诉你，唐律规定，私贩一斗以上者，背杖，没收骡车，一石以上者，流放。数额巨大者，抄家，问斩。不过，老爷我知道，铜陵这个地方，真正贩卖私盐者是大有人在，无法无天的人也多得很，不过不是李青这样为生计所迫的穷苦人，他们所贩之盐也不过三五十斤而已，仅仅只是为了养家糊口，杖责不杖责，这点小事本官还是做得了主，过些时候等我将证据掌握全了，好好地抓几个给你看看，你信不信？你要告，悉听尊便，老爷我奉陪！退堂！"

眼看李衡要退入内堂，刘晏向站在大门口的李若初点点头，李若初紧走几步上前道："李县令请留步！"

李衡正准备进入内室，听到有人叫他，停住脚步问道："有何贵干？"

"有人要见你！"

"谁要见我？"

李若初上前轻轻地说了几句，李衡马上转身迎上前："不知是刘大人驾到，刚才曾听到大人的话声，只是不识，请多多见谅。"然后将刘晏等人请入内堂。

第三十五章　铜陵盐监摊上事儿了

铜陵县衙内堂，李衡同刘晏等人重新见礼后，宾主一起坐下来又谈起了刚才在大堂上断案的事情。

刘晏问道："大堂上，贵县巧妙地释放了李青等人。颇有点出人意料，不知贵县是何用意？"

"学生来铜陵时间虽不长，但也掌握了不少情况，铜陵真正贩私盐的是朱老八而不是李青，李青等人只是靠贩卖三五十斤私盐维持生计的穷苦人。朱老八捉拿李青等人，干的是贼喊捉贼的勾当，目的就是要垄断铜陵的私盐市场以牟取暴利，如果将李青这样的穷苦人办了罪，而真正的盐枭却逍遥法外，这天下还有公理吗？"

"那你为什么不在大堂上，干脆就将朱老八办了？"

"谈何容易啊！今天他是原告，李青等人是被告，大堂之上若办了原告而放走了被告，恐有些不妥。更主要的是，今天升堂事属仓促，朱老八贩私盐的证据还没有完全掌握，只要等到证据齐全了，办掉朱老八易如反掌。然而还有一个更大的难题摆在那里，学生还没有想到应对之策。"

"什么问题？"

"铜陵的前任县令，县衙的师爷、衙役，几乎个个都与朱老八有染，拔出萝卜带出泥，查办了朱老八，这些人怎么办？全都办了，那我在铜陵不就成了孤家寡人，还能在铜陵站住脚吗？"

"你今天在大堂上只是敲山震虎，给朱老八一个下马威，实际上是警告那些与朱老八有染的贪官污吏？"

"正是这个意思，经过今天这件事，我想他们也应该收敛些，等到时机成熟了，再想办法挖掉这些毒瘤。"

刘晏赞许地点点头。李衡继续说道："学生知道，当官并不难，难的是当一个清官，当一个好官。你说这铜陵县，天高皇帝远的，我如果像前任一样，仍然同朱老八同流合污，称兄道弟，要不了多久，我自己的腰包也会撑得鼓鼓的。如此，我不也成了一个贪官污吏吗？我能这样做吗？想我十年寒窗，由举人而进士及第，沐皇恩而为一方之亲民父母官，这样做对得起良心吗？对得起铜陵的百姓吗？如果真的这样做了，不是将天下文人士子的脸面都丢尽了吗？然而，不这样做我又能怎么样？你看如今这官场，哪一个不贪，哪一个不占，老百姓说，如今的官场是贪墨成风，贪才是正常的，不贪就不正常了！真是官场一片黑哟，现在不说是清官能吏，就是洁身自爱者也已是凤毛麟角了。一湾子都在贪腐，一个人镇得住吗？要想当个好官，真的是难呀！"

"当官也有当官之道。"

"学生洗耳恭听！"

"有的人研究的是媚上压下之术，崇尚的是升官发财之道，对上阿谀奉承，对下敲诈勒索；有的人研究的是治国安邦之术，崇尚的是养民爱民之道，为官一任，造福一方则是他们追求的理想。"

"刘大人是怎样看待这个问题的呢？"

"本官也曾当过两任县令，虽没有悟出什么大的道理，体会倒是有一点儿。"

"有些什么体会？"

"身为一方亲民之官，百姓就是你的子民，你只有将他们当家人一样看待，才会尽心尽意，心无杂念地去为地方办事。只要你一身正气，两袖清风，做一个好官也不是很难的事。其实，老百姓的要求也不高，只要你能保一方之平安，让老百姓男子有田可耕，女子有布可织，人人都有饭吃，老百姓就会认可你，拥护你，爱戴你。吏部的考功档上就会有你的名字。这不就是士人追求的最高境界吗？"

"学生一定牢记大人的教诲。"

"本官这次来铜陵，是为考察盐政而来，你身为铜陵县令，想必对盐政之现状有所耳闻或目睹，可否谈谈你的高见？"

"学生来铜陵的时间不长，铜陵盐监直属于盐铁使管辖，学生与他们直接打交道的时候也不是很多，对盐政之事知不甚详，但对铜陵盐监之所作所为，学生却也不敢恭维。"

刘晏诚恳地说："请道其详！"

李衡想了想说："官自卖盐，广为设官，而盐官多为豪吏，常有骚民之举。以铜陵盐监为例，盐监销盐皆有定额，每到月末之时，盐吏见食盐定额难以完成，常硬性摊派，百姓无力购买，则强迫百姓以粮食作抵；农户所居分散，盐吏下乡销盐很难遍及各处民户，且盐吏不似商人灵活，只收钱或绢帛，不赊欠，不换购，农民买不到盐或缺少钱帛，只好不买盐而长期淡食。有时一吏到门，百家供奉，甚或有盐吏敲诈勒索，百姓深受其害。"

"盐吏竟如此骚民？"刘晏不安地问。

李衡接着说："李青等人贩运私盐虽说有悖于法，但他们所售之盐较朱老八的便宜，比官盐更便宜，且他们贩卖之地多为盐吏很少去的偏远乡村，正好弥补官盐之空缺。同时，他们的交易方式非常灵活，百姓无钱帛支付，可以赊销，可以以物易物，很受老百姓的欢迎，这也是我在大堂上释放他们的一个重要原因。"

"看来食盐专卖制度确实存在不少弊端。"刘晏不无担忧地说。

"事情还远不止于此，官自卖盐，在食盐运输上也是遗患无穷，如食盐运输之劳力，名义上是以'和雇'的形式征集民力和雇者，本应是两相协商、互利互惠、两厢情愿而雇之。但实际上，和雇却是强行差配，硬性摊派，且食盐转运手续烦琐，辗转运输，旷日持久，被征调的农民常因运输食盐而误了农时。老百姓真是怨声载道啊！"

刘晏见李衡对食盐专卖的现状分析得如此透彻，从心底对这个年轻人产生了极大的好感，夸奖他说："贵县来铜陵时间不长，对政情能分析得如此透彻，实在是难得。"

"多谢大人的褒奖，学生所说也只是一己之见，是否正确，还有待大人自己实地考察。"

"贵县能否陪我到铜陵盐监走一趟，不必事先通知他们。"刘晏带着商量的口吻说。

"已到用餐时间，大人在县衙吃了饭再去也不迟。"

"好，就听贵县的安排。"

刘晏在李衡的陪同下，沿着铜陵县城的大街向铜陵盐监走去。一路上，只见两边店铺林立，贩夫走卒人来人往，倒也热闹。他们一边走一边观看着铜陵的市容风貌，倒也不觉得枯燥。忽见前面围了一大群人，人群里传出阵阵吵闹声，走近一看，见是一处官设的销盐铺面，吵闹声就是从盐铺里传出来的。

刘晏看到是官盐铺面，便和李若初、李衡等人挤了进去，只见柜台外一个买盐的人喊道："你这卖的是什么盐呀？不如就卖沙子算了。"

铺面里的一个伙计回道："堂堂正正的官盐，怎么不是盐？"

买盐者抓起一把盐对围观的人群大声地说："大家看看，这是盐吗？起码有二三成是沙子。"

盐铺的伙计不耐烦地说："你要买就买，不买就拉倒，啰唆什么？"

围观的百姓起哄了："我们拿钱是来买盐的，不是来买沙子的！你们这样坑害百姓、赚取黑心钱，小心遭天谴！"

看到大家都起哄了，店内的几个伙计走出柜台："吵什么呀？走，不卖了。"一边说一边将大家推出店铺，然后迅速地关上店门。

刘晏向李衡问道："怎么会这样？即使盐里面有沙子，也不至于有这么多的沙子吧？铜陵盐监到底搞的什么名堂？"

"官商就是这样的，反正官自卖盐，独此一家，今天你不买，明天照样还得来求他，掺再多的沙砾你也得要。掺沙子溢出的钱到哪里去了，只有天知道。"李衡两手一摊，无奈地说。

看着愤愤不平、骂骂咧咧、议论纷纷远去的人群，刘晏站在那里若有所思，李若初在旁道："大人，走吧！"

刘晏收回自己的思绪，随着李衡来到铜陵盐监。盐监里静悄悄的，连个人影也没有，李衡大声地喊道："有人吗？"

从里面跑出一个老头："哦，是县太爷李大人来了，快请进屋！"

李衡问道："盐监的人呢？怎么就只见你一个人？"

老头道："我是看门的，你们问我，我也不知道，盐监每天上班之时都是热热闹闹地点个卯，然后就各人做各人的事去了，他们大概都很忙吧。"

"那监事杨文清呢？他也是来点个卯？"李衡问道。

"杨大人今天在醉仙楼摆酒，据说是为朱老八压惊呢！"

"老人家，请你去将他叫来，如果他今天不来，叫他永远也别来了！"

看门的老头子看看李衡，又望望刘晏，不知是去还是不去，李衡道："还不快去，就说是户部尚书、盐铁使刘大人到了。"

不一会儿，一个满身酒味的人跑进盐监，一不小心，脚在门槛上绊了一下，整个人向前踉跄了几下才站稳。来者不是别人，正是知铜陵盐监事杨文清，他上气不接下气地来到刘晏面前，气喘吁吁地说："刘、刘、刘大人，小、小、小的不知道大人来了铜陵。”反转头又对看门的老头子吼道：“站着干什么，还不快给刘大人沏茶！”看门的老头子到里面沏茶去了。

刘晏坐下来问道：“杨文清，盐监里的人呢？都放了鸭子了？”

“他们都下乡售盐去了。”杨文清不安地回答。

“是给朱老八拍马屁去了吧？”

杨文清立即跪下答道：“是朱老八派人来请的，小的实在是推辞不掉呀！”

刘晏也不叫他起来，继续问道：“朱老八为何不请李县令而单要请你呢？我再问你，盐铺销售的食盐，怎么有那么多的沙子？这又是怎么回事？你们从产地盐监运盐，盐里不至于有这么多的沙子吧？”

杨文清看看刘晏，又望望李衡，有些不知所措。

李衡说道：“杨监事，事情是这样的，刚才我陪刘大人在来盐监的路上，正好碰上盐铺里的伙计同买盐的争吵，起因是盐里的沙砾很多。买盐的当然不愿意，店铺里的伙计态度却相当生硬，同买者大吵大闹，态度蛮横，声称盐里面本来就有沙子，要就要，不要就拉倒。最后硬是将买盐的百姓强行推出盐铺，大白天就将店门都关了。”

杨文清惊讶地说：“有这种事？我一定要查清此事，看是谁从中捣鬼。”

刘晏不怒而威地说道：“要坚决查清此事，看是谁掺杂使假，从中牟取不义之财。我也准备在铜陵多待几天，对铜陵盐监的经营状况进行解剖分析，起来吧！”

杨文清狼狈地从地上爬起来。

几天来，刘晏、李若初和刘安查看了铜陵盐监的账目，真是不看不知道，一看吓一跳，铜陵盐监一年盐利之入为钱四万贯，支付人员俸钱等费用支出达到了二万五千贯。也就是说，支出占盐利之入的六成以上，无怪乎朝廷的盐利岁入总不见有所增长，管理不善、费用开支大恐怕是其中一个很重要的原因。

经过几天的调查，盐铺的伙计掺杂使假的问题也查了个水落石出。原来是店里的几个盐吏合伙作弊，往盐里掺沙子，仅从店铺的库房里查出没有掺完的白沙就有好几石。刘晏命令将这几个人开除出盐监，交由县衙依法论处。然后，他叫杨文清将铜陵盐监的经营情况整理成材料带走。

第三十六章　惠宾楼奇遇

浙江之上虞，濒临杭州湾，乃唐代著名的海盐产地，这里的百姓多是以煮盐为业的亭户。乾元元年，第五琦初变盐法，为了鼓励盐民煮盐，特给予亭户免杂徭的优惠，使盐民成为了一个特殊的群体。上虞县的海边有一个村庄名为范家墩，村里有百来户人家，大多是以煮盐为业的亭户。时值初秋，太阳虽然没有三伏天那样火辣辣地烤得人身上发烫，但秋天闷热的时候，其酷热仍然不亚于三伏天。是日，范家墩来了几个外乡人，他们为了躲避头上的烈日，来到村东头的大树底下纳凉，只听其中一位年长的说："休息一会儿吧！等会儿再找亭户们了解一些情况。"

来者不是别人，正是刘晏、李若初、刘安三个人。他们出了铜陵后，经宁国、临安、富阳、绍兴而至上虞。来上虞的目的就是想了解海盐的生产情况，为此后的盐政改革提供第一手资料。

三人在树底下刚坐不久，从前面村子里走出一老一少两个人，老者肩扛一把铁锹，头戴一顶破草帽，身上穿着补丁叠补丁的衣服，少年仅穿一条短裤衩，连帽子也不戴，浑身晒得黝黑黝黑的，肩上也扛着一把铁锹，快到大树底下时，老者转头喊道："你走快些行不行？"当他看到少年只扛着铁锹，大声地吼道，"我叫你带的茶壶呢？"

少年大惊地说："哦，忘了，我去拿！"说罢，也不等老人回话，转身向村里跑去。

老人来到大树底下坐下，刘晏主动搭腔道："请问老人家贵姓呀？这地方叫什么地名？你是亭户吧？"

老人望望刘晏回答说："我叫范大海，这里地名叫范家墩，村子里的庄户人家都是亭户，隶属于地心场管辖。"

“天气这样热，怎么不在家歇歇，还要出来干活呀？”

“天气炎热，正是亭户们刮碱的好时机，刮碱淋卤要的就是这样的天气。”

“什么叫刮碱淋卤？”

范大海指着不远处的海边说：“看到海边一堆一堆的土墼吗？”

“看到了！”

“海水涨潮的时候，整个海滩都泡在海水里，退潮后，海滩又暴露在太阳底下，经太阳暴晒后的海滩，地面干燥松起，土壤含盐量极高。亭户们将这些干松的碱土铲刮起来堆成那样的土墼，这就叫刮碱。”

李若初问道：“刮碱后又怎样将碱土制成盐呢？”

范大海解释说：“每堆土墼称为一溜，溜高二尺，溜大者见方一丈以上。每溜的旁边都挖有一口井，制盐的下一道工序就是淋卤，就是舀水淋浇于溜之上，淋溜之卤水经过溜底铺的草的过滤而流入旁边挖好的井中，这就叫作淋卤。”

刚说到这里，小孩提着一个装茶水的瓦罐来到了大树脚下：“爷爷，茶来了。”

范大海接过瓦罐：“几位喝茶！”

刘晏等人也不客气，接过老者递过来的凉茶，一人喝了一杯，喝过茶后，刘晏说道：“老人家，我们想跟着你去看看刮碱淋卤行吗？”

“没有问题，要看你们就跟着去看吧！”

海滩上，到处都堆满了亭户们刮起堆好的碱土，范大海指指旁边的水井说：“水井是用来装卤水的，淋卤后，要迅速将卤水舀起来，拿去煮盐，淋过卤的碱土仍然抛回到海滩上，以待涨潮后再重新刮碱。”

刘晏问：“一溜可成盐多少？”

“一溜之卤分三盘至五盘，每盘成盐三至五石。”

“大家都是这个水平？”

“那也不一定，出盐率的多少，一要看天气，二要看技术，天气好，技术也好，当然出产的盐要多些了，否则，出盐就少。”

“你们生产的盐怎么卖？”

范大海又看看刘晏道：“我们是亭户，范家墩属上虞盐监属下的地心场管辖范围，亭户所煮之盐都是由地心场统一收购。盐场对我们每个亭户都规定了任务，完不成任务是要受到处罚的。”

“任务之外的超产盐呢？”

“同样仍由官府收购。”范大海说。

刘晏不相信地道：“不一定吧？”

范大海直言道：“你们就别拐弯抹角了，我知道你们是干什么的。”

“你说我们是干什么的？”

“不就是想要点盐吗？”刘晏见范大海将他们当成了贩私盐的，索性就将错就错，不置可否地笑了笑，范大海继续说道，“在大树底下看见你们，我就知道你们是干这个的。”

刘晏有点吃惊地问道：“真的？”

“范家墩除了盐，没有什么别的东西可以吸引人的，你一个外乡人，大老远地跑到这里来，绝不会是为了看看海，吹吹海风那么简单吧？那么目的就只有一个，为了盐。”

刘晏故作神秘地说：“不瞒你说，我还真的是想要点盐。”

“就你们几个人？”

“要很多人吗？”

“你们在盐监里面有人吗？”

“我们不认识盐监的人。”刘晏疑惑地看着范大海。

“不要看着我，我劝你们还是别做贩私盐的生意了，你们连行情都不懂，还贩什么私盐啊。”

刘晏道：“我以前是做粮油生意的，最近粮油生意不好做，想做点盐的买卖，你能给我们讲讲做盐生意的道道吗？”

范大海说：“贩私盐本来就是违法的，唐律规定：贩私盐一斗以上者，背杖，没收骡车，一石以上者，流放。再多者，抄家、死罪。盐监对私盐向来查得很紧，没有门路，你别想从这里运走一粒私盐。”

“那私盐又是怎样从这里运出去的呢？”刘晏继续问道。

范大海神秘地说：“有些事情不要问得太多了，问了我也不知道，总之，要想贩运私盐，你人生地不熟的是入不了门的，盐监里必须要有人。连这样常识性的事情都不懂，还贩什么私盐，我劝你还是早点走的好，不然偷鸡不成反蚀把米。”

“假如盐监里有人呢？”

“盐监内部有人，你就大胆地去赚钱吧！反正官商勾结，这都是公开的秘密了。”

刘晏满怀感激地说道：“多谢你的指点，否则，我一个做小本生意的，被他们抓住了，可就是血本无归，倾家荡产了。”

刘晏通过现场调查，了解到制盐技术的重要性，导致他在日后的盐政改革过程中，设置了技术总监这个职位，专门负责整个东南地区的制盐技术问题，帮助亭户提高制盐的产量。这是后话。

上虞是一个滨海县城，在第五琦初变盐法的时候，上虞就已设置了盐监的机构，名为兰亭监。刘晏虽为盐铁转运使，但兰亭监他并没有来过，他只知道知兰亭监事名叫卢伯卿，盐监巡官也就是副知事名叫王叔文，还有一个盐监判官叫元琇，但都没有见过面。他们乔装成盐商巡看了范家墩亭户的生产情况以后，又来到上虞县城，为了能了解到一些真实的情况，刘晏决定先不去盐监，在县城里找一家客栈住下来。

惠宾楼紧邻大街，是上虞最好的酒楼，刘晏、李若初、刘安三个人来到惠宾楼选了一个靠窗口的桌子坐了下来，点了几样菜，几个人边吃边观看街景，倒也别有一番情趣。

恰在这时，从外面热热闹闹地走进几个人，进来后很随便地就在距刘晏他们饭桌仅一桌之隔的一张空桌旁坐了下来，不难看出，被拥到主位上坐下的两个人是官场中人，从打扮看，下位相陪的两位定是商人无疑。店小二见客人来了，忙上前赔着笑脸问道：“卢爷，今天点什么酒，什么菜？”

商人抢着问：“有什么好酒？”

“有山西杏花村的十年陈酿‘汾酒’，有绍兴的老窖女儿红，还有……”

商人道：“够了够了，将上好的女儿红拿四坛来，有什么好菜只管上。”

店小二拉着长调唱道：“好咧！女儿红上四坛，好菜只要有的只管上来咧！”

很快地酒来了，菜也一道一道地端上了桌。要好酒，上好菜，这都是很平常的事，没有什么大惊小怪的，故也没有引起刘晏的注意，只是此后商人与官场中人的对话引起了刘晏的注意。只听商人说：“卢兄，我这次要一千石，应该没有问题吧？”

被称为卢兄的说：“谁说没有问题，上面的调单今天一早就到了，库存的盐能不能凑足上调的数量还是一个问题，怎么能一下子给你这么多？”

商人向另外一位官吏说：“王兄，你也帮忙想想办法，我叫了艘千石的大船，若不能满载，运费这一块我就要亏不少啊！”

被称为王兄的说："贾兄，卢兄说的是真话，再说，他也不能只应付你一个人，除正常的调拨任务要完成外，还要照顾其他的关系，总不能全都给你吧？再说，我们内部也不是铁板一块，有很多事情真的是不好处理啊！"

"难道有人同你们唱反调？"

被称为卢兄的道："元琇这个人你是知道的，他可是个软硬不吃的家伙，我真的很担心，有些事情是很难逃过他的眼睛的。"

"卢兄，有些事本不该我说，锅里有了饭，也要分给别人一杯羹啊！"商人边喝酒边说。

"我知道你说的是什么意思，我也不是一个吃独食的人，只是他这个人很怪，好像跟钱有仇似的，试探过几次，就是装聋作哑，逼急了，干脆就说不明不白的钱他不要，你叫我有什么办法？"被称为卢兄的人有些无奈地说。

"常在河边走，不怕不湿鞋，难道他真的就这样干净？"

"难就难在这里，为了刁难他，我将最难办的事交给他去办，你说也怪，无论有多难的事，只要他出马，就一定能搞定，我真的拿他一点办法也没有。"

被称为王兄的道："近闻河南、江淮盐铁转运使刘晏刘大人整顿漕运有功，升任户部尚书，主管东南财赋，仍兼任盐铁、转运等特使。听说他是个搞财政经济工作的专家，很多事情都难逃他的法眼，今后我们做事可得要多加小心啊！"

"我们的事情都做得天衣无缝，他即使有通天的本事，在账面上也看不出任何破绽，初来乍到的，能看出个什么问题来？除非他当场抓住我们。再说，东南地区这么大，总不会单独盯上我们上虞盐监吧！"

"话虽是这么说，但总还是小心为妙。明枪好躲，暗箭难防，堡垒总是从内部攻破的啊。别辛辛苦苦捞到钱，到时却无福消受啊！"被称为王兄的如是说。

"贾兄，他说得不错，一着走错，满盘皆输，这几年你也做了几笔，几辈子也花不完，做了这次后歇歇手，观观风向再说。"

商人道："既然这样，你这次就给我一千石，做完这一笔我们都暂时歇手，看看行情，再伺机而动。"

被称为卢兄的向姓王的说："你说呢？"

"你是头儿，你决定！"

"好，一千石就一千石，一切按老规矩办。"

商人大喜过望："好，一切按老规矩办。"说完示意另外一个商人从怀中掏出两个东西分别塞进卢、王二人的口袋中，一看就知道是银票，随后举起酒杯：

“来，为我们这次合作干杯。”

被称为卢兄的道：“酒不要喝得太多了，你今晚还有事，别误了正事。”

商人道：“子时，早着呢，误不了。”

吃饱喝足之后，卢、王二人站起身，同两个商人大摇大摆地离开了惠宾楼。

刘晏叫来店小二：“请问小二哥，刚才是些什么人？”

“你们是外地人吧？连他们是谁也不知道？”

李若初道：“我们是外地人，好奇而已，随便问问。”

“姓卢的是知兰亭监事卢伯卿，姓王的是副知事王叔文，另外两个人是盐商，都是我们这里的常客。”

刘晏结完账回到客店后，气愤地说：“盐监知事、副知事在大庭广众之下公然与私盐贩子进行交易，真是蛇鼠一窝，胆大妄为啊！”

李若初道：“我好像听见是今夜子时交易。”

“千石盐船，一定是在海边，我们一定要想办法截获这条走私盐船。”

“凭我们三个人的力量是很难办成这件事的，万一他们狗急跳墙，我们不但难以截住走私船，反而还有很大的生命危险。”李若初不无担心地说。

刘晏略一思索：“走，我们到上虞县衙去一趟。”

“盐铁使同县衙并不存在隶属关系。”

刘晏问：“属朝廷管吧？”

李若初笑了，刘晏、刘安亦笑了。

第三十七章　天网恢恢

上虞县衙，县令崔保清刚用罢晚餐，忽见师爷董文渊来报：“东翁，外面有三个人求见，说是从京师来的。”

崔县令听说是京师来人，马上回答道：“快，请进！”他自己则入内穿了一件外套，迅速迎将出来，这时，董师爷已将客人带了进来。

董师爷向进来之人介绍道：“这位就是上虞县令崔大人！”

崔保清一揖道：“下官上虞县令崔保清，不知客人来自何方，可曾住下否，星夜来此不知有何贵干？”

来者不是别人，正是刘晏、李若初、刘安三人，李若初介绍道：“这位是朝廷主管东南地区财政工作的户部尚书兼盐铁、转运、常平等特使的刘晏刘大人，我是李若初，这位是刘安，都在刘大人手下供职。”

听说是大名鼎鼎的主管东南地区财政工作的户部尚书刘晏刘大人到了，崔保清忙不迭地一揖到地说：“不知刘大人驾到，下官有失远迎，望多多恕罪。”又转向师爷道：“快给刘大人看座，沏茶！”

刘晏刚一落座便道：“本官有一件很紧急的事情需要办理，仓促造访贵县，打扰了贵县的清休。”

崔保清说道：“不知大人有何吩咐，只要下官办得到的，一定效犬马之劳。”

刘晏道：“我已得到确切信息，今夜子时，有人经海路贩运私盐，请贵县派衙役拦截抓赃。”

崔县令有点为难地说：“朝廷有明文规定，食盐稽私属兰亭盐监管，本官尚无过问盐监稽私之权，擅自稽查私盐属越俎代庖，超过了下官的职权范围。”

李若初道：“刘大人乃户部尚书，江淮盐铁使，他亲自出马请你协助，贵县又何必有此顾虑呢？”

刘晏笑道："本官之所以不去兰亭监而来贵县，主要是因为今晚的食盐走私不仅仅是盐商的问题，兰亭监还有内奸，他们内外勾结，狼狈为奸，这次拦截私盐是要将盐商与内奸一起抓获。今晚截获之私盐，分一半与你以充县衙之公用，不过，今晚的行动非同一般，要加派人手，从海陆两路出击，只许成功，不许失败。"

崔保清道："兰亭监的人平时倚仗着直属于朝廷，财大气粗，常有扰民之举，从来就没有将我上虞县衙放在眼里，这次总算是露出了马脚。既然刘大人亲自出马，下官一定尽全力，做到人赃俱获。"他转头对董师爷说，"董师爷，你马上将县衙所有的衙役都召集来。"

刘晏道："慢！"

崔保清道："刘大人有何吩咐？"

刘晏道："今晚的行动要悄悄地进行，目前只有我们五个人知道，绝不可向外透露半点风声，以免打草惊蛇。因此，召集衙役时先不要说出今晚的行动。"

董师爷道："刘大人请放心，上虞县同兰亭监向来是井水不犯河水，且还积怨颇深，过去盐监对本县常有骚扰之举，只是上虞县衙无可奈何而已，于公于私，我们都会尽最大的力量完成刘大人交办的事情。"

深夜亥时将到，天空中星光闪烁，刘晏和崔保清乘着夜色带着衙役悄悄地来到海边，找一个隐蔽之处埋伏起来，准备从陆路进行拦截。李若初同董师爷则带领船只出海，从水路进行拦截。

子时刚至，大道上来了一队人马，他们人挑车载，为首的正是白天在惠宾楼宴请卢伯卿的盐商，大队人马来到停泊在海边的大船旁停了下来，他们谁也不说话，只是迅速地卸车、装船，刘晏仔细地看了看，小声地向身边的崔保清问道："怎么不见卢伯卿和王叔文？"

"他们是不会亲自到现场的，但这里面肯定有盐监的人。"

"如此说来，此时还不宜于现场抓赃，免得打草惊蛇。"

"那我们就实行第二套方案，让海上执行这次拦截任务。"刘晏立即命令向海面上拦截的船只发出了信号。

货物全部上船后，盐船便起锚离岸，送盐的大队人马离此而去。

大约一个时辰的光景，刚刚起锚出海的走私盐船在几艘官船的押解下又回到了岸边，船刚刚停稳，衙役们就押着垂头丧气的盐商从船上走了下来。刘晏与刚下船的李若初会心地笑了。

上虞是浙东著名的海盐产地，兰亭监属上虞，也是浙东有名的盐监。是日一大早，兰亭监的货栈旁，亭户们排着长队等候交盐，他们有的肩挑，有的车载，排到队后一边等着过称一边相互问长道短，相互间询问着今年的收成。刘晏、李若初和刘安三人在卖盐的队伍中转悠着，并时不时地向盐民询问着什么。然后又像是闲人一样慢慢地踱到兰亭监的院子里。只见盐监里聚集了不少人，他们有的在打麻将，有的在推牌九，有的在摇骰子，每一处都围了一大堆的人，摇骰子的庄家正是卢伯卿，推牌九的庄家是王叔文，几堆人围在一起大呼小叫的，谁也没注意到刘晏三个人的到来。他们三个人进来后也不惊动任何人，分头察看各处众人下注的情况。整个盐监内唯有一人例外，只见此人年方二十开外，对一旁的赌博人群视若无睹，一个人捧着一本书在那里专心致志地看着。刘晏慢慢地踱到他的身边说："如果我没有猜错的话，你一定就是元琇了。"

看书的年轻人放下手中的书说道："兰亭监的人谁个不认识我，这还用问？"

"大家都在那里玩得很开心，你为何不去玩一把？"

"没兴趣。"

"我听人说你对很多事情都不感兴趣。"

"你听谁说的？"

"比如说，有人送钱给你，你就不感兴趣。"

元琇有些警觉地问："你是什么人？从哪里来的？"

刘晏摇摇头说道："不要问我从哪里来，能回答我的问题吗？"

元琇爱理不理地说："不明不白的钱，在下不要。"

"难道你家不缺钱用？"

"谁能说自己不缺钱？但君子爱财，取之有道，拿不明不白的钱过日子，心里不踏实。"

刘晏叹道："众人都醉你独醒，难得。"说完，他又转到李若初的身边，向他点了点头。

李若初明知故问地道："请问哪位是知兰亭监事卢伯卿？"

卢伯卿继续打着麻将，爱搭不理地问："有什么事吗？"

李若初递上一纸公文道："这是公函，请你过目。"

卢伯卿接过公函一看，吓得连忙推倒麻将，慌忙来到李若初的面前下拜道：

“小的是兰亭监理所知事卢伯卿，不知刘大人驾到，请恕不识之罪。”

“错了，我不是刘大人，这位才是刘大人！”李若初指着刘晏说。

卢伯卿尴尬地从地上爬起来，又来到刘晏面前下拜道：“不知刘大人驾到，恕小人未能远迎之罪。”

看到卢伯卿如此地恐慌，整个兰亭监的人都愣在那里不知做什么才好。卢伯卿站起来大声吼道：“都愣着干什么？还不快将场子收拾一下，准备为刘大人接风洗尘。”然后又媚笑着说，“刘大人，外面太乱，请到里面坐。”

一旁看书的元琇看到如此戏剧性的一幕，默默地合起了手中的书。

刘晏刚一落座就问道：“卢伯卿，你这个知事当得不赖呀！”

卢伯卿诚惶诚恐地说：“今天只是一时兴起，偶尔玩之，不想正被大人撞见，小人知错了。”

“盐监不是还有一个副知事和一个盐监判官吗？”

卢伯卿立即跑出来慌忙叫道：“王叔文，元琇，快，户部尚书、盐铁使刘大人来了，请你们过来。”

王叔文、元琇两人随卢伯卿来到里屋：“参见刘大人！”

刘晏道：“大家不必多礼，都坐下来说话。我到上虞已有多日，只是没有同大家见面而已。”

卢伯卿、王叔文对望一眼，心里猛然一惊：“昨天在惠宾楼吃饭时，坐在旁桌的不正是他们三个人吗？”想到这里，两人不由得惊出了一身的冷汗，浑身都觉得不自在。刘晏向他们扫了一眼说道：“卢知事，今年兰亭监海盐的生产状况如何？生产、收购和外运的任务都完成得怎样？”

卢伯卿毕恭毕敬地站着说道：“兰亭是卤旺之地，兰亭监历年来都超额完成了生产、收购和外运的任务，这些都是有档可查的。”

“你将管账的叫来，我想看看兰亭监的账目。”

卢伯卿连忙叫来管账的人，刘晏对李若初说道：“若初，你去将兰亭监的账簿看看。”李若初同管账的人去了后堂。刘晏继续说道：“卢伯卿、王叔文，昨晚睡得可好？”

卢伯卿、王叔文两人心头一惊，心想：“难道说昨晚之事东窗事发？”转而又一想，“不会的，据昨晚办事的人回来说，他们是看着盐船离岸后才离开的，绝不会出什么问题。”但俗话说得好，做贼心虚，因为他们做了贼，所以他们的心是虚的，于是都有点底气不足地说：“还凑合！”

刘晏打了个哈欠："我昨晚可是忙了一宿啊！"

元琇看看刘晏，又望望卢伯卿，觉得他们是在打哑谜，他对刘晏说："刘大人，有什么需要小的效劳吗？"

刘晏笑道："元琇，你总算是说话了，再不说，我可要点将了啊！"

"不知大人有何吩咐？"

"从现在开始，停止卢伯卿知兰亭监事和王叔文副知事的职务，由你主持兰亭盐监的工作。"

卢伯卿、王叔文二人连忙说道："刘大人，这是怎么回事？为什么停我们的职？我们做错了什么？"

"乌龟吃萤火虫，心里亮堂。你们自己做的事自己最清楚，如果现在就交代的话，就算你们自首。"他停了停，看到卢伯卿、王叔文二人没有要说的意思，就对站在一旁的刘安说，"刘安，有请上虞县令崔大人！"

刘安立即出了盐监，不一会儿就同崔县令和一帮衙役进了盐监。刘晏对崔县令说道："崔县令，这两个人就交给贵县了，请贵县严加讯问，待事实清楚后，按大唐律法惩处。"

卢伯卿、王叔文二人翻身跪倒在地哭着说："刘大人，我们交代！"

"到县衙去说吧！我已经提醒过你们，也给了你们机会，你们自己不说又能怨谁呢？我劝你们别存侥幸心理，要想人不知，除非己莫为，莫伸手，伸手必被捉。"

几个衙役过来带走了卢伯卿和王叔文。崔县令说道："刘大人，人犯我带走了，大人还有何吩咐？"

刘晏说道："人犯就交给你，请贵县严加审问。另外，留下几个人，马上去查抄卢伯卿、王叔文的家，以防家属将贪墨的赃款转移了。"

元琇站在旁边一言未发，待衙役带走卢伯卿、王叔文后才有些惊异地问道："刘大人，你是如何知道他们两个人有问题的？"

刘晏道："我们来兰亭已有好多日，昨天才住进惠宾楼，不想正碰上卢伯卿、王叔文两人在惠宾楼同盐商搞交易，被我们撞个正着。当时彼此都不认识，耳闻目睹了他们的交易过程，昨天晚上，我们会同上虞县衙在海边设伏，在海边现场拦截了贩卖私盐的商船，盐商昨天晚上就已关进了县衙的大牢了。"

元琇如梦方醒地道："真是天网恢恢，疏而不漏啊！"

刘晏对元琇说道："卢伯卿的案子不要你插手，你着手准备一下，我要对兰亭盐监进行改革，几时改革完成了我几时走。至于如何改革，我们改日再具体研究。你将盐监的所有人员召集来，我有话说。”

兰亭监的大院里，站着一百多号人，他们都是盐监的吏员。刘晏望了大家一眼说道：“大家一定很奇怪，为何卢伯卿、王叔文两人突然之间由盐监知事、副知事而成为阶下囚，其实，他们做了些什么事情，大家应该都是心知肚明，你们中间的有些人也参与其中。昨天夜里，我和李大人、上虞县的衙役们一晚未睡，现场抓获了私盐商贩。目前，私盐贩子就关押在县衙的大牢里，他什么都供了。这里，我宣布三件事：一是从现在起，元琇任知兰亭监事；二是凡有贪污受贿行为的胥吏，限三日之内交代清楚你们的问题，过期限不讲者，查出来将从重处罚，刚才卢伯卿、王叔文就是很好的例子。要想人不知，除非己莫为，切莫抱有侥幸的心理；三是对兰亭监的机构马上着手进行改革。兰亭监是盐铁使属下的一个财政工作机构，不是一个养老院，更不是一个藏污纳垢的场所，机构改革的目的就是精简机构，裁减滥竽充数的冗员，清除鱼肉乡民的胥吏。至于如何改，你们随时听候消息，我们会陆续公布的。”

第三十八章 悦来客栈凶杀案

兰亭监这几天显得格外冷清，同此前日夜不息的麻将声、推牌九的大喊大叫声形成了鲜明的对比。细心的人不难发现，平静的后面又显得极其的不平静。盐监所有的吏员人人提心吊胆，个个如履薄冰，有贪污受贿劣迹者，害怕东窗事发，有滥竽充数者，又担心其被裁员。彼此间互相打听，却又探听不出一点消息，关系到自己的切身利益，谁能不急，哪个不忧？

元琇根据刘晏的要求，将盐监所有吏员造了一个花名册，连他自己也不敢相信，小小的兰亭监吏员竟有一百八十余名，刘晏看完花名册后惊讶地问："小小的兰亭监，怎么有这么多人？"

元琇说道："上面对兰亭监并没有实定员控制，吏员的俸钱是在盐利中支付，人数既没有定额，俸钱又不愁没有地方出，自然就导致盐监人员的恶性膨胀。"

刘晏道："那盐监也不能像戏园子一样随便进吧？"

"盐监吏员是个肥差，其品秩虽然不高，俸钱却很丰厚，要进盐监的人很多，走后门的，拉关系的，卢伯卿家的门槛都被踏断了。只要是跟卢伯卿有点沾亲带故的，大都进了盐监，至于外人，如果不送上足够的钱，是很难进盐监的。卢伯卿可是个见钱眼开的人啊！"

"啊！原来是这么回事！进人竟成了卢伯卿捞钱的一个门道了。"刘晏感叹地说。

"事实确实如此，从去年至今，盐监新进吏员一百多，绝大部分都是花重金贿赂卢伯卿才进来的。我说呀！上面对盐监的人员怎么就没有一个控制呢？这样的事情怎么就无人过问呢？"

刘晏略微一怔："有些是遗留问题，但本官确也有失察之处。"

元琇没有注意到刘晏脸色的变化，继续说道："有些事情我还真的弄不明白，有些人原本就是普通的老百姓，怎么一进了盐监，换了一张皮，整个人都变了样。趾高气扬，如狼似虎，在大街上耀武扬威，在亭户那里敲诈勒索，吃拿卡要，亭户们称他们为饿狗，他们说：饿狗乞食，一定得喂一喂，否则，饿狗就变成了疯狗，疯狗咬人是无救的。亭户们本来就很穷，哪经得起这样的折腾啊？”

刘晏感叹地说：“要不是在兰亭监耳闻目睹，本官还真的不知道问题竟然严重到了如此地步。”

“兰亭监濒临杭州湾，远离京师，可谓是天高皇帝远，盐监成了卢伯卿一人之天下，什么事情都由他一个人说了算，活脱脱的一个山大王，作威作福，无所顾忌，这些年他到底捞了多少钱，谁也说不清。问题的关键在于朝廷对卢伯卿这样的人缺乏约束机制，才使得他有机可乘。”

刘晏没有料到元琇思路如此敏捷，看问题如此透彻，他已从心里喜欢上这个年轻人了，于是对元琇说：“此前本官忙于整顿漕运，无暇顾及盐政，才使得旧的食盐专卖制度的积弊越积越深。此次来兰亭监，就是要了解一些实际情况，为即将进行的盐政改革提供一些依据。既然兰亭监的盖子已经揭开了，倒不如对兰亭监的机构先进行改革，若初，你认为怎么样？”

“我看兰亭监的改革就由元琇来组织实施，搞完后总结经验，再全面推广。”李若初赞同地说。

“李大人对兰亭的期望太高了，改革的总体方案还是由你们定，我负责在你们的指导下对兰亭监的机构进行改革就是了。”

刘晏说道：“改革实行三定之法，即定岗、定责、定员，目的是精简机构，裁减冗员，淘汰不称职的冗员，清除贪赃枉法、鱼肉乡民的胥吏，做到人有事做，事有人做。”

“兰亭监下属有会稽东场、会稽西场、余姚场、怀远场、地心场五个食盐生产场，吏员一百八十余人，如何整顿？”

“按照三定的要求，兰亭监需要多少吏员才合适？”刘晏带着商量的口吻说。

“按现有人数，裁员四分之三都没有问题。”元琇果断地说。

“定岗、定责、定员的三定之法如何定？这些当有一个方案。”

元琇略为思索了一下道：“在知监事下设管理生产、收购、运输和粜卖四个部门，四个部门各负其责，各司其职。”

刘晏道：“制盐技术对煮盐的产量有着举足轻重的作用，我的想法是管生产的要抓技术，要有懂技术的人来掌控这个部门，指导亭户的盐业生产。”

“过去从来没有人注意这个问题，认为制盐是亭户们自己的事，同盐监无关。谁也没有想到要在技术上对亭户进行指导。”

“食盐生产量的高低，不仅仅关系到亭户的利益，同时还关系到朝廷盐利收入的多寡，食盐的产量上不去，盐利从何而来，盐利不增，朝廷财政收入将何以增，这是个很简单的道理。”

元琇在刘晏的指导下，根据三定的原则，对兰亭监机构进行彻底改革。在整个改革过程中，淘汰了绝大部分滥竽充数的冗员，清除了那些与卢伯卿、王叔文有染的贪赃枉法、鱼肉乡民的胥吏。刘晏对兰亭监的改革甚为满意，安排李若初会同元琇将兰亭监整顿改革的经验整理成一份材料带走，作为今后盐监改革的典型予以推广。

杭州城外有个朱仙镇，镇东头有户人家，主人姓朱，名冲和，祖上家道殷实，积有万贯家财。怎奈到了朱冲和这一代，由于其好逸恶劳，又不知道打理家务，成天酒馆子里进，妓院里出，与一帮狐朋狗友过着嫖赌逍遥的生活。有道是坐吃山也空，没过多少年，偌大的一份家业，在朱冲和的手中挥霍一空。渐渐地狐朋狗友也不上门了，朱冲和在朱仙镇也就少了朋友。闲来无事，他就常到杭州转悠。一个偶然的机会，结识了临平监胥吏朱应雄，两人乃为同宗，一番交谈，皆有相见恨晚之感，朱冲和年长，朱应雄乃以兄呼之。时间一久，朱冲和常至临平监造访朱应雄。初至临平监，因是陌生人，监内之人尚有戒备之心，诸事皆有所防范，时间久了，朱冲和同临平监的人都厮混熟了，大家都知道朱冲和乃朱应雄之族兄，渐渐地对其就少了防范之心。

一日，朱应雄邻房一吏员正在房内清算账目，突有急事，慌忙中将账簿遗于案几之上，连门窗都未关就外出了。也是合当有事，恰巧朱冲和从窗前经过，见门窗未关，案桌上放有一本账簿，他即潜入房中拿起案桌上账簿一看，原来是一本临平监监吏盗分官钱的黑账簿，账簿所记私分官钱数约数千百万。朱冲和一看左右无人，将私账簿笼之于袖，若无其事地出了临平监。

监吏办完事回转值房，突然看见账簿失去，不由大惊失色，遂翻箱倒柜地找了个遍，仍不见账簿的踪影。万般无奈，他只好告知同僚们，大家分析，在这段时间内，临平监除了朱冲和外没有其他人出入，大家赶紧找来朱应雄，告知账簿被盗之事，大家都知道此账簿的重要性，如果拿此账簿去告发，临平监所有的人都要受到牵连。大家分析，朱冲和拿走账簿，无非是为了求财，于是，大家叫朱应雄什么事都不要做，立即去找朱冲和，只要拿回账簿，其余什么事都好商量。

一连几天，朱冲和就像从人间蒸发了一样，到处都找不到他的人，整个临平监的人像热锅上的蚂蚁一样急得团团转。第四天，朱冲和像没事人一样出现在杭州街头，他热情地同与他所有熟悉的人打招呼，好像什么事情都没有发生。朱应雄就像找到救星一样赶上前去："朱兄，你这几天到哪里去了，怎么到处都找不到你的人影？"

朱冲和道："乡下有点事，回去处理了一下，不知急着找我有什么事？"

"走，借一步说话。"朱应雄拉着朱冲和来到一个僻静处，"朱兄，盐监失了一样东西，不知是不是你开玩笑藏起来了？"

"我没有拿你们的账簿，这事可别找我哟！"

"我又没说丢了账簿，你怎么知道盐监丢失的是账簿呢？你开口就是账簿，这事一定是你开玩笑的了，朱兄，你可别害我哟！"

"我真的不知道什么账簿！"

"朱兄，别开玩笑了，有什么事好商量。"说着，从怀里掏出一小袋钱，"这是一万，你拿去买杯水喝。"

"别拿人当叫花子打发啊！我真的没有看到什么账簿！"朱冲和说完拂袖而去。

朱应雄回到盐监，将见到朱冲和的情景向同僚们说了，大家分析后一致认为，账簿肯定是朱冲和拿去无疑，不肯承认，可能嫌钱少了，有人提议干脆给他五万，先将账簿拿回来再说。

此后几天，朱冲和又玩起了捉迷藏的游戏，从人间蒸发了一样不见踪迹。临平监的胥吏如坐针毡，坐卧不安。忽然有人来报，看见朱冲和在杭州知府衙门前转悠，这一下临平监的胥吏们都慌了神。经过紧急磋商，决定将钱提高到十万，只要将账簿拿回来就万事大吉，众人分头到杭州知府衙门前拦截朱冲和。恰好又是朱应雄这一路截住了朱冲和，朱应雄上前一把拉住朱冲和，忍气吞声地说："朱兄，你到底要怎么样啊？"

朱冲和明知故问："什么怎么样？"

随朱应雄同来的胥吏说："朱冲和，别装聋作哑了，你到底要多少钱才能将账簿拿出来？"

朱冲和若无其事地说："什么账簿？我不明白。"

朱应雄说道："朱兄，这是五万，你先拿去用，只要你将账簿拿出来，我再给你五万，今后如有什么困难只管找我，兄弟一定帮忙。"说完，从怀里掏出一袋铜钱。

朱冲和终于露出了本来面目，冷笑着说："区区几万钱，与那数千百万相比，可是九牛一毛啊！"

"朱冲和，打开窗子说亮话，到底想要多少才罢手？"随朱应雄同来的胥吏愤然地说。

"朱兄，你好歹说个数，到底要多少？"朱应雄也迫切地问。

"是你们叫我说的，可别怪我狮子大开口啊！"

"只要你将账簿拿出来，什么事都好商量。"朱应雄哀求地说。

"一百万怎么样？一手钱，一手货，两不相欠。"

朱应雄为难地说道："这么大一笔钱，我们做不了主，这样吧，明天答复你。"

临平监里，胥吏们听说朱冲和索要一百万，人人都恨得咬牙切齿，大家都骂朱冲和是一个恶棍，也有人责怪朱应雄，怪他不该引狼入室，害了全监所有的人，有人赌气地说："真恨不得杀死这个坏蛋，死了就一了百了。"

谁知一句话提醒了大家，既然他能不仁，我们也就不义，像他这种人，即使一百万到手了，还有可能进一步敲诈勒索，留下来永远是一个后患，临平监所永远要受到他的钳制，不如一了百了，找几个人将他做了，以绝后患。于是众人合议，决定除掉朱冲和。

朱冲和落脚在杭州城东悦来客栈的一个偏房里，是日他睡至半夜起床小解，完事回来时，猛然看见三个蒙面人蹲在他住宿的客房窗户底下。他连忙悄悄地潜入黑暗之中静听，听到几个人正在密商如何除掉他，他立即意识到这是临平监派来的杀手想杀人灭口。他真的有点后悔不该狮子大开口，以至于引来杀身之祸，然事已至此，由不得他多想，又不敢回房，只得躲在暗处吓得发抖。稍停，只见三人中的一人守在窗前，一人守在门口，一人手持明晃晃的钢刀轻轻地进了客房，只一会儿，进房的蒙面人跳出客房悄声说："不好，人不在房中。"

"已经打探好了的，肯定没有走远，快搜。"另一蒙面人说。

三个人马上分开，在院内搜了起来，快搜到朱冲和藏身之处时，朱冲和吓得一哆嗦，打倒了旁边一件杂物，发出"咚"的一声响，离此最近的一蒙面人轻声说："在这里！"说完，冲向发出声音的地方，这时，只见一条黑影从黑暗中蹿出，说时迟，那时快，蒙面人赶上前去，手举钢刀，唰的一声就砍了下去，刀落处，立即传来朱冲和杀猪般的叫声："救命啊！杀人啊！"蒙面人跨前一步，手举钢刀又补上一刀，压低声音说："我叫你喊！"

夜深人静之时，朱冲和的号叫声格外地刺耳，惊醒了客栈里的房客和店小二，更是惊醒了离杀人现场最近的客房里的三个人，他们不是别人，正是处理完兰亭盐监事务返京路过此地的刘晏、李若初和刘安，刘晏听到喊声就来自窗外，一个翻身推开窗户，黑暗中看见一个蒙面人正在一个倒在地下的人的身上搜摸着，刘晏大喊一声："什么人？好大的胆子，竟敢在客栈杀人！"

蒙面人听到喊声，顾不上再搜，一声口哨，同另外两个蒙面人一起翻身跳出了院墙，消失在夜幕中。

"刘安，快掌灯。"刘晏大喊一声，一个人翻身跳出窗外，冲上前去将倒在血泊之中的人扶了起来，伸手一探，还有气，再一看，见此人大腿上中了一刀正血流不止，更要命的是第二刀正刺中心窝，只是稍偏了一点儿没有当场断气。

朱冲和知道自己性命不保，艰难地从怀中掏出一本带血的账簿，递给刘晏说："交给官府，这是杀人的证据。"说完就断气了。

此刻，众房客与店小二也已闻声赶来，看到倒在血泊之中已断气的朱冲和，店小二大惊失色地大叫道："不得了哟！死了人了，死了人了，这该怎么办啊！"

刘晏道："叫什么，天快亮了，快去报官。"说完，他返回客房，就着刘安刚点亮的灯，翻开带血的账簿看了起来，越看越吃惊，最后几乎神色大变，李若初看到刘晏的脸色不对，关切地问："大人，怎么回事？"

刘晏默默地递过账簿："你自己看吧！"

李若初接过账簿，一页页地翻看着，带血的账簿原来是临平监的一本私账，上面详细地记录着临平监吏盗分官钱的明细账目，数额达数千百万。刘晏自言自语地说："洪洞县里无好人，临平全监皆贪官啊！"

"若不是亲眼看到账本，我还真的不敢相信这事是真的。"李若初感慨地说。

"这群贪官污吏，竟敢将数千百万之巨的官钱全都私分了，胆子也太大了，真是触目惊心啊！"

"大人，这件事怎样处理？"

"天亮以后，客栈就要报官，你陪同前来验尸的衙役到杭州府去一趟，亲自将这本私账交给杭州知府，请他们马上动手，将这群贪赃枉法、杀人灭口的污吏全部缉拿归案，从重处罚。”

李若初道：“这起杀人案恐怕牵涉到临平监所有的人，即使与杀人案无关，私分如此巨额官钱恐怕也罪不容恕，临平监恐怕要一锅端了。”

刘晏似乎下定了决心：“盐政之坏，吏治之坏，已到了非改不可的地步了，不破不立，回京师后，马上着手对盐政体制进行改革，否则，国库都要被这批蛀虫蚕食一空了，振兴大唐经济就没有什么指望了。”

第三十九章　食盐营销迎来新时代

长安城中，达官贵人都在尽情地享受生活，刘晏却一刻也没有闲着，繁重的政务压得他抬不起头来，特别是从东南考察盐政归来，更觉肩上的担子沉重，一连数日足不出户，待在书房里至深夜方止，翌日天尚未亮，又早早起床钻进了书房。

经对东南盐政的考察，他对国家的财政状况有了更深刻的认识：安史之乱以后，财政积储耗尽，国库只是一个空壳子；旧的田制遭到破坏，各地人口或逃亡、或依附于豪强大户，以租庸调制为核心的赋税体制已经土崩瓦解；安史之乱的余波虽已消弭于无形，但地方割据势力却并未因之而消失，且还有膨胀之势，方镇割据成为尾大不掉之势，他们各自为政，截留赋税之入，导致中央财政陷入难以自拔的财政危机之中。

刘晏认为，欲摆脱中央的财政危机，必须要开辟财源，选择一个解决问题的突破口，突破口之最佳选择莫过于盐政。春秋时期之齐国，就是因为管仲实行“官山海”之法，将山海盐铁之权完全收归国有，由国家垄断经营，使得齐桓公成就一代霸主之地位；战国时之秦国，商鞅实行“壹山泽”之策，对食盐实行专卖，助秦始皇统一了中国；汉武帝时期，桑弘羊实行盐铁专卖以兴功利，使西汉王朝摆脱了当时的财政危机，助汉王朝走上了富国强兵之路。唐朝在安史之乱期间，第五琦为解决当时中央政府的财政困难，初创盐法，实行食盐专卖，虽然是战时经济政策，并因制度之不善而遗下许多弊端，但确实为中央财政筹措到了大笔资金。这些成功的经验是可以借鉴的。借鉴并不等于照搬，管仲、商鞅、桑弘羊盐铁专卖之法虽然有可取之处，但统得太死，第五琦所创食盐专卖之法推行于诸道，为国家财政筹措到了大笔资金而国用以饶。由于完全专卖制度本身就存有弊端，加之第五琦的一些做法不尽恰当，使得这些弊端显得更为突出，这些弊端主要表现在：从城市到乡村，广泛设置盐官，因交通落后，信息传递慢，很难管理，且盐业官僚队伍过于庞大，维持这支庞大机构运转的费用太大；官运官销，对老百姓的伤害很大，表现为盐吏硬性摊派、胥吏强索于民，官商勾结，私盐大行其道。使盐政背离了“因民之急而税之”“人不益税而国用足”之初衷。

刘晏起草了一份奏章呈送于代宗皇帝，详尽地分析了盐政的弊端，阐述了自己改革的主张，希望得到批准。

李豫虽不是一个贤明的君主，但对刘晏却很信任，委派刘晏为户部尚书，主管东南地区的财政工作，就是想借助刘晏管理财政经济工作的经验和才干、扭转朝廷的财政危机。他也知道，当此之时，除了刘晏，恐怕很难有人能够力挽狂澜救唐廷于水火之中，他收到奏章后，很快就批准了刘晏的改革方案。

刘晏又奏请李豫商得吏部同意，将浙东知兰亭盐事元琇调入京师，升任御史判官，佐盐铁使，在特使衙门供职；将铜陵县令李衡调入京师，升任御史判官，佐租庸使，在特使衙门供职。都得到了李豫的批准。

特使衙门的议事厅里，刘晏将僚属们召集在一起，讨论皇上御批的盐政改革方案。议事之前，他向大家介绍了两位新同僚，一位是新任御史判官，佐盐铁使的原知兰亭盐事元琇，一位是新任御史判官，佐租庸使的原铜陵县令李衡。

引见完新人之后，刘晏对大家说：“皇上批准了特使衙门的盐政改革方案，今天将大家召集在一起，就是商议盐政改革有关问题。下面，向大家介绍盐政改革的基本方案。”他向大家看了一眼继续说道，“盐政改革包括机构体制和专卖制度两个方面。体制改革是关键，制度是改革核心。旧的体制，从中央到地方直至乡村，广置盐官，机构臃肿庞大，吏员冗杂，费用开支太大，使本来就有限的盐利收入都用于了费用支出。因此，盐政改革，首先要精简机构，淘汰冗员，清除鱼肉乡民的贪官污吏，使盐政队伍成为一支精干的队伍。”

“具体如何进行呢？”李若初问道。

“出盐之乡置盐官，其余州县不复置官。盐政机构设置为十监、四场、十三巡院。”

“十监具体设在哪些地方？”李若初问道。

“卤旺产丰之地设盐监，卤淡产稀之地及纯销区不置盐监。具体为：吴郡之嘉兴，扬州之海陵，楚州之盐城，杭州之新亭、临平，越州之兰亭，温州之永嘉，奉节之大昌，福州之侯官，富顺之富都十个地方设置盐监，盐监负责管理生产、收购亭户所产之盐和产地稽查走私。”

“四场设在哪里，职能是什么？”卢征问道。

“盐场就是大战场，官盐的集散地，负责官盐的储存、中转和销售，十监所产之盐，除自销部分外，全部运往盐场储存、销售，涟水、湖州、越州、杭州四地是交通发达、商贾云集之地，盐场就设在这四个地方，统称四场。盐监控制好产区，将亭户所产之盐全部收购上来，坚决杜绝场盐的偷漏。”

“十三巡院都设在哪些地方？”元琇问道。

“十三巡院在整顿漕运时便已设置，所在地既是漕运之枢纽，也是海盐运销之要道，例如：扬州是东南都会，漕运枢纽；白沙濒临长江，是航运通津；浙西门户重在京口（镇江），商旅辐辏，悉汇于此，这些都是附近有盐场之地。泗州为南北转运要道，居淮汴之冲；甬桥（今宿州，名永济桥）也是淮汴要会，舟车必经之所；庐寿是淮右重镇；兖郓为济泗上游，陈许介乎汝、颍之间；郑滑绾梁宋之路；宋汴二州当汴河之冲；淮西控颍济之险。这些都是销盐区，距盐场较远的地方。巡院兼理食盐缉私，打击销区不法商贩的走私行为。这样，场私既清，运私又缉，两头相互配合，贩私之风可止，官盐则可畅通无阻。”

“销区的盐务如何管理？”李衡想了想说。

“改革专卖制度。汉代桑弘羊兴功利之举，实行的是直接专卖法，商人虽然是排斥、打击的对象，但在流通领域却也允许商人从事于小额的零售。

“唐初实行自由放任政策，商人已经形成了一股很强的势力。第五琦初榷盐，实行民制、官收、官运、官销的直接专卖政策，将商人完全排除在盐务之外，专卖程度较之汉代更为彻底，但却导致国家盐政机构臃肿、人员冗杂的局面。

“我认为，国家的财政收入主要靠东南地区的租赋来支撑，士、农、工、商都是社会不可或缺的组成部分。我们不能凭己之好恶，忽视商业在国民经济中的地位和作用，人为地排斥、打击商人，而是要将商人作为团结的对象，利用商人的经验和资金来搞活流通，搞活市场。市场繁荣了，经济活跃了，国家赋税的征收就有了基础，财政收入也就有了保障。

“因此，盐政改革的核心，就是变革食盐专卖制度，废除完全专卖制，改行就场专卖制。两种专卖制度的不同点是食盐的流通体制，旧的专卖制度实行的是官运、官销制，新的专卖制度实行的是商运、商销制。在新的专卖体制中，官府撤出食盐的零售领域，食盐零售或小额批发完全让商人去自由经营，‘出盐乡，置盐官，收盐户所煮之盐，转鬻于商人，任其所之’。

“国家通过盐监之盐官对亭户的生产实行监管，全额收购亭户所产之盐，保证国家对食盐的垄断地位，从流通领域撤退后，将私商引入盐业的流通领域中来。利用商人追求利润的动机和他们的营销经验，构筑一个全新的食盐销售网络，形成一种全新的经济秩序，同时也形成一种全新的盐政管理体制。

“这次盐政改革，对国家财政体制、财政收入结构将会产生极深远的影响。”

李若初问道：“影响体现在哪些方面？”

“新的专卖制度，实行的是民制、官收，商运、商销，政府对生产严加控制，亭户生产的食盐完全由政府统一收购，这一点同旧的专卖制度没有区别，但在流通领域却发生了重大变革，政府从流通领域中撤退，官收盐户所煮之盐，转鬻于商人，任其所之。这是一项前无古人的创举，当然会对后世产生重大的影响。

“开辟财源，增加财政收入，可以表现在三个方面。

“其一是节流，机构改革后，机构精简了，冗员裁减了，贪官污吏清除了，这就可节约一大笔费用支出，节流就等于增收，这个账很好算。

“其二是开源，官收盐户所煮之盐，转鬻于商人，任其所之。这是一篇很大的文章。其实，食盐的生产成本是很低的，第五琦在乾元元年初榷盐，规定以斗盐十文的价格向盐户购盐，这次赴东面考察时，我做过调查，这个价格水平，盐户有利可图，官府在市场上的销售价格是一百一十文，差价是相当惊人的。自古以来，之所以贩私盐者众，就是因为经营食盐可以获取高额利润。在新的食盐专卖制度下，收购价格仍然实行斗盐十文，对商人的售价仍实行斗盐一百一十文的价格水平，这是一个含税价格，政府对食盐的税收都含在价格里面，商人交纳了购盐款，可以将食盐贩运到任何一个地方去出售，不再另行纳税。从财政的角度讲，这是寓税于价，食盐销售到哪里，盐税就征收到哪里，无论是穷人还是富人，无论天南还是海北，只要你吃了盐，就等于向国家纳了盐税，取之于无形，国收厚利而人不觉。

“其三是大力扩大盐业生产，提高盐产量，通过扩大生产，增加产量来增加财政收入。”

刘晏确实是一位杰出的、高瞻远瞩的理财家，他创行的食盐专卖法虽然受到先秦管仲、战国商鞅、西汉桑弘羊的影响，基本精神也与前人一脉相承，但制度却较之前人更加完善、更加切合实际，他不拘泥于旧，也不一味师古，而是因时制宜，否定了官运、官销的旧制，确立了商运商销的新规，民制、官收、商运、商销的就场专卖制度的创行，在当时是一件新鲜事物，对后世产生了极其深远的影响，在中国经济史上、在食盐专卖政策上开创了一个全新的时代。这或许是刘晏当初所始料未及。

刘晏还就机构体制改革的用人问题作了特别说明。

“‘办集公务，在乎得人’，没有合适的人选，事情是难以办好的。盐政也是一样，盐务办得好坏，关键在于得人，而不在官多。改革盐政体制、精简机构，淘汰冗员，要引入竞争机制，就像当年在扬子县挑选船厂专知官那样竞相营办，‘通拥滞，任才能’，选贤举能，‘择通敏、精悍、廉勤之士而用之’。通达事务，精明强干，忠勤职守，廉洁奉公是机构改革的用人标准，‘其场院要剧之官，必尽一时之选’，各监、场的主要负责人，一定要严格挑选，要品行端正，有真才实学，人中之秀，丝毫也不能马虎，人才选对了，事情就成功了一半。”

随后，他又安排元琇将兰亭监裁汰冗员的经验向大家作了介绍。

刘晏向大家扫了一眼：“下面对人员进行具体分工：李若初、元琇、韩洄具体负责十个盐监的机构改制，卢征具体负责四场的筹建，我亲赴扬州坐镇江南盐道，负责十监、四场、十三巡院的工作。”

第四十章　李白的儿子落难卖字街头

李若初来到嘉兴监，按照兰亭监的做法，对盐监实行整顿，知监事及副知监报盐道衙门审批，盐监下设生产、籴买、转运、粜卖四个部门，监产官、籴盐官、转运官、粜盐官均竞争上岗，实行定岗、定员、定责，裁减大批冗员。随后，李若初将嘉兴监的知监事及副知监名单和整改方案传至扬州的江南盐道衙门。

刘晏在盐道衙门收到李若初的方案，迅速作了批示。随后，嘉兴、海陵、盐城、新亭、临平、永嘉、大昌、侯官、富都九监及涟水、湖州、越州、杭州四大盐场的整顿方案都陆续传至街道司衙门，刘晏都一一作了批示，并向十监、四场、十三巡院下达了都要“广牢盆，以来商贾”的指示。牢盆就是铁锅，是亭户煮盐的主要生产工具，广牢盆就是为亭户提供生产工具，大力发展盐业生产，将食盐产量搞上去。

扬州巡院知院官乃当时首屈一指的以家学礼法著称于世的殿中侍御史、佐盐铁转运使穆宁，穆宁此前在甬桥巡院任知院官，曾因力拒李光弼强行索取甬桥巡院的储粮而与李光弼闹得剑拔弩张，后因穆宁临危不惧，据理力争，才打消了李光弼欲杀之而强取其粮以充军用的想法，乃一时之俊才，也深得刘晏之器重，故将穆宁从甬桥巡院调至扬州巡院。

穆宁正在同巡院的僚属们讨论“广牢盆，以来商贾”的问题，忽见刘晏来了巡院，连忙站起身说：“刘大人，来之前怎么不提前打个招呼，快请坐！”

在座诸位见刘晏亲自来到巡院，纷纷站起来同他打招呼让座。

刘晏笑着说道：“大家都坐下，是在开会吧？”边说边在一名书办让出的座位上坐了下来，一名书办立即沏了一杯茶呈上。

“正在开会，讨论‘以来商贾’的问题。”穆宁回答说。

“可有什么好的建议？”

“大家认为，设置专职招商官，将昔日的盐商和欲经营食盐的商人吸引到食盐的流通中来。”

“这个办法好，乘时射利，是商人的本性，他们走南闯北，将山南的货物贩到山北去卖，求的就是一个‘利’字，只要我们的工作做到家，商人知道了新专卖政策的好处，一定是会蜂拥而至。”

“大人所料不差，自从新的专卖政策张榜公布以后，就有不少的商人前来打探新政策的有关情况，尽管都在观望，我看已跃跃欲试了，要不了多久，盐商一定会不请自来了。”

“扬州乃东南都会，漕运枢纽，贸易繁荣，商贾如织，新的食盐专卖政策出台后，老百姓与商贾必有所议论，抽个时间，我们到市井去看看。”

“好！请大人稍候片刻，我去换件衣服就走。”

“你不是在议事吗？”

“散会。”穆宁立即宣布散会，入内打了个转后便出来，随刘晏出了巡院。

刘晏和穆宁行走在扬州大街上，忽然，路边一个卖字摊引起了他的注意，只见字摊上坐着一位文静的书生，摊桌上挂着的条幅上写着：

床前明月光，疑是地上霜。
举头望明月，低头思故乡。

刘晏向来对仕人存有好感，他踱到字摊前，对着条幅夸赞道：“李太白的《静夜思》，好诗，龙飞凤舞，好字！”

书生听到刘晏的夸赞，连忙离座一揖：“多谢先生的夸奖！”

刘晏问道：“书生何必行此大礼？”

“先生提到家严，并不吝褒奖，学生不可没了礼节！”

刘晏吃惊地说：“你是李太白的公子？叫什么名字？令尊可好？”

书生落泪道：“学生李伯禽，家严三年前就作古了。”

李白是唐代著名的大诗人，被后人尊称为诗仙，一生抱负极大。曾短暂为官，玄宗希望他做一个专职的御用文人，而他的抱负又不在于此，好议政事，不为玄宗悦而漂泊江湖。安史之乱以后，永王图谋篡位，曾重金高位礼聘避难襄阳的刘晏，遭到刘晏的拒绝，随后，刘晏追随了肃宗肃宗，李白却为永王李璘用。永王李璘兵败以后，李白被流放至西蜀，一生过着颠沛流离的流浪生活。刘晏以神童享誉当时，李白以诗歌闻名于世，两人虽未谋面，却也是惺惺相惜。

刘晏听说卖字的书生是李白之子，说道：“我是刘晏，虽未与令尊谋面，却也神交已久，如果不嫌弃的话，就到盐道衙门来怎么样？”

李伯禽一揖到地道：“多谢世伯大人，如果能得到大人的提携，学生真是三生有幸了！”

“盐监之主管官吏皆是通过竞争而充之，你已经错过了这个机会，只要你努力，今后一定还有机会的。你就去涟水盐场当个粜盐官吧！”刘晏坐到桌旁，取笔疾书了一封信函交与李伯禽：“你带上这封信函到涟水场去找一个叫卢征的官员，他会给你安排的。”说罢，伸手去怀中掏出钱袋，不想里面的钱数不多，一时有些犹豫。

穆宁看出刘晏有接济李伯禽之意，可能是所带之钱有限不好出手，赶忙掏出自己的钱袋，取下一部分后递给刘晏道：“先将我带来的应个急，如果不够的话，我叫人回去取来就是了。”

刘晏接过钱袋看了看说：“差不多了！”说罢将钱递给李伯禽道：“我知令尊向来高风亮节，放歌山水，不为斗米折腰，想必也没有给你留下多少家资，否则你也不会沦落到街头卖字以糊口。你乃书香门第之家，只要努力，将来一定会有个出身，你将这点钱拿去将家小安置一下，然后到涟水盐场去。”

李伯禽感激地说：“能得到世伯大人的提携，学生已是感激不尽，何能再接受你的馈赠？”边说边伸手婉拒刘晏递过来的钱袋。

穆宁在一旁说道：“收下吧！刘大人向来很看重读书人，即使是素不相识者，遇到困难他都要解囊相助，何况是你呢？”

李伯禽感激万分地收下了刘晏的资助，刘晏指着穆宁笑着问李伯禽：“你知道他是谁吗？”

李伯禽望着穆宁，默默地摇摇头。刘晏道：“穆宁！”

李伯禽慌忙一揖道：“啊！原来是首屈一指、以家学礼法著称的穆宁穆老师，学生这里有礼了！”

穆宁连忙还揖施礼：“不必多礼，我对令尊也是仰慕已久，只是无缘拜识，甚觉遗憾。”

刘晏和穆宁送走李伯禽后，看到不远处有一个茶楼，便向茶楼走去。过去的茶楼，是文人墨客集会的地方，商贾谈生意的处所，此等地方，最能反映市井民风。两人走进茶楼，找了一张靠边没人的桌子坐下来，茶楼伙计上前给他们沏上茶："二位客人请品茶，如有什么吩咐，请招呼一声就是。"

穆宁道："你忙去吧！有事我再喊你！"

二人坐下来后，一边品茶，一边举目将茶楼里的茶客扫了一遍，只见离他们桌子不远的一张桌子上坐着两个商人，一个身着蓝衫，一个身着青衫。只听穿蓝衫者说："吕兄，盐道衙门张贴的布告可曾看见？"

穿青衫者说："你是说新的食盐专卖政策？"

"听说盐道衙门忙得不得了，又是改盐监，又是建盐场，看来这次官府是动了真格的了。"

"官府的人不懂经商，只知道乱折腾，乾元年间搞什么食盐专卖，一张纸条就将我的盐行查封了，我只好改行另做他业，现在又搞什么商运商销，不知道他们又搞什么名堂，是否再入盐行，我还想看看再说。"

"听说新任户部尚书、江南盐铁使刘晏刘大人又来了扬州，亲自坐镇江南盐道衙门，新的食盐专卖政策就是他向皇帝提出来的，前两年整顿漕运也是他主持的，你看搞得多热闹。"

"这个刘晏倒是个人物，对经商之道也很在行。"

"盐道衙门的公告上讲得很清楚：要'广牢盆以来商贾'，吕兄，我们不可坐失良机哟，如果不赶早下手，市场就被别人抢占了，到时可悔之晚矣！"

青衫者果断地说道："要搞就搞大些，将过去盐帮的兄弟们重新召集起来，大家一块干。"

"正是这样，听说新的专卖制度是商运、商销，官府撤出了零售环节，零售这一块完全交给了商人，现在不入市，更待何时？"

青衫者说道："还坐着干什么？找人、筹钱去呀！"说罢，两人结了账，离座而去。

刘晏叫来茶楼伙计问道："伙计，请问刚才二位是什么人？"

茶楼伙计说："穿青衫者叫吕锦鹏，过去是盐商，后转做药材生意，穿蓝衫者叫郭瑞龙，过去也是盐商，后转做丝绸生意，都是扬州有名的富商。提起吕锦鹏、郭瑞龙，扬州城没有人不知道的。"

刘晏说了声："谢了！"然后结了账，二人也离开了茶楼。

第四十一章　还利于商

蔚蓝色的天空，蔚蓝色的海洋，成群的海鸥在天空中畅意翱翔，成群的鱼儿在水里追波逐浪，如此一幅天海嬉戏图，是多少文人墨客刻意追求的美景。但是，那些身处大海边的亭户们，却没闲情逸致来欣赏天高任鸟飞，海阔凭鱼跃的景色，他们周而复始，日复一日地向大海讨生活，以满足那日图三餐，夜图一宿的人类最简单的生存需求。然而，就是这样最低的需求，却有无数的人是可望而不可即。

地处东海之滨的一个海滩，是盐城盐监属下一个名为南八游盐场的制盐场，辽阔的海滩上散落着南八游的亭户们，虽时至深秋，大多数盐民仅着一条短裤，赤膊上阵抓紧时间刮碱，他们要抢在冬天到来之前多煮一些盐，为一家老小准备好过冬的食物。

从对面山脚处走来一人，刚靠近盐场就冲着一个刮碱的盐民说："李三，干得这样卖力，今天刮了几溜呀？"

盐民李三回答道："啊！是赵盐官来了，还不是想抢在这几天天气好，多刮几溜，卖了盐后多买点粮食好过冬。"

赵盐官大声地说："我来是通知大家的，刮碱可要抓紧些，据预测，三天之后将有大雨，大家如果是刮了碱的要尽快淋卤，来不及淋卤的也要做好防雨准备，不然，大雨一到，刮的碱就全泡汤了。"

附近的盐民听到赵盐官的言语，议论纷纷，有感谢赵盐官及时通报雨情的，有商量在这几天内如何抢时间刮碱淋卤的。李三却愁眉不展地说："这真是屋漏又遭连夜雨，船迟偏遇顶头风哟！"

赵盐官关心地问："你有什么难处？说出来听听，看我们大家能不能帮你想想办法。"

李三说道："堂客卧床不起，用以煮盐的铁锅又破了，大雨将至，我这些碱不是都白刮了，这个冬天怎么过哟！"说罢，他坐在地下抱头哭了起来。

赵盐官问道："家里没有备用的铁锅？"

"我现在连抓药的钱都没有，哪里还有钱买锅哟。"

众亭户都很同情李三，但大家的日子都不好过，谁也想不出有什么办法能帮助李三。赵盐官说道："李三，你看这样行不行，南八游盐场备有大铁锅，这是按照盐铁使刘大人'广牢盆'的指示办的，正好被你赶上了，你先去拿一口来，等盐卖了以后再将钱还给我，行吗？"

李三惊喜地说："真的？"

赵盐官道："当然是真的，我帮你实际上也是帮我自己，自从盐监机构改革以来，盐监内每个人的责任都很明确具体，我是生产部的，专门负责南八游这一片亭户的盐业生产，你们的生产没有搞上去，我回去也交不了差哟。"

李三欢喜地说："谢谢你了，赵盐官，等盐卖了以后，我请你喝两盅。"

"这就不必了。"赵盐官说罢，从包内拿出几本小册子交给大家说："这是有关制盐技术的册子，有识字的读给大家听听，有什么不懂的，我过几天再来向你们解释，今天我还要到其他地方去，通报天气情况，不能在此耽搁了。李三，铁锅晚些时候你到我那里去拿。"大家高高兴兴地送走了赵盐官。

李伯禽来到涟水场，将信函交给卢征，卢征见是刘晏的亲笔推荐函，且知道李伯禽是李太白之子，对李伯禽格外照顾，将他安排到扬州分场当了一名粜盐官。是日，李伯禽正在验收由海陵监转运过来的食盐，忽见外面进来了两个人，一人身着青衫，一人身着蓝衫，一看就知道是商人，他们正是扬州富商吕锦鹏、郭瑞龙。自从上次在茶楼商定重新入盐行以后，他们便着手筹措资金，准备放手一搏。今天他们到扬州分盐场来，就是想了解一些食盐专卖政策的详细情况。

李伯禽看到二人进了盐场，笑着问道："二位可是来购盐的？"

吕锦鹏说道："过去我们也是盐商，实行食盐专卖以后，改做他业了。看到盐道衙门的公告，我们想重新入行，今天结伴而来，是想了解一下专卖政策的具体规定。"

李伯禽说道："二位既是老盐商，对盐市研究想必颇有心得。旧时天下盐帮，皆有地域之分，无论是扬州帮、苏州帮、嘉兴帮还是其他盐帮，其贩运销售地盘一旦形成以后一般都比较固定，要想渗入别人的地盘恐怕就不是一件容易的事情。目前正是新旧专卖制度的转换时期，政府已从零售市场撤出，盐市形成了暂时的真空以待来者，谁要是能抢占先机，谁就能抢得市场，你们都是行家里手，盐帮的行规你们比我更清楚，我说这些可是班门弄斧了。”

郭瑞龙说道：“小兄弟年纪不大，对盐道倒挺在行，请问，这次官府实行的专卖政策，对盐商有何限制？”

“布告中说：‘官收盐户所煮之盐，转鬻于商人，任其所止。’盐商从政府专设的盐监、盐场购买食盐，交纳盐价款以后，无论贩运至何地销售，都不会受到干涉。要说限制，就是盐商不得私自向盐户购盐，新的专卖制的规定‘民制官收’，盐户生产的食盐，全部由政府统一收购，任何人不得私自向盐户买盐，否则就是违法。”

吕锦鹏问道：“结算价格是多少？商人的销售价格有没有具体限制？”

“盐监、盐场向盐商售盐的批发价每斗盐一百一十文，官府只批发，不参与零售。商人从专营机构购买食盐后，只受地域限制，不受价格限制，盐商根据市场行情自主经营。”李伯禽耐心地解释说。

郭瑞龙问道：“税收怎样缴纳？”

“一百一十文的价格是含税价格，政府对于食盐的税收已经包含在价格之中。盐商缴纳了盐价款，不论贩往何地销售，都不再重复纳税。不知二位还有什么不明白的地方？”李伯禽解释得既耐心，又详细。

郭瑞龙道：“谢谢！听明白了！”二人辞别了李伯禽，离此而去。

运河上行驶着一艘满载食盐的商船，扬州盐商郭瑞龙满面春风地坐在船头，新的食盐专卖政策出台后，经过充分的调查论证，他与吕锦鹏一起联络了过去盐帮的弟兄，欲乘新旧专卖制度转轨变型之际，迅速出手，抢占市场。他们在短期内调集了大量的资金，第一次就购进食盐一千石，连夜装船，准备运往武昌府，抢占这个江南重镇的盐市，待站稳脚跟后，再向汉阳、汉口扩展，然后再看情况，既可逆江而上向荆、襄发展，也可坐守武汉三镇咸宁、孝感、鄂城等地辐射，他的合伙人吕锦鹏早已从旱路出发先行去了武昌府。正在他满脑子遐想的时候，不知不觉间船已靠近长江口。

忽然，一艘润州的稽私船从港码头开出，横在水道中间，船上之人大喊：“叫你们停船听见了没有？快停船！”

郭瑞龙忙叫船家停船抛锚，他站起来问道：“你们是什么人，为何在河道上拦截商船？”

船上之人大声说道：“我们是润州河防衙门的，凡从此地经过者，都必须缴纳埭程之费以后才能通过，这是规矩。”

“我们是盐商，在购盐的时候已经缴纳了盐税。盐道衙门的人说，无论将盐贩运到哪里，都不必再纳税了。”

“买盐交盐税，那是盐道衙门的事，过润州港口交埭程之费，这是润州河防衙门的事。桥归桥，路归路，互不相干，不缴费，就过不了润州港。”

郭瑞龙大声说道：“你们总不能不讲理吧？”

船上之人不耐烦地说道：“什么理不理的？我说的就是理，缴纳了埭程之费就可通过。不交，我们就连船带货一起扣，交还是不交，你自己看着办！”

商场如战场，时间就是金钱，郭瑞龙不想在此地多耽搁时间，极不情愿地叫船家将船靠岸，到润州河防衙门设在河边的稽私站交纳埭程费。盐船进入长江黄金水道后溯江而上，然而，盐船行至九江、武穴的时候，又遇到了河道衙门拦道收取埭程费，吸取润州的教训，他知道抗争也没有用，只好如数交纳了埭程费，日夜兼程赶往武昌府。

吕锦鹏抵达武昌后，找过去药材商行的朋友帮忙，先找好储盐的仓库，然后在码头等候盐船的到来。

郭瑞龙率领的盐船刚驶入武昌码头，吕锦鹏就冲着江面喊：“老郭，从这里靠岸！”

郭瑞龙叫船家打正船舵，向吕锦鹏站的地方靠岸，船停稳后，岸上的脚夫搭好跳板，郭瑞龙率先从跳板上走下船，冲着吕锦鹏问道：“武昌的情况怎么样？”

“我已在大东门找好了仓库，先将盐卸船进仓，其他的事情等会儿我再细说。”边走边指挥脚夫上船卸货。

卸载的盐船离岸后，郭瑞龙又指挥脚夫将盐装上马车，准备运往大东门仓库储存，忽然来了两个衙门中人：“哎！等等，税费还没有缴，怎么就急着要走？”

郭瑞龙吃惊地问道：“你们是哪里的？又是什么税？”

“我们是武昌府江防衙门的，你们的货物进了码头，先要缴落地税，商货从外埠运抵武昌，还要缴过境税、埭程费，我看你也是个久跑江湖的商人哟，怎么，连规矩也不懂吗？”

郭瑞龙愤愤地说：“我们这贩运的是官盐，购买食盐时已经缴纳了盐税，盐道衙门的人说，不论我们将盐贩运到哪里，都不再缴税了。”

衙门中人瞪着眼睛说：“盐道衙门管不了我武昌港码头，你不缴落地税、过境税、埭程费，就休想运走一两盐，不信你就试试！”

郭瑞龙还想争辩，衙门中人怒气冲冲地说：“是不是不想缴，不缴也行，这批货物全部扣押！”说完就准备去叫人。

吕锦鹏忙出来赔着笑脸说：“官爷别发火，缴多少，我们缴就是了。”

“早这样不就没事了吗？走，缴钱去。”吕锦鹏跟在衙门中人的后面去交钱，这边，郭瑞龙愤愤不平地指挥脚夫继续装车。

在将食盐运往大东门仓库的途中，郭瑞龙气愤地说：“盐场的人不是说购盐价格中已经包括了盐税吗？怎么到处收税，这样叫我们的生意怎么做呀？”

吕锦鹏劝说道：“官大压死人，他要收我们又有什么办法？无论他收多少，我们还不是加进价格中，反正羊毛出在羊身上。”

“不行，我们将过境税、落地税、埭程费的票据都留下来，回扬州后找盐道衙门理论去。”

新盐法实行不久，十三巡院的报告如雪片般涌向盐道衙门，反映的都是一个问题，诸道州县，处处都在设卡，对过境食盐强收过境税、埭程费、落地税等名目繁多的杂税，甚至军队也从中插手强收过境税，盐商已不堪重负，导致各地食盐价格暴涨，百姓也不堪重负。

刘晏接报后，认为这是一个普遍性的问题，他连夜起草了一份紧急奏章呈送给代宗皇帝：“奏罢州县率税，禁堰埭邀以利者”，以还利于商。

代宗皇帝李豫很快就批准了刘晏的奏章，向全国颁发了禁令，禁止州县向盐商征收各种不同名目的杂税，从此以后，新的食盐专卖制度逐步走向正轨。

第四十二章　理财圣手的生意经

大历三年（768 年）是刘晏主管东南财政、办理东南盐务的第三个年头，也是他对东南盐政进行改革的第三年。经过两年多的逐步摸索，东南盐政已初步走上正轨。永泰二年（是年十一月改为大历元年）刚接手东南盐务时，江淮盐利之入为四十万贯，整个东南地区的盐利为六十万贯，到大历二年末，东南地区的盐利收入已经达一百五十余万贯，但这与刘晏的预期目标却相差甚远，他时刻都在考虑如何完善新的专卖制度以增加财政收入。

特使衙门里，刘晏冲着外面喊道："若初、元琇，你们过来一下！"

李若初、元琇听到叫声，立即从外面走了进来："大人，有什么事吗？"

"你们坐！"待他们坐下后，刘晏指着桌案上的清单问："你们看，一季度十监、四场食盐的库存量增长很快，销量却没有大的增长，你们发现这个问题没有？是什么原因，有没有研究？"

李若初说道："前几天卢征从扬州回京，当时报单还没有送达，闲聊时也曾谈及此事。"

"都说了些什么？"

李若初说道："十监、四场、十三巡院很好地贯彻落实了大人提出的广牢盆以来商贾的规定。十监不仅为亭户准备了足够的牢盆，在亭户资金周转不过来的时候，他们还将牢盆赊借给亭户使用，亭户交纳食盐时再收取牢盆之费，这对那些贫困的盐民帮助极大。不仅如此，盐监管生产的盐官们还经常深入盐民中间，及时地通报天气情况，将制盐技术印成小册子免费发放给亭户，这在很大程度上也推动了盐业生产的发展，食盐库存量的增加，与生产量的增加有很大关系，至于销量未见增长，原因恐怕是多方面的。"

"元琇，你对这个问题有什么看法？"

"据我了解，食盐销量不畅，似乎与货币有一定的关系。"元琇回答说。

"此话怎讲？"

"安史之乱以后，国家币藏空虚，国用举步维艰，第五琦在乾元年间铸行乾元十当钱、重轮乾元钱与开元通宝钱三钱并行，实行的是通货膨胀的政策，导致物价飞涨。斗米至钱七千，较之战前上涨了三四百倍，为了控制通货膨胀、物价飞涨的局面，朝廷在上元元年采取了相应措施，调整了乾元十当钱、重轮乾元钱与开元通宝钱三钱之间的比价关系。代宗皇帝即位后，又进一步采取措施，宣布三钱等价并行流通，从而逐渐恢复了开元通宝钱的正常流通制度，同时又实行通货紧缩政策，流通中的货币已渐感不足。这样，商人就很难拿出大批的铜钱来购买食盐。听说商人为了能得到钱，常将手中的绢帛去换钱，然后再拿这些钱去买盐。因此说，食盐销售增长不明显，货币不足可能是一个很重要的原因。"

刘晏想了想说道："你们二人的看法是正确的。从整个形势来看，盐业生产发展了，产量增加了，这是一件好事，库存因之而增加也是一件正常的事情，特别是东南地区，是海盐的集中产区，所产之盐除粜商后，必定有所余。若初，你拟一份公函，令吴、越、扬、楚四大州的盐场，在交通要道广置盐廪，一定要将盐民所产之盐全部收购起来储之于仓，以备不时之需，如遇到哪里食盐脱销，各场要及时将所储之盐调运过去，使之无缺盐之虞。同时通知十大盐监，也要相应置廪，储存自产之盐，还要鼓励盐监就地粜盐，因运费支出较少，其粜商之价可略低于一百一十文钱的统一价格。"

李若初道："好，我这就去办。"

刘晏的这一英明决策，使得吴、越、扬、楚四大州置廪至数千，积储食盐达二万余石。有了分布如此之广、存量如此之多的仓盐作储备，即使流通领域完全让给盐商，也不怕他们扰乱市场，若有什么突发情况，也足可以应付了。而盐监直接就地粜盐，也增加了盐利之入，而至大历末，仅盐监粜盐之入就岁得百余万贯，可当百余州之赋入，这不能不说是一个奇迹。这是后话。

刘晏继续说："至于元琇说的货币因素，我最近也在考虑这个问题。安史之乱以前，天下租赋皆纳左藏库，第五琦为度支、盐铁使时，京师豪将求取无度，第五琦不能禁，乃将天下租赋入大盈库。左藏库乃国库，由户部掌之，大盈库乃皇室私库，由中人主之，也就是说，第五琦将国库之钱入了皇室私库，入了私库后，相关衙门就对其失去了控制，国用所需也难以及时调用。在整顿漕运的时候，我已从盐利中拿出了三十余万贯钱以充漕运之脚价钱，我正在考虑在盐利上再做点文章。”

元琇道：“大人又有何妙计？”

“商人购盐缺钱，手中却有绢，朝廷售盐收钱，则又用钱去购绢以作军服，与其这样，不如允许商人直接以绢代钱用以购盐，朝廷以所得之绢供军队制作军服之用，这岂不是两全其美之法？”

元琇道：“我还真的没有想到事情竟然能够这样处理。”

刘晏道：“我想以优惠的政策鼓励商人以绢代钱，用以购盐，办法是提高所纳绢之价格，绢每匹估价四千钱，而市场上每匹价为三千二百钱，每千钱中盐商可以得二百钱的好处。同时规定，盐商购盐，按绢钱各半结算，以着定例。”

元琇敬佩地说：“大人的账算得真是太精了。”

“皇上如此信任，将主管东南地区财政工作的重任委之于我，责任实在是太大了，我未曾有一日之松懈。身为财政之臣，有些账就必须算，而且还要算得清清楚楚，明明白白，否则就不配当计臣，你们可要切记之。”

元琇、李若初二人说道：“多谢大人的教诲！”

刘晏又道：“元琇，以绢代钱用以购盐的公文你来办，发至十监、四场、十三巡院及有关衙门。”

唐制规定，军队制作军服的绢帛本不能由盐铁使自支，当也是先进入内库，再由内库调拨。但刘晏在盐利输纳中明确规定划分了供军服部分，限制了内库对这部分盐利的滥支，实际上等于将盐利的一半收入从内库中分割出来，归之于左藏库之用。盐利虽无纳正库之名，而有供国用之实，通过以绢代钱用以购盐的办法，刘晏巧妙地达到了从内库分割盐利的目的。先是以盐利充漕庸，后是以绢代钱购盐，盐利中的一大部分已直接用于国家的财政支出，入内库供宫廷使用的仅占较少的一部分了。这是刘晏以委婉的手法，巧妙地完善了盐利的支用制度，保证了军国之用，使盐利从进奉于内库变成真正的补充国计的收入。这恐怕是刘晏处理财政工作的一大特色。治史者在研究刘晏的理财业绩时，多称赞其在漕运、盐法、常平等领域中的贡献，而忽略了他在完善盐利制度上所起的作用。

大历三年秋，本是制盐的好季节，然而，西北地区却普降大雨，且其降雨量之大，持续时间之长，却是史所未见。整个西北地区的两池及三川的盐池都被霖雨所毁，大部分盐池被迫停产。一向依赖于西北盐池供给的京师长安，食盐市场一下子就紧张起来，盐行无盐而关门，市场价格飞涨，百姓极度恐慌，市场刮起了一股食盐抢购风，闹得整个京师人心惶惶。

在东西分掌制下，京师属度支第五琦管辖的区域，食盐是老百姓生活中一个最为敏感的商品，食盐市场出了问题，第五琦有不可推卸的责任。一向老成持重的第五琦这下也慌了手脚，要知道，自永泰二年实行财政分区负责以来，刘晏在其掌管的东南地区可是做得有声有色，而他所掌管的西区竟然出现了这样大的问题，他心里怎能不慌呢？想来想去，他决定向代宗皇帝呈报，请求代宗皇帝发令，调东南之盐驰援京师。

是日早朝，第五琦出班奏道："陛下，臣有本要奏！"

"有何本只管奏来！"

"近两个月来，西北地区普降暴雨，时间之长，降雨量之大，皆前所未见，两池、三川之盐池多被霖雨冲毁，西北池盐多被迫停产。导致京师市场的食盐供应紧缺，市场盐价飞涨，百姓一片恐慌，京师已刮起了食盐抢购风。此虽是天灾所致，臣也有不可推卸的责任，臣恳请陛下降罪于臣。"

"近日京城盐市价格动荡异常，朕已有耳闻，此是天灾，责不在你，但食盐库存不足，你也有不察之过。目前首要的任务是解决京师及京畿市场缺盐的问题，你有何打算？"

"臣已下令将两池、三川池盐所有库存全部调出以供应市场，但维持时间也不会很久，在生产恢复之前，必须要从其他地方调入食盐，方能解决京师食盐严重不足的问题。臣请求调东南海盐驰援京师。"

李豫对站列班中的刘晏叫道："刘晏！"

"臣在！"刘晏出班答道。

"度支郎中第五琦之言你可听见？"

"刚才的奏对臣听到了，且京师市场食盐短缺的情况臣也已了然于胸，只是此乃西区之事，臣不宜品头论足，更不宜插手。"

李豫问道："你可有良策解决长安及京畿各县市场食盐短缺的问题？"

"臣所主管的东南地区，盐业生产发展很快，且建廪数千，食盐储备充裕，足可以应付天灾人祸对食盐市场带来的冲击。"

“第五琦犹如热锅上的蚂蚁，朕也如坐针毡，你还坐得住？”

“臣可不敢越俎代庖，正在这里等候陛下的圣旨呢！”

“朕命你火速调运江淮海盐三万斛以供京师之急需。”

“臣遵旨！漕道通畅，运输不是问题，江淮之储盐颇丰，调盐也不是问题，臣保证四十天之内，从水路漕运江淮海盐三万斛驰援京师，以缓解京师食盐短缺的矛盾。”

众大臣听见刘晏说得如此果断，遂纷纷点头赞许。

第五琦一揖道：“第五琦在这里谢过了！”

刘晏还了一揖道：“同为一殿之臣，都是为朝廷办事，何谢之有？”

特使衙门里，刘晏手书调盐的命令，叫来李若初道：“用六百里加急发给扬州的卢征和吴、越、楚、扬四州之盐场，三十天之内急调江淮海盐三万斛运抵京师，救市如救火，令船工分两班日夜兼程，脚价费按正常标准加倍支付。”

江南盐道衙门的卢征和四大盐场几乎是在同一天接到刘晏调盐的命令，卢征翻阅四大盐场的报单，知道四场及其所属分场库存之盐足够应付京师调盐之数，他急忙赶到转运使居扬州的办事机构江南漕道衙门找到判官张秘书：“张兄，我可是无事不登三宝殿哟。”

“卢兄一向可好，有何事尽管说好了。”

“刘大人来信，要急调江淮盐三万斛驰援京师，我是来商量漕船运输的。”

“漕道衙门也接到了信函，三十条漕船我已经为你准备好了，随时听候你的调遣，怎么样，还对得住你吧？”

“好，等盐发运了，我请客，到醉仙楼去好好地喝一杯。”

“好，先记在账上再说，盐船几时需要？”

“既然船准备好了，明天就装船，装好后马上起运。”

在卢征和张秘书的相互配合下，在最短的时间内，从四大盐场及其他盐场调集库盐三万斛，以最快的速度运抵京师，前后算来正好是四十天。在如此短的时间内转运如此多的盐，人皆以刘晏为神。

第四十三章　盐政开启新时代

扬州盐道衙门，卢征正在查阅各盐监、盐场及巡院报送的有关情况，准备整理后上报京师的盐铁使刘晏。正在这时，一书办进来报："大人，扬州巡院的穆宁来访。"

卢征赶忙起身，将穆宁让进屋："穆先生！快屋里坐，有什么事吧？"

穆宁笑着说："没有什么大事，从盐道衙门路过，顺便进来看看。"随手端起刚沏的茶喝了一口。

卢征道："穆先生不来，我也想到你那里去转转。"

"有事？"

"前几天刘大人来信，叫各巡院要密切注意食盐的市场动态，如发现有什么异常，要及时上报京师，好及时采取应对之策，一定要保证食盐专卖政策的贯彻执行。"

穆宁没有正面回答卢征的问题，故意装作若无其事地问："卢大人，你是否认识一个叫雷凯家的人？"

"雷凯家？名字有点耳熟。"卢征默默地想了想，"啊！想起来了，是不是丹阳县的一个什么人？"

"不错，丹阳县的一个盐商，他说同你很熟的。"

卢征哈哈大笑："不错，是很熟，当年整顿漕运的时候，他是丹阳县称霸一方的豪强富户，为富不仁。在丹阳湖筑堤围堰，泄掉堰内之水，一百多顷湖面变为农田而据为己有，致使丹阳湖蓄水面积减少且还切断了丹阳湖与运河的水道，使丹阳湖周围原本是旱涝保收的良田成为遇旱即干、遇水即涝的伤心田，湖周围的金坛、丹阳、延陵三县之百姓深受其害，还是我和丹阳县令余大人一起带人炸了他筑在湖中的横堤，还丹湖本来之面目，他对我一定是恨之入骨。

怎么能够忘得了？当然也是‘熟人’了哟！”

“啊！事情原来是这样的，本来是冤家对头，却要说是熟人。”

卢征有点不解地问：“到底是怎么回事？”

穆宁笑着说：“前天晚上，扬州巡院抓住一个偷运私盐者，我下令扣押了他的私盐，没收了他的资金，人还关在巡院里。他说他叫雷凯家，家住丹阳县，同盐道衙门的卢大人是老相识，恳求放他一马，并许以重金酬谢。我是来打听一下，顺便想征求你的意见，看如何处理，这倒好，原来是一个拉大旗作虎皮的骗子。”

“这是他惯用的伎俩，当年我带人到丹阳县去炸横堤的时候，他也说其表亲是吏部的王大洪，也恳请我看在其表亲的面子上放他一马。我回京后顺便到吏部打听了一下，吏部是有王大洪这个人，你说是做什么的？”

“做什么？”

“厨房里一个烧火的。”说罢，两人哈哈大笑。笑过之后，卢征问道：“刘大人来信中说，他想了解一下食盐专卖之后各地市场的价格情况。传递商情是你们巡院的工作，不知你那里掌握的情况怎么样，我正想找你了解这方面的情况，既然你来了，免得我再跑一趟了。”

穆宁说：“据扬州巡院掌握的食盐市场行情：两淮每斗盐价格一百七十文左右，浙东、浙西大约也是这个水平。河南洛阳一带稍贵，大概在一百九十文上下摆动，但最高都没有超过二百文。至于江、岭一带，情况就不同了，因其地处偏远，运输路途遥远，所花运费太高，故而盐商多不愿往。偶有至者，也是奇货可居，故意哄抬盐价，斗盐价高达三百至五百文，有的甚至高达六百文，高于他处一至两倍还多。百姓无力购买，只好淡食，此等情况不可不引起重视。”

“这些情况很重要，我将及时上报，刘大人询问行情，想必又有什么新的政策也说不定。你今天就不要走了，等会儿吃了饭后我们再好好合计合计，看还有哪些事情必须向刘大人汇报。”

京师特使衙门，李若初手拿一纸信函来到刘晏处所：“大人，扬州盐道卢征的信。”

刘晏接过信，扯开封口，从信封中取出信仔细地看了看，随后交给李若初道：“你也看看，谈谈你的看法。”

李若初接过信函看了看说：“卢征在信中说的江、岭一带市场食盐价格昂贵的问题，我认为要引起足够的重视。”

“商人乃唯利是图者，有利趋之，无利弃之，这很正常。江、岭等僻远之地，交通不便，运输困难，盐商难至，盐价昂贵的情况早在我预料之中。我之所以要卢征密切注意这个问题，是想看看这个问题是不是真的出现了，果不其然，该来的还是来了。”

“如此说来，大人早已有了解决这个问题的办法？”

“西汉时大司农耿寿昌，为防止粮食价格的暴涨暴跌，首创常平仓制度。当市场上粮食价格下跌时，大量收购粮食储之于常平仓，当市场上粮食价格上涨时，则以略低于市场价格抛售常平仓之储粮，用以平抑市场粮价。我欲借常平之法用之于盐，不愁居高不下的江、岭之地的食盐价格不降下来。”

“司马迁在《史记·平准书》中确实记载了此事，大人真是一个有心人，若将常平之法用之于食盐专卖，一定不失为一个好办法。”

“你记录一下，”李若初立即取来纸笔，刘晏继续说，“通知诸道巡院，在偏僻之地广置盐仓，调运食盐储之于仓，此仓就叫常平仓，所储之盐就是常平盐。若市场盐价平稳，常平盐储而不发，若商贾不至，食盐供应紧张，价格上涨，就以平价抛售常平盐，以满足百姓对食盐的需要。这样，既解决了边远地区老百姓食贵盐的问题，同时还可为国家增加一些财政收入。”

李若初问道：“这是否有悖于商运商销的宗旨？”

“虽然我们实行的是商运商销的制度，但并没有放弃稳定市场价格，调剂物资余缺的职能。只要商贾正常经营，不囤积居奇，不哄抬盐价，朝廷绝不进行行政干预，常平盐也储而不发。若僻远的地方商人不愿去，或者去了却乘机哄抬盐价，出了这样的问题，朝廷就不能不闻不问，坐视不管。否则，这些地区的百姓或因无盐而淡食，或因盐贵买不起而淡食，将会是社会的极不安定因素。况且，我们也没有采用行政手段强行规定食盐的市场价格，只是抛售常平盐以平抑市场盐价，其目的是保持食盐市场价格的稳定，保证百姓生活的基本稳定。并没有用行政手段强行干预商人的经营行为，这并不违背商运商销之初衷。”

“常平盐售与不售，又是如何把握呢？”

“根据诸巡院呈报的商情分析，每斗食盐的市场价格当在一百八十文左右，高者也没有突破二百文，若按二百文计算，盐商每斗盐的进价是一百一十文销价是二百文，进销差价是九十文。据调查，斗盐百里运费为二文左右，这就是说，盐商在经营食盐的过程中获利颇丰。就以二百文为限，每斗盐的市场价格超过二百文，诸道巡院就大量抛售常平盐，若没有超过二百文的价格，则常平盐储而不发。”

李若初笑着说：“大人是想在常平盐的销售过程中获利吧？”

“官获厚利而人不乏盐，何乐而不为呢？哈哈哈！”

颇似复杂的一个经济问题，刘晏在谈笑之间就予以解决，其所带来的后果是：官获厚利而人不食贵盐。刘晏对食盐专卖问题剖析之透彻，决策之英明，效果之显著，真可称为千古之绝唱。

刘晏对食盐的就场专卖制，开启了中国古代食盐专卖、中国财政史的一个新时代。其可贵之处在于：一方面是国家控制了食盐的货源，垄断了食盐的第一道批发市场，且还没有放弃对食盐零售环节的管理，盐商只能在政府规定的范围内从事正常的经营活动，不大可能兴风作浪，牟取暴利；另一方面，通过精简机构，裁汰冗员，改官运官销为商运商销，节约了一大笔费用开支，将零售环节完全交由商人去经营，充分地利用商人，特别是中小商人的销售能力，马驮人挑，把食盐销售到农村的每一个角落，且又以常平盐予以调剂。这是官营商业领导下对私营商业的限制与利用的巧妙结合。这种结合，几乎消除了旧制所存在的所有弊端。其所带来的结果是：盐业生产发展了，销售数量扩大了，市场价格稳定了，商品流通活跃了，人民生活安定了，国家的财政收入增加了。

刘晏在永泰二年开始主管东区财政工作并开始改革盐政，当时江淮盐利一年之入为四十万贯，整个东区的盐利之入也仅六十万贯，经过刘晏的改革，到大历末年（779 年），在通货膨胀已经停止、币值已趋于稳定的情况下，盐利之年入已达到了六百万贯，而当时唐中央财政岁入总数为一千二百万贯，也就是说，唐中央财政岁入，盐利之入已过其半，从而使盐利之入首次超过地税、户税而居各项赋税之首，皇室的宫闱服御、军饷、百官俸禄都仰赖盐利供给。

刘晏的食盐专卖政策，无疑是受了管仲、商鞅、桑弘羊的影响，他崇尚古制，但又不照搬旧法，他根据当时的实际，在前人的基础上，保留了食盐专卖的精髓，即国家对食盐生产的控制、对食盐收购的高度集中、对食盐一级销售市场的绝对垄断，但他又针对当时的实际情况，否定了官运官销的销售方式。他认为，官运官销的旧制导致了国家财政机构臃肿，人员冗杂，且还严重地打击了商人，在国家的财政收入主要靠东南地区的租赋支撑的情况下，士、农、工、商都是社会不可或缺的组成部分，忽视商人在国民经济中的作用，将商贾作为排斥、打击的对象而排除在食盐销售领域之外，这是不利于经济的发展的。政府不能在食盐销售过程中包打天下，实践证明，这种包打天下的做法是行不通的，因此，要将商人作为政府团结的对象，使他们成为政府的支持者，利用他们的营销经验和资金搞活流通，搞活市场，搞活经济。这样，市场就繁荣了，经济就活跃了，国家赋税的征收就有了基础，财政的收入也就有了保障。因此，他对盐政改革的核心，就是废除客观上已经不符合当时社会经济要求的官运官销的完全专卖制，改行民制、官收、商运、商销的就场专卖制，政府完全从流通领域中撤出，将零售环节完全交给商人去经营。

刘晏对旧制的否定和新制的创立，表现出他大胆变革的精神。他是继管仲、商鞅、桑弘羊之后中国历史上又一位当之无愧的理财家、改革家。他的食盐就场专卖制的创设，在当时是一件新鲜事物，对中国历史也产生了极大影响，在中国经济史上占有极其重要的地位。他不但以盐政办得好而见称于当时，而且以盐法之善而享誉后世，他所创设的就场专卖制度对后世的食盐政策产生了极为深远的影响。

第四十四章　君臣论政

刘晏、第五琦同时接到谒见代宗皇帝李豫的传诏，在进宫的路上，第五琦问道：“刘大人可知皇上此次召见是为何事？”

“本官还正想问你呢！”

“你我分管东西两区之财政，今天同时召见，莫不与此有关？”

“不必猜，马上就见分晓。”

刚走近仁寿殿，守候在门口的一名太监对他们说道：“二位大人请随奴才来！”

两人对望了一眼，随太监来到皇上御书房的门口，太监弓身伸手一指：“二位大人请进，皇上在里面等候多时了！”

御书房内，李豫正坐在御案前批阅奏章，二人跨前几步俯伏于地：“臣叩见陛下！”

“二位请起！”李豫指着一边的椅子：“赐座！”两人拉过椅子坐下。“今天只召见你们两人，没有别人，不必局促。”转而对侍奉太监董秀道，“沏茶！”

董秀在茶几上摆好两套茶具，再到柜子里取出茶罐，揭开罐盖，伸手准备撮出罐中茶叶，李豫伸出手说道：“茶罐给朕，你去候汤。”

董秀将茶罐递给李豫，回身坐到炭炉旁，守候着正在炉上烧而未沸的壶中水，茶道中这叫“候汤”。

李豫掀开罐盖放在茶几上，捏了一撮茶叶闻了闻，边将茶叶放进刘晏面前的茶杯中边道：“你们分管东、西财赋，朕还是第一次同时单独召见你们两人，今天先请你们品尝极品贡茶明前洞庭碧螺春。”又捏起一撮放进第五琦面前的茶杯中，董秀忙到御案上拿起皇上刚喝的残茶覆去，将空茶杯放到李豫面前，李豫又给自己的茶杯放进一撮茶叶，“茶是一种表山川之灵气，集天地之风露，含英咀华，吐香蕴玉之物，是造物主的恩赐。”

“陛下，水沸了！”董秀说。

“快拿过来。”李豫头也不转地继续说，“候汤是品茗中至关重要的一环，当壶中水沸如鱼目、微微有响声时为一沸；边缘如泉涌连珠，为二沸；哗哗沸腾，为三沸，此时恰到好处，若再继续煮，水就老了，味道变涩而不宜饮用，候汤嫩不得，老不得，讲究之极。”

李豫伸手接过董秀手中的水壶，给三个茶杯中各倾注小半杯沸水，干燥的茶叶立刻发出细碎的吆吆声，他静静听着茶叶的舒展声，稍顿片刻，端起茶杯，用杯盖捂住杯口，将杯中的水滤去，边滤边说：“茶叶为神，然神有神的脾气，品茗要品二遍水之茶，头遍水尚未将茶叶之精髓催出来，只有二遍水之茶，才能品出茶之真谛。”三杯茶的头遍水滤干后，再向茶杯中倒入半杯热水，极认真地观察着茶杯中的水色，然后再一点一点地向杯中慢慢兑水，水酌满后，他回到龙椅之上坐下来继续：“品茗，水至关重要，不同的水，沏出的茶的味道是有很大差别的。在所有水中，露水最佳，雪水次之，雨水再次之，水愈轻而色佳、味愈甘甜爽口，这是今晨之露水，是极品之水。”他好像是专门请刘晏、第五琦来品茗论茶，从他们进门到现在，说的全都是饮茶之道。

刘晏、第五琦两人看着那碧澄澄色如琥珀的茶水，闻着那满殿荡漾着的茶香，激动之情难以言表，要知道，古代的臣子能获得皇上赐茶，就已是天大的荣幸，更不用说皇上亲自沏茶了，他们当真是有点受宠若惊，刘晏声音有些颤抖地说：“微臣哪里省得，只知道吃茶解渴而已，这样的水，这样的茶，微臣闻所未闻，见所未见，更不用说品茗了。”说着就要端杯饮茶。

“等一等，茶太烫了难以品出茶之真味，只有在半温的时候，将茶含在口中轻轻地漱漱，才能品出沁入肺腑的茶香味。”李豫又轻轻地嗅了嗅说，“茶香为气，而气又分为两种，刚才是王者香，现在是隐者香，你们闻闻看。”

刘晏屏息细嗅，果然茶香又与刚才不同，刚才是又烈又醇，这会儿阵阵幽香犹如空谷幽兰沁入肺腑，惊奇地赞叹道：“陛下真是广见博闻，圣学渊源，微臣哪里知道品茶竟有如此大的学问。”

第五琦感慨地说：“善饮茶者，心灵的深处充满着一种清淡、静雅的意境，最终，使茶心、人心、道心，相互交融在一起，形成一种超凡脱俗的茶文化。古人云：茶是儒，是仁、义、礼、智、信；茶是佛，是来世净土的精神寄托；茶是道，是乐天知足的自我心灵安慰；茶是和，充满着怡情温柔，至善至美；

茶是静，充满着清淡天和，养精蓄锐。”

李豫哈哈大笑道：“说得好！来、来、来，请用茶！”

刘晏端起茶杯，轻轻地呷了一口，果然是清新爽口，满口生香，同平常所饮之茶大有不同，感慨地说：“茶乃水中君子，酒乃水中小人，今天能聆听陛下对茶道精妙的论断，品尝陛下亲自沏的香茗，真正是品尝到了茶之真谛。”

李豫笑了笑说：“你接下来还要说，为人君者，要亲君子，远小人，是吧？”刘晏不好意思地笑了笑，正欲解释，李豫又继续说，“但你总不能叫朕将小人统统杀掉，将酒坊统统砸烂吧？‘非君子莫养小人也’！李太白不是没有酒就没有了诗吗？朕身为天子，既看重君子，也能容忍小人，有时候还很喜欢小人，你知道为什么吗？”

“臣不知道！”

“你当然不知道，因为你是君子，不是小人，君子有君子的做人准则，小人有小人的做人门道。君子心胸坦荡，有浩然之气，小人心怀叵测，怀害人之念，但小人大多都绝顶聪明，善揣朕意，做事、说话都能投朕之所好，对朕也是百依百顺。朕虽贵为天子，但朕也是一个人，朕也喜欢听恭维话。治理国家虽然要倚重正人君子，但朕的身边也离不开小人，没有这些小人相伴，朕过得不是太乏味了吗？”

李豫召见两位计臣，本来是要讨论国家财政问题的，不想因刘晏“茶乃水中君子，酒乃水中小人”的一番感慨，将话题引向了做人，他索性借题发挥，继续沿着这条思路继续说下去：“朕听说卿在主管东南地区财赋期间，自有一套选贤任能的标准，不妨说与朕听听！”

刘晏头脑“嗡”的一声，一阵晕眩，因为他在改革盐政时，裁汰冗员，整饬吏治，清除了一大批贪官污吏，同时也提拔一批年轻有为的新进敏锐之士充实到财政队伍中来，说不定这中间得罪了哪位权贵，诬陷他在用人过程中拉帮结派、结党营私。他紧张地思索着，暗暗地向李豫瞟了一眼，不想正好与代宗的眼光相遇，看到李豫眼里充满了鼓励与期待，马上收回目光，深深地吸了一口气，略为镇定了一下说：“臣在改革盐政的过程中确实是起用了一批年轻有为、新进敏锐之士，这几年东南地区的财政之所以有所起色，同这些人的努力是分不开的。”

“卿是如何选拔这些人的呢？”

“臣以为，政之所先，莫于理财，而理财之关键则在于用人。而人有君子与小人之分，谁为君子，谁为小人，并无标记，何为正，何为邪，亦无成例，这就为选人用人增加了难度。设官分职，选贤任能，得其人则有益于国家，非其才则贻患于黎庶。”

“卿之所言，甚为有理，朕就想知道你的择人标准是什么？”

“臣以为，为政者，理财与用人是非常重要的两个方面，二者不可或缺。用人乃首务，人乃理财之本，平庸寡才之人，怎能理好财？纵观历代理财者，因国用窘迫，有倡导加征，损下而益上者；有变法弄权，敛财而至敛怨构祸者。初之立法，未尝不善，最终却弊端百出，其根源就在于用人不当。微臣主管东南财政，将用人视为第一要务，慎之又慎，其主事者，则更是人中之秀，尽一时之选。选贤任能，不论亲疏，量才取用，绝不含糊。”

李豫轻轻地点点头，脸上露出赞许之色。

“臣所取用之人，多为士人，要职更是委于士人充之。”

“这又是为何？”李豫有些不解地问。

“大凡官吏进身分两种：一是科举应试中举，二是门荫世袭，科举应试入第者为‘士’，世袭爵禄者为‘吏’。”

“二者有什么区别吗？”

“士乃饱学之人，十年寒窗苦读，异常珍惜这来之不易的功名前程。他们惜名轻利，视名誉如生命，甚或胜于生命，一言一行、一举一动，莫不慎之又慎，深恐有何闪失毁了名声。他们也追求利，但这个利是名声、是爵禄，这些都在朝廷的掌控之中，要多少，有多少。只要他们要，朝廷就可以给，他们得到了爵位和名望，就会竭尽所能地为朝廷办事，为百姓造福。”

“吏呢？难道他们不是这样？”

“吏皆世袭爵禄的官宦子弟，爵生而有之，禄坐享其成，从小混迹官场，对官场上的一些陋习耳闻目睹，锐气尽失，毫无进取之心，追逐金钱，重利而轻名。在名誉和金钱二者中，他们更看重财利。利，常令他们智昏，追求利，他们能不顾一切，铤而走险，甚或像一个输红了眼的赌徒，孤注一掷。臣在东南考察盐政期间，此等之事所见甚多，如杭州临平监的胥吏上下齐手，盗分官钱数千百万，上虞兰亭监的知监事与盐商勾结，将官盐低价售与盐商从中牟利。他们身为官吏，知道这样做是违法的，一旦败露，将会受到大唐律法的严惩，但是，他们就敢玩火，就敢铤而走险。因此，臣理财用人，检核出纳尽皆委之于士人，吏惟奉行文书而已。”刘晏似乎忘记了他在同谁说话，谈起用人之道简直是头头是道，滔滔不绝。

李豫有意考察刘晏的用人之道，也就没有打断他的话头，让他一直说下去，听刘晏的一席之谈，使他对刘晏又有了更深的认识，也坚定了他一直犹豫不定的一个决定，听到刘晏刹住了话头，他适时地将话题一转：

“二位乃钱谷之臣，分区掌管国家财政，朕今天召见你们，本是要商讨财政之事，不想因茶道而引出用人之道。现在言归正传，商讨一下如何理财，只是商讨，不作定论，二位尽可畅所欲言，不必拘谨。”

刘晏向第五琦望了一眼说道：“你先说吧！”

第五琦清了清嗓子：“好，臣就讲朝廷现行的赋税制度，现行的租庸调法是建立在均田制的基础上的赋税制度，征收的就是人头税。随着土地兼并的日益炽烈，旧的均田制也遭到了严重破坏，土地越来越集中在少数人的手中，失去土地的农民只好流落他乡，但户籍并没有变动，地方对流亡人户的赋税还得征收，流亡人户无从征收，就将其分摊在未逃者的人户身上，这就是赋税征收中的‘摊逃’。未逃亡人户除缴纳自己应缴纳的赋税外，还要缴纳‘摊逃’的赋税，实在是不堪重负，难以承受，于是也只好一逃了之。豪强人户为了逃避赋税，或为官、或为僧，想尽办法成为不课户，使得租庸调法形同虚设。”

“怎么会出现这样的情况呢？”李豫问道。

“征收赋税的地籍版图及人户数使用的都是安史之乱以前的旧籍，经年已久，特别是安史之乱以后，大量的人口流亡、丧匿，户籍更是错乱剧减，如此何能谈赋税征收呢？朝廷虽加强了征纳措施，然赋税之入仍然是逐年下降，以人丁为征课对象的租庸调法的弊端已显露无遗。”

李豫向刘晏问道：“你对此事有何看法？”

“租庸调法确实存在不足，太宗皇帝时，开征了地税，高宗皇帝在永徽年间，将户税作为国家财政预算内的科目，明令‘薄敛百姓一年税钱’充本息利，以充京官俸禄钱。地税和户税是作租庸调的附加税开征的，在旧的租庸调法已渐败坏，新的赋税制度尚未形成之际，地税、户税已成为财政收入中的重要税源，但目前土地大量集中于少数富豪之手，人口流失又十分严重，地税、户税征收中的偷、逃、漏税问题也十分突出，朝廷要果断地对地税、户税进行整顿。”刘晏在对租庸调制进行分析之后谈了自己的看法。

第五琦接着说道：“不仅要解决偷税、逃税、漏税的问题，同时，税赋征收的标准也应作适当调整。”

“重点放在整顿上，税率可以适当调整，但幅度要控制，要考虑到普通老百姓的承受能力，不能因为提高了税率而使他们的利益受到太大的伤害。”刘晏理财向来是以爱民为先，他不主张苛捐重税索取于民。

“地税、户税的整顿，户部拿个方案，报朕审批后颁布实行。”又对刘晏道，“你谈谈东南地区的情况！”

刘晏亦清了清嗓子说道：“国家盛衰，系于财政。我朝自安史之乱以后，社会经济已处于崩溃边缘，虽经几年的励精图治，终因受创过重而难以恢复元气，加之藩镇不受朝廷节制，截留朝廷赋税之入，更使得中央财政捉襟见肘。要想重振大唐雄姿，走富国富民之路，在特定的历史条件下，必须要用特别的办法理财。过去之财政，乃赋敛财政，这样的财政政策，是在朝廷财用不足的情况下，通过沉重的苛捐杂税向百姓索取财政收入，对此，臣有不同的看法。臣认为，租庸制是财政，漕政、盐政、常平同样都是财政，四者同为国家的四条经济命脉，共同构成国家的财政体系，在租庸制这条命脉遇阻不畅的时候，要从其他三条命脉中寻找突破口，以弥补租庸调制所带来的不足。臣主管东南财政，就是在漕政、盐政、常平这三个方面做文章，走商业财政的路线，几年来，一手抓漕政，一手抓盐政，收效颇丰。自广德年以来，逐渐地疏通了运河、汴河、黄河、渭水，恢复了漕运，最高年份年运漕粮百万石，正常年漕运之粮稳定在四十万石左右，除留东都洛阳十万石外，供应京师三十万石，京师缺粮的危机已不复存在，可以说，漕政已经步入正途。”

“漕政之事朕已知之，盐政的情况又是怎样？”

“盐政是一篇非常大的文章，盐利亦大有潜力可挖。还在整顿漕运之时，臣就在考虑盐政问题，整顿漕运工作告一段落之后，盐政改革也就开始了。过去的盐政是民制、官收、官运、官销的完全专卖制，商人完全被排除在外，臣觉得，大唐的食盐市场这么大，吃盐的人口又那么多，分布的范围又如此之广，朝廷很难垄断食盐市场。没有必要将商人排除在食盐市场之外，士、农、工、商业，各有各的行，各有各的道。商人是一股巨大的势力，他们天生就是贩买贩卖，买贱鬻贵，因为有了他们，长安的市场才有岭南的荔枝售卖，御厨房里才有景德镇的瓷器。”

“有道理。”

“臣将民制、官收、官运、官销的完全专卖制变革为：民制、官收、商运、商销的就场专卖制。”

“二者有什么区别吗？”

“区别在于食盐的流通，前者官运、官销，完全将商人排除在外，后者商运、商销，政府只控制食盐的收购，将流通领域交给商人，放手让商人去经营。”

“一点约束也没有？”

“约束当然有，盐商不同于其他商贾，其直属盐道衙门管理，不受诸道节制。这样，盐政机构精简了，冗员裁减了，费用支出也就节约了，节源就等于开流，就等于增加了财政收入。”

李豫赞许地点点头：“嗯！”

“商人进入流通领域，利用其雄厚的资金和丰富的经商经验，将食盐贩运到全国每一个角落，食盐市场很快就活跃起来，销路很快就畅通了，销路畅则销量增，销量增则税源广，这是个很浅显的道理。”

“确实是这样的！”李豫插了一句。

刘晏继续说：“新盐政已走上正轨，改革亦初见成效，财政收入亦年年看涨。臣刚接办东南盐务之时，东南盐利岁入六十万贯，今岁之入已达三百余万贯，要不了几年，盐利之入将会超过地税、户税之入而跃居诸税之首，成为财政收入的最大税源。假以时日，必能振兴大唐经济、重现贞观之治、永徽之治之繁荣景象。”

“东南地区以漕运与盐政为支撑的财政体制的形成，是卿这几年主管东南地区的财政、致力财政改革的成就。但从国家整个财政形势来看，仍然是入不敷出、捉襟见肘，要扭转目前财政之困境，任重而道远，你在这方面还有何新的理财思路？”

“理财之道，在于开辟、寻找财富之源泉，使天下财富汇集成海洋为国所用。言利之臣多主张增加赋敛，认为这是国家开源唯一之道，臣却不以为然。理财当以爱民为先，爱民莫过于轻徭薄赋，国用虽甚匮乏，但老百姓亦处在水深火热之中，若重赋以敛财，从百姓腰包里掏钱，此无异于杀鸡取卵，竭泽而渔。杀鸡取卵，不是取不到卵，而是以后就没卵可取了，竭泽而渔，不是捕不到鱼，而是今后就没鱼可捕了。”

“国家财政如此困窘，不向百姓伸手，从何处取之？天上总不能掉粮食吧？”

“臣这几年致力于漕政和盐政，无暇顾及其他，现漕运已尽恢复，盐政亦步入正轨，臣欲效常平之法以理财，以求做好财政这篇大文章。”

“何谓效常平之法以理财？”

“常平法乃西汉时期的财政大臣大司农耿寿昌所创，做法是设置仓廪用以储粮，谷贱时增其价而籴以利农，谷贵时减价而粜以利民，借以平抑粮食市场价格，此仓廪即是常平仓。尽管是谷贱时增其价而籴，贵时减价而粜，由于粮食籴粜的时段不同，进销之间仍有差价，政府从中仍可以获得收益。”

“我朝不是也设置了常平仓吗？”

“是的，贞观、开元时期，朝廷曾广置常平仓，并从中央财政中拨出资金以充常平之本：上州三千贯，中州二千贯，下州一千贯。此后的常平仓虽时兴时废，但还总算存在，安史之乱使常平制度中断，常平本钱也被挪用一空。”

第五琦插话道：“广德二年，臣曾奏请置常平仓，只是常平本钱难以落实而未果。永泰二年，中央正式设置常平使，并实行分区管理。”

刘晏接着说：“臣任东南地区常平使以来，由于忙于整顿漕运，改革盐政，无暇顾及常平之事宜，但在改革盐政的过程中，曾小试牛刀，将常平之法用之于盐，收效甚佳。”

“具体是如何操作的？”李豫急切地问。

“江、岭等偏远之地，路途遥远，商人多不愿往，偶有所至者，也因奇货可居而高价索于民，百姓深受盐价昂贵之累。臣令诸道巡院在这些地方设置仓廪，此仓就叫常平仓，从产盐区运盐储之于禀，此盐就是常平盐。当市场上盐价昂贵之时，则以平价抛售常平仓所储之盐，当市场盐价趋于平稳时，常平仓盐则储而不发。这样，既平抑了市场盐价，使百姓无食贵盐之忧，朝廷还能获得可观的经济收入，可谓是一箭双雕，两全其美之策。”

“看来你对常平理财的研究颇有心得！”

“西汉时，桑弘羊在常平仓的基础上又辅之以平准、均输，逐渐形成了一个庞大的官营商业网络，国家通过这个庞大的官营商业网络取得经济收入，借以充实财政。臣欲效桑弘羊之法，广置常平仓，调控天下粮，谷贱时增其价而籴以利农，谷贵时减价而粜以利民，然后推而广之，并将常平之法用之于万物以理财。”

“桑弘羊乃一代名臣，颇善经营之道，正是由于他的辅佐，才使得汉武帝一代的文治武功达到顶峰，朕对桑弘羊也颇为推崇。当前，国家的财政十分困难，朕召见你们，就是要探讨这个问题。本朝常平政策停而未行，乃战祸所致，如今战乱已靖，国家百废待兴，你们两人一个主掌西区财政，一个主掌东区财政，乃朕之股肱，朝廷盛衰，系于财政，如何扭转当前国家财政的困境，你们要多动脑筋。赋敛财政也好，商业财政也罢，只要是有利于国，有益于民，就是好财政。”

第四十五章　理财要有大局观

唐制规定，官吏每十天轮休、沐浴一次，轮休称休澣，沐浴称浣，月有上旬、中旬、下旬，故有上浣、中浣、下浣之称。一般情况下，休澣之日，重要衙门都要安排吏员守值，以防有突发事件或重要政务要及时处理。

这一天是休澣之日，刘晏在家里辅导小孙子读书，忽听到外面传来小贩的叫卖声："卖豆腐啰！卖豆腐啰！"

李老夫人在内屋叫道："去个人，买几块豆腐回来。"

刘晏听到夫人的叫声，答应道："拿钱来，我去买。"

李老夫人从里间出来递过钱，刘晏正欲接钱，旁边的小孙子跑过来一把抢过奶奶手中的钱，说道："奶奶，我去买！"

刘晏和老夫人相视一笑，正想吩咐几句，小孙子抢到钱一阵风似的跑出了门，刚过一会儿，小孙子又返回来问道：

"爷爷，一文钱三块豆腐贵不贵？"

刘晏一愣，他真没有想到这么小的一个孩子竟然能说到物品贵贱的问题，于是故意说道："贵了！"

小孙子又一阵风似的跑出去，过一会儿又跑回来问道："爷爷，二文钱七块，买不买？"

"行哟，去买吧！"

李夫人听到爷孙俩的对话，说道："你自己去买不就行了，要这么点个小孩去买东西。"

刘晏称赞地说："不错，从小就有经商的头脑，长大了一定能理财。"

"奶奶，豆腐买回来了！"

李老夫人接过孙子手中的豆腐，爱抚地说："将豆腐给奶奶，玩去吧！"

正在这时，特使衙门的一个书办来到刘晏府第，递上一大摞信函说："刘大人，这是今天的信函，请过目。"

刘晏接过信函，逐一检看后，对送信的书办说："请你辛苦一趟，通知李若初、韩洄、卢征、元琇、李衡，叫他们下午到特使衙门议事。"

"今天是休澣之日，有事等明天当值时再处理不行吗？"李夫人从里屋出来埋怨地说。

"京师耽搁一天，地方等上数旬，你懂不懂？"

"朝廷的文武百官成百上千，当值之时，也都是酒馆里进，茶楼里出，谁人像你？没日没夜，休澣之日也不能闲。"

"妇道人家，不要议论政事，快做饭，我还有事呢！"

特使衙门的议事厅里，刘晏将信函递给李若初说："这些是上午收到的诸道巡院的报单，你们都传看一下。"

李若初接过信函，卢征、韩洄、元琇、李衡各取一两封看了起来。

刘晏稍等片刻后说："今天乃休澣之日，只好加班了，数月前，特使衙门给诸道巡院发了整顿常平仓的命令。从诸道巡院的报告看，东南地区诸州县基本上都恢复了常平仓，今天将大家召集起来，就是要商量一下常平仓之事将如何搞。"

"卑职知道古有常平之法，但知不甚详。"李衡说道。

刘晏解释说："常平仓实际上是一个价格政策，取价格常平之意，由西汉耿寿昌首创，主要用之于粮食。其源于春秋时期越国范蠡之平粜论，范蠡认为：五谷的价格应由国家掌握，粮食的价格波动应局限在有利于生产和流通的一定幅度之内自由波动。'夫粜，二十病农，九十病末，末病则财不出，农病则草不辟矣。上不过八十，下不过三十，则农末俱利。平粜齐物，关市不乏，治国之道也。'要实现这种价格以利治国，就实行平粜政策，当谷价过高时，以低于市场价格出卖粮食；谷价过低时，以较高的价格收储粮食。范蠡将平粜之法用之于越国，协助越王勾践，使越国走上强国之路。"

"他就是传说中的商贾之鼻祖陶朱公吧？"元琇问道。

"正是此公，他正在事业如日冲天的时候，却急流勇退，辞官离开越国，装载大量的珍宝珠玉，乘扁舟浮于江湖，至于齐，易名为鸱夷子皮，行之于陶，又称陶朱公。逐什一之利，至金巨万，为时之天下富翁。因为他经商有道，被后世称之为商贾之鼻祖。”

韩洄笑了笑说：“范蠡创立了平粜论是不错，至于是否真的付诸实践可说不清楚啊！”

刘晏亦笑着说：“今天不讨论这个问题，战国时期魏国的李悝将其付诸实践却是没有争议的，虽然他所实行的是平籴论，但与范蠡的平粜论却有异曲同工之妙，理论是一致的，目的也是相同的。”

“他是如何做的呢？”卢征问道。

“中国自古就有籴甚贵伤民，甚贱伤农，农伤则国贫，民伤则离散之说。李悝将年岁分为上熟、中熟、下熟三个等级，政府根据不同的年份确定不同的比例，将农民手中的余粮收购起来，饥年再发熟年之敛而粜，‘使民适足，贾平则止’，‘故虽遇饥馑水旱，籴不贵而民不散，取有余而补不足，行之魏国，国以富强。’这是平籴论，也是常平理论的最早雏形。”

“汉朝时期，又是如何将平籴论变为常平仓的呢？”韩洄问道。

“汉武帝时期，大司农耿寿昌在五凤年间，令边郡筑仓，以谷贱时增其价而籴，以利农；谷贵时减其价而粜，以利民，名曰常平仓。桑弘羊又在常平仓的基础上辅之推行了平准、均输政策，使常平仓办得轰轰烈烈，为汉武帝的文治武攻奠定了雄厚的财政基础。东汉时期，常平仓则是‘外有利民之名，内实侵刻百姓，豪右因缘为奸，小民不得其平’，此时的常平仓完全改变了原有的性质。”

“据卑职所知，唐朝初年，朝廷对常平仓也很重视，贞观、开元时期，中央还拨出财政专款充常平本钱：上州三千贯，中州二千贯，下州一千贯，安史之乱后，常平仓才废而不行。”卢征说。

“皇上很重视常平政策，特设置东、西两常平使以主持常平事务。事有轻重，令有缓急，前几年特使衙门抓漕政与盐政，无暇顾及常平，如今，漕运全线贯通，盐政亦步入正轨，特使衙门的工作重点要转移到整顿常平仓这方面来。粮乃民生之本，粮价不能放任自流，整顿常平仓之目的，就是要通过常平仓来调剂民食、稳定粮价，谷贱时增其价而籴以利农，谷贵时减其价而粜以利民。”

李若初不无担忧地说：“东南地区幅员辽阔，各地情况又复杂多变，统一调剂恐怕不是一件容易的事。就拿粮食收购来说，通常的做法，产粮地区在粮食收购季节到来之前，向有司呈报粮价，有司再根据各地粮食价格的贵贱下达收购任务。市场千变万化，待有司指令公文下达时，行情早已发生了很大变化，政府收购的粮食往往是数量少，价格高，便宜都让商人占去了。”

韩洄接着说：“范围如此之广，市场又千变万化，想控制确实很难。”

刘晏说道：“今天早上，我的孙子去买豆腐，小孩子太小，拿不定主意，第一次回来问，一文钱三块贵不贵，第二次又回来问，二文钱七块买不买。由这件事联想到诸州县之常平仓，如果州县没有一定的自主权，每次收籴都要等常平使的批准后再行实施，公文来回驿递，市场千变万化，等收到批文时，公文恐怕也就是一纸空文了，因此我想，能否想一个办法，给诸州县常平仓一定的自主权。”

元琇想了想道：“可以考虑将粮食籴粜之权交给诸道巡院，巡院根据实际情况自行决定籴粜价格和籴粜数量。”

“诸道巡院吏员素质参差不齐，市场行情千变万化，若缺乏统一调度，恐怕会出现价昂之地超量收籴，价贱之地收籴甚少的情形，这样，常平仓不仅达不到调剂民食、调节粮价之目的，反而还会成为国家财政的一个重大包袱。”李衡说。

刘晏考虑了半天说：“我考虑了一个方案：就是令粮产区将本州县此前数十年之籴粮数与籴粮价搜集起来，按数额高低、价格贵贱各分五等，呈报巡院议定后，即作为各地收籴数量之依据。各州县只要根据当时粮价之低昂，以一第价则籴五第数，五第价则籴一第数，二第价则籴四第数，四第价则籴二第数，三第价则籴三第数，价愈低，籴量愈大，价愈昂，籴量愈小。自行确定收籴数量之多寡，及时收籴，更不申禀，这样就可以避免错过最佳的收籴时机，但各地的情况必须逐日飞报巡院及常平使，使常平使能及时地掌握各地的情况，必要时在全国范围内进行适时调控。”

“各地根据预定方案收籴，还需要调控吗？”李若初问道。

“当然要调控，各地丰歉不一，价格各有低昂。江淮斗米四百以为贱，湖广斗米三百却嫌贵，常平使总计各地之收购量，统筹安排，按避贵就贱，取近舍远之原则，可以令江淮之地限量收。湖广之地放手籴，若收储总数嫌多，令价昂、路远者停，若嫌不足，则令价低、路近者增，使价贱之地籴尽极数，其余地区适量收籴，避免价昂之地粮食超量收购，价贱之地粮食白白流失的事情发生，做到粮价未尝失时，各当本处丰俭，轻重缓急，适宜处之。”

李若初等人惊喜地说：“大人考虑得可真是周全，常平仓的收籴方案简直就是天衣无缝了。”

“常平使还要建立一个报告制度，规定诸道巡院知院官每旬、每月将所在州县的雨、雪、丰、歉情况上报，市场粮食价格的变动情况逐日上报，常平使衙门再根据这些情报提前预作安排，做到防患于未然。”

大家纷纷赞同刘晏提出的方案。

“既然都没有意见，那就按这个方案实行。另外一件事李衡去查一下。”

“什么事？”

“驿站传递的速度太慢，整顿常平仓，调剂天下粮，平抑粮食价格，如果不能及时地掌握市场行情，快速传递各地商情，恐怕很难达到预期效果。”

“好，我这就去着手调查。”

颁布了整顿常平仓的实施方案后，刘晏又着手对地税、户税进行改革。因为自安史之乱以后，土地兼并的问题越来越突出，大量的土地集中在少数富豪之手，均田制已名存实亡，建立在均田制基础上的租庸调制也已名存实亡。刘晏敏锐地觉察到，以附加税存在的地税、户税在财政体系中成为举足轻重的税目，但户税、地税又很不完善，他考虑对户税、地税进行整顿。恰在此时，传来京畿临漳县商人因赋税负担不公而罢市的事件，使他坚定了对户税、地税进行改革整顿的决心。

大历四年初，刘晏就地税、户税改革问题上本，李豫从其奏，下敕整顿户税、地税，整顿改革户税的主要内容：加重官僚的户税；减轻商贾的户税负担；规范诸色浮客及寄住户纳税行为。整顿地税，就是提高地税征收标准，尽管也增加了百姓的负担，但更多的是提高富户的赋税支出，因为土地大多集中在富户的手中，百姓沦为佃农。这次整顿改革，扩大、稳定了朝廷的赋税收入。

临潼县的大街上，贩夫走卒沿街高声叫卖，乞丐走东家串西巷地乞讨。临街有两家商铺相邻，左边是家杂货店，右边是家药材店，杂货店的老板站在门边对隔壁药材店的老板说：“汪老板，朝廷调整了户税，你知道吗？”

“知道，具体规定还不甚清楚，董老板可否告知一二。”药店的汪老板出得门来回答说。

“过去邸店行铺炉冶者，户税是在本户户等上加二等纳税，现在改为按本户户等的税数征纳，这不就是我们盼望已久的事情吗？”

“真的？太好了，本来嘛，商贾做买卖都缴了商税，过去的户税要在本户户等基础上加二等缴纳，这不是故意跟商贾过不去吗？”

“是哟，士、农、工、商，各走各的道，各干各的行，狗屁的重农抑商，总是在政策上压制咱商人，商人赚钱容易吗！没有咱们商人，这世界岂不是死水一团返回到原始社会去了吗？”

“哈哈，这次老天可算是开眼了哟！”

“老板，笑得这欢，一定是发财了，见财有份，赏小的几个铜板吧！”恰在这时，一个乞丐插到两人中间，一只沾满污垢的脏手端着一个破碗伸到两位老板的面前，另一只手拿着一根打狗棍。

汪老板从柜台里拿出几枚制钱丢在破碗里：“去、去，别扫了我们的兴！”乞丐讨到钱，喜气洋洋地走了。

邻街的茗馨茶楼里，身着便服的咸阳刺史刘保库正在里面同友人品茶叙旧，他不无牢骚地说：“户部整顿什么户税，平白无故地要多缴纳数千户税。”

“你过去没有缴纳户税？”他身边的一位乡绅模样的人吃惊地问。

“我老籍在河南，按旧制，在外为官的户税，都在原籍缴纳，我在咸阳不用缴纳户税。”

“我说老兄呀！你为官在外，早就是独门独户，不缴纳户税本就于理不合，三年清知府，十万雪花银，这点户税摊在你身上又算得了什么？别太抠门了吧！”

“没有人同孔方兄过不去，谁不想自己荷包里暖和些呀？”

“君子爱财，取之有道，你身为一方之刺史，连这点户税都舍不得出，怎么向百姓催征赋税呀？”

刘保库脸有愠色地说：“老兄，你可以到户部去当刘晏的佐二官了。”

恰在这时，一个老乞丐走过来，伸过一只破碗向刘保库乞求道：“老爷，行行好，给一点吧，我已经一天没吃东西了。”

“去，去，去，你没吃东西与我何干？”刘保库暴怒地喊道，“店小二，结账！”

“茶水、点心，一共七百五十文。”店小二拿着一张清单说。

刘保库结完账，满脸不快地拂袖而去，把与他同桌的乡绅晾在那里。

“唉！越有钱越抠门。”老乞丐在后面一跺脚说。

店小二冲老乞丐一挥手，大声吼道：“去，去，去，这是讨钱的地方吗？一眨眼就溜了进来，客人都给你气跑了。”

第四十六章　创建信息网络

茫茫的原野上，传来阵阵驴叫声，一个老驿卒骑着一匹瘦驴，步履蹒跚地行走在大道上，驿卒不时地举鞭抽打着驴屁股，每抽几鞭，驿驴便向前蹦几步，然后仍然是老态龙钟地慢慢行走。驿卒从驴背上跳下地，无可奈何地说：“你这条懒驴，慢腾腾的，何时才能走到下一站？我怕了你，好吧！”说罢伸手取下驴背上的邮袋说，“邮袋我来背，这回该给我走快点吧！”边说边将邮袋背在自己的肩上，重新骑上驴背，老驴仍然是慢腾腾地走着，驿卒气得在驴屁股上狠狠地抽了一鞭，“邮袋我都替你背上了，怎么还是慢腾腾的？”挨打的驿驴只是蹦了几蹦，步伐并没有加快，驴背上的驿卒无奈地摆摆头，将手中的鞭子挂在腰间，干脆在驴背上打起了瞌睡，任由驿驴有一步没一步地在原野上行走。

“刘大人，你叫查询公函驿递滞后之事，卑职已经查过。”李衡走进刘晏的值房说道。

刘晏指指旁边的椅子说：“坐下来说！”

李衡坐下后接着说道：“经查询，上次诸道巡院的信函，京城驿馆是三天前收到上一站的驿传，驿馆分发特使衙门用了三天时间，沿途驿站各耽搁多少时间，恐怕谁也说不清楚。”

“信函在路上怎么耽误了这么长的时间？”

“各有司衙门对驿递缓慢之事都心存不满，谁都没有办法改变这种现状。”

“啊！”刘晏陷入了深思，过了半天，“现在驿站是怎样的管理体制？”

“卑职在铜陵时，对驿站实行的是半官半民的管理体制，县衙将驿站交富户包办，定额拨付经费，驿卒以徭役充当。”

“原来如此！”刘晏再次陷入深思。

“驿站由富户包办，称之为‘捉驿’，驿卒由徭役充之，没有待遇，也就少了积极性，代步的又都是老驴瘦马，驿递自然也就快不起来。”

“不是还有急件快递吗？”

“邮件是有平件、快件之分，一般的平件，由驿站按正常迅速传递，驿卒看到是平件，放个三五天再送往下一站也说不定。”

“那急件呢？”

“快件又分急件、加急件、特急件三个等级，分别插一根、两根、三根鸡毛以示区别，急件要求每天按二百里的速度驿递，加急件每天三百里的速度驿递，特急件按六百里的速度快递，实际上很难达到这个标准。”

“为什么？”

“老驴瘦马加缺衣少食的驿卒，能快得起来吗？”

“驿递速度慢，根源就在管理体制上，富户包办驿站，徭役充当驿卒，这同过去漕运由富户为船头承办，徭役充任船夫一样。本来就很有限的驿站经费，再经富户从中做手脚还能剩下多少？代步的工具得不到更新，驿卒又少有积极性，这样的驿递怎么能快得起来？要想办法对驿站进行改革，使驿递的速度快起来。”刘晏想了想说，“你马上搜集驿站的有关资料，包括驿站数量、人员、交通工具配置、经费情况等，要开会专门研究驿站问题。”

是日，刘晏在特使衙门议事厅召集手下几个吏员商议驿递事宜，对大家说：“今天讨论驿站之事，下面由李衡将驿站的现状介绍一下。”

李衡清了清嗓子说：“唐初之驿站皆为官驿，凡三十里设一站，天下驿站一千六百三十有九所，其中水驿二百六十所、陆驿一千二百九十七所、水陆相兼驿八十二所。驿站经费皆由国家财政拨付，安史之乱以后，国家财政出现问题，驿站经费难以保证，改由诸州县处之，诸州县驿站由富户包办，称之为‘捉驿’，驿卒由徭役充之，代步的也又都是老驴瘦马。基本情况就这些。”

刘晏接着说：“大家知道，广置常平仓，就是要调剂民食，调节粮价，进而均输百货以平万物之价，市场行情千变万化、一天一个样，甚至一天多个样，商场如战场，时间就是金钱。若不能及时掌握市场行情动态，何谈调剂天下粮？何谈调控天下粮价之低昂？以当前驿递之速度，江南送达京师的信函，路途行走少则一月有余、多则二月还不止，商情传递严重滞后，已经到了非改革不可的地步。”

“大人是说要对驿站进行改革？”李若初问道。

“对，改革驿递，依托驿站在全国范围内建立一个庞大的商情传递网络，朝廷公函、商情信息由驿站速递，特使衙门通过这些信息，掌握四方货物之低昂，调剂天下粮食之余缺，调节粮食价格之走向，真正做到运筹于帷幄之中，决胜于千里之外。”

“具体改革如何进行呢？”李若初问道。

“恢复贞观、开元时之旧制，驿站完全变为官办，官府派吏主之，出重价招募疾足以充驿卒，加快驿递速度。驿站实行诸道、州县与诸道巡院双重管理！”刘晏看了大家一眼，继续说，“改革驿站，首先要购置和添换交通工具，其中最大的开支是购买驿马之费，陆驿的交通工具是驿马，按贞观、开元旧制配置：都亭七十五匹，诸道第一、二、三等站递减十五匹，四等减十二、五等减六、六等减四，全国有陆驿一千二百九十七所，水陆相兼所以半计之，计一千三百三十八所，以三等所三十四为均值，当需驿马四万零一百四十二匹，马匹市值二十五贯钱，约需钱百万贯，此项资金由盐利支出。”刘晏边说边拨打着算盘。

“这还是马匹的开支，还有驿卒之费呢？”李衡说。

“凡马三配驿卒一，全国需配陆驿驿卒一万三千三百四十名，水驿亦酌量配置，驿站年食粟二十四石，匹马年给料十八石粟，水驿约二十万石，共需粟一百万石，由驿站所在地道、州、县与物使衙门各半给之。”刘晏的话说完了，算盘的响声也停了。

大家讨论，一致同意刘晏的改革方案。刘晏连夜起草了《奏改驿站疏》呈报皇上，李豫很快批准了刘晏的奏议。

扬州巡院知院官、殿中侍御史、佐盐铁转运穆宁正在值房练书法，李伯禽拿着信函进来说：“穆大人，淮安、滁州、金坛、湖州等地常平仓的报单都到了。”

李伯禽本在扬州分盐场当值，穆宁见他出自书香门第，做事颇为能干，很是喜欢，将李伯禽从盐场调到扬州巡院当了一名书办。穆宁听到李伯禽的报告，放下手中的笔问道：“各地粮食市场行情如何？”

“昨天的粮食市价：淮安斗米四百五十文、滁州斗米三百七十文、金坛斗米三百五十文、湖州斗米三百六十文、润州斗米三百九十文、江阴斗米四百二十文、宜兴斗米四百五十文、无锡斗米四百八十文；今天的粮食市价：

扬州斗米三百二十文、江都斗米三百一十文。各地的收籴任务大都完成了五至八成不等。”李伯禽将各地的行情报了一遍，然后将报单递给穆宁。

穆宁接过报单，浏览了一遍，考虑了一下，对李伯禽说：“通知各地！”

李伯禽迅速拿起笔和纸，穆宁继续说：“价格昂贵的淮安、江阴、宜兴、无锡暂停收籴；价格低贱的扬州、江都，不受计划限制，能收多少，就收多少，大量收籴；其余滁州、金坛、湖州、润州等地方仍按计划收籴。”

“还有其他的事情吗？”

“将报单和刚才的通知事宜，同时呈报京师的常平使刘大人。”

“好，卑职马上就去办！”李伯禽答罢转身欲走。

“等一下！”

李伯禽立即站住问道：“大人还有事？”

“通知驿站，以加急件特快驿递。”

“这个不用大人吩咐，我知道。”

原野上，一匹骏马急驰狂奔，由远及近，渐渐地看清，骑在马背上的是一位身强体壮的年轻驿卒，马鞍两边各挂着一个装得满满的驿袋，马背上的驿卒似乎还嫌马跑得不够快，举鞭在马屁股上抽了三下：“驾！驾！驾！”骏马奋蹄疾奔，转眼间就消失在茫茫的原野里。

河南开封驿站，驿吏对整装待发的驿卒说：“该到的驿递都到了吗？”

“商丘的还没有到，如果再不到的话，只好等下一次了。”正在这时，驿站外传来阵阵马蹄声，驿卒出门探看。

刚才在原野上飞驰的骏马，已经来到了开封驿站门口，马背上的驿卒灵活地从马背上跳下来，迅速地从马鞍上取下驿袋，迈步跨进驿站，边走边问：“没有耽误时间吧？”

“刚好赶上，若再迟一会儿，只好将你们的邮件留到明天了。”开封站的驿卒上前接过刚进门的驿卒的驿袋，将袋中的信件全部掏出来放在桌子上进行分类，然后分装在两个驿袋里，扣好袋口。提起驿袋对一直站在一旁的驿吏说，“还有事吗？没事我就走了。”

“没事，一路小心。”

“好的，我走了。”驿卒提着驿袋出门来，将驿袋挂在马鞍两边，再回屋取来一个装满水的水袋挂在马鞍上，解开马缰绳翻身上马，一抖缰绳，“走啰！”骏马迈着碎步在大街上慢跑。刚出城门，驿卒便在马屁股上狠抽一鞭，骏马立即奋蹄疾奔，带着驿卒绝尘而去。

特使衙门值房的案桌上，摆放着几本台账和各地报单，刘晏左手翻账簿，右手拨打算盘，正在全神贯注地算账，噼里啪啦的算盘珠子的碰撞声听起来清脆悦耳。

李若初手拿一摞材料走进刘晏的值房：“大人，今天送达的报单、商情的情况很多。”

“你先说说，有哪些情况？”

李若初将手中的材料放在刘晏面前，在椅子上坐下后汇报道：“一是江南诸道巡院呈报，长江中下游夏粮普获丰收，粮食市场价格创近几年来之最低，各地常平仓收籴的进展都很顺利。”李若初看到刘晏在翻看各地的报单，打住了话头。

“你继续说！”刘晏头也没有抬地说。

“二是扬州巡院穆宁三日前发出的报单称，扬州巡院所辖州县常平仓储粮的收籴计划入库已近七成，他已责令淮安、江阴、无锡等价昂之地暂停收籴，扬州、江都等价贱之地不受计划限制，大量收籴储存；其余各地仍按计划收籴入库。”他抬头向刘晏看了一眼，见刘晏没有询问的意思，继续说道，“三是汴东、河洛一带受风沙、旱、蝗之灾，粮食歉收。四是关中地区霖雨，农田损毁严重，有饥民向京城涌进的迹象，长安及京畿市场粮价暴涨。”

刘晏放下手中的资料，想了想说：“看来有些事情要早作打算，不然到时恐又要措手不及。”

“大人有什么安排，说出来卑职去办。”

“你拿纸记一下。”李若初迅速拿来纸笔。

“第一，通知诸道巡院，常平仓的储粮任务一定要按期完成，三百万石的库存量一石也不能少，要推广扬州巡院的做法，价昂之地少籴，价贱之地多籴。江南诸道粮价低贱，可以根据市场情况，略增时价多籴，避免谷贱伤农的情况发生，粮食收籴后要做好仓储管理，不得有糜烂的事情发生。”

“好，这件事情即刻就可办好。”

“第二，汴东、河洛受风沙袭击、又遭旱灾，粮食歉收，缺粮是必然的。

从荆南道火速调运常平仓粮十万石，从浙东、浙西各调五万石，漕运至东都洛阳及开封府等地存储，以备不时之需。一旦出现粮荒粮价暴涨的情况，诸巡院、诸州县常平仓吏不需禀报，即可据情开仓平价粜粮，然后再将之报常平使衙即可。”

李若初飞快地记录着。

“第三，调太仓粮十万石投放长安及京畿市场，按市价减二成贱粜，以济京畿之灾民，防止谷贵伤民的事情发生，太仓调出之粮，再从浙东、浙西漕运十万石常平粮以补之。”

“大人说完了？”

“通知诸巡院及诸州县，要及时掌握，快速地向京师传递商情，不得有任何耽搁。”刘晏想了想说，“暂时就这些，你马上草拟公函，送我过目后分发到各地执行。”

第四十七章　天灾

大历四年夏，京畿蝗灾，飞蝗蔽天盖野，草木树叶尽皆为蝗虫所食，百姓倾巢出动捕杀蝗虫，欲在虫口夺食。

代宗皇帝率文武百官在苑中设坛祭天。祭坛上，一名道士站在香案旁，手握狼毫，在案桌上的黄表纸上画了一道符。随即口中念念有词，猛然间喷出一团火，火头直冲画符的黄表纸，顷刻之间，黄表纸在火光中化为灰烬。接着取过一把檀香点着，对天拜了三拜，将檀香插在香炉上。再取过一杯水酒，举杯向天，口中念念有词对天遥祝，随之弓着腰将酒倾倒在祭坛周围，放下酒杯，在祭坛上手舞足蹈、口中念念有词地作法，道士祈祷、作法之后退到一边。

李豫走上祭坛，接过道士递来的三炷檀香，双膝跪在拜垫之上，祭坛下的文武百官见皇上跪下祭天，齐刷刷地跟着跪下一大片，李豫手举檀香，仰首望天默默地祈祷，然后五体投地拜了三拜，群臣见皇上向天跪拜，也跟着向天叩拜，李豫行过跪拜之礼后，虔诚地将檀香插在祭坛的香炉上，手拿一只早已准备好了的蝗虫，仰望苍天祷告道：

“苍天！民以食为天，谷乃民之命，若天下子民对上苍不敬，有触天庭，朕乃天之子，此责当由朕一人担之，理当蚀我，无须怪罪百姓。祈求降罪于朕，无害百姓，朕将吞咽此危害百姓之蝗虫，以示对朕之惩戒！”

李豫举手正欲将蝗虫投于口中食之，群臣在后面惊呼道：“陛下，不可啊！”

内侍董秀跪下泣告道：“陛下，蝗虫乃不洁之物，若食之，恐有损圣体！”

百官之首的宰相元载亦跪劝道：“陛下，蝗虫乃污秽之物，若入圣体，必当致疾，圣体康健，系于朝廷之安危，若陛下执意要吞噬此蝗虫，就由微臣代陛下为之吧！”

“朕吞噬此蝗，就是要将天灾移至朕体，何疾之避？”李豫说罢，毅然将手中蝗虫塞进嘴中，一口吞服。

“吾皇万岁！万岁！万万岁！”文武百官齐声高呼。

东方刚刚露出鱼肚白，人们都还沉睡在梦乡之中。长安街一片沉静，偶尔也传来几声犬叫，随后又恢复寂静，邻街的店铺陆陆续续地开了门，店铺的伙计有的在生火烧水，有的在收拾店堂，路边的小店中传出说话声：“孩子他娘，昨天的米饭煮少了，今天要多准备些。”

“知道，快将炉火生着，天一亮客人就来了，男子汉、大丈夫，放利索些，莫在那里拖拖拉拉的。”一听声音就知道是一个泼辣的女人。

暮色中的长安街尽头，传来一阵嘚嘚的马蹄声，在万籁俱寂的黎明时刻，这声音格外清脆、悦耳，马蹄声由远及近，渐渐地进入视线。朦胧中但见一匹高头大马上坐着一位年纪五十左右、身着绣龙官服、手持马鞭的官员，只见他端坐在马鞍之上，对朦胧中的街景视而不见，一会儿沉浸于苦思遐想之中，呆若木鸡，一会儿又左手握长鞭，右手在长鞭上来回滑动，时快时慢，时急时缓，以鞭为筹，如醉如痴，时而又骤然停下，坐在马上若有所思。牵马的仆人抬头欲同主人说话，看到马上的主人如醉如痴的样子，忙又用手捂住了自己的嘴巴，他知道主人正沉浸于思索之中，如果此刻打断他的思路，一定会遭到责怪，只好无奈地摇摇头，牵着马缰绳继续行走在长安街上。

两人一骑，一主一仆刚走近太和殿，就被一位等候早朝的官员拦住：“刘大人，还没有睡醒吗？是不是还在想着被窝里的美娇娘呀？”

刘晏在马上猛然一惊：“啊！我还真在做梦呢，梦见长安街上遍地流淌的都是钱，俯首即可拾之。”

说话的官员故意俯身在地下看了看，站起身来说：“哟！找了半天，怎么一个铜板也没有看见哟？”

刘晏翻身下马，将马鞭交给刘安，手指着自己的脑袋，做了个鬼脸，笑着对刚才说话的官员说：“钱在这里，非智者不可得也！哈哈！”

那位官员正欲继续同刘晏调侃，忽听侍奉太监董秀拖着长腔说道：“上朝！”等候早朝的文武百官马上鱼贯而入，进入太和殿。

金銮殿上，李豫从御案上拿起一份奏折对堂下叫道：“第五琦！”

“臣在！”第五琦出班。

“你将奏折之事说与臣工们听，今天的廷议就议你所奏之事。”

第五琦手持象牙笏板朗声奏道：“近期京畿、关内、剑南道普遭蝗灾，草木、禾稼、树叶皆为蝗虫食，百姓家无隔夜之粮，饥民蜂拥而至，集于京城，若不采取应对之策，局面恐怕难以控制。”

“各位臣工都来议一议，判度支第五琦所奏之事该如何处理？”李豫坐在龙椅上对群臣说。

户部侍郎、给事中韩滉出班奏道：“蝗虫为害，禾稼无收，陛下应颁旨，晓谕灾区州县，开仓放粮以赈灾，此乃自古赈灾通行之法。”

宰相元载出班奏道：“户部侍郎韩滉开仓放粮之议，是救荒的唯一办法。”

朝堂上，文武百官交头接耳，议论纷纷，有的说：“开仓放粮，恐怕是唯一赈灾办法。”

有的说：“仓库里根本就没有粮，开什么仓，放什么粮？”

有的说：“受灾面广，难民无数，开仓放粮恐怕也是杯水车薪，无济于事。”

李豫在龙椅之上可就坐不住了，他见刘晏位列班中，一言不发似若有所思，直接点名道：“刘晏，你乃财政首臣，怎么不说话？”

刘晏听到皇上直点其名，立即出班奏道：“启奏陛下，历来义仓粮就是赈灾之储备，天灾之后，开义仓之粮以赈济灾民，本为首选之策。据臣所知，各州县义仓虽有储粮，但也为数有限，实难满足当前救灾之需。”刘晏转头问第五琦，“不知西区的情况是不是这样？”

“西区的仓储尚不及东南地区，若有好的办法，本官也不会上本启奏。”第五琦有些无奈地说。

“义仓之粮不够，再以常平仓储粮补之。”宰相元载说道。

“臣不主张开常平仓之粮赈灾。”刘晏语出惊人，所有人的眼光都投向了他，他环视群臣一眼继续说，“自开国以来，州县确实也设置了常平仓，特别是在贞观年间，还特地从中央财政中拨款以作为各州县的常平本钱，但是，自安史之乱时起，常平仓就处于停滞状态，很多地方的常平仓都是有名无实，形同虚设，东南地区虽然重置了常平仓，且有一定储粮，但常平仓之粮并不是用来赈灾的。”

“常平之粮不赈灾，做什么？”元载问道。

“常平之储，乃调剂民食、稳定粮价之本，若用于赈灾，势必又要耗尽常平之本，则常平仓又要退回到名存实亡的老路。”

“刘大人是不同意放粮赈灾了？”元载反问道。

“放粮赈灾，乃消极赈灾之举，放粮量少，则不足以活人，放粮量多，则国用困竭，国用困竭则又重赋敛苛求于民，如此就形成一种恶性循环；开仓赈给还近乎侥幸，州县胥吏良莠不齐，酷吏为奸，内外勾结，从中作弊，常使赈灾之粮落入胥吏之囊，真正的穷苦百姓能享者恐也有限。”

大臣们听到刘晏的一番宏论，议论纷纷，有反对的，有附和的，莫衷一是。

元载驳道：“管子曰：‘赈穷资乏，乃为政者之德。’自古以来，放粮赈灾是最直接、最有效的救济灾民的好办法，依刘大人所言，放粮赈灾似不可为，若此，岂不是置灾民于不顾？”

满殿文武百官都看着刘晏，想听听他如何回答。

“我只是不赞成用常平仓之粮赈灾，并未弃灾民于不顾。”

“义仓之粮是杯水车薪，常平仓之粮又不宜动用，这灾将如何赈？”

刘晏胸有成竹地说：“赈灾之策有三：除开放义仓之粮以济灾民之外，还有蠲免赋税以减轻百姓负担和在灾区大量投放平价粮食两项措施。”

“蠲免赋税好说，但却不能解燃眉之急，开义仓之粮赈灾，却又是杯水车薪，投放平价粮食以济灾民，粮从何来？”李豫站起来问道。

“受灾之乡所缺者，粮也，其他物产尚在，朝廷在受灾地区大量地平价出售百姓所缺的粮食，百姓无钱者，可以用手中的土特产易粮，朝廷收购这些土特产后，可以运往他处售之，亦可以留用。如此，无须直接从国库拿钱，就可解决灾民缺粮的问题，避免了单纯消极的财政赈济使国家财政耗费不起的弊病，减少了财政的压力。这是一种积极的救荒政策。”

“平价粮从何而来？”元载继续追问。

“平价粮出之于常平仓，京畿地区常平之储虽然难以为继，东南地区常平仓还有存粮，可调运京畿予以调剂，东南之粮未至之前，先从太仓、东渭桥仓将供京师之需的漕粮调出以救急，然后将江南常平仓粮漕运至东渭桥，补足东渭桥仓、太仓调出之粮。太仓、东渭桥仓之粮只可暂借用于平价粮，不可用于放粮赈灾，否则，京城粮食供应将难以为继，势必又要引发新一轮的粮食恐慌。”

刘晏看到皇上和满殿文武大臣都在专心听他的演讲，突然将话题一转，“华夏是个多灾之地，《史记·货殖列传》曰：‘岁在金、穰，水、毁，木、饥，火、旱……六岁饥，六岁旱，十二岁一大饥。’《淮南子》亦记载：‘三岁而一饥，六岁而一衰，十二岁而一康。’说的都是这个问题，每三年有一次小灾的循环，每六年有一次中灾的循环，每十二年有一次大灾的循环，自然灾害是周期性地爆发，周而复始，永无止境，人类与自然灾害的抗争也是周而复始，代代相传。万民赖以生存的农业生产也是这样由丰到歉、由歉到丰周而复始地循环着，正是因为这样，就要求朝廷建立一个完善的赈灾制度，不能总是头痛医头，脚痛治脚，每次天灾人祸的爆发都感到手足无措，临时应对，协商、廷议，延误不少的时间。善治病者，勿使至危惫；善救灾者，勿使至赈给。这就是救荒所要达到的境界。”

李豫听了刘晏的一席谈论，想了想说：“刘晏、第五琦、元载听旨！”

“臣等恭聆圣谕！”

“朕以为刘晏所述救荒三策可行，常平仓之粮由刘晏统一调度，西区因灾缺粮之数，判度支第五琦尽快拿出一个比较准确的数度报与刘晏，以便尽快安排漕运，刘晏、第五琦、元载，三人要通力协作，搞好这次赈灾，勿使朕忧。”

元载、刘晏、第五琦齐出班答道：“臣等遵旨！”

“朝廷的赈灾制度，请刘晏拟一个完整方案报朕御批。”

“臣遵旨！”

第四十八章　吏部尚书

仁寿殿品茗奏对以后，李豫便决定再对刘晏委以重任，加之现任吏部尚书年事已高请辞，他便决定委刘晏以吏部尚书之职，授命中书舍人常衮，起草了《授刘晏吏部尚书制》，朝议完赈灾之事后，他便向身边的侍奉太监示意，侍奉太监上前一步说道："刘晏接旨！"

"臣在！"

侍奉太监展开手中的黄绫圣旨："《授刘晏吏部尚书制》门下：献善宣美，职在纳言，录贤任能，必归冢宰。若万事之本，举得其要，一时之才，选发其实，则致理之体，昭然可见矣。简求硕德，俾之典综。金紫光禄大夫检校户部尚书兼御史大夫东都河南江淮山东等道转运常平铸钱盐钱等使上柱国彭城郡开国公刘晏，时杰国桢，高才博学，超诣精理，澹然素怀，礼法之纲纪，人伦之模表。尝处台弼，以宏训范，载其清静，济我艰难。自劳于外，又竭心力，苟利于国，不惮其烦。领钱谷转输之重，资国家经费之本，务其省约，加以躬亲。小大之政，必关于虑，出入农里，止舍乡亭。先访便安，以之均节，事积而不乱，理简而易从。故得井赋田租，万亿及秭，方舟而下，以给中都。水旱不歉，人怀其惠，可谓尽瘁事国，勤劳王家也。思有衰进，屡申退让，然以官人之任，朝选无逾。藉其参领，用镇风俗，所总群务，一以咨之，中外兼济，固有余力。可吏部尚书，余如故。主者施行。"

刘晏慌忙出班奏道："谢陛下宏恩，臣力不从心，恐难担此重任，恳请陛下另选他人以任之。"

李豫吃惊地问："吏部乃六部之首，称为冢宰，朕命你为吏部尚书，乃是对你的褒奖，为何拒之？"

"正因为吏部乃六部之首，臣才恳请陛下另选他人，臣主管东南财赋，政务繁忙，分身乏术，若再主吏部，精力恐有所不济。"

"吏部尚书之职，非你莫属，此事不可再议。"李豫断然地说。

"臣出任吏部尚书，尚有不情之请。"

"讲！"

"臣婿潘炎，现任元帅判官之职，请陛下免其元帅之职而调任他职！"

"这与你当吏部尚书有何关系？"李豫不解地问。

"陛下将吏部尚书之职委之于臣，是对微臣的信任，臣虽肝脑涂地也在所不辞，只是臣为吏部尚书，臣之婿潘炎又居元帅之职而执掌兵权，恐有国政兵权落于一门之嫌，为避免落人以口实，减少不必要的麻烦，臣恳请陛下恩准臣之所请，免去小婿之兵权。"

"你读过《左传》否？"

"略知一二。"

"可知祁黄羊之事？"

"凡读《左传》者，祁黄羊之典莫不知之！"

"朕记忆尚差，你可为朕述之？"

刘晏明知李豫此举必有用意，然皇上有问，必有所答，否则就是抗旨，于是他清了清嗓子说："春秋战国时，一天，晋国国君晋平公问大夫祁黄羊说：'南阳缺一县令，你看谁可以去担任此职？'祁黄羊回答说：'解狐可以。'晋平公很惊奇地问：'解狐不是你的仇人吗？为何要推荐他？'祁黄羊回答说：'国君问谁可以为南阳县令，并没有问谁是我的仇人呀。'于是，晋平公任命解狐为南阳县令之职。晋人闻之都很称赞。过了一段时间，晋平公又对祁黄羊说：'国家缺一尉官，你看谁可以去担任此职？'祁黄羊毫不犹豫地说：'祁午可以。'晋平公大为惊讶：'祁午不是你的儿子吗？'祁黄羊从容地回答：'国君是问我谁可以担当国尉之职，并没有问谁是我的儿子呀。'晋平公连连点头，说：'好！'于是又任命祁午为中军尉。解狐和祁午分别在各自的岗位上做得很好，晋人称赞不已。孔圣人听到这件事后说：'祁黄羊讲得太好了！外举不避仇，内举不避亲，祁黄羊是个公正无私的人啊！'"

"祁黄羊因外举不避仇、内举不避亲而成千古之美谈，你为吏部尚书，又何谈令婿潘炎元帅之职免与不免呢？"其实，李豫哪里是不记得呢？他是故意说不记得而引刘晏亲口说出祁黄羊之典，然后以祁黄羊之典来劝阻刘晏，打消他的顾虑。

刘晏一时语塞。

翌日，刘晏又上表辞谢加官之恩，李豫不允，并对刘晏手谕加勉，说刘晏有“蕴经国之文，怀注时之略”，给予晋升是“爰将勤劳，是明赏细”，刘晏再也没有理由推辞了。

吏部掌朝廷文武百官的诠选拔擢之权，上自朝廷大员，下至七品县令，考功记档，升迁任免，都在吏部的掌控之中，故吏部素有六部之首，文官至尊之称。吏部尚书称天官，又称冢宰，是仅次于宰臣的朝廷大员，李豫将刘晏户部尚书升任吏部尚书，是对刘晏的“爰将勤劳”给予“是明赏细”，刘晏由户部尚书升迁为吏部尚书后，仍然主管东南地区的财政，这为他选拔任用人才提供了更大的便利。

是日，刘晏正在吏部值房当值，一名书办进来报告：“礼部尚书史孝章史大人来访，是否请他进来？”

“请他进来！”刘晏的话音刚落，礼部堂官史孝章已迈步进了刘晏的值房，刘晏迎上一步说，“史大人来了，请坐！请坐！”书办为史孝章沏了一杯绿茶。

“下官无事不登三宝殿。”吏部乃六部之首，故尚书史孝章在刘晏面前以下官谦称。

刘晏坐在史孝章的对面，笑着说：“史大人可是有事而来吧？”

“今天来，一是恭喜刘大人荣升冢宰，二是向刘大人禀报礼部吏员编制，请刘大人对礼部予以关照。”

“礼部吏员配置不足？”

“依成制，礼部吏员配置：尚书一人，佐二官一人，下设礼部、祠部、膳部、主客四部，四部人员配置相同，以礼部为例，设郎中、员外郎各一人，主事二人、令史六人、书令史十三人、亭长六人、掌固八人、书办十人。通计礼部堂员及吏员一百九十人。然朝廷礼仪诸事繁杂，礼部吏员人手紧缺，常穷于应付，礼部之主事、令史虽都很干练，然职位久未升迁，少有积极性。下官将礼部僚属职秩升迁、吏员增补之数拟了个条陈，请刘大人过目，若无不妥，恭请核批。”史孝章说罢，将条陈呈给刘晏。

刘晏接过条陈看了看后说：“官员的升迁，要凭吏部考功郎中的考功档簿，非吏部尚书一人说了算。无论哪一个部门，若有职位出缺，千百双眼睛盯着，此等情况，史大人当比我清楚。礼部吏员不足，当有个正当、合理的说法，否则，各部及有司互相攀比，朝廷官吏之数就会失控。条陈我收下，如何处理，还要等吏部与政事堂商量之后再定。”

“好的，我等刘大人的答复。”

“还有其他事吗？”

“没有了，刘大人政务繁忙，下官就不多打扰了。”史孝章起身告辞。

刘晏刚送走礼部尚书史孝章，兵部、刑部的堂官又接踵而来，都说来的目的是拜会新任冢宰，实际目的都和礼部尚书史孝章一样，要求增加所属吏员配额及吏员品秩升迁。送走这些官员后，刘晏觉得事情肯定不会这样简单，他叫一名书办去将吏部侍郎杨炎请来。

书办去的时间不长，回来说：“大人，杨炎说他有事，一时来不了。”

“他在做什么？”书办欲言又止，刘晏厉声问，“到底是怎么回事？”

“大人还是亲自问吧！”书办一脸委屈。

“你再去叫，天大的事都给我放下。”

吏部侍郎杨炎，陕西凤翔人，风姿绰约，留有一副漂亮的胡须，人称美髯公，其博学多才，曾任司勋外郎，后又升为中书舍人，同常衮一起为皇帝草拟诏书，常衮长于除书，杨炎善为德音，相互配合，将皇帝的诏书做得非常好而受时人称道。宰相元载也是凤翔人，同杨炎是同乡，凭着这层关系，元载提拔杨炎为吏部侍郎，杨炎自恃有元载这个后台，目空一切，平常人都未放在眼里，书办来传刘晏之言，本来他也没有什么事，只是他从内心里并不服刘晏，故意推托而不往，看到书办再次来请，他有点不情愿地来到刘晏值房：“刘大人找卑职来有事吗？”

“你很忙？”

“大人有事吗？”杨炎也不等刘晏叫座，大大咧咧地坐了下来。

“各部及有司吏员定额编制资料在你那里吧？”

“是！”

“马上去找来，我要用。”

“等两天行吗？”

“什么？”刘晏见杨炎竟然以这种口吻同自己说话，心里极不痛快，说话的声音不由得严厉起来。

杨炎见刘晏面色有变，立即说：“好，卑职马上就去拿来。”

刘晏刚来吏部，就有人向他透露，杨炎乃宰相元载同乡，关系非同一般，自恃这层关系，杨炎目空一切，今天算是领教了，元载乃一人之下，万人之上的宰相，他不想得罪元载从而带来不必要的麻烦，因此也不想叫杨炎过分难堪："你去将资料拿来就没你的事了，有事你再去忙。"

刘晏查阅了历年的档案资料，自唐太宗贞观年间开始，对朝廷官吏之数就有严格的控制，太宗时定制，置文武官总计六百四十人；高宗显庆二年，内外文武官一品以下，九品以上一万三千四百六十五人；开元二十一年，官自三师以下一万七千六百八十六人，吏自佐使以下五万七千四百一十六人；大历四年末，官自三师以下三万六千八百人，吏自佐使以下九万二千三百六十八人，呈逐年上升的趋势。他认为，自己就任吏部尚书时间不长，各部及有司纷纷要求扩大吏员定编，是个不好的苗头，一旦开了先例，此后恐怕就难以控制。国库本来就十分困窘，若朝廷吏员之数不严加控制，官员俸禄支出这一块恐怕就难以为继。从财政的角度考虑，刘晏是不愿意看到这种情况发生的，他认为，要采取有效控制朝廷官吏数增加的趋势，走财政管理节源之路，经过认真的考虑，他以吏部的名义，向皇上起草了一份《奏停天下摄官疏》，他在奏疏中说：

"朝廷选官，以身、言、书、判四者取人，计资量劳授官，太宗时定制，置文武官总计六百四十人；高宗显庆二年制，内外文武官一品以下，九品以上一万三千四百六十五人；开元二十一年，官自三师以下一万七千六百八十六人，吏自佐使以下五万七千四百一十六人；大历四年末，官自三师以下三万六千八百人，吏自佐使以下九万二千三百六十八人。近悉六部及有司，多欲加吏员，晋官阶，条陈皆呈报于吏部。朝廷官吏之数本有定制，不可随意增之，安史之乱以后，藩镇自擅不受中央节制，中央财政状况大不如前，国用捉襟见肘，若不对政府官吏之数严加控制，官吏俸禄支出将会继续膨胀，赋敛之增势必被朝廷有司的人头经费支出的增长所抵消。吏部以为，从国家财政的角度考虑，各部及有司不但不能扩编增员，而且还要精简机构，裁减冗员，以节约财用支出，特奏请禁天下摄官。财政乃时政之首务，为加强赋税之征纳、监管，特奏请租庸补署。"

李豫很快批准了刘晏的奏章，并下手谕："停天下摄官，独租庸补署。"

第四十九章　招聘

吏部呈报的《奏停天下摄官疏》很快得到皇上批准，皇上并且还手谕："停天下摄官，独租庸补署。"刘晏将僚属们召集在一起宣布了这个消息。元琇有点不解地问："停天下摄官，为何又独批租庸补署呢？"

刘晏解释道："停天下摄官，就是冻结各部及有司的人员编制，各部及有司本来就机构臃肿，人浮于事，最近还纷纷向吏部递条陈，要求增加编制。若不加以控制，政府机构和吏员将会出现新一轮的膨胀，使本来就捉襟见肘的财政状况更进一步地陷入困境，从财政开源节流的角度考虑，就要控制政府机构臃肿及吏员膨胀的趋势。政之所在，当以理财为先，财源足，国势盛，财源竭，国势衰，国家的兴衰成败，全系于一个财字，因此，独租庸补署，就是加强理财。"

元琇问道："租庸补署，准备招聘多少吏员？"

"三百。"刘晏举起右手伸出三个指头。

"我看干脆就公开招聘！"元琇手一挥，果断地说。

李若初附和道："公开招聘是个好办法，这样就可以广罗人才为我所用。"

"既然是从事财赋管理，必须通文墨，精筹算，如此才能胜任理财之事。"元琇说。

"非进士及第，职何考？"韩洄问道。

"我认为公开招聘的办法好，这样可以择优而用，只是如何考，值得研究。"卢征说。

刘晏说道："公开招聘是个好办法，招聘的对象当然是文人士子，通文墨，精筹算，是必备的基本条件。科举制：院试为秀才，乡试为举人，会试为贡士，殿试为进士，这次招聘，起码也得是个秀才吧！要是举人、贡士就更好了，若应聘者年轻有为、确有一技之长者，亦可优先录用。”

“好，我也赞成这个办法。”李衡附和道。

刘晏接着说：“招聘分笔试和面试，笔试由元琇、李衡负责，面试由李若初、卢征、韩洄把关。”

“试题如何确定？”元琇问道。

“笔试重在考筹算之法，面试当以理财、经营之道为先，试题可以多样化，关键是要全面考查应聘人员的理财经营之道。”刘晏回答。

是日，刘晏正在家中闭目养神，刘安来报，说是外面有一个自称鱼朝恩的人求见。听说鱼朝恩到来，刘晏心里暗暗吃惊，鱼朝恩乃宦官，代宗皇帝之宠臣，官居天下观军容宣慰处置使、总制京师禁军。宝应年间，宦官程元振专权弄政，削职为民放归故里，鱼朝恩取而代之，经数年的经营，鱼朝恩已经是权倾朝野，能同宰相元载分庭抗礼，形成了朝廷的一大势力，两人争权夺利，明争暗斗，闹得不可开交。尽管元载身为政事堂的宰相，但鱼朝恩却总制禁兵，手握兵权，且又身为宦官，总制禁兵以掌控内廷，因此，其与元载相争却也丝毫不落下风。朝廷中的官员，或依附于元载，或依附于鱼朝恩，形成了所谓的“元党”“鱼党”。鱼朝恩势倾朝野，专横跋扈，权重震主，李豫对他也有所忌惮。若说皇帝惧怕臣子是异于常情，然事情又确系如此，鱼朝恩之专横跋扈乃李豫过分宠幸所致，以至于养虎为患，李豫本是一个优柔寡断的皇帝，对鱼朝恩的专横跋扈虽心存不满却又无可奈何。刘晏当初因与程元振善而遭贬，再次出山以后，又忙于整顿漕运和改革盐政，常奔波于京师与江淮之间，同鱼朝恩的接触并不是很多，加之刘晏为人正派，只勤于政事而不依附于人，因此同鱼朝恩并无深交，鱼朝恩今天亲自登门造访，必定是有事而来。他连忙整衣出迎：

“鱼大人，你好，是什么风将你吹至寒舍？”

“刘大人，贵府好难找哟！”鱼朝恩伸手一指周围笑着说，“堂堂六部之首的冢宰，竟然住如此简陋低矮的宅院，未免也太寒酸了吧！”

刘晏一边将鱼朝恩让进屋，一边笑着说：“本官虽位居六部之首，钱谷重臣，管理的是国家财政，打理的是朝廷钱庄，虽身居要职，俸禄颇丰，然妻儿老小的费用开支，外加亲朋好友的求索，所剩也就无几了，能有这样的住宅，愿已足矣。”

“难怪皇上将刘大人拔擢为六部之首的吏部尚书，并主管国家财政，放心地将朝廷文武百官的诠选拔擢和国家财政两项大权都委之于刘大人，原来刘大人真有过人之心胸。”

“鱼大人不必过奖，本官只不过是持一颗平常心，为皇上办事而已。”

鱼朝恩刚坐下，刘安便已沏上了茶，他端起茶呷了一口道：“刘大人，我可是无事不登三宝殿哟！”

“鱼大人有事只管吩咐，只要本官能办到的，一定为你效力。”

“受友人之托，欲为其子谋个一官半职，谁知事不凑巧，皇上刚刚批准了吏部停天下摄官的奏折，别无他法，只好有求于刘大人。”

“租庸补署，不是已有告示吗？他可以去应试呀！”

“若有那个本事，我也就不登门造访了。”鱼朝恩边说边从怀里掏出一张银票放在桌子上，“微薄之礼，不成敬意，望刘大人笑纳。”

刘晏顺手推了过去，哈哈地笑着说：“鱼大人如果还看得起本官，请将这个收起来，若执意陷我于不仁，所托之事，本官恐怕就很难通融了。”

“早就听说刘大人清正廉洁，果然名不虚传，实在令本官敬佩，那我就恭敬不如从命了，只是刚才所言之事……”鱼朝恩见刘晏如此决绝，顺水推舟地将银票收回揣进怀里。

刘晏此时的思想正在飞速地运转着：鱼朝恩是权倾一时的宦官，皇上身边的宠臣，手握兵权以掌控内廷，有很大的影响力，就是宰相元载与他相争也要礼让三分，如果不能满足他的要求，定会得罪于他，对工作带来极大的不便，甚至整个财政体制的改革也要受其掣肘，如此则将因小而失大，与其这样，不如委曲求全，有条件地满足他的要求，如果所荐之人是可用之才，吸纳到财政队伍中来也没有什么坏处，招聘时少进一个就是了，若是一个平庸之辈，就给他一个虚职，这总比今后的工作难以开展要强得多，想到这里，他开口道：“请问鱼大人，所荐之人是何身份？是进士、举人、还是秀才？”

“不是进士，不是秀才，就连童生也不是。”

刘晏有些为难地说：“这恐怕有些为难了，租庸、盐铁、常平、转运等特使属下的部门，都是国家的财政机构，是专业性很强的财政经济工作，白丁恐难以胜任，更不用说找一个好的岗位。”刘晏用余光扫了鱼朝恩一眼，只见他脸色由晴转阴，非常之难看，他假装没有看见，继续说，“不过，鱼大人大驾光临，真的使寒舍蓬荜生辉，若不为鱼大人通融一下，今后还能与你见面吗？你看这样行不行？”刘晏故意卖了个关子。

鱼朝恩看到事情有了转机，立即绽开笑脸，迫切地问："怎么样？"

"鱼大人保荐之人，本官想办法替你安排，但职事必须根据实际情况而定，大人不可勉强，不过有一点你尽可放心，俸禄肯定不会比别人少，工作也很轻松，你看怎么样？"

鱼朝恩也是受人之托，且从中收受了一笔可观的贿赂，如果事情办不成，所收之贿赂恐怕就难以消受，更重要的是，面子上实在是挂不住，若能办妥此事，就能心安理得地将贿赂之钱受之，甚至连送给刘晏的那一份也能归他独享。见刘晏答应了他的要求，高兴地说："行，只要能收纳，职事悉听尊便，绝不说长论短。"说完，他将刚才揣进怀里的银票重新拿出来放在桌子上起身欲走。

刘晏连忙拿起桌上的银票硬塞给鱼朝恩说："大人执意如此，莫不是说在下今后有事求你，非要以这个开路不成？"

鱼朝恩先是一愣，然后哈哈大笑道："刘大人真是会开玩笑，今后无论是公事还是私事，需要我效劳的，一定在所不辞。"

"好，今后少不了要麻烦你的，你叫他明天去特使衙门，找李若初就行。"

刘晏刚到值房，叫来李若初问道："有人找你吗？"

"刚才有一人，说是大人叫他找我的，我不知道是什么事，推说很忙，请他等一会儿再来。大人，此人找我有何事？"

"他是鱼朝恩推荐过来的，谋一个差事。"

"不是刚发了文，停天下摄官吗？"

刘晏有些无奈地说："停天下摄官不错，但不是还有'独租庸补署'吗？鱼朝恩是什么人你又不是不知道！他权倾朝野，在皇上面前红得发紫，在朝堂上能与宰相元载分庭抗礼，手执兵权，带领他的神策兵在京城里横冲直撞，权重震主，连皇上也忌惮三分，我们能把他怎么样？他虽是一个宦官，在皇上身边却有很大的影响力，这次是以商量的口吻保荐，还算是很客气的了，若硬性要吏部安排，又岂奈他何？得罪了他，今后的工作还能搞吗？"

"那给他安排一个什么样的职事？"

"我打听过，此人既非举人，也非秀才，不学无术，无一技之长，给他安排职事，也不一定做得了，先安排一个虚职，做些跑龙套打杂的事情，实事不要让他插手，财务上的事更不要让他沾边，不过，俸禄还是按正常吏员的标准给付。"

是日，刘晏不骑马，不坐轿，身穿一件深蓝色长衫，脚蹬一双方口布鞋，在李若初的陪同下，信步在长安街上行走，走到一品香茶楼门前时，刘晏说："走，进去坐坐，咱们也来个品茗论茶。"

"大人今天怎么有如此雅兴？"李若初笑着说。

"怎么样？茶楼是商贾乡绅、文人墨客的专利不成？"

"不是这个意思，大人质明视事，至夜方止，虽休澣而不废，从来没有看到大人休闲过，所以才有此一问。"

"今天破例，我请客。"刘晏笑着迈步跨进一品香。

茶楼的伙计看到来了客人，马上过来拉开一张空桌旁的椅子："客官请这边坐，请问要什么样的茶叶？"

"碧螺春吧！可不要陈茶。"

"刚上市的明前碧螺春，是我们老板专门从江南采买回来的，您老今天算是赶上了！"伙计口中在说，手却没有停，麻利地摆好了茶具，揭开杯盖放在旁边，从炉灶上提来一壶刚沸的开水，站在三尺开外，伸出茶壶的长嘴，正欲向杯中注水。

"等等！"李若初制止说。

伙计不解地问："什么事？"

"你还没有放茶叶呀！"

伙计轻轻地一笑说："客人你不知，我今天给你沏的是极品碧螺春，清明前的头遍春茶，一亩茶场才采摘半斤，非常娇嫩，沸水泡久了茶叶都溶化了，所以要先上水，后放茶叶。"说完，他向两个茶杯中分别注入了开水，放下水壶，拿来茶叶罐，向两个杯子里分别放入一小撮茶叶，放好茶叶罐，回到刘晏的身边说，"客官你看，极品碧螺春就是与众不同，茶叶经沸水浸泡后，一片一片地沉入水底，再慢慢地张开，像钓鱼的浮漂一样浮起来，片片竖立，碧绿碧绿，仿佛就是刚从树上摘下来的一样。"

刘晏笑了笑说："到底是茶楼的伙计，说起来一套一套的。"

"客官，这就是茶道。"

"好！好！"刘晏连说了两声。

"客人还需要点什么？"

"不要了。"

“有事请招呼一声。”伙计又去招待别人去了。

刘晏和李若初坐下来，边品茶边观察着周围的人。其实，刘晏并不是特意来品茶的，因为茶楼是文人墨客相聚之所，他想来听听这次租庸署补员的事在士人中有什么反应。刚坐下不久，果然从邻座的茶客中传来了声音。

“王凯兄，久未闻兄之音信，今日在此相遇，所为何来？”一个身着蓝色长衫的书生向对面一位灰布长衫的书生说。

“为租庸补员而来，宋平兄难道不是为此事而来？”

“彼此，彼此，去岁殿试，小弟才疏学浅而名落孙山，此生中进士恐无大望，听说租庸补署，来试试运气，若能讨个出身，也不枉读书一场。”

“谁说不是呢，我也有此想法。”

“有件事却难坏了我。”王凯说。

“有什么事，我能帮上忙吗？”宋平关切地问。

“我有一位朋友病在客途，川资又被小人所窃，为了帮助他，我的盘费也花得差不多了，想找人借点钱将朋友的病治好再说，至于租庸补署，不考也罢了。”

“来一趟不容易，怎么能轻易放弃？”

“百无一用是书生，一文钱也能逼倒英雄汉，我有什么办法？”

“你这位朋友是谁？我认识吗？”

“戴叔伦！”

“神韵派首领，润州诗人戴叔伦？”

“正是他。”

“他也是白丁一个？”

“本来他是不想来的，是我硬将他拉来的，不想却害了他。”

刘晏插话问道：“二位是说润州戴叔伦来了京师？他住在哪里？”

王凯望了望刘晏：“先生认识他？”

“久闻此人满腹经纶，只是无缘相见。”

“啊！”王凯略感失望。

“他住在哪里？”

“就住在对面满庭芳客栈，先生问此何干？”

“久闻戴叔伦之名，不想他落难客途，他的事情就交给我了，你们两人放心地去租庸署应试，戴叔伦既在病中，不考也罢，叫他安心养病，待他的病好了以后，我再去拜访，如果他要问，就说是一个故人。”

“先生……”

“此事就这样定了，我们还会见面的，”说完起身付了账，“二位慢用，我们有事先走了。”

两位书生站起来，感激地望着刘晏，目送刘晏和李若初走出茶楼，随后，他们也结了账，高兴地离去。

刚出茶楼，李若初问道：“大人认识戴叔伦？”

“不认识，闻其名而已。”

“为何要资助他？”

“到时你就知道了。你赶快去请个郎中，嘱咐满庭芳的老板，戴叔伦的饭食不可短缺，费用一并由我给付。”

“好，我这就去办。”

第五十章　举贤荐能

租庸署招聘吏员，经过笔试和面试，择优录取了三百余人。刘晏在李若初、卢征、韩洄、元琇、李衡的陪同下，来到特使府衙门的议事大厅接见租庸署新补的吏员，刚进入大厅，早已等候接见的新人出现了一阵小的骚动，刘晏在一品香遇到的王凯、宋平两位书生也在这批招进的新人之列，宋平小声地说："王凯兄，你看，那不就是我们在茶楼碰到、出钱为戴叔伦治病的先生？"

"啊，原来他就是大名鼎鼎的刘晏刘大人！"王凯惊讶地说。

"慈眉善目，一点官架子也没有，真是难得，我们也可算是奇遇了。"

刘晏刚进门，眼光就同王凯、宋平两人的眼光碰在一起，坐着的两人掂掂身子笑了笑，算是向刘晏打招呼，刘晏面露笑容轻轻地点点头，算是作答。

李若初走到讲坛前："大家静一静！"台下的新进之士马上安静下来，瞪大眼睛看着李若初，"各位，从今天起，我同大家就可以以同僚相称了。"新进之士们马上报以热烈的掌声。

"各位同僚，今天是一个难以忘怀的日子，以前，各位都是布衣白丁，从今天起，就成了我李若初的同僚，就在上个月，皇上批准了吏部呈报的《奏停天下摄官疏》的奏折，同时又亲笔御批'独租庸补署'，大家是在特殊的条件下由吏部主持招录的特殊人才。"新进之士再次报以掌声，"现在欢迎吏部尚书，盐铁、转运、常平、租庸使刘晏刘大人给大家训诫。"各位新进之士全体起立鼓掌欢迎。

刘晏走上讲坛，心情也格外兴奋，笑着大声地说："大家好！"

"刘大人好！"大家齐声说。

"都坐下来！"刘晏伸出双手向下按了按，示意大家坐下来。

"大家能被租庸署录用，虽不及殿试中进士之荣耀，但也无异于一次小登科，此次招聘吏员，是皇上特旨恩准的，大家都是孔子门生，不是贡士，就是举人，不是举人，也是一个秀才，都是时之俊杰。这次招收吏员，之所以只招士人，就是因为士人十年寒窗苦读，深知功名利禄来之不易，因此，都很珍惜这来之不易的机会，都有一颗报国为民之心，这次主持笔试的李衡李大人。”李衡站出来向大家作了一揖。

“元琇元大人和主持面试的李若初李大人，韩洄韩大人，卢征卢大人。”叫到哪一位，哪一位就站出来，向诸位新进之士作揖。

“他们全是进士出身，都是金銮殿觐见了的。他们清正廉洁，办事精明能干，堪称一时之俊杰，假以时日，都将是国家理财的栋梁之材，尔等要以他们为楷模。知识是学来的，能力是练来的，只要努力，一切都会好起来，将相本无种，男儿当自强。”他环视了一下四周，见大家都在聚精会神地听，继续说道。“这次招收吏员，名为租庸补署，实际上要充实到盐铁使、转运使、租庸使、常平使所属的四个部门中去，都是特使衙门的僚属，还有的要充实到州县，取代原有胥吏之位，执掌州县的财政经济。司职理财，称其职者，必皆挟工商之术，具良贾之才，识耿寿昌习分铢之事，学桑弘羊析秋毫之数。招聘时之所以要考理财之道，筹算之术，原因就在这里。历代的传统观念是重农抑商，以农为兴国之本，过去的士大夫以君子自居，耻于言利，此观点本官却不敢苟同。以农为兴国之本固然不错，但却不能因此而鄙视商人，君子不言利，国家何以理财？治理河道之费用，赈济灾荒之钱粮，朝廷百官之奉给，上至中央、下至诸州县政务之开支从何而来？口头上不言利，眼睛却盯住钱不眨眼，道貌岸然，口是心非，与其这样，倒不如大张旗鼓、堂而皇之地大喊一声：我为利而来！”

鼓掌之声突然如雷鸣般响起，经久不衰，刘晏等掌声静下来之后继续说：“大家以后都要与钱打交道，希望你们忠勤职守，廉洁奉公，洁身自好，切不可起私欲贪念，自古至今，凡营私舞弊、贪赃枉法者，都是没有好下场的。我在这里送你们四个字：廉政、勤政。”掌声再次响起。“希望大家一定要记住我今天说的话，做一个清官，廉吏，能吏。能做到吗？”

“能做到！”众口一词，响声如雷。

“好，祝大家鹏程万里，成为为国理财的栋梁之材！”说完便退下台。

李若初重新走上去说：“各位同僚听着，散会后，都到吏部去领委札与川资，三日后即去赴任，散会。”

满庭芳的客房里，病情日见好转的戴叔伦正坐在桌旁品茗看书，王凯跑进来喜滋滋地说："戴先生，你知道资助你看病的人是谁吗？"

"我怎么知道，我的病已好得差不多了，他怎么还未露面？出钱为我治病，我连感谢的话也没有说一句，真的有些过意不去呀！"

"我今天又看见他了。"

"他是谁？"戴叔伦迫切地问。

"刘晏，刘大人。"

"原来是他？"

"我真的是有眼不识泰山，上次在茶楼喝茶，他也没有表明身份，我也是在他接见全体新进吏员时，才知他就是刘晏。"

"请问，戴先生可是住在这里？"

"哟！他来了！"王凯惊喜地说。

戴叔伦听说刘晏来了，连忙起身相迎，此时，刘晏和李若初已先后迈步进了客房："戴先生病可好了？"

戴叔伦赶忙答道："多亏刘大人资助，才使得客居他乡之人得以康复，请刘大人受学生一拜！"

"戴先生请别这样，如此折煞我了！"刘晏抢上一步，双手将戴叔伦搀住，没有让他跪下去。

"山野之人，又素不相识，劳刘大人如此恩助，真叫学生没齿难忘。"

"戴先生不要这样说，出门在外，谁都免不了有个三病两痛的，只是先生这次落难被我碰上罢了，小事一桩，不足挂齿，今后再不要提这件事了。"

"刘大人请坐！"王凯拉过一把木椅放在刘晏身边，再沏一杯茶奉上，刘晏接过茶放在桌上，随后坐了下来："久闻戴先生大名，只是无缘拜识，你的很多诗作我都拜读了，秀雅可观，不愧为神韵派之首，以前，只是无缘拜识！"

"只是应景之作，难入方家法眼，大人如此夸赞，真使学生汗颜，谁不知大人七岁献书行在，被玄宗皇帝亲口誉为神童，此等奇遇乃千古所未见。"

"那只是少儿心性，算不得佳作，这么多年来，一直繁忙于公务，诗文之事，早就荒废了。"

"文坛少了一方家，朝廷多了一栋梁哟！"戴叔伦由衷地说。

"戴先生快不要这样说了，学成将相艺，货于帝王家，这不是每个读书人的梦想吗？"

戴叔伦轻轻地叹了一声，刘晏马上转换话题："戴先生乃神韵派之首，造诣极深，想来对诗词的创作，必有独到的见解？"

"诗家之景，如蓝田日暖，良玉生烟，应感之会，通塞之纪，来时犹如声响突起，不可遏，去时如影子般消匿，不可止，可望而不可置于眉睫间。"谈到诗词，戴叔伦仿佛一下子来了精神。

"先生真是妙论。"刘晏赞美地说。

"感应一来，笔如泉涌，文采华美，目不暇接，音韵清悦，耳不暇闻，而兴会一去，喜、怒、哀、乐，好、恶之情如塞如滞，心志若丧，神气顿涩，木立如枯树，空虚若涸泉。"

刘晏感叹地说："博访群才，揖对宾客，谁人能及戴叔伦！"

"啊！学生失态，让刘大人见笑了！"戴叔伦觉得自己说得太多了，有点像是卖弄，不好意思地笑着说。

"与君一席话，胜读十年书，何笑之有？"

"大人真是过奖了！"

"戴先生眼下意欲何往？"

"还有何处可去？回江南，仍逍遥于山水之间。"

"若回江南，请在原籍待些时日，不必远游，行吗？"

"这是为何？"

"只怕有信要驿传给先生，恐怕到时找不到人而错过了机会。"

"谁有信会给在下？"

"到时自会知道，如果你边走边游，不急着赶路，恐怕你前脚回了江南，后脚信使就到了也说不定。你准备几时动身？"

"一两天吧！"

"今天我就在满庭芳叫座为你饯行，客店之费用你就不要管了。"说完将随身带来的十贯钱递给戴叔伦，"这是返乡川资，不成敬意，请笑纳！"

"这怎么可以？"

"别推辞了，你的情况我都知道，请不要见外。"

"好，恭敬不如从命，大人之盛情，学生领了。"戴叔伦有点不好意思地接过刘晏的馈赠。

"若初，你就在满庭芳安排个包间，为戴先生饯行。"回头一看王凯，"你也去，委札拿到了吗？到哪里？"

“拿到了，拿到了，浙东江阴县。”

“不错，好好干！”

“学生一定不会辜负大人的期望。”

刘晏自满庭芳拜访戴叔伦之后，深觉戴叔伦才华横溢，是个不可多得的人才，总有相见恨晚之感，决定向皇上举荐，重用此人。于是，他向皇上上表，言湖南观察使一职出缺，推荐戴叔伦出任此职，李豫批准刘晏的奏折，拜戴叔伦为湖南观察使，主持租庸转运。

戴叔伦前脚刚到家，吏部的委札送到，戴叔伦知道这是刘晏所为。他从内心里感叹，自己同刘晏并不相识，满庭芳是第一次见面，不想却被朝廷委以重任，他从内心里暗暗发誓，一定要干出一番事业，以报刘晏的知遇之恩。戴叔伦赴湖南上任后，确实没有辜负刘晏的期望，他勤于政务，恪尽职守。在云安、杨惠琳反叛朝廷，欲劫戴叔伦所领之钱财时，戴叔伦宁死不从，终使贼人无功而返，为国为民可谓是尽忠尽职。通过这件事可以看出，刘晏为国家选用人才不拘一格，确实有伯乐之风范。

第五十一章　皇帝遭奴欺

元载正在政事堂与人议事，一个书办来到他的身边轻声耳语了几句，他马上站起身来对大家说："今天就议到这里，各位回去后，按刚才所议做好准备。"

送走了议事的官员，元载来到政事堂旁边的一个耳房里，宫中太监、内侍省事董秀正坐在那里。

元载乃唐朝有名的奸相，因智性敏捷、善奏对而得到肃宗皇帝的器重。自江淮入京师后，先是依附于宦官李辅国而爬上相位，代宗皇帝李豫即位之后，李辅国因恃宠弄权而遭诛杀，元载之靠山轰然而塌，于是他又重金贿赂宫中太监、内侍省事董秀，董秀常年侍奉帝侧，对皇上的一言一行了如指掌，元载花重金收买他的目的就是要他掌握皇上一言一行、一举一动的信息传递出宫，元载从这些断断续续的信息中揣测圣意，每当朝廷议事之时，元载的言论都能迎合圣意。久而久之，元载得到李豫的极大信任，朝政大事系全部放手委之于元载，使元载达到了独揽朝政之目的。

元载一脚刚跨进耳房，就笑脸对董秀说："不知公公驾到，让你久等了，真是抱歉！"

"今天出来办点事，从政事堂门前经过，顺便进来坐坐。"

"公公到政事堂来，绝不是坐坐而已吧！有什么好消息？"

"前几天鱼朝恩做了一件事，将皇上气得半死，不知这算不算是好消息？"

"什么事将皇上气得半死？"元载好奇地问。

"鱼朝恩有一义子名叫义徽，官为内给使，年轻官小，只得绿衣。与同僚们相争，常因位卑而吃亏，义徽将这件事情告诉了鱼朝恩。鱼朝恩带着他的义子觐见皇上。"

"找皇上要官？"

"他一进来就对皇上说：'陛下，臣子义徽，官小位卑，常受同僚之辱，幸乞陛下赐给臣子义徽紫衣’。”

“皇上怎样讲？”

“皇上未及作答，早有一名宫中小太监捧着一件紫衣站在旁边，鱼朝恩也不待皇上允可，随手取过紫衣递给义子义徽：‘我儿快快将这件紫衣穿上，有此紫衣，看谁还敢再欺负于你！’义徽将紫衣穿好后，鱼朝恩拉过义徽说：‘吾儿快谢陛下隆恩’，身着紫衣的义徽跪下，叩谢皇上赐紫衣。”

“皇上尚未恩准，他竟敢自作主张？”

“皇上愣在一旁，一时不知所以，只好强装笑脸地对鱼朝恩说：‘义子已作紫衣，想来你该称心如意了吧！’鱼朝恩连一句谢词也没有，父子两人便昂首而去。皇上的脸色气得像猪肝一样。”董秀绘声绘色地将宫中发生的事告诉元载。

“这是几时的事？”

“就是大前天的事情。”元载想了想说：“皇上过后说了什么？”

“鱼朝恩走后，皇上坐在那里生闷气，一言未发！”

“还的别的事吗？”

“我老家有个侄子，今年中了秀才，听说老家的县令报了丁忧，县太爷之位出缺，我想替侄子谋个差事，这是他的名字。”董秀顺手递过一张纸条。

“朝廷之制，进士及第才能补一个七品知县，秀才之身是难以谋到七品知县之职的。”

“宰相是说此事难成？”董秀有些不悦。

“既然公公亲自出面，再难的事也就成了小事，你就等着听好消息吧，只是宫中之事，还望公公多留意。”

“这个就不劳吩咐，一切包在我身上。”

元载虽独居政事堂，当上了一人之下、万人之上的宰相，但他仍然担心别人在皇上面前同他争宠。偏偏就有这样一个人，不但在同他争宠，而且还要同他分庭抗礼，这个人就是天下观军容宣慰处置使、总管京师禁军的鱼朝恩。自从宦官程元振罢官归田后，鱼朝恩便出任天下观军容宣慰处置使、总制京师禁军，逐步得到李豫的信任，圣眷日隆，但凡宦官得宠，便欲擅权。这在唐朝几乎成为了一种成例，高力士如此、李辅国如此、程元振也是如此，他们都得宠而擅权，擅权而受诛。大概宦官都是阉人，因其生理上不能人道的特性，使他们的心理出现扭曲而变态。鱼朝恩也是一样，他专掌禁兵，已是势倾朝野，但擅权的欲望仍然在无限地膨胀。朝中每有奏章，从政事堂传递给皇上，都要由他操纵，要得到他的许可，朝廷所有的政事，他都要参与，偶有一事没有参加，便心有不甘，常悻悻地说："天下的事情可以不由我主张的吗？"可见他的权力欲望是何等之强，甚至在皇上面前，他也敢为所欲为而无所顾虑，如为其义子向皇上求着紫衣之事，若能恳切地向皇上求赐，皇上也不一定不给，但他那专横跋扈的作风、不待皇上恩准就硬性强索的霸道行径，深深地刺伤了李豫，也激怒了李豫，使李豫起了除去鱼朝恩的念头，只是鱼朝恩手握兵权，加之李豫本就是一个优柔寡断的皇帝，故而未敢贸然动手。

元载对鱼朝恩专横跋扈、气凌卿相的派头，心里甚是不服，常欲除之却又苦于无良策。得到董秀提供的信息后惊喜万分，他判断，种种迹象表明，皇上欲除鱼朝恩之心渐起，除去他的政敌的时机渐现，经过缜密的考虑，一个伺机而动的计划逐渐在他心中产生。

特使府衙门，刘晏在值房里正在对几个书吏发脾气："你们是怎样办事的？诸州县常平仓的收籴之数，诸盐监、盐场上半年的盐利之入的准确数字以及运抵东渭桥的漕粮之数，报单怎么还没有做出来？"

一名书吏毕恭毕敬地站在旁边，谦恭地说："催报的公函发出一段时间了，估计这两天诸州县、盐监巡院的报单也要到了。"

"去吧，安排的事情要抓紧催办，特别是常平这一块，诸道巡院的日报、旬报制度要不折不扣地实行，谁贻误了商机，拿谁是问。"

书吏低头走出刘晏的值房，走在前面的一名书办正好同从外面进来的元载撞了个满怀，书吏抬头一看见是宰相元载，吓得赶忙退到墙壁边站住，语不成句地说："元宰相，小的有……有眼无珠，撞着了您！"说完，一揖着地，始终不敢直起身子正眼相看。

元载看到这名书吏吓成这个样子，温和地说："没关系，你去忙吧！"

"谢谢元宰相！谢谢元宰相！"书吏边说边退着走出门。

刘晏听到外面的说话声，走出值房，见元载来了，连忙打招呼："元宰相大驾光临，快请屋里坐！"刘晏将元载让进值房，忙着去替元载沏茶。

元载乘刘晏沏茶之际，将值房内的摆设扫了一眼。只见临窗放着一乘花梨木的大号案桌，案桌上放着一个玉石雕琢的笔筒，笔筒内插放着几支狼毫小楷，案几上放着几本翻开了的账簿，旁边还码放着几本没有翻开的账本，靠案桌边放着一把已经拨动了的红木算盘，算盘珠子清明透亮，一看就知道是常用此物；

案桌旁摆放一把花梨木的雕花太师椅；背后摆放着一排大木柜，木柜内分门别类地放满了书籍和账簿，有一扇柜门尚未关上；木柜的对面，也就是元载坐的地方，三条三人坐的长椅呈一个没有封口的口字形摆放，中间放着一个方形茶几，茶几上放着洁净的茶具，整个摆设错落有致，虽不豪华，却很典雅洁净，给人一种秩序井然的感觉。元载刚收回眼光，刘晏就从柜子里拿来茶叶盒，摆好茶具，轻轻地从茶叶盒中抓出一撮绿茶放进茶杯中，提起书办刚刚送进来的水壶，向茶杯内倒了半杯开水，边倒边说："这是刚从杭州带来的西湖龙井！"稍停一会儿，他又将杯中的茶水滤掉，重新酌上满杯开水，端起一杯递给元载道，"品尝一下，看味道如何！"

元载伸手接过茶杯，端在手中放在鼻孔下先嗅了嗅，叹道："嗯，好茶，不愧是西湖龙井，清香扑鼻。"随后轻轻地喝了一小口，"味道甘醇，沁人心脾，真是不错！看来刘大人对品茗倒颇有研究。"

"哪里，哪里，我这是现学现卖，前些时日在仁寿宫，承蒙皇上亲自沏茶、赐茶，听皇上大侃品茗之道，真是大开眼界。今天是照葫芦画瓢，但却难及皇上十分之一哟！"

"老夫为相多年，未曾享受如此恩遇，刘大人的圣宠真是非同一般哟！"元载有些眼红地说。

"宰相此言差矣！你身为宰臣，常在皇上身边打滚，皇上视你为常客，所以一切客套也就免了，不似下官，一年也难召见几次，恰好那天是江南新进贡品茶入宫，才使得下官有幸得此恩遇。"

"刘大人不必解释，你掌管朝廷的财政事务，常奔走于江南与京城之间，可谓是劳苦功高，皇上亲手沏茶、赐茶，是对你的奖赏，常人是难享此恩宠的。"

"元宰相政务繁忙，绝不会为品茗论茶而来，一定是有什么事吧？"

"刚谒见皇上，顺道过来看看，先到了吏部，说你在特使衙门，所以就到这里来了。"

"我一般上午在特使衙门当值，下午到吏部衙门坐班。"

"找你也无大事，听说京兆尹出缺，刘大人心目中可有合适的人选？"

"暂时没有，还在物色之中，元宰相是否有合适的人选要推荐？"刘晏心里想，原来元载是为京兆尹的人选而来。

"侍御史崔昭，颇为能干，可充任京兆尹之职，可否考虑此人？"元载身子前倾，以商量的口吻说。其实，崔昭乃元载之心腹，保荐崔昭，乃是他除去鱼朝恩计划的一个组成部分，他表面上看似平静，实际上他真的很担心刘晏提出反对意见，尽管他可以强行要刘晏弃用他人而直接任命崔昭，但那毕竟要麻烦一些。

“既然宰相举荐，就一定不会有错，下官这就向皇上举荐崔昭为京兆尹就是了。”刘晏心里知道，元载身为宰相，亲自上门举荐崔昭，那就是志在必得，同时也说明他对吏部的尊重，何不顺水推舟地做个人情呢?

“好，刘大人你忙，我就不耽搁你的时间了。”元载见事情顺利解决，一脸的轻松，起身告辞，“昨天刚有人从岭南捎来一些铁观音，过一会儿我派人给你送点来。”

元载坐在政事堂值房的太师椅上，对毕恭毕敬地站在身边的崔昭说：“别像木头一样站着，坐下来说话。”看到崔昭在旁边椅子上坐好后，他继续说，“今天叫你来，有件事要告诉你。”

崔昭连忙站起来说：“什么事？”

“本相同吏部打过招呼，保荐你为京兆尹，皇上御批后即可走马上任。”

“谢恩相栽培，谢恩相栽培！”崔昭惊喜万分，站起来忙不迭地说。

“有件事情要你去办。”

“恩相尽管吩咐，小的虽肝脑涂地亦在所不辞。”

“还没有严重到要你肝脑涂地的地步，京兆尹上任之后，表面上要同本相疏远，实在有事也要避开鱼朝恩的耳目，切不可让他人有所觉察。”

“难道恩相怕了鱼朝恩不成？”

“不是怕了他，而是与你所办之事有关。”

“什么事情？”

“接近鱼朝恩！”

“接近鱼朝恩？”

“讨好鱼朝恩！”

“讨好鱼朝恩？”

“正是。”

“有何目的？”

“接近鱼朝恩、取得他的信任后，密切注意他的一举一动，探听其虚实，有什么动静，随时禀报于我。”

“鱼朝恩不是皇上的宠臣吗？”

元载不怒而威地说：“你只做你分内的事，不该知道的就不必打听。”

“是，小的一定照办！”崔昭恭顺地说。

第五十二章　欲擒故纵

元载正在书房里闭目养神，管家元吉进来报说：“老爷，崔昭有事求见！”

“叫他直接到书房来。”元载会客都在客厅，只有心腹或至交才在书房相见。

崔昭随着元吉来到书房：“恩相！”说罢欲跪下叩拜。

“不必多礼，坐下来说话！”

崔昭找凳子坐下后说：“鱼朝恩对卑职很是信任，今有要事禀报。”

“你是怎样博得他的信任的？”

“鱼朝恩特别喜欢古玩字画，卑职花重金从古玩市场觅得一尊西周时期的铜鼎送给他，鱼朝恩爱不释手。”

“于是就博得他的好感？”

“是的，通过鱼朝恩，还结交了陕州节度使皇甫温。”

“皇甫温可是鱼朝恩的死党啊！你是如何结识他的？”

“皇甫温有一胞弟在京城吃了人命官司，皇甫温连夜带重礼求见，恳请卑职救其胞弟，卑职不但帮他搞定了这件事，还将他的重礼原封不动地退给他，他死活也不接，没有办法，我另备了一份与其相当的礼品回赠于他，因此，他对我甚是感激，以至于结为至交。”说完，崔昭从怀中掏出一张纸递给元载，“这上面写的，有的是卑职亲耳所闻，有的是通过皇甫温了解到的情况。”

元载接过崔昭递过来的纸看了看，连声说：“好！好！”

翌日，元载进宫谒见皇上，递上崔昭交给他的纸条，试探性地说：“陛下，你看看这个，这是京兆尹崔昭昨天送上来的。”李豫接过纸条，元载轻声地说：“鱼朝恩真是越来越不像话了，连政事堂的事他也想插上一杠子。”

“何止政事堂，就是朕也要看他的眼色哟！”李豫不满地说。

元载故作惊愕地说："什么？在陛下面前也敢放肆，我还以为他是故意同政事堂过不去呢，原来对陛下也大不敬？胆子真是大哟！"

"罢免程元振，悔不该再用宦官，鱼朝恩的独断专行是朕宠起来的，朕这是养虎为患哟！"堂堂一国之君，对一个宦官竟然如此的无可奈何，足见李豫是何等的软弱。

"陛下，宦官为祸，其患无穷啊！"元载乘机奏道。

"朕何尝不知，只是鱼朝恩羽翼已丰，为之奈何？"

"不为所用，除之可也。"元载试探地说。

"朕也曾有此念，只是鱼朝恩执掌禁军，平时警惕性颇高，朕所虑者，锄奸不成，反为虎伤，偷鸡不成，反蚀把米。"

"陛下不必多虑，臣有一计，可除此贼。"

"计将安出？"

"鱼朝恩目下官居何职？"

"天下观军容宣慰处置使、总管京师禁军。"

"臣请陛下再加封其官。"

"还要加封？再加封，何以能制？"

"孙子兵法中有欲擒故纵之计。"

"何为欲擒故纵？"

"鱼朝恩起居皆有神策营军士相随，戒备森严，陛下若再加封，其必认为圣眷仍隆而得意，得意就必忘形，忘形就会放松警惕性，这样就易露出破绽，然后再乘机除之，这叫作欲擒故纵、捧而杀之。"

"好，就这样办！"

"臣再抓紧策划，力争一举击之，让其没有还手之余地。"

"宰相谋之可矣，当缜密，切勿走漏风声。"

"这个微臣自然知道。"

李豫想了想说道："朕就再加封鱼朝恩为判国子监事、光禄鸿胪使、礼宾、内飞龙、闲厩使、郑国公。"

国子监乃中央最高学府，判国子监事多由博学鸿儒任之，鱼朝恩能求得此职，可谓是喜出望外。原来，鱼朝恩性本顽劣，恃勋自伐，无所忌惮，粗通文墨，却自称鸿儒，常引腐儒及轻薄文士于门下，讲授经典以示其所学之渊博。作文章，粗能把笔释义，但他却大言不惭，自谓能文武才。李豫授其为判国子监事，正是投其所好。

唐朝的国子监位于城东，国子监的大门称为集贤门，进大门便是一所大院，院内东西设有井亭；正中一座三间四柱七楼庑殿顶式琉璃牌坊，牌坊雕梁画栋、古色古香，是京城唯一不属于寺院的琉璃牌坊，牌坊正面牌匾上书写“圜槁教译”四个大字，反面牌匾上书写“学海节观”四个大字；过了牌坊，展现在眼前的是一座圆形水池，水池中央的四方高台上，是一座方形重檐攒尖顶殿宇，这就是辟雍，辟雍四面开门，设六级台阶；辟雍周围有长廊环绕，四面建有精致的小桥横跨水池，使殿宇与院落相通，这种建筑形制象征着天圆地方。唐初每逢新帝即位，都要来此做一次讲学，以示对高等学府的重视，然自安史之乱以后，因战乱的原因，肃、代两朝均没有沿袭这一旧制；辟雍左右两侧建有三十三间廊房，合称为六堂，分别为：率性堂、诚心堂、崇志堂、修道堂、正义堂、劝业堂，是贡生、监生们的教室。辟雍以北建有彝伦堂，早年曾是皇帝讲学之处，兴建辟雍之后，则改为监内的藏书馆；彝伦堂之后是敬一亭，是国子监的第三进院落，设有祭酒厢房、司业厢房和七座御制圣谕碑。

是日，鱼朝恩赴国子监视察，李豫诏令京兆尹造食供宴，教坊赐乐，文武百官迎候，并诏判度支拨钱万贯以充此次活动之经费，崔昭也接到元载的特别授意，特地将京城最大酒家隆泰酒楼的掌勺大厨请来，专门操办此次酒宴，第五琦本与鱼朝恩善，忙进忙出，显得也特别卖力。

文武百官二百余人身着章服，扮成学子，列于国子监的集贤门前，翘首以待，等候鱼朝恩的到来。巳时刚过，一队人马缓行而至，前面是仪仗队鸣锣开道，接着是十六骑身披戎装的神策军紧随，神策军后面则是一乘八抬绿绒大轿。

“鸣炮，奏乐！”京兆尹崔昭大喊一声。

顷刻之间，鞭炮齐鸣，鼓乐喧天，刚一落轿，第五琦便迎上前去，掀开轿帘，鱼朝恩慢腾腾地从轿中下来，他看到身着章服扮成学子的文武百官列队迎接，兴奋异常，亮起公鸭嗓子假惺惺地说：“老夫何德何能、受此盛礼！”

“文武百官皆奉圣旨，扮学子迎候鱼大人。”第五琦奉承地说。

“哈！哈！哈！”鱼朝恩口中发出了一阵傲慢的狂笑声。

“下官乃京兆尹崔昭，奉旨在此造食供宴，特地请来京城第一大酒楼隆泰酒楼的掌勺大厨亲自掌勺，六堂里的盛宴准备就绪，只等鱼大人巡视完国子监后即可开席。”崔昭迎上前恭敬地向鱼朝恩汇报，然后将手一伸，“鱼大人请！”

鱼朝恩昂首阔步进了集贤门，过了琉璃牌坊，在文武百官的陪同下，在辟雍，小桥、长廊中缓缓而行，兴奋异常。

鱼朝恩巡视国子监之时，侍从们在六堂和长廊中已将酒宴摆好，鱼朝恩在百官的簇拥下在辟雍之内入座，文武百官也相继入席，第五琦、崔昭和国子监的几个老夫子在辟雍之内奉陪鱼朝恩。酒过三巡，菜过五味，鱼朝恩举起酒杯环顾一周说道："各位同僚，老夫有幸荣任判国子监事，在这里敬各位一杯！"说完举杯一饮而尽。

文武百官亦纷纷站起举杯相贺，大家推杯换盏，场面非常热闹，鱼朝恩看到如此隆重的场面，兴奋不已，加之酒力的推波助澜，就有点控制不住、得意忘形了，站起来狂傲地对众人说："老夫执掌禁军，坐镇神策营，整个京城皆在老夫的掌控之中，居内廷，辅佐皇上治理朝政，撑起朝廷的半壁江山，才过子建，功盖萧何，乃皇上倚重的股肱之臣，天子第一宠臣，舍我其谁，大家为老夫再干一杯！"

文武百官听到鱼朝恩如此狂妄地自我标榜，皆一片愕然。

"鱼大人才高八斗，学富五车，是皇上的第一宠臣，下官给你敬一杯！"第五琦举杯站起，恭维地说。

殿中侍御史李衎在长廊的酒席上站起来大声说："曹子建乃文学巨匠，七步成章，谁人能及；萧何乃开国元勋，功盖寰宇，哪个能比，鱼大人以此二人自诩，下官好有一比。"

"比从何来？"崔昭故意问了一句。

"王婆卖瓜，自卖自夸！"

鱼朝恩听到此话，脸色突变，正欲发火，长廊中的户部郎中相里造又站起来大声说道："下官也有一说。"

"你有何说？"崔昭继续问道。

"癞蛤蟆敲大鼓，自吹自擂！"

鱼朝恩击案而起："你们两个是吃了熊心豹子胆，神策军！"

"卑职在！"十六名神策营军士应声而至。

"将那两个不知进退的狂妄之徒拖出去斩了！"

"慢！"京兆尹崔昭立即站起来说。

"难道你要为他们求情不成？"鱼朝恩不满地望着崔昭。

"非也！今天乃鱼大人的大喜之日，若刀口见红，岂不晦气？大人就将此事交给下官处理如何？”

“好，今天就给你个面子，将他们交给你处理！”鱼朝恩强压怒火坐下来。

“来人！”崔昭大叫道。

“在！”几个京兆尹的侍卫迅速跑过来。

“将殿中侍御史李衎、户部郎中相里造请出国子监！”然后又小声地说，“以礼相待，不可莽撞。”

侍卫点点头，轻声答道：“知道了！”

一位老夫子举杯说道：“鱼大人，不要为此伤了雅兴，不才敬大人一杯！”

鱼朝恩余怒未息，坐在那里动也不动，对老夫子的敬酒视若无睹，老夫子站在那里一时下不了台，非常尴尬。

“鱼大人乃皇上第一宠臣，下官与国子监的同僚唯鱼大人的马首是瞻，请鱼大人干此一杯！”第五琦站起来解围，随手拉了一把愣在一旁的老夫子。

鱼朝恩听到第五琦的奉承，脸上这才有了笑容，端起酒杯接受了两人的敬酒，这才给了老夫子一个台阶下，老夫子坐下后向第五琦投过感激的一瞥。于是，再也没有人敢向鱼朝恩敬酒了，本来是一个很热闹的场面，经此一闹，也就只好草草收场。

崔昭在元载的书房里，将鱼朝恩在国子监巡察时酒宴上的经过绘声绘色地向元载作了介绍：“恩相真是妙招，竟然安排殿中侍御史李衎、户部郎中相里造两人从中搅局，鱼朝恩正在自吹自擂、得意忘形的时候，李衎、相里造相继杀出，搅乱了鱼朝恩的精彩表演，鱼朝恩的脸一下子变成了猪肝色，气得要死！”接着他模仿鱼朝恩声嘶力竭的声音，惟妙惟肖地说：“神策军，将那两个不知进退的狂妄之徒拖出去斩了！”说罢大笑不止。

元载亦跟着大笑道：“鱼朝恩都说了些什么？”

“鱼朝恩吹嘘自己文赛曹子建，功盖汉萧何，是皇上身边的第一宠臣，这里记录了鱼朝恩当时讲话的全部内容，请恩相过目！”崔昭从怀中掏出一张纸条递给元载。

元载接过纸条看了看，冷笑地说：“阉奴就是阉奴，终究还是少了一根筋，加官晋爵，就忘了自己姓什么，捧得越高，跌得越重，死的就越惨。”

第五十三章　寒食节除奸

翌日，元载到太和殿谒见皇帝李豫，行谒见之礼后，元载从袖中掏出崔昭的密函递给李豫道："陛下，这是鱼朝恩在国子监巡察视事、在酒宴上面对文武百官所讲的话，请过目。"

李豫伸手接过元载递过来的密函，仔细地看了起来，元载乘机挑拨地奏道："鱼朝恩在国子监的酒宴上可谓是大出风头，声称执掌禁军，坐镇神策营，整个京城皆在其掌控之中，辅佐皇上治理朝政，撑起朝廷的半壁江山，还恬不知耻地说自己才过子建，功盖萧何，是陛下倚重的股肱之臣。"

"朕叫你悄作安排之事，准备得怎样？"

"区区一阉宦，何必大动干戈，陛下发一道圣旨，拘而诛之，不就得了？"

"鱼朝恩执掌禁兵，若其狗急跳墙、带领神策营兴兵叛乱，闹得个鱼死网破，局势恐就难以控制了。"

"臣明白陛下的顾虑，臣已物色好了人选，鱼朝恩丝毫没有觉察，不知陛下定在何时动手？"

"寒食节是朕赐宴之日，皇亲国戚、勋贵显爵都要赴宴，就定在寒食节赐宴之后动手，安排须缜密，切不可走漏半点风声。"

寒食节是中国一个古老的节日，它起源于古代一个悲壮的故事。相传春秋时期的介子推乃晋国的贤臣，侍奉公子重耳。晋国发生内乱，公子重耳被迫逃亡国外，介子推不畏艰难困苦跟随重耳流亡，患难与共，生死相依。流亡途中，重耳数日未食、饥饿而晕厥，介子推从自己大腿上割下一块肉，煮汤哺之，救了重耳一命。后来，重耳回国执政，他就是春秋五霸之一的晋国之君晋文公。

晋文公即位，封赏群臣，却将介子推忘得一干二净，介子推携老母悄悄回到山西老家绵山中隐居，有人在晋文公面前暗示此事，晋文公猛然醒悟，非常内疚，亲自到介子推家中来礼聘这位“割股奉君”的贤臣，然介子推的家已是人去屋空。

有人在山西绵山之中见到隐居的介子推，向晋文公通了消息，晋文公亲自带人到绵山中寻找介子推，然山峦重叠，绵延数十余里，找一个人无异于大海里捞针。晋文公下令晋军在绵山四处放火烧山，欲逼出介子推，熊熊的烈火，蔓延数十余里，燃烧数日而不熄，然终未见介子推之踪影。大火熄灭之后，众人进山搜寻，见介子推与其母紧紧地抱在一起，被烧死在一棵烧焦的柳树下。

晋文公见此惨状，伏在介子推的尸体前号啕大哭：“介子推，昔日朕在逃难途中饥饿而晕厥，你割肉奉君，连眉头都不皱，还骗朕说是兔肉，朕荣登九五，却忘记封赏你这位旷古未有之贤臣，朕愧对于你呀！自古有言，君不拜臣，父不拜子，朕要破此天条，拜你一拜！”晋文公重新站起，再双膝着地，向介子推的尸体拜了一拜，忽觉得膝下有异，扒开浮土，见到一块松动的石块，取出石块，一个很小的洞穴出现在眼前，他伸手一掏，掏出一片衣襟，摊开一看，原来是介子推所题之血诗一首：

割股奉君乃尽忠，非图他日索恩封。
高官厚禄非所欲，甘作山野逍遥翁。
倘若圣君忆微臣，可将此情惠苍生。
励精图治理国政，成就霸业史留名。

晋文公含泪将血书藏入袖中，将介子推及其母分别以国礼厚葬在烧焦的柳树下。为了纪念介子推，晋文公下令将“绵山”更名为“介山”，下山之时，晋文公砍下一段烧焦的柳木带走，回到宫中，将此木做成一双木屐，每当追忆介子推时，他便面对木屐叹道：“悲哉足下。”足下是古人下级对上司或同辈相互之间之尊称，据说即来源于此。

晋文公宣布介子推烧死之日为忌日，每年的这一天禁食烟火，只吃冷食，以示对介子推的纪念，这就是“寒食节”，这天就在每年四月清明节的前一天，后为冬至后一百零五天。

寒食节蕴含着介子推忧国忧民、忠君爱国、有功不言禄和功成身退的奉献精神，是古代社会伦理准则。经过漫长历史岁月的演变，寒食节就形成一种寒食文化，其以忠孝为核心的内涵以及由忠孝延伸而来的诚信，是介子推精神的精髓，形成中华民族传统道德的核心。因而，寒食节也就成为了中华民族祭奠先贤的一个传统节日。

晋国百姓为了纪念介子推，在绵山建一座介子推祠庙，庙中楹联写道：

三晋仰忠贞立庙绵山垂德泽
举国作寒食缅怀介公勖后人

唐代的寒食节有赋诗、赏花、馈赠、赐宴、蹴鞠、踏青、插柳、秋千、斗鸡、寒食、禁烟、祭祖等庆祝活动。每年的寒食节，皇室都要对皇亲国戚、文武百官赐宴，借此聚民心、凝国魂，赴宴者以此为荣。

元载将陕州节度使皇甫温、宫廷卫士周皓、京兆尹崔昭三人召至政事堂，屏退左右，进入密室，对三人说道："今天将你们三位叫来，是有一项重要的事需要你们去办。"

"宰相有事只管吩咐，下官唯宰相马首是瞻。"崔昭率先表态。

"你们二位呢？"元载向皇甫温、周皓问道。

两人互相望了望，有些不解地问道："宰相到底要下官做何事？"

"事关重大，二位须先表明态度，若不愿意同谋，即可就此离去，没有言明的必要，如果告诉你们，就得全力去办，绝不能中途退出，请二位三思。"

两人面面相觑，犹豫不决，崔昭道："皇甫兄，其实你早已参与此谋了。"

"与谋何事？"

"鱼朝恩的一些行踪，你不都告诉我了吗？"

"这与你们的计划有什么关系？"皇甫温露出惊讶之情。

"皇上密旨，拘捕鱼朝恩，因鱼朝恩执掌禁兵，坐镇神策营，为防止鱼朝恩乘机暴乱，这件事只能秘密进行。"元载从怀中掏出三张银票放在桌子上说，"这三张银票，是对你们三位的奖励，本相已奏明皇上，事成之后，皇甫温升任凤翔节度使，周皓升任宫廷卫士长。"

"皇上不是刚加封鱼朝恩为国子监事、光禄鸿胪使、礼宾内飞龙闲厩使吗？文武百官到国子监着章服充学子相迎，皇上赐宴以庆，是何等的荣耀！"周皓不解地问。

"孙子曰：欲擒故纵！"崔昭故作神秘地说。

皇甫温和周皓两人心里想：真是伴君如伴虎，圣心难测啊！红得发紫的鱼朝恩，竟然早已是砧上之肉，捧而杀之，真是太可怕了。在元载咄咄逼人的眼光的注视下，在闪闪发亮的黄白之物和高官厚禄的诱惑下，周皓抢着说："宰相如此器重下官，下官就是赴汤蹈火也在所不辞。"

"下官也唯宰相马首是瞻。"皇甫温也跟着表态。

"本相奉的是皇上口谕，为慎重起见，从现在起，皇甫温、周皓不得与任何人接触，饮食起居有专人侍候。"

"知道了！"

"皇甫温！"

"下官在！"

"这次行动，不用京师一兵一卒，用你从陕州带来的人马，行动之日，你亲自带领他们随本相行动。"

"是！"

"周皓！"

"卑职在！"

"京城及宫廷的情况你比皇甫温熟悉，你要全力配合他的行动。"

"是！"

"崔昭！"

"卑职在！"

"你马上回衙，悄悄地布置，寒食节这一天，待鱼朝恩进宫后，你即刻宣布京师全城戒严，慎防神策营暴乱。"

"是，卑职这就去安排。"

寒食节这一天，御花园里竟竖秋千，宫嫔嬉笑以为宴乐；空旷处蹴鞠高来低往，太监们竞技热火朝天……表面上看，今年的寒食节同往年没有任何区别，但热闹的背后却暗藏着一股常人难以觉察的杀机。

鱼朝恩像往年一样，接到寒食节赴宴请柬后，带领神策营武士百余人，由宫廷卫士周皓统之欲一同入殿，皇甫温则带领神策营的兵马守候在殿外，这也是李豫不敢对其贸然动手的原因。然今年寒食节的进出检查却特别严格，无请柬者一律不得入内，鱼朝恩也不例外，故而他的随行武士都被挡在殿门之外，鱼朝恩脸上虽露出一丝不快，但也没有执意坚持，因为他带领众多武士出行，也只不过是摆架子、抖威风而已，并不是害怕真的有人暗算于他，偌大的京城，宰相元载都要让他三分，还有谁能奈他何？于是他就叫周皓带领众武士在殿门外等候，他独自一人昂首入内。

寒食宴赐宴之前，先要向先祖、先贤行拜祭之礼。赐宴大厅外早就摆好了一个大型香案，案几上摆满了寒食供品：面燕、蛇盘兔、枣饼、细粿、神馔等。寒食供品多数寓意深刻，如蛇盘兔，俗有“蛇盘兔，必定富”之说，意为企盼民富国强等。

李豫在内侍董秀的搀扶下来到香案前，接过侍从递过来没有点火的三炷檀香，面对香案祭拜默祈，然后将檀香插入香炉之内。赴宴的皇亲国戚、朝廷大臣各手持一支檀香一齐祭拜默默祈祷，然后鱼贯而行，将手中檀香插入香炉之中，祭拜仪式便告结束。

祭拜仪式结束之后，皇亲国戚、朝廷大臣们便鱼贯而入，各自对号入座，一群侍事太监给每桌送上寒食节食品：寒食粥、寒食面、寒食浆、青精饭、饧（糖稀）；饮料有春酒、新茶、清泉甘水等数十余种之多。由客人自行选用，其实，寒食节赴宴只是一种仪式，一种荣幸。至于食品，并没有山珍海味、美味佳肴那么可口，但赴宴者争相品尝，亦可带走给家人品尝，因为这是皇上御赐之物，能尝一口便是无比的荣耀，大家拿出早已备好的干净手帕，将桌上的食品一样拿一点放在手帕中小心地包好，准备带回家去给家人享用，这已是多年来不成文的惯例。

宴毕，李豫先行退席，众宾客全体起立目送皇上离去，然后纷纷退席，鱼朝恩正欲随大家退席，一名太监上前道：“皇上口谕：鱼朝恩偏殿觐见！”

“鱼大人请进！”太监将鱼朝恩带到偏殿门前，站到一边伸手做了个请的姿势。

鱼朝恩推门一看，里面空荡荡的，一个人也没有，他一脸惊诧，正欲退出，忽见元载由偏殿侧门出来：“鱼大人，本相已在此恭候多时，请进来吧！”

“皇上呢？不是说皇上召见我吗？”鱼朝恩发觉有点不对劲，站在门口有些犹豫不决。

“皇上命本相在此迎候鱼大人，有要事相商，皇上马上就到。”

鱼朝恩迈步进了偏殿，突见周皓、皇甫温带着十多名军士从偏门一拥而入，元载大喝一声：“将逆贼鱼朝恩拿下！”

皇甫温、周皓带众人一拥而上，七手八脚地将鱼朝恩摁倒在地，取出绳索将其五花大绑地捆得结结实实。

“元载，你反了，擅捕皇上宠臣，该当何罪？”鱼朝恩一边挣扎一边大叫。

“谁是皇上的宠臣？是你吗？”元载讥笑地问。

“不是我还能有谁？快快放我，不然，神策军一到，叫你玉石俱焚！”

“神策军是你的家兵吗？你真的能够将神策军呼之即来、挥之即去？”李豫从偏殿侧门踱步进来。

“吾皇万岁！万万岁！”元载率众人忙俯伏跪地叩拜。

“平身！”李豫手一挥，继续向鱼朝恩走来。

“陛下，元载目无王法，竟敢擅自缉拿朝中大臣，陛下可要替微臣做主呀！”鱼朝恩跪在地下大声说道。

“鱼朝恩，你可知罪？”李豫问道。

“臣何罪之有？”鱼朝恩惊愕地问。

“你欺君罔上，专横跋扈，还能说无罪？”

“臣对陛下忠心耿耿，从无二心，陛下可不能听信小人之谗言啊！”

“多年来，朕对你信任有加，你却不思报效朝廷，将朕对你的信任当成炫耀的资本，恃宠弄权，目空一切，连朕都不放在眼里。你有何才、何德、何能，竟然在国子监视事的宴席上，自诩才过子建，功盖萧何，声称执掌禁军，坐镇神策营，整个长安城皆在你的掌控之中，撑起朝廷的半壁江山，你真的有这么大的本事吗？”

“陛下，那只是微臣一时兴起，酒后失言，并非大逆不道啊！”

“死到临头竟还不知悔改，凭你就能撑起朝廷半壁江山，自不量力，大言不惭，”李豫也不待鱼朝恩再行申辩，对身边的太监手一挥：“宣旨！”

随行太监展开手中早已准备好的黄绫圣旨宣道：“奉天承运，皇帝诏曰：宦官鱼朝恩，欺君罔上，恃宠弄权。目无君王，扰乱纲常。典神策军出入禁中以控内廷，恃皇上之宠以干预朝政。恃勋自伐，靡所忌惮，恣横求取无厌。为炫耀其宠，不论场合而公然议论朝政。为逞私欲，凌驾于皇帝之上而自作主张。是可忍，孰不可忍！赐自尽！钦此！”

元载手一挥，马上就有几名军士上前将鱼朝恩拖出偏殿，送到不远处的一间耳房，将鱼朝恩勒死在耳房中。

鱼朝恩既除，余党也随之遭贬，鱼党骨干刘希暹下狱赐死，判度支第五琦因与鱼朝恩狎昵而被贬为饶州刺史，其余受牵连者数十余人。

第五琦遭贬后，户部侍郎、给事中韩滉接替第五琦空出之职，出任判度支，分领关内、河东、山南西道、剑南租庸青苗使，这些地区的盐铁、转运、常平使也随之停罢，这样就形成了刘晏与韩滉分地区分管财经的新局面，而盐铁、转运、常平使则由刘晏一人充之。

第五十四章　清仓

唐代税制是实物税制，百姓税赋多以实物缴纳，所缴实物皆任土所宜，地里出产什么就缴纳什么，京师左藏库亦分钱库、实物两库，实物又分粮食和其他杂物两大类，粮食储之于太仓，其他实物则储之于惠通仓。

惠通仓位于长安城大北门，仓廪四周有高高的围墙圈起而成大院。若无货物进出，院的栅栏门总是关闭着，门旁边竖立一个大木牌，牌上写作“库房重地，闲人免进”几个大字。

是日，刘晏带着李若初、韩洄、元琇几个人来到国库，李若初上前敲敲门喊道：“有人吗？”

院内的一栋屋子里应声跑出一名库吏：“谁呀！”

“刘大人来巡视库房，请开门。”李若初回答道。

“啊，是刘大人来了，请进！”库吏一边拉开院门一边说：“我是库吏吴明，这里是杂物库。”

“杂物库司库在吗？”刘晏问道。

“司库同几名库吏正在前面那栋库房里清理物品，大人先到值房坐一下，小人马上去叫他来。”吴明指着不远处开着门的仓库说。

“是吗？那就先到库房去看看。”

几个人来到库门口，吴明就向里面喊：“刘大人来了！”

“哪个刘大人？”仓库内传出话声。

“吏部刘大人！”李若初冲着仓库大声喊。

“哎呀！是吏部刘大人来了，请等一下，我马上出来！”

刘晏一挥手：“走，进去看看！”

库房里，堆码着各种各样的实物，药材、手工制品，五花八门，应有尽有。

浑身上下都是灰尘的司库码好货物后走过来说："刘大人好，卑职是惠通仓的司库陈国洪，这里的灰尘太多，还是出去说话吧！"

"我就是来巡视仓储库实物的。"刘晏手指仓库里的货物，"这都是今年征收的物品？"

"不，有的是往年的，卑职想将仓库清理一下，"司库手指靠内的几堆货物说，"大人你看，那几堆货物堆放了五六年，本来就不是值钱的东西，现在都发了霉，就更不值钱了，报损又没有被批准，堆在这里还占了仓库的地方。"

"你是说有的物品本来就不值钱、有的已经霉烂变质了？"

"是的，大人！"司库指着左边的一堆货物说，"那些篾货，是前年从岭南运来的，这些小物品价值低，从数千里之外运到京师来，恐怕运费还超过其价值，放在仓库里不动，有的都霉烂变质了，卑职常将仓库里的物品拿出去晒晒太阳，但物品太多、场地又小，库房人员也不足，再过段时间恐怕当柴烧也没有火了。"

"其他仓库呢？都是这种情况？"刘晏迫不及待地说。

司库陈国洪带领刘晏一行人出了刚才的仓库，库吏吴明赶在前面打开一个仓库的门锁，陈国洪推开门说："这个仓库存放的是窑货，放在左边的是细瓷，多是江西景德镇烧制的瓷器，价值较高，右边是陶器，你看看，这是陶缸，乃重粗低贱之物，也是从江南运来的，运费恐怕大大地超过了其价值。"

刘晏在仓库的货堆之间来回巡看，边走边询问一些情况，然后又随机看了几间仓库，临走时说："陈司库，你将库存的所有物品全部造一个清单，最好是按物品价值大小分门别类地写清楚，并注明输纳之地，做不做得到？"

"没问题！"

"几天能完成？

"三天大概可以了吧！"

"好，就给你三天时间。"

"三天之后卑职亲自送到特使衙门来。"

刘晏正在特使衙门的值房里查看账簿，司库陈国洪手拿一沓报单推门进来："刘大人，你要的物品清单卑职都做好了，请你过目，看行不行？"

"好，你坐！"刘晏接过司库递过来的清单，欲起身为他倒茶。

"刘大人你忙，我自己来。"司库自己倒了一杯茶坐下来。

刘晏仔细地翻看着司库送来的报单，过了半天后伸手一招：“请你过来一下！”陈国洪连忙起身过来，刘晏指着报单说，“这些物品，哪些是粗重之物？哪些是贱弱之货？”

司库在报单上指点着说：“这些都是价值低贱的物品，这些都是粗重之物，大人你看，说明在这里。”

“好，清单做得很好，辛苦了，你去忙吧！”

送走司库陈国洪后，刘晏将李若初叫到值房来说：“这是惠通仓司库送来的库存物品清单，你安排人抄写一份送给判度支韩大人，就说过几天我要去拜访他，商量惠通仓库存物品之事。”

刘晏收拾好案几上的东西，正准备起身出门，判度支韩滉推门而入：“刘大人，听李若初讲，说你有事要找我？”

“你来得正好，我正准备到你那里去，商量一下惠通仓库存物品的问题。”

“惠通仓的物品出了问题？”

“前几天我到惠通仓去看了看，发现库存物品有些问题，便叫惠通仓司库陈国洪将库存物品列了份清单，叫人抄写了一份送给你，不知韩大人看了没有？”

“看了，看了，只是没有发现有什么问题。”

“不是出了问题，只是发现有些物品存放时间太长，已经开始霉烂变质了，如果不及时处理，恐怕用以作薪也无火，这些都是朝廷赋税之入，本来财政状况就不好，还有这么多的物品白白地浪费，这是我等失职哟！”刘晏深表愧疚地说。

“朝廷赋敛之物，供内廷、各部及有司之用，一时不用者，存于惠通仓，此乃祖制，若有霉烂变质者，报损即可，大人何必愧疚。”

“我等计臣，掌管天下之财，朝廷之财。国财犹如家财，若家财出此意外，能不心痛吗？”

韩滉脸有愧色地说：“大人说得是，下官失言了。”

“韩大人也不必自责，本官找韩大人，是想同你商量一下如何处理这件事情，看有没有什么办法尽可能使损失减少到最小。”

“刘大人想必有了什么好的办法吧？”

“清仓！”

“清仓？如何清？”

“将积存多年之物、有霉变迹象之物及很难派上用场之物统统清理出仓，拿到市场上变卖，能换多少钱就换多少钱，变死钱为活钱以充国用。”

韩滉回答说：“这个办法好，下官赞成。”

“如果韩大人没意见，就请你安排人牵头，特使衙门派人辅助，你看如何？”

“不、不，特使衙门吏员精明强干，这都是有目共睹的，还是派特使衙门的人牵头，判度支派员协助为好。”

“那我就派韩洄来主理其事，你安排人找韩洄，好不好？”

“行，就这样办。”

“今天召集大家开会，是有几件事情要安排一下。”刘晏对他的几名得力助手说。

“大人有何安排？”李若初问道，其他的人虽未说话，从眼神里也可以看出，他们都在等着刘晏继续说下去。

“前几天我和若初、元琇、韩洄巡视了惠通仓，发现了一些问题，经与判度支韩滉商量，决定对惠通仓实行清仓。”

“如何清仓？”韩洄问道。

“所谓清仓，就是将惠通仓积存多年之物、有霉变迹象之物以及很难派上用场之物统统清理出仓，拿到市场上变卖，变死钱为活钱以充国用。”刘晏看了大家一眼，继续说，“惠通仓清仓量大事繁，决定由韩洄负责此事，判度支派员协助，具体如何操作，请韩洄拿方案。”

“好！”韩洄爽朗地回答。

“由惠通仓库存物品的状况，联想到东南地区赋税的输纳与转运，从惠通仓积储之物看到，从江南运抵京师的应税物，很多是重粗贱弱之物，价值低廉，难起大用。千里迢迢地从江南运抵京师，运费超过了物品的价值，有的甚至超过价值的数倍，浪费了国家大量的人力、物力、财力，也就是说，应税物的征收与转运有问题，存在弊端，需要研究改进。”

“有什么问题要改进？”李若初问道。

“百姓所纳之物，有的皆重、粗、贱、弱之货，千里迢迢运抵京师，价值不足以充运费，得不偿失，且京畿并不缺少此等物品。”

“百姓所纳，皆任土所宜，这是没有办法解决的。”李衡说道。

“是的，百姓所纳，皆任土所宜，这一点确实改变不了，但有一点可以改变，就是这些物品并不一定都要运抵京师。”

“征收之物，本是朝廷财政之入，不运至京师又能运到哪里？”李衡说。

刘晏果断地说：“全国十道三百一十五个州府，输纳物品皆有定制，除绵、绢、布、麻、丝等纺织品与原料、景德镇的细瓷制品等质量好、价值大的物品必须保证输入京师之用外，有些物品、特别是重粗贱弱之物，没有必要全部运到京师来。”

“既然收起来了，又不运京师，该如何处之？”元琇问道。

“这就是下面我要说的问题。”刘晏看了大家一眼说，“江岭诸州湖峤荒险之处，所出物品多粗重之物，价值不高，供应京师尚不足补偿道路转运之费，不如将这些物资就近集中在淮、楚等地。”

“淮、楚之地也要不了这么多的物资呀！”李衡说。

“近年来，受货币政策的影响，流通中的铜钱已渐感不足，淮、楚两地矿产资源丰富，重粗贱弱之物运抵淮、楚后，或设肆售卖，或以物易物，用以换铜、铅、薪炭等物，就地设炉雇工铸造铜钱，所铸之钱，供京师、扬州、荆襄流通之需。”

卢征高兴地说：“大批无用之物，变成了朝廷急需之铜钱，这真是一举两得之妙策哟。”

“大家有没有什么别的意见？”刘晏问道。李若初、元琇、韩洄、卢征、李衡均赞同刘晏的决定。“既然都没有意见，若初就按刚才的意见起草公文，通知东南诸道及诸州县实行，通知诸巡院组织好物质的调运事宜，李衡协助若初，统筹安排诸道物资调运之事。”

“好！”李若初、李衡回答。

“元琇带助手赶赴山南道，在江陵、武昌选址设炉雇工铸钱。”

“是！”元琇回答。

“卢征赶赴淮北选址设炉雇工铸钱。”

“是！”卢征回答。

“铸造钱的原则是：精工优料，不惜工本，铸造质量高、足值铜钱，以防盗铸。”

元琇、卢征两人齐声回答：“是！”

第五十五章　谷贱伤农

大历八年（773年），京师丰稔，老百姓享受着丰稔所带来的前所未有的喜悦，然丰收之后，却意外地出现了粮价低贱、谷贱伤农的问题。

长安大街，人来人往，熙熙攘攘，贩夫走卒的叫卖声此起彼落，市场显示出一派繁荣的景象。李豫一身大红唐装，一副富商打扮，手拿一把折扇在大街上行走，刘晏亦着便服紧随其左右，宫廷卫士长周皓带领一众卫士化装成游人，若即若离地跟在皇上的四周，保卫皇上的安全。他们时而往人多的地方看看，时而在人少的地方站站，看似漫不经心，其实是在了解民风民情。

"粟米、粟米、斗粟二十钱！"一个农民站在一石粟米旁高声叫卖，看到李豫走过来，连忙说："先生，要粮食吗？便宜。"

李豫走过去，伸手抓起一把粟米，边看边问："老乡，今年的收成怎样？"

"今年风调雨顺，是一个少有的丰稔之年。"卖粟的农民愁眉不展地说。

"丰稔了，应该高兴啊！为何还要紧锁眉头？"李豫不解地问。

"丰稔当然要高兴，可是却怎么也高兴不起来。"

"这又是为何？"

"丰稔了，粮食就多了，多了就卖不出价钱，你看看，满街都是粮食，我在这里站了几个时辰，都无人问津，老板，你买下吧！才二十钱一斗。"

"我只看看，不买，你忙吧！"李豫将手中的粟米放进箩筐。

刘晏站在一个卖大麦的庄稼汉旁边，伸手抓起一撮大麦放在手中拨了拨，拿起一粒送进口中咬："嗯，晒得也干，也很干净，怎样卖？"

"八文钱一斗，先生，买去吧！我家小孩生病在家，还等着我拿卖粮的钱回家给孩子治病呢！我的大麦晒得干，很干净，先生，买去吧！"农民抓起一把大麦在手，带着乞求的眼神望着刘晏。

刘晏看看觉得不忍，从身上掏出一百文钱递给卖粮的庄稼汉说：“老大爷，我只看看，不买，这里是一百文钱，你拿回去应个急吧！”

“先生，你这一百文钱买下我这一石粮食还有余，告诉我贵府的地址，我给你送去。”卖麦的农民感激而真诚地说。

“我不要大麦，钱你拿去，权且救个急吧！”

“先生，你我素不相识，我怎么能要你的钱！”卖麦的农民推辞道。

“接着吧！钱不多，也帮不了什么忙。”刘晏再次将钱推了过去，卖粮的农民欲下跪拜谢，刘晏连忙拦住，“区区小事，何足挂齿，不必行此大礼！”

李豫看到此等情况，不解地问：“丰稔本应是一件好事，怎么会出现这样的情况？”

刘晏解释说：“今岁京畿丰稔，粮食产量较往年翻番，物多则贱，物少则贵，市场本来就是这样，很正常，没有什么奇怪的。不过，大麦斗八钱、粟斗二十钱，这也确实是太贱了，只贞观、永徽、开元盛世时才出现的价格。”

“盛唐时的情景在大历年间再现，这可是太平景象啊！”李豫喜形于色。

“粮多虽好……”刘晏指着满街的粮食，不无忧虑地说：“但谷贱伤农啊！”

“朕还真的没有考虑到这个问题。”李豫脸上也露出凝重之色。

“要想办法解决这个问题，要让百姓从丰收中得到实惠，否则将民心离散。”刘晏自言自语地说。

“可有什么办法？”

“办法虽有，但资金难筹啊！”

“有何办法？”

“谷贵时减其价以粜，以利民，谷贱时增其价以籴，以利农，调济民食，调节粮食价格，这就是常平政策之目的哟！”

“你是说政府出资收购农民手中的粮食？”

“唯有此法才能解决当前谷贱伤农的问题，但需要大量的资金，如何调度，要很好地策划一下。”

“传判度支韩滉立即到特使衙门，有要事相商。”李豫对身边的太监说道，接着又对刘晏说，“走，不回宫了，就到特使衙门去商议应对之策。”

刘晏陪同李豫刚回到特使衙门，韩滉也匆匆忙忙地赶了过来，进门即向皇上行叩拜之礼，还未等他坐定，李豫就心急火燎地问道：“韩滉，今年的农业收成心中可有数？”

“启禀陛下，今年可是数十年未遇之好年景，囤满、仓满、库也满。”

“市场行情如何？”

“据说大麦斗至八钱，粟斗至二十钱，这可是盛唐时期才有的价格水平，历年来只愁价贵粮难买，今年可是高枕无忧哟！”

“没有什么反常情况？”

“一切都还顺利，未见异常情况发生。”韩滉高兴地说。

“朕今天在街上转了一圈，情况却没有你说的那么乐观。”

“陛下发现了什么问题？”韩滉紧张地看着李豫。

李豫对刘晏说：“还是你来说。”

“谷贱伤农哟！”刘晏面色凝重地说，“我同陛下在长安街转了一圈，看到满街都是卖粮的庄稼汉，粮食价格低贱却少有人问，丰收了，粮食卖不出价钱，庄户人家却少有喜色，这些都是陛下亲眼所见。”

“微臣身为判度支，对此等事却丝毫未察，臣失职了，请陛下降罪于臣！”

“现在不是追究责任的时候，而是要拿出措施来解决问题，朕自即位以来，遇到的都是粮食歉收、谷贵伤民，朝议的也多是赈灾救荒的问题。今年是丰稔之年，朕还在为此而沾沾自喜，不想出现谷贱伤农的问题，今天就议此事，如何解决谷贱伤农的问题。”

“刘大人可有良策？”韩滉带着企盼的眼神望着刘晏。

“刘晏，谈谈你的想法。”李豫也鼓励说。

“办法倒是有，只是资金难筹。”

韩滉迫切地问：“什么办法？”

“实行和籴。”

“何为和籴？”韩滉问道。

“常平仓的职能是贱则加价收籴，贵则减价粜卖，使天下无甚贵甚贱之忧。所谓和籴，就是官府出钱，以略高于市价的价格收籴粮食。”

“和籴？是个办法，但却要大量的资金吧？”韩滉问道。

“今岁京师丰稔，加价收籴需要一大笔资金，仅凭原有的常平本钱恐怕不足以应付。”

“这几年国家财政虽有起色，内库之储臣不知，但左藏库之储确实很有限。”韩滉有些无奈地说。

“陛下有何旨意？”刘晏问道。

“朕心乱如麻，毫无办法，你们拿主意。”李豫一脚又将球踢给了刘晏。

刘晏胸有成竹地说：“臣以为，和籴可以分步进行，目前市场价格，粟斗二十钱，拟加五钱收籴，按收储五十万石计，需钱百二十万贯余，判度支出资七十万贯，转运出资五十万贯，可暂时缓解粮食供过于求的矛盾。”

“百二十万贯钱恐怕不够，且收籴这样多的粮食该如何处理？”韩滉带着商量的口吻说。

“百二十万贯当然不够，这只是第一批投入，然后再想办法筹款，问题一定会解决的。”

“到哪里去筹措这么多的钱？”李豫询问道。

“减漕十万石。”刘晏果断地说。

“减漕十万石？”李豫吃惊地问。

“往年常例，东南地区向京师年输漕粮四十万石，最高年份曾漕运百万石，今岁京师丰稔，减漕十万石，在京师以和籴之粮补之。”

“减漕十万石能济吗？”李豫不放心地问。

“东南地区向京师转输漕粮，石粮运费七十文，减漕十万石，仅运费就可节约七万贯。”

“刘大人的账算得真细呀！”韩滉感叹地说。

“减漕十万石乃实物租赋，再令浙东、浙西、淮南、淮北、汴东将十万石租赋以钱折纳、或就地售卖，以上地区粮价皆倍于甚或数倍于京师，仅十万石漕粮的折纳钱就可在京师和籴粮食二十至三十万石，足可补京师和籴价钱不足之缺，谷贱伤农之难则可迎刃而解。”

“刘大人真是理财高手，如此大的一道难题，就被你轻而易举地破解了。”韩滉松了一口气。

李豫轻松地说：“那漕船就改运铜钱了。”

“赔本的买卖我可不做哟！”刘晏的神情也轻松了，不由得卖起了关子。

“大有斩获，何谈赔本之买卖？”韩滉笑着说。

“数千里之遥，运输这么大一批钱，不是赔本也是暴殄天物呀！”

“你还要在这笔钱上做文章？”李豫饶有兴趣地问。

“当然，有如此机会，如果不好好利用，老天恐怕也不答应。”

“怎么利用法？”

“东南地区手工业发达：苏杭的丝绸，景德镇的瓷器，岭南的漆器、木器、篾器、铜器，杭州的绫锦，扬州的文房四宝等，都是上佳之品。”

“不错，江南的手工制品确实做工精细，精美绝伦，景德镇的瓷器，摆在朕的餐桌上，不仅是餐具，件件都是艺术品，简直是百看不厌，爱不释手。不过，这与你有什么关系？”

“当然有关系！”

“什么关系？”

“减漕粮十万石易钱，再就地以钱易轻货，利用漕船，将轻货运至东都洛阳、京师长安及关中地区，漕船批量运输，较之商人，成本一定要低得多，这些轻货到了洛阳、京师可都是抢手货，脱手就是钱。”

“刘大人真是走了一步好棋哟！”韩滉大喜过望。

“事情还不仅仅如此！”

“还有什么？”李豫饶有兴趣地问。

“从东南地区采买大量的手工制品，扩大了东南地区手工业品的销路，促进了东南地区手工业的发展，手工业发展了，朝廷的商税也可增加，如此，可谓是一举数得。”

“好！好！”李豫高兴得大叫起来。

刘晏继续说道：“市轻货所获之资，除用之于和籴补足太仓减漕的十万石漕粮之外，还要增加太仓的库存量，以备不时之需；一部分充常平仓，用于调控天下粮以平粮价和赈灾之用；今岁边地亦丰稔，京师按常例从太仓拨付的军粮，可以在边地和籴一部分，节约边军粮草的运费可也是个不菲的数字。”

“好，你的经商理财之术，不亚于春秋之范蠡，胜过西汉之桑弘羊，朕就准你所奏，着判度支出钱七十万贯、转运使出钱五十万贯用于京师和籴，再减漕十万石，以钱折纳。再在东南地区以钱市轻货，运至东都洛阳、京师及关中售卖，所得之钱用于京师和籴。”李豫一扫满脸愁云，高兴地准了刘晏的奏议。

李伯禽受扬州巡院知院官、殿中侍御史、佐盐铁转运穆宁的委托，频频出入于扬州各丝绸织造厂和各手工业品作坊，了解其生产量及价格行情，一时间，巡院可能要做大生意的流言传遍了扬州城。

穆宁在值房里叫来李伯禽问道：“扬州城流言四起，都在说巡院要做大生意，到底是怎么回事？”

“遵循大人的指示，卑职对扬州城大部分的绸缎厂、手工作坊都进行了考察，对很多物品生产量和价格行情有了初步了解。我故意给他们吐了口风，说巡院要采购大量的丝绸制品、药材、瓷器、铜镜、纸笔、木器、玉器、竹器等手工制品。”

“我不是叫你先了解行情，再谈采买之事吗？”

“巡院这次采购轻货的数量大，一家一家地上门求购，费时费力，我故意露出口风，巡院要采购大批丝绸、瓷器等手工制品。商人如猫，见了腥味就要上，若知道巡院要采购大量手工制品，他们一定会找上门来的，送上门来的买卖，一定会比找上门去的买卖好做。”

“哈！哈！哈！我说李伯禽，你是从哪里学来的，简直是比商人还商人呀！”

“这样做行吗？”

“何止行呀，我正愁常平特使交下来的任务不好完成呢，有你这一招，可要省去不少的精力，事半功倍，简直是妙极了。”

正在他们笑谈的时候，忽见几个商人提着包进了巡院，其中一位账房先生模样的人进门就问：“请问，这是扬州巡院吧？”

李伯禽向穆宁做了个鬼脸，连忙迎上去：“这里就是扬州巡院，请问有什么事吗？”

“我们是惠通丝绸行的，”他指着一位胖子说，“这是惠通行的郑老板。”

“郑老板请坐，有何贵干？”李伯禽热情地招呼着。

“听说巡院要采买丝绸制品，我们是来推销的。”郑老板拿出一些样品放在桌子上，“惠通丝绸行旗下有五个大型织造厂，这是今天带来的样品，无论花色还是质地，都是上乘极品，请大人过目。”

“巡院是要采买丝绸制品，”李伯禽翻了翻桌子上的样品，指着穆宁说，“这是知院官穆大人，买不买你们惠通行的丝绸，由穆大人决定。”

郑老板热情地凑过来：“穆大人，你好！”

“郑老板请坐，别客气！”

“听说巡院要采买丝绸，惠通行很有诚意做成这笔买卖。”

穆宁上前将郑老板带来的样品翻了一遍：“嗯，质量不错，价格怎么算，你列个清单过来。”

“这些我们都准备好了！”郑老板从袖子里拿出几张纸，“这是惠通行的价格报单，请穆大人过目，惠通行是百年老字号，在商行里的诚信度极高，惠通行的绸缎制品不但质量好，价格也公道。”

“好，你将样品和价格报单放在这里，过几天再来听消息，还有一些织造厂也在同我们接洽，我可要货比三家哟！”

“穆大人尽管比较，有道是货比三家嘛，惠通行的丝绸，质量无人能及，无论谁报价，惠通行可以在他们报价的基础上减一成供货。”

“好，有郑老板的这句话，这次采买，一定有你们的份额，三天之后你再来听消息。”穆宁看到郑老板如此诚意，有意同惠通行做成这笔交易。

“好，一言为定。”郑老板看到穆宁答应了惠通行的买卖，非常高兴，“穆大人，吃饭时间也到了，我在腾龙酒楼订了包间，到那里去吃顿便饭。”

“这可不行！”穆宁推辞说。

“穆大人，我们是第一次打交道，大人一脸正气，没有丝毫市侩的感觉，郑某就佩服穆大人这样的人。商人并不都是奸商，商人太奸，生意还能做久吗?你可以打听一下，凡百年老店，都是童叟无欺、以诚信为本，都是经过几代人的努力打造出来的牌子，没有哪个百年老店是靠奸诈骗来的。有的商人同贪官狼狈为奸，也是被那些吃人不吐骨头的胥吏逼的，如果朝廷的官员都能像穆大人这样，那生意就好做了啊！”

穆宁见郑老板如此说，觉得再推辞就有些不好意思，于是说道：“喝酒可以，但不能喝花酒，否则，恕难从命。”

“好，就依大人，不喝花酒。”

第五十六章　经济问题让市场解决

汴河水道上，数十艘漕船浩浩荡荡地逆流而上，船上装的有苏杭的丝绸、景德镇的瓷器、岭南的漆器木器、杭州的绫锦、扬州的文房四宝，等等，都是巡院在江南采买的轻货。一些精明的商贾驾着商船跟着漕船走，他们知道，漕船上有军队押运，沿途驻军不会拦截，盗贼更不敢打漕船的主意，商船跟着漕船走，可以保证路上绝对安全。

商船中最大的一艘，是洛阳城瓷货商人郭景龙的商船，紧随其后的是洛阳城绸缎商人彭德乾的商船。此刻，彭德乾坐上了郭景龙的船，两人正在船舱中一起品茶，郭景龙呷了一口茶放下茶杯问道："彭老板，这次到扬州订了不少货吧？"

"嗯，满载而归，苏州隆泰织造厂的青素缎、白素缎、苏花缎、彭缎、小花线缎、荆素绢、白串绸、二色锦、蟒缎、石青金百蝶绸、绫锦等样样都有，惠通丝绸行的丝织制品也进了不少，品种齐全。到家后，带些回去，也叫嫂夫人高兴高兴！"

"好的，那我就替拙荆谢了！"

"你呢？也购回了一些新鲜货吧！"彭德乾问道。

"从景德镇进了一批细瓷，还打通关节搞到一些贡瓷，运到洛阳一定能卖个好价钱。有兴趣的话，回洛阳后，我送你一套极品餐具，货真价实的贡品哟！"郭景龙喜不自禁地说。

"贡品也搞到了？郭老板真是神通广大哟！"彭德乾也高兴地说，"这次扬州之行真的没有白跑，在漕道未通之前，咱们到扬州进货只能靠骡马运输，过去由扬州至汴州，每驮货物费钱二千二百，漕道畅通以后，九百足矣，不及过去之四成，仅节省运资就已经很可观了。"

“咱们是小本经营，一趟下来，赚的也有限，你没看见如今的朝廷，千石载重的大船，从江南采办轻货，一发就是数船甚至数十船，不说他们买卖轻货所赚之钱，听京师的一位朋友讲，朝廷经营轻货仅运资这一块，每岁就要节省十余万贯，不知是谁出的点子，朝廷也到我们这一行当来插一杠子。”郭景龙遗憾地说。

“是哟，巡院转运轻货，对绸缎行的市场冲击很大，过去洛阳一带绸缎制品市场都在我的掌控之中，价格由我彭某说了算。现在就不行了，巡院看到有利可图，从江南向河洛大量贩运绸缎，市场价格一下子就打住了，我的价格如果太贵，一些绸缎店就到巡院去进货了。”

“我也有同感，以往的瓷器，从景德镇运到洛阳，价格可以增加四五倍，如今最多只能翻一番，价格高了，一些小店铺就不来进货，转投巡院了。”

“不仅绸缎行、瓷货行如此，其他商行如药材行、杂货行的情况都差不多，不过话又说回来，经巡院这样一闹，市面上的百货之价比以往确实要平稳多了，这也是巡院替百姓做了一件好事哟。”

郭景龙笑着说：“确实如此，能这样平稳地做生意，对于我们商人来说也是一件好事。”

大历十一年，河南节帅李灵耀据汴作乱，运路断绝，震荡朝野，代宗皇帝上朝召集群臣，紧急商议应对之策。

“兵部侍郎童光忠可在？”李豫一上朝就直呼兵部堂官之名。

“臣在！”

“河南战事如何？介绍一下！”

兵部侍郎童光忠手持笏板出班朗声说道：“兵部昨接报，河南节帅李灵耀拥兵自重，不受朝廷节制，并在汴河设卡，公然拦截朝廷过往漕船。”

听到兵部侍郎童光忠的奏报，文武百官一阵骚动，脸上均露出惊恐之色。刘晏手持笏板大声说道：“臣也有本奏！”

“请讲！”李豫坐在龙椅上惊异地看着刘晏。

“河南节帅李灵耀拒不奉法，擅征河南道之赋税而自用，不向朝廷上缴分文，州县赋税之入锐减。他还公然在汴河设卡拦截漕船，臣所主之漕船虽也有兵士押运，但不敌李灵耀之军，臣已命漕船停运，在扬州待命。”

李豫再也坐不住了，霍地立身而起，焦急地来回走动着，紧张地思索着，突然停住："元宰相，你有何对策？"

元载出班答道："时间仓促，臣一时尚无良策，臣考虑，李灵耀在河南作乱，当务之急是要派兵平叛，但这里面有一个重大问题臣却束手无策。"

"什么问题？"

"军事上，可派淄青节度使李正已、魏博节度使田悦、卢龙节度使朱泚中的任何两位共同出兵，足可平定河南之乱，只是臣难料平乱需要多长时间，朝廷用兵，实际上打的是财政，中央财政勉强能收支平衡，国库没有积储，在财政这个问题上，臣实在是心中无底。"

"刘晏，你有何良策能解此燃眉之急？"

"事急从权，臣建议战事分两步走，财用之事，臣再来想办法。"

"何为战事分两步走？"

"李灵耀河南作乱，设卡拦截漕船，切断了京师粮食供给的生命线。为防不测，去岁臣特将漕粮增加到百万石，比正常年份多运六十万石，再加上常平仓、义仓之储，维持三个月问题恐怕不大，时间长了就难以为继。臣提议战事分两步走，就是首先加派重兵押运漕粮，恢复京师粮食供给这条生命线，这样才能保持政局稳定，人心稳定。"

元载说道："朝廷若出兵平叛，以两月计，耗资最少二百万贯，这是一笔巨额资金哟！"

"不仅是军费开支增加二百万，李灵耀在河南擅征赋税，拒缴中央，中央财政还会在去岁的基础上有所减少，刘晏你算了没有，中央财政一年要减少多少财政收入？"李豫迫不及待地问。

"河南一年赋税之收入不下于百万贯。"

李豫大声地说："各位臣工都议一议，这个仗怎么打？这个款如何筹？"

判度支韩滉出班奏道："臣以为，国用取之于民，用之于民。为了能使朝廷顺利度过此次灾难，筹措资金恐怕是当前之首务，臣建议通过增加赋敛之入、集资两个途径筹措资金。"

刘晏马上反驳道："不可！"

"为什么？"韩滉不解地问。

"安史之乱以后，朝廷经过十多年的励精图治，社会经济才逐渐走上复兴，虽不及贞观之治、永徽之治之太平景象，但百姓总算还能过上比较安定的生活。王者治国，当以爱民为先，太宗皇帝曾说：'君王如舟，百姓似水，水能载舟，亦能覆舟'，朝廷任何人都可以得罪，就是不能得罪百姓。若苛捐杂税强索于民，就是得罪百姓，得罪了百姓，将会使朝廷失去民心，失民心则失天下，这个道理是不言而喻的。"

"河南赋税之入减收一百万贯，平叛军费支出二百万贯，总共三百万贯，数额巨大，你是理财首臣，却又不赞成集资和向百姓派捐增税，国库里空荡荡，朕的内库也只有几个吃饭的钱，如此大的一笔巨款，从何而来？"李豫望着刘晏，居高临下地说。

"河南平叛控制在两个月之内，中央财政可以维持，时间长了就不敢说了。"

"你有了解决之法？"李豫惊喜地看着刘晏，文武百官也用满怀期待的眼神看着刘晏。

刘晏不慌不忙地说："先从盐利之入来说，臣刚承办东南盐务时，年盐利之入是六十万贯，经过几年的努力，东南地区的盐利之入逐年增加，预计今岁可达五百万贯，因此，从东南地区盐利中拿出二百万贯问题应该不是很大。"

"呀！东南盐利之入有这么多？"群臣发出一阵惊叹声。

"还有一百万又从何而来？"李豫继续问道。

"昔江岭诸州湖峤荒险之处，应税物多粗重之物，价值不高，供应京师尚不足补偿道路转运之费，臣将这些物质汇集于淮、楚，以易铜、铅、薪炭等物，就地设炉雇工铸造铜钱，年铸钱四十余万贯。臣不惜工本，铸造的都是足值铜钱，获利不多，但与将其从江岭运抵京师，所值尚不足补偿其费相比，却又是中央财政的一笔额外之入。原来运抵京师的是一些不值钱的粗弱之物，现在却变成了黄澄澄的四十万铜钱，在此危难之际，这笔钱正好派上用场。"

"这还不够呀！"

"近几年臣在经营常平仓之时，因平准之法，斡山海，排商贾，制万物低昂，常操天下赢资，收获颇丰，岁入也有七八十万贯。此项盈利可以作为专项资金以佐军用。"

李豫听到这里，脸上的阴云一扫而散，群臣听到这里，脸上也露出惊喜之色。

刘晏继续说道："有此三项预算，就可以敛不及民而平定河南之乱。"

"好！好！好！"直到此时，李豫一颗悬着的心总算是放下了，高兴地坐回龙椅，大声说道："刘晏听旨！"

"臣恭聆圣谕！"

"朕命你火速从东南盐利之入，楚、淮易货铸钱之入，常平因平准之法之入中调集资金三百万贯以佐军用。”

“臣遵旨！”

“宰相元载听旨！”

“臣恭聆圣谕！”

“速与兵部商定，兵发河南，平定叛乱！”

“臣遵旨！”

第五十七章　奸相弄权

元载是唐朝有名的奸相，因其智性敏捷、善奏对而得到肃宗的器重。自江淮入京师后，先是依附于李辅国而爬上相位，李辅国恃宠弄权遭诛后，他又重金贿赂宫中太监董秀，潜伏在代宗皇帝身边，刺探李豫在宫中的言行举止。董秀传出信息，元载再细心分析，揣摩圣意。每至朝廷议事，其言论都能迎合圣意，久而久之，便取得李豫的信任，放心地将朝政大事委于元载。

元载才思敏捷，悟性极高，大凡此种人多心高气傲，若能将其聪明才智用之于正途，定能做出一番大的事业，若用心不良，其所带来的危害却又更甚于常人。元载恰恰就是后一种人。他天生就是一个心术不正、极具野心、做官要做一人之下、万人之上的宰臣，是个事不惊人誓不休的角色。当初进入京师就是直奔相位而来，爬上相位，博取圣宠，独居政事堂之后，恃才傲物的本来面目便逐渐地显露出来。他自矜文武全才，古今无人能及，视百官如无物，特别是除去鱼朝恩后，更是大权独揽，排除异己，培植党羽，贪赃纳贿，肆无忌惮地搜刮、积敛钱财。

元载有三子，长子伯和为扬州兵曹参军；次子仲武为礼部员外郎；三子季能为校书郎。三人无一贤能，皆依仗其父权势，在京城怙势作恶，仗势欺人，欺男霸女，巧取豪夺，聚敛了无数的钱财。元家在京城建有南北两处豪宅，皆亭台楼阁，雕梁画栋，装饰典雅豪华，人称为小皇宫。他们还在豪宅中广罗美女，盛蓄娼优，供其淫乐，其奢侈腐化的程度，令人叹为观止。

吏部侍郎杨绾为人正直，既不依附于元载，也不为元载所喜，元载常有排挤杨绾之念。是日，元载正在家中卧室里闭目养神，管家元吉来报：“老爷，岭南节度使徐浩求见。”

徐浩其人元载很清楚，虽然没有什么本事，但是很会钻营，阿谀奉承、溜须拍马是高手，其舌如弹簧，口若悬河，其话如春风拂面，又柔又和，犹如刚采之桂花蜜，又香又甜，鞍前马后地围着跑，犹如哈巴狗。元载从内心里就瞧不起这种人，但他却又将徐浩视为心腹，并为他谋了一个岭南节度使的官职。徐浩很是感恩，每次进京述职，都要登门造访，且还能变着法子弄到一些稀奇古怪的东西馈赠，让人爱不释手。听说徐浩来了，元载吩咐元吉，叫徐浩在客厅等候。

徐浩身为岭南节度使，独揽一方之大权，搜刮民财，为所欲为，几年下来，虽不能说富可敌国，但也算是腰缠万贯。但岭南民风刁悍，盗贼猖獗，特别是在他就任岭南节度使的几年中，横征暴敛搜刮民财，民愤极大，他真的很担心有朝一日身家性命都会丢于暴民之手，迫切地想离开岭南那个鬼地方。乘这次来京述职之机，他将从岭南搜刮到的奇珍异宝运至京师，今天登门造访，是来求元载帮忙的。

徐浩正在客厅里等候，见元载步入客厅，连忙站起弓身说道："元宰相，学生刚从岭南来京述职，带了点岭南的土特产孝敬您老人家。"伸手揭开带来的木箱的盖子，一箱金光灿烂的奇珍异宝展现在元载的眼前。

元载看了笑得合不拢嘴："本相向来是无功不受禄，送如此厚礼，叫本相如何担得起。"

"学生多亏宰相的提携才有今天，这些也值不了几个钱，送给您老闲暇时把玩，实在是不成敬意。"

"在岭南一向可好？"

徐浩马上随着竹竿子上，放下箱盖站起来说："学生对岭南的气候很不适应，想请宰相大人帮忙挪个地方却又难以启齿，若能在京师谋个职位，学生将一辈子记住宰相大人的大恩大德，含草以报。"

元载看了看徐浩，又看了看金光灿烂的奇珍异宝："就为了这事？"

"就为此事而来。"徐浩用满怀期待的眼神看着元载。

"你现在住在哪里？家小可曾来京？"元载故意不正面回答徐浩的问话。

"家小都随同进京了，住在城南驿馆。"

"你明天到政事堂来述职，其他的事改天再说。"

徐浩看到元载有了口风，大喜过望地说："谢大人，谢大人，小的就是大人家里的一条狗，只要是大人吩咐，小人一定效犬马之劳。"元载满意地笑了笑。

翌日，元载奏请代宗，将吏部侍郎杨绾改任为国子祭酒，岭南节度使徐浩调至京师接替杨绾之位任吏部侍郎。吏部尚书刘晏对此次人事变动虽颇有微词，但也无可奈何。

元载老家有个远房亲戚从宣州来，此人生得獐头鼠目，相貌十分丑陋，刚进元府就大大咧咧地说：“表舅，我大老远地来找你，想做官，过过官瘾。”

有道是，皇帝也有三个穷亲戚，尽管元载贵为宰相，身份显赫，但老家仍还有人，只要是沾亲带故的来找他，他都是来者不拒：“小黑子，你也想做官？为什么要做官？想做什么官？”

“当官有轿子坐，还有人鸣锣开道，看到有漂亮的女人，可以抢回去做老婆，钱财珠宝都有人送上门，当官要多好有多好！”小黑子站在屋中央手舞足蹈地说。

“你连书都未读，扁担倒在地下也不识，怎么能做官？”

“扁担倒在地下还是扁担，没变，不识字不是还有师爷吗？”

凡与元载沾亲带故的找上门，元载都能满足其要求。他看到这个小黑子相貌奇丑，目不识丁，说话又傻里傻气的，确实不是做官的料，想了想说：“京城的官位都满了，我写封信给你，你到河北去，找幽州节度使丁大人，有什么要求，你向他说。”说完，也不等小黑子回答就到里间去了。

一会儿，管家元吉拿一封信函交给小黑子说：“元大人讲，叫你拿着这封信去找幽州节度使丁大人。”

小黑子老大的不高兴：“我是来京城做官的，叫我到河北去做什么事哟？”

“老爷叫你去你就去，多余的话说了也没有用，”元吉有些不耐烦地说，“这里有几串钱，你带着路上用吧。”说完摆出了一副送客的架势。

小黑子见状，只好拿着元载的书信赶赴河北，进了幽州城，他忍不住想看看书信到底写些什么，又苦于不识字，只好拦住一个路人：“先生，请你帮帮忙，看一下这封信中写的是什么事情？”

路人接过信看了一下，茫然地说：“没写什么，就只有两个字，元载。”

“什么，就只有两个字？”

“你自己看吧！”路人递过信，离此而去。

小黑子站在那里发愣，自言自语地说：“好你个元载，我大老远地跑去找你，你拿一封无字天书来应付我……”他本想转去找元载理论，想了想再又自言自语地说，“返回京师恐怕也没有再多希望，不如拿着这封信到幽州衙门去试试。”

小黑子畏首畏尾地来到幽州府衙门口，一名站班的衙役拦住去路大声地喊叫："站住，哪里的乡巴佬、丑八怪，这个地方是你来的吗？"

小黑子从怀中拿出书信、胆怯地说："我找府衙的老爷。"

衙役看到他拿的是京师的信函，虽然打心眼里瞧不起这个乡巴佬，又怕真是京师哪位权贵的书信，误了大事自己吃罪不起，接过书信，恶声恶气地说："你等在这里，不要乱跑。"拿着书信来到内堂，将信交给幽州判官张龙生。

判官张龙生见是京师的书信，扯开一看，信笺上只有两个字："元载"，"送信的人呢？"

"还等在门口呢！"

"将他带进来！"

判官张龙生见随衙役进来的人獐头鼠目，似有所悟，他对小黑子说："你在此稍候，我去去就来。"他拿着元载的书信来到内衙，将信交给河北节度使丁俊逸。

河北节度使丁俊逸接过书信看了一眼，不解地问："是不是装错了信笺封？就只有一个名字，什么也没有说。"

"我见过送信的人，獐头鼠目，相貌丑陋，十足的乡巴佬，是个只要是看上一眼就能永远记住的那种人，实在是不敢恭维。元宰相以前有事都要在信中说得清清楚楚，为何这次一字不提？卑职猜想，这是叫我们看着办的意思。"张龙生推测地说。

"这样解释似也站得住脚，那就好好地招待他，临走时再送些钱物给他。"节度使丁俊逸说道。

判官张龙生出来对衙役说："你将这位客人带到驿站去，安排一个上好的客房住下，丁大人公务忙，晚餐我们两人去作陪。"

衙役安顿好小黑子后，回来不解地问张龙生："大人，这样一个丑八怪，为何要如此盛情款待呀？"

张龙生扬了扬手中的信函："知道是谁的信吗？宰相元载的亲笔手书。"

"通篇就只有两个字，也没有说什么呀！"

"他若说明了也就好办了，难就难在什么也没有说，但至少可以看出，此人与元宰相有关系，咱们得罪不得，但此人又不是当差的料。"

"大人怎么知道得如此清楚？"

张龙生有点得意地说："要谋差事，元宰相一定会明示，历来都是如此。

但这次例外，再看这个人，傻里傻气，呆头呆脑，一身土气，土得掉渣子，说明此人不宜当差，拿着宰相的信，不求官，只有求财了，这个道理也不懂吗？”

小黑子在驿站一住数日，驿卒每天是如酒好菜地款待，天天如此，高兴得不得了，当他将幽州玩遍了以后，临走时，判官张龙生又以绢千匹相赠。小黑子回家后逢人便讲：“做人就是要当官，当了官就是不一般，你们看，凭一封无字信函，幽州判官待我如上宾，好酒好肉，好吃好喝，临走时还赠绢千匹，真是天上掉下了一个大馅饼哟！哈哈。”

这小黑子确实不是做官的料，故使其得到一笔钱财了事，若稍能理事者，只要经元载引荐，无不是身价百倍，顷刻间便飞黄腾达。凡此种种，正直的文武百官是敢怒而不敢言，而元载的死党却刻意巴结，乐此不疲。

元载有一心腹叫卓英倩，其人生性狡猾，贪得无厌，外人求托元载办事，大都是经卓英倩引见，像徐浩那样直接登门求见元载的只是少数，卓英倩在穿针引线过程中坐收贿赂，积得万贯家财，人称其为富翁。

文武百官对元载一伙的行为虽有所知，但却是敢怒而不敢言。司录李少良，殿中侍御史陆珽两人联名上书，向李豫举报元载结党营私、贪污受贿、纵子为恶等不法行为，不想这件事情被元载知道了，他密令心腹奏本弹劾李少良、陆珽，诬陷其诽谤大臣。这份捏造的奏章很快就转到了内阁衙门政事堂。元载也不征求代宗的意见，直接下令将李少良、陆珽二人拘捕讯鞫，未经过正常的审查程序，即对二人施以重刑，将两人活活地击毙于杖下。

代宗皇帝闻知此事，在勤政楼召见元载，略带责怪的口吻说：“司录李少良、侍御史陆珽身为言官，上本弹劾某人乃是其职责所在，即使所言不实或不妥，也情有可原，罪不至死，宰相却下令拘捕他们，未经正常审讯程序，即将二人击毙于杖下，有悖常理。”

“臣已查实，李少良、陆珽无中生有，造谣中伤，诋毁大臣，罪不可赦，如此目无王法的狂妄之徒，若不严惩，何以警示来者，至于二人毙命于杖下，那是行刑者下手过重的缘故，实属意外。”

“朕风闻你三个儿子在外有失检点，夫人的名声亦不甚佳，宰相当可戒之，不可坏了宰相的名声。”

元载脸上露出明显的不满：“是哪些卑鄙小人在陛下面前扇阴风，点鬼火，挑拨皇上与微臣之间关系，微臣的家人都很正派，做事从未越轨。”

“既然是这样，那就好自为之吧！”

李豫受元载之挟制，心中甚是懊怅，已有去元载之意，然元载久居相位，羽翼已丰，欲除之也非易事。思之再三，决定寻找刚鲠大臣相助，欲将元载之权黜之，他亲拟诏书，召浙西观察使李栖筠入朝，拜为御史大夫。

李栖筠为赵人，幼有远志，庄重寡言，相貌堂堂，喜书，多通晓，文章劲迅有体要，不妄交，且又老成持重，刚直不阿，人称其有王佐才。历任东南守吏，政绩卓著，朝廷曾封为赞县皇子，故身后人多称为皇公。李栖筠上任伊始，即上表弹劾元载死党：吏部侍郎徐浩、薛邕，京兆尹杜济虚，奏称他们三人欺君罔上，贪赃枉法、卖官鬻秩。

李豫阅览了李栖筠的奏章后，责成礼部侍郎于邵查核，于邵对元载的势力颇多顾忌，没彻底调查，处事回奏时，闪烁其词，避重就轻，对被弹劾的对象徐浩、薛邕、杜济虚三人还多有袒护之意。

李豫看了于邵的奏折，龙颜大怒，即刻召见李栖筠，将于邵的奏折递给李栖筠道：“你看，朕叫他调查核实吏部侍郎徐浩、薛邕，京兆尹杜济虚贪赃枉法之事，他却闪烁其词，避重就轻，甚至还为他们开脱，朕大失所望。你是言官，你看看，此事该如何处理。”

李栖筠将于邵的奏折看了一遍，说道：“臣明天有本奏上。”

翌日，李栖筠索性又参上一本，弹劾于邵是元载同党，故意袒护徐浩等人。李豫收到李栖筠的弹劾奏章，即下圣旨，贬徐浩为明州别驾、薛邕为歙州刺史、杜济虚为杭州刺史，于邵为桂州长史。四人均是元载亲信，李豫亲下手谕处罚此四人，很明显带有削弱元载在朝中的权势之意，这是杀鸡给猴子看的，元载若能就此有所收敛的话，或许还能避免杀身之祸。然而元载却不思悔改，甚至将一切责任推在李栖筠的头上，认为事件的根源在于李栖筠上本弹劾所致，若无人上本弹劾，就绝对不会发生这件事，因此，他对李栖筠恨之入骨，一心欲除之而后快。

李栖筠虽然得到皇上信任，负得肃风宪之重任，但元载却阴险狡诈，设置重重障碍，使李栖筠处处受到掣肘，而代宗又犹疑不决，李栖筠得不到有力的支持，忧愤交加，酿成重疾，居台未几，壮志未酬便含恨而逝。

代宗对李栖筠的突然去世痛惜不已，他素喜李栖筠之才华，赏识有加，屡欲召为宰臣，终因遭到元载的反对而未行，至入任御史，方加倚重，却又天不假年。李栖筠突然病逝，使代宗失去一臂助，急切中没有更好的除去元载的计划，四顾左右，无可与谋，只有左将军吴凑，是代宗生母章敬皇后之胞弟，乃是至亲，他秘密召见左金吾大将军、国舅吴凑，授之以统领禁兵之权，委之以除奸的重任，嘱其领禁军随时待命，谋定伺机而动。

大历十二年三月，代宗接到密报，元载同其死党王缙夜聚政事堂，秘密议事，欲商图谋不轨之策，他立即御驾亲临延英殿坐镇，诏命左金吾大将军、国舅吴凑率禁兵包围政事堂，拘捕元载和王缙。

政事堂乃宰相的值事堂，为朝廷的中枢机构，吴凑率禁兵包围了政事堂后，亲率一队禁兵闯入政事堂，元载和王缙正在宰相值房里密商，突见一队禁兵闯入，大喝道："大胆，政事堂也是你们随便进出的地方吗？"

吴凑对元载的吼叫置之不理，从怀中取出黄绫圣旨大声说道："元载、王缙接旨！"

元载和王缙听是圣旨到，慌忙跪下："臣接旨！"

"奉天承运，皇帝诏曰：逆贼元载、王缙夜聚政事堂，欲图谋不轨，着左金吾大将军吴凑率禁兵包围政事堂，拘捕元载、王缙二贼，囚于政事堂，以候圣断。钦此！"

元载、王缙两人大惊失色，惊惶失措不知如何是好。

吴凑命令禁兵："将他们两人关进耳房，严加看守，不得与任何人接触，若有闪失，严惩不贷。"

随之带领禁军，将元载的同党及诸子一并拘捕下狱。

第五十八章　贪官的下场

延英殿上，李豫端坐在龙椅上，面对群臣威严地说道："各位臣工，元载与王缙结党营私，图谋不轨，朕昨晚已令左金吾大将军吴凑在政事堂将此二贼拘捕，将元载死党及诸子一并缉拿归案，并查封了元载的全部家产。"

文武百官突然听到这个惊天消息，一阵骚动，李豫停顿了一下继续说："吏部尚书刘晏听旨！"

"臣恭聆圣谕！"刘晏出班答道。

"朕命你为主审官，审理元载及一干人等结党营私、贪赃枉法一案，务必彻查元载一伙的罪行，审理清楚后，严加惩处。"

刘晏曾上书元载，请其对整顿漕运予以支持。本来，刘晏赴江淮整顿漕运为元载与第五琦所荐，元载推荐刘晏也并不是因为元载同刘晏有什么特殊关系，而是当时正是安史之乱以后，政局未定，代宗皇帝命元载赴江淮整顿漕运，元载担心自己离京，恐宰相之权旁落，同时他也认为，宰相是处理朝政大事，不能陷在像漕运这样复杂、难办的具体事务中，因此他就举荐刘晏赴江淮整顿漕运，并得到第五琦的附和，李豫批准了元载和第五琦的奏议。当刘晏在整顿漕运需要支持时，元载身为宰相，责无旁贷地要全力支持，因为漕运没有恢复，他也脱离不了干系，故也乐得做个顺水人情，将漕运尽皆委之于刘晏。正因为如此，刘晏曾被人认为是元载的同党。其实，刘晏同元载纯粹是工作关系，他对元载在朝中大权独揽、舞智弄权、聚敛钱财、纳贿贪赃、卖官鬻爵、纵子为恶的行为也是非常不满的，事实上他也没有与元载同流合污。李豫看得很清楚，刘晏身为冢宰，处事公正，官声颇佳。因此他就命令刘晏为审理元载一案的主审官。

刘晏稍微犹豫了一下道："启奏陛下，臣有话要说。"

"讲吧！"

“元载为相多年，门生故吏遍天下，案情重大，人际关系复杂，臣一人恐难审理此案，臣保举御史大夫李涵、散骑常侍萧昕、礼部侍郎常衮、谏议大夫杜亚、兵部侍郎袁倚五人与臣一起共同审案，到时有事也好有个商量，恳请陛下恩准。”

“准奏，朕命刘晏为主审，御史大夫李涵、散骑常侍萧昕、礼部侍郎常衮、谏议大夫杜亚、兵部侍郎袁倚五人为副审，共同讯鞫元载一案，元载之追随者王缙等人一并审理。速派人查抄元载、王缙之家产。讯鞫时，事无巨细，奏与朕知。”

“臣等遵旨！”刘晏和随之出班的李涵、萧昕、常衮、杜亚、袁倚齐声回答。

审讯室就设在囚禁元载的政事堂，刘晏同诸位副审来到政事堂升堂问案，十六名衙役分列两旁，刘晏宣布：“升堂！”

“升堂！”十六名衙役齐声高呼。

“带人犯！”刘晏大声说。

“带人犯！”十六名衙役齐声高呼。

四名衙役，两个人一组，分别押着身背重枷的元载、王缙走进政事堂的临时审讯大厅，昔日不可一世的奸相元载及其死党王缙如今却成了阶下囚，元载虽身背重枷，却仍昂首而立，两眼望着天花板，一言不发，根本没有将周围的人放在眼里。衙役见元载如此嚣张，大声喝道：“跪下！”元载充耳不闻，置之不理，两名衙役从左右上去，一人伸出一只手抓住元载的两膀，在元载的后腿狠狠地踹了一脚，“跪下！”“嘭”的一声，元载身不由己地跪在堂前。

“元载，我等遵圣旨在此升堂问案，如有所问，乃是公事公办，请你如实回答，不要借故搪塞。”见元载仍然抬头望着屋顶，不置可否，刘晏继续说，“如此态度，不仅于事无补，反而要自取其辱，有什么冤屈，可如实陈述，本官定会为你禀报皇上，还你一个公道。”

元载到此时才完全明白，他现在完全成了阶下囚，拘捕他是皇上的旨意，审讯他也是皇上的安排，昨日的鱼朝恩，就是今日的自己，看来好日子已到尽头，抗拒也于事无补，于是说道：“想问什么就只管问，没有什么不敢说的。”

“刘晏接旨！”一名皇上身边的侍奉太监来到政事堂。

“臣接旨！”刘晏连忙离座跪下接旨，几位副审及众人全都跪下了。

“皇上口谕，朕派侍事太监旁听讯鞫元载一案。”刘晏起身，忙叫人给传旨太监安排了个座位。

“皇上口谕，逆贼元载回答朕之问话。”哪知太监根本就没有坐下去，接着又传第二道圣旨。

宣口谕，传谕之人是代表皇上说话，报传之言，乃皇上之语，被问之人回话，就是直接回答皇上的问话。

“罪臣元载恭聆圣谕！”元载跪在堂下说。

“逆臣元载，你重金贿赂中人、内侍省事董秀，坐探朕之起居言行，随时向你传递信息，可有此事？”

元载不由一愣，此事做得相当隐秘，既然皇上知道了，否认恐也无益，于是他爽快地回答：“确有这回事！”

“多年来，朝议时尔言颇合朕意，都是借董秀所传之音揣摩而发，目的是投朕之所好，以邀圣宠？”

“不错，臣预知陛下言行起居，探微揣端，故能在朝议之时，所发颇能迎合皇上之意，臣认为这没有什么错。”

听到元载的回答，堂上堂下传来一阵阵议论，太监继续问道：“尔纳贿贪赃，敛财无数，仅徐浩从岭南搜刮进献的珍玩珠宝就价值数十万贯，可有此事？”

“徐浩同我乃私交，所送珠宝，乃彼此之间礼尚往来之馈赠，不是贪赃纳贿，伸手不打送礼人，谁能对送上门来的厚礼毫不动心呢？”

太监只负责问话，并没有反驳的职责，于是他不理会元载的辩解，继续问道：“尔纵子行凶，贪赃枉法，卖官鬻秩，暴敛横财，积敛之资，富可敌国，可有其事？”

“我并没有去抢、去逼要，是别人心甘情愿送上门的，黄盖送给周瑜打，一个愿挨，一个喜打，两厢情愿的啊！”

“尔恃宠弄权，欺君罔上，同王缙在政事堂深夜密谋，欲图谋不轨，尔可从实招来！”

元载身戴重枷跪在堂下，听到皇上越来越严厉的问话，已经吓得大汗淋漓，浑身颤抖，心想：皇上向来都是优柔寡断，今天问话竟是一句比一句狠，他已经从这些问话中闻到了腥风血雨的味道。看来，刘晏等人主审也只是一个幌子，实际的审讯都在皇上的掌控之中，皇上是铁了心要自己的命了，他真的有些后悔了，自己已是一人之下、万人之上的宰相，还有什么不满足的呢？恃宠弄权，纳贿贪赃，无非是要多积敛一些钱财，钱财多了又有何用？奇珍异宝堆在储藏室里，数不胜数，有的甚至没有再去看第二眼，日食不过三餐，夜宿不过六尺，生不能带来，死了也不能带走，有权纳贿贪赃，无福自己享受啊！平日里自称是古今未有的文武全才，此时却一筹莫展，落得如此悲惨下场，真是利欲熏心，利令智昏，聪明反被聪明误啊！此时的元载似乎是大彻大悟，他以枷击地，痛哭流涕："皇上，臣知罪了，罪臣什么也不要，愿以全部家产充公，只求皇上留罪臣一命，让罪臣回家种田去吧。"

传旨太监在刘晏身边耳语了几句后，起步而去。

"退堂！"刘晏站起来说。

第一次升堂审讯后，李豫在太极殿召见了刘晏及审案人员李涵、萧昕、常衮、袁倚、杜亚，李豫问道："抄家情况怎样？审讯情况又如何？"

"元载的家产查封后，家资清查簿录基本完成，据初步统计：不动产有南北两处豪宅，四周构筑亭台榭阁与豪宅相映衬，宏伟壮观、富丽堂皇、冠绝当今，豪宅内广罗美女，专养戏班以供淫乐消遣；城南还有一处豪华别墅，房屋数十余间，仅使唤婢女就达百余名，豪华不亚于皇宫。查抄钱财数以万计，金银珠宝堆积如山、数不胜数，仅钟乳石就有五百余两，胡椒八百余石，均簿录在册，整理完毕后再恭呈御览。至于讯鞫一事，元载对纳贿贪赃之事供认不讳，但否认图谋不轨。臣等将择日再审。"刘晏很流利地说。

"金银珠宝和钱财一并没收入国库，所有家产一并充公，传朕旨意，八百石胡椒、五百两钟乳，分赐给中书门下、御史台五品以上，尚书省四品以上的文武百官。元载舞智弄权，专横跋扈，欺君罔上，卖官鬻爵，贪赃纳贿，是可忍，孰不可忍。"说罢，代宗从御案上拿过早已写好的圣旨递给刘晏，"圣旨朕早拟好，元载赐自尽，你再代拟一道圣旨，赐王缙自尽，明日升堂，宣旨处决。"

刘晏、李涵、萧昕、常衮、杜亚、袁倚几个人听到李豫的圣裁，惊异不已，刘晏大惊，说道："陛下，审讯才刚刚开始，案情尚未审理清楚，何故要急着赐其自尽呢？"

李豫轻描淡写地说："审讯只是一个过程，诛除奸相才是朕最终目的，明天升堂，直接宣旨就是。"

"陛下，臣有一个建议，不知当说不当说。"刘晏说道。

"但说无妨。"

"元载为首犯，陛下赐其自尽，死不足惜。大唐律法明文规定，法有首从之分，罪有轻重之别，首犯当施以重典，从者亦视具体情况可酌情从轻发落。在元载一案中，元载为主，王缙为从，为显示陛下之隆恩，臣建议从犯王缙从轻发落，免其一死。”李涵等均附和刘晏之议。

“王缙阿谀谗佞，附会奸邪，本应一并处以极刑，既然你们为其求情，那就免其一死，贬为括州刺史罢了。同元载狼狈为奸的中人董秀，朕已令内务府将其杖毙于宫中，以警告宫中的太监，谁要再勾结外官，透露宫中禁事，必将严惩不贷。至于其他人，朕随后就有旨意给你们的。你们继续讯鞫就是了。”

翌日，刘晏会同几位副审继续在政事堂升堂问案，十六名衙役分列两旁，刘晏高声喝道：“带人犯元载、王缙！”

十六名衙役齐声高呼：“带人犯元载、王缙！”身背重枷的元载、王缙疲惫不堪地被带了进来。

刘晏看看堂下的元载、王缙，威严地说：“王缙听旨！”

“罪臣恭聆圣谕！”王缙惊慌失措地跪下，眼睛死死地盯着刘晏手中的圣旨。

“奉天承运，皇帝诏曰：罪臣王缙，附会奸邪，阿谀谗佞，罪恶深重，本应处以极刑，主审官吏部尚书刘晏、御史大夫李涵、散骑常侍萧昕、礼部侍郎常衮、谏议大夫杜亚、兵部侍郎袁倚共同为尔求情，且在元案之中尔乃从犯，免尔一死，贬为括州刺史。钦此！”

“谢主隆恩，吾皇万岁！万岁！万万岁！”跪在地下的王缙惊喜万分，痛哭流涕地又对着刘晏等人叩首：“谢各位大人为罪臣求情，这里一并叩谢了。”

衙役过来替王缙除去重枷，王缙接过圣旨，踉踉跄跄地离此而去。

“元载接旨！”

“罪臣在！”元载似乎预感到情况不妙，慌忙跪在地下。

“奉天承运，皇帝诏曰：逆贼元载，性情奸邪狡诈，恃宠弄权，专横跋扈，虽智性敏悟，却用非正途，自夸为文武全才、古今未有，却鲜有安邦济世之举，反而胸怀奸邪之志，欺君罔上，寄托阴人巫师，祈求上苍，心存非分之想。目无王法，纳贿贪赃，卖官鬻秩，暴敛横财，纵妻为恶，纵子为凶，表面为谦谦君子，背后却男盗女娼，暴戾恣睢，恣意妄为，恶贯满盈，罪不可赦。赐自尽。钦此！”

元载听到刘晏宣圣旨后，精神彻底崩溃，瘫软在地，两边衙役上前取下元载项上的重枷，将他拖到旁边耳房去行刑。

元载睁着无神的眼睛看着监刑官说道：“各位大人，本人别无他念，但求速死，请给我一个痛快吧！”

“你入朝为相二十余年，平日里专横跋扈，作威作福，视文武百官如草芥，真是天网恢恢，疏而不漏，遭报应的时候到了，往日里那么风光，今天受点惩罚又有何妨？”监刑官冷笑着说，接着脱下脚上的臭袜子塞进元载的口中，慢慢地将元载勒杀在耳房中。

李豫又下诏，将元载恶妻王氏及其三个儿子扬州兵曹参事伯和、礼部员外郎仲武、校书郎季能均赐死，元载之死党卓英倩亦赐死。吏部郎中王缙贬为括州刺史，谏议大夫包佶贬为岭南通判，尚书右丞庾准贬为汝州刺史，其余凡与元载有牵连者，均给予相应处罚，此次受罚者数十人。

第五十九章　又一位奸相入阁

元载被诛，李豫任命国子祭酒杨绾、礼部侍郎常衮为平章事，同为宰辅，共理朝政。

杨绾乃开元二十年的进士，时之名儒，其文章文辞华丽，视野开阔。玄宗李隆基甚爱之，为考其学识，曾特命杨绾加写诗、赋各一篇，杨绾文不加点，一挥而就，无论文采还是书法，皆为一时之冠，李隆基甚是赏识，初补太子正官，钦定提拔为右拾遗。自此以后，唐朝的制举都要加试诗、赋各一篇，皆源于此。杨绾居家孝谨，为官清正廉洁，刚正不阿，朝野上下得知其为相，皆奔走相告，都说朝廷得了一位良相。

杨绾上任伊始，整肃吏治，纠正朝纲，闻御史中丞崔宽平时生活奢侈，在城南建一别墅，富丽堂皇，豪华程度可与元载所建之别墅相媲美，满朝文武百官多有议论。在一次正式的会见中，杨绾对崔宽道："崔御史，听说你在城南建别墅一栋，豪华不亚于元载之宅，可有此事？"

崔宽听到杨绾的问话，惊出一身冷汗，他素闻杨绾不畏权势，刚正不阿，即使是元载如日中天的时候，也不阿谀奉承地依附元载。今天他既能如此问话，想必自己平时有什么不检点的事被他掌握了，为了摸清杨绾的真实意图，他回答道："不知下官有何不妥之处，请宰相大人明示。"

"何止不妥，你简直成了名人哟，论品秩，我比你高，论俸禄，你不比我多，靠正常的俸禄之入，你能建成如此豪华的别墅？"

崔宽一时语塞，愣了半天才说道："大人既如此说，下官也没有什么话好说。至于建宅之资，实乃家祖上所积，绝无贪污受贿之行为，朝野颇有微词，我想也很正常，因为我所建之别墅，确实比别人的要好。"

"蒙皇上恩宠，命我为相，理当为国事尽忠尽力，替皇上分忧，为民造福。

朝廷吏治败坏，贪污腐败现象日益严重，我已奏请圣上，要整顿吏治，肃正朝纲，狠杀奢侈腐化之风。你在城南所建别墅太豪华，真是鹤立鸡群哟，朝野中人议论纷纷，这其中到底有没有猫腻，你自己心里清楚。”杨绾看了看崔宽，见他头上大汗淋漓，一言不发，继续说道，“你认为自己是清白的话，那你就回去等候，我马上派人核查，还你一个公道，以正视听。你仍然可以安然无恙地住你的豪华别墅，如果查出有什么不干净的地方，可就别怪我到时公事公办。”

崔宽慌乱地说：“别、别、别，杨宰相，有没有什么其他的办法？”

“元载一案杀了一批人，贬了一批官，朝野震动，目前正值多事之秋，皇上也不想再大动干戈，然朝纲不得不肃正，吏治不得不整顿。你已经成了出头之鸟，我也是箭已上弦，不得不发！”

崔宽汗流如洗、战栗地说：“求大人给我三天时间，三天以后，下官自行拆毁豪华住宅如何？”

“给你三天时间，三天之后，我派人前来拆毁，无须你自己动手。”

三天后，杨绾果然派人拆毁了崔宽的豪华别墅，此举一时轰动京城，成为人们街头巷尾议论的话题。

大街上行走着一顶四人抬的绿色官轿，首相杨绾在轿中闭目养神，忽被一阵锣鼓声惊醒，他掀开轿帘问道：“怎么回事？”

“不知是哪位官员从此经过，好大的阵势。”轿夫回答。

“将轿子停在旁边看看！”轿夫轻轻地将杨绾的官轿停在路边。

一队人马迎面走来，有鸣锣开道的，有高举回避牌的，前呼后拥有百余人之多。一位官员坐在蓝色的官轿中掀开轿帘，悠闲自得地左顾右盼，当他看到停在街边让道的一顶官轿时大惊失色，他知道这是宰相杨绾的官轿。正欲放下轿帘回避，不想恰巧又同杨绾的目光碰在一起，轿上的官员慌忙叫道：“停轿！停轿！”轿子尚未停稳，他赶忙下轿来到杨绾面前，谦恭地说：“杨宰相，下官真是该死，你怎么能停在路边为下官让道呢！”

杨绾一看，坐轿官员是京兆尹黎干，黎干素喜排场，出入驺从动辄百余人，前呼后拥，气派十足，京城百姓及百官只要看到这阵势，就知道是黎干出行。杨绾没有正面回话，只是不怒而威地说：“黎大人，鸣锣开道，前呼后拥，够气派，够威风，怪不得文武百官说，只要看仪仗，就知道京兆尹出行，成了名人哟！”

黎干面红耳赤，恨不得地下有条缝钻进去，他心想，杨绾身为宰相，一顶官轿，不带随从，相比之下，自己的排场也确实是太大了些，他结结巴巴地说："杨宰相，下官知错了。"

"早就听说黎大人的气派大，今天算是开了眼界，我说黎大人，这么一大队人马跟着你，威风凛凛，气贯京城，是不是很过瘾？"杨绾继续不依不饶地问。

"宰相大人再如此说，下官就无地自容了。"

"如此说，黎大人是知错，你是自行裁减驺从呢，还是我来帮你裁？"杨绾哈哈大笑。

黎干忙不迭地说："不劳大人费心，下官一定自行裁减，今后若再有违犯，请大人从重处罚，下官绝无怨言。"

"知错能改，善莫大焉。"

自此以后，黎干的驺从人员从百余人减少至只有十余人，朝野闻之，皆叹服不已。

汾阳王郭子仪闻知杨绾整顿朝纲，感慨颇深："为官者都如杨绾，何愁朝纲不正、吏治不清！"是日，郭子仪在署所宴客，管家请示道："老爷，宴会的一切准备就绪，还有什么吩咐？"

"闻知新相杨绾整顿吏治，肃正朝纲，老夫虽为三朝元老，也要自律以示相应，从今而后，无论是政务还是家务，均要尽量节俭。你去安排一下，将宴席助兴的声乐之人五去其四，其余诸事能简单的也尽量以简单为好。"郭子仪之举，为杨绾整顿吏治、狠杀奢侈腐化之风带了个好头，在朝中一时传为佳话。

杨绾出任宰相，有心整顿吏治，重振朝纲，怎奈痼疾缠身而力不从心，于是上疏代宗皇帝，请求辞去宰相之职，李豫不允，命御医加以诊治，然终因痼疾难返，不久便病逝。李豫痛惜地对群臣说："真是天不助朕，不让朕过太平的日子，才使病魔夺走了杨绾的生命，使朕失去一位股肱之臣，痛哉！"

常衮是天宝末年的进士，才高八斗，学富五车，文才出众，誉重一时。因其为官清廉，人称其为"学官"，元载为相时为中书舍人，同吏部侍郎杨炎一起负责起草皇帝的诏书。常衮长于应用，杨炎善于韵律，两人互相配合，相得益彰，代拟的诏书，是唐朝自开元以来无论是书法还是文采都称得上是最漂亮、最标准、最规范的诏书，故有常杨之称。常衮与杨绾同时为相，因其才识远不及杨绾而职位次于杨绾，是为副宰，杨绾死后，常衮接替杨绾之位而独居政事堂，总理朝政。他本该沿着杨绾的治政方略继续整顿朝纲，然常衮过于迂腐，且心胸狭窄，待人刻薄。还在杨绾为相，他为副相时，就对杨绾甚为妒忌，接替杨绾之位主持政事堂政务之后，虽然也想创经邦济世之伟业以邀圣宠，然而他始终跳不出心胸狭窄的禁锢，总是在一些鸡毛蒜皮的小事情上斤斤计较，以个人之好恶处理政务。

杨绾为相的时候，曾因百官俸料寡薄而奏请加之，然终因国家财用匮乏而未行，常衮主持政事堂政务后，再次将这件事提上了议事日程，并得到代宗的批准。常衮在政事堂召集户部判度支韩滉，吏部尚书、盐铁、转运使刘晏等人进行专题研究，经过多轮商榷，确定了调俸方案。

当时京官的俸禄并不是严格地按品秩的高低来确定的，而是按照官的闲忙程度、工作负担的轻重逐一规定相应的月俸标准。一般来说，职事品秩高者则俸钱标准高，但是，由于俸禄不是严格地依品级为差而整齐划一地规定，因此，在确定某人的俸钱时，难免就掺杂了权臣个人的恩怨好恶。常衮同户部判度支韩滉过往甚密，调俸方案确定后，常衮同韩滉两人进行了一番密商，对少数人员的俸额又作个别调整。韩滉深恶国子司业张参、常衮不喜太子詹事赵基，两人密谋商定，给张参定月俸为三十贯、给赵基月俸为二十五贯，而其他人与两人同品秩的京官月俸钱都是三十五贯；太子文学乃副洗马之职，任职者是常衮的儿女亲家，常衮将其月俸定为十二贯，而正洗马之职的徐丰月俸却只有十贯。

调俸方案出台后，张参、赵基、任洗马之职的徐丰三人知道是常衮、韩滉二人搞的鬼，找到刘晏处申诉。张参、赵基二人说道："我们乃少列之品秩，少列品秩月俸应是三十五贯，现在只有三十或二十五贯，这分明是常衮、韩滉挟公报私，故意打压我们，刘大人得为我们主持公道。"

"我乃正洗马之职，在这次调俸时，月俸为十贯，副洗马是常衮的儿女亲家，他的月俸却是十二贯，这又是何道理？"徐丰亦愤愤不平地说。

"我也参与了调俸方案的研究，但没有具体商定某一个人的月俸是多少，俸禄不是严格地以品级为差，也有负担轻重之因素。至于你们二人的俸禄为何比别人少，副洗马的俸禄为何定得比正洗马的高，我不甚清楚，是由宰相常衮和判度支韩滉两人最后确定，我可以帮你们问一问。"刘晏耐心地说道，三人辞谢而去。

政事堂的值房中，常衮与刘晏面对面地坐在一起，刘晏道：“这次官员加俸，百官中有些反映，我也有些看不明白。”

“都反映些什么？”

“比如国子司业张参、太子詹事赵基，他们的俸禄比所任品秩应得的俸禄均少了一级俸禄，而正职洗马徐丰的俸禄竟然比其副职洗马还要低。”

“啊，是这三个人！这是我和判度支韩滉商量确定的，降低他们两人的年俸是因为他们两人所任职位的工作太清闲，而提高副洗马的年俸，则是因为副洗马的工作比正洗马干得更出色。”

“这样解释能服人吗？”

“如果他们不服，可以直接来找我。”

“常宰相，这样恐怕不好吧！”

“我身为首相，这点权还有，这件事就不要再提了。”刘晏看常衮固执己见，丝毫没有回旋的余地，只好起身告辞。

政事堂的北面有门与舍人院相邻，历任宰相有事咨询中书舍人，或商量事情，都是通过此门出入，常衮认为此门有损于宰相的尊严，系派人将此门封死。致使此后从政事堂到舍人院，须从大门绕道而行，甚是不便，政事堂与舍人院的同僚们虽有微词却无人敢明言，中书舍人崔佑甫对此甚是不满。

卢陇节度使朱泚上书，说陇州偏将赵贵家中猫鼠同乳，和睦相处不相残，这是天下太平的祥瑞之兆。李豫将这份奏章批示给群臣传阅。宰相常衮乘上朝之机率群臣向李豫进贺，常衮出班奏道：“臣等闻朱泚军中猫鼠同乳，甚是诧异。自古以来，只听说猫捉老鼠，还从来没有听说猫鼠同乳的奇闻，猫鼠本是敌对的冤家，如今却猫鼠同乳，和睦相处，此乃风调雨顺、国泰民安的祥瑞之兆，可喜可贺！”大多数文武百官随声附和，皆称其为祥瑞之兆。

崔佑甫性情耿直，刚直不阿，遇事不回避，绝不阿谀奉承，更不随众附和，他出班独力反驳道：“此事只可吊，不可贺。”

“为何只可吊而不可贺？”李豫问道。

“臣以为，天生万物，刚柔相济，圣人因之垂训，以作《礼记》，猫与老鼠，本是造物主造就的一对相生相克的冤家对头，老鼠为害人类，猫捕捉老鼠为人类除害，一物降一物。猫本为人类所养之家禽，猫捕捉老鼠为人类除害乃是猫的天职，猫不但不去捕捉老鼠，反而还要以乳哺鼠，这样的猫就是失职，丧失了本性。猫失能变性，犹于法官不惩治邪恶，反而还要为罪犯提供保护；守卫国家疆土的官吏和军队看到外敌入侵而不抵御，反而还要为敌兵提供粮草；郡县地方官看到辖区内土匪作乱，不但不能除去匪患保一方之平安，反而还要与土匪串通一气，充当匪类的保护伞，使他们有更大的能量去扰乱社会，为害一方，难道说这样的事情都是正常的吗？因此说，猫鼠同乳，实乃人间之怪，似此等妖孽，理当除之，何贺之有？陛下英明，当命有司严查贪官污吏；督促守土之将士奋起而战，抵御外来入侵之敌；督促地方官吏剿灭匪类，保一方之平安，使猫能至功，鼠不为害，这才叫可贺。”崔佑甫振振有词地说。

李豫击案而起：“说得好，分析得透彻，猫鼠同乳，实为妖孽，何贺之有？通知朱泚，将这只丧失本性的猫捕而杀之，以警告那些不捉老鼠的猫和快要丧失本性的猫，不要忘了自己是做什么的。有司严查贪官污吏，将士奋勇抵御外来入侵之敌，地方官吏保一方之平安，这才是本分。猫能至功，鼠不为害，这才是朕想看到的结果。”

站在一旁的常衮羞愧难当，他恨死了崔佑甫，怪他不该在文武百官面前羞辱于他，怪他不该由猫鼠同乳而引申到法官惩治贪官污吏、将士守土御敌、地方官吏剿灭土匪保一方平安这样原则性极强的问题上去而使人难以辩驳。常衮虽颇有才华，却也是一个有仇必报的小人，自此以后，他对崔佑甫怀恨在心。

第六十章　权重遭忌

刘晏身居吏部尚书之职，又兼任转运盐铁等使，主管东南地区的财政，功勋卓著，圣眷甚隆。特别是元载被诛，刘晏能秉公而断，既惩治了元凶，又救活了一些人，保了一些人，使其在文武百官中的声望更是日益高涨。功高犯忌，权重遭忌，这是官场上一条潜在的规律。常衮虽有才华，但却心胸狭窄，妒贤嫉能，登上相位，又担心相位坐不稳，常疑神疑鬼，害怕别人抢了他的位置。刘晏圣眷甚隆，在朝野中声望极高，这就成了他的一块心病，一个潜在的威胁。他决定以宰相之权来限制刘晏权力的发挥，发函吏部，决定官员的任命提拔，均以公议而格之，非读书识礼之人皆摒弃而不用。常衮本为儒雅之士，人称为学官，有此决定本无可厚非，若真的能按照这一决定执行，应该是一个很正确的决定。然而，常衮生性迂腐，他是以提拔任命官员实行公议为幌子，实际上是要限制吏部、限制刘晏的权力发挥，正因为他怀有此等私念，因此在执行过程中也就偏离了方向。

政事堂的议事厅，宰相府同吏部及有司就提拔任命官员的方案已连续公议了三天，却还是议而不决，吏部尚书刘晏站起来说道："这次的官员任免，已经公议了三天，基本情况也都了如指掌，总该有个定论，大家都还有事，总这样议而不决总不是个办法。"

"实行公议，就是要增加透明度，就是要选贤任能，多议议没有什么不好的。过去由于没有这个制度，才出现了卖官鬻爵的事情。"常衮道。

"常相的意思，吏部选官，都是权钱交易，卖官鬻爵了？"

"本相是说元载为相时，卖官鬻爵之事时有发生，应引以为戒，并不是追究吏部的责任。"

“元载卖官鬻爵，恰恰是宰相擅权的结果，官员的诠选拔擢之权本属吏部，宰相总揽朝政，有过问之权，若六部事无巨细，都须政事堂公议，都要政事堂裁夺，岂不是有越俎代庖之嫌？如此，六部岂不是形同虚设？”

中书舍人崔佑甫站起来说道：“官员的诠选拔擢，以政绩为凭，这几天所议之吏员，吏部考功档上都有簿记，政事堂公议虽好，但总不能议而不决，常相若有理想中的贤能，不妨就和盘托出，免得大家都在这里干耗着。”

“我也没有什么备选的贤能，实行公议，就是要增加透明度，真正做到选贤任能。既然意见难以统一，不如休会，改日再议。”

中书舍人崔佑甫霍地站了起来：“什么？还要改日再议？吏部的方案本来就很好，为何要议而不决？”

“崔大人，算了，常相可能有他的想法，改日就改日吧。”刘晏担心他们两人吵起来，赶紧站起来说道，公议又不欢而散。

自政事堂就吏部的事务公议不欢而散之后，常衮更是将刘晏和崔佑甫二人视为潜在的威胁，一直想找个机会除之。思之再三，决定还是先在刘晏身上做文章。他暗暗地搜集于刘晏不利的流言，安排心腹将这些流言散布出去，未过多久，京城里便流言四起，矛头都是指向刘晏。有说刘晏在任江淮租庸使时向京师运送贡品的过程中重金贿赂沿途关卡和地方官员的；有说刘晏利贿四方名士为其唱赞歌，重金收买异己放弃对他的非难的；有说刘晏固恩恃宠弄权，不一而论。

流言谣传一段时间后，常衮认为时机已到，进宫面奏代宗皇帝：“陛下，近日京城谣言四起，不知陛下是否有所耳闻？”

“什么谣言？”

常衮神秘地说：“有人说，吏部尚书刘晏在任江淮租庸、盐铁转运使期间，运送茶、橘等贡品时，重金贿赂沿途关卡和有关人员，至使江淮贡品总是先他人而至，这是慷国家之慨而邀圣宠。”

“还有呢？”

“刘晏素与文人士子交往甚密，四方名士皆慕名而至，凡有所求，必有馈赠。他这是在收买人心，培植党羽，而对于政见不合的士人，他更是以利诱之，使这些人不再在外面对他说长道短，这是花钱买好话，花钱买名声。”

“还有什么谣言？”李豫继续面无表情地问。

常衮从李豫的脸上读不出任何内容，一种不祥的预感在脑中一闪而过，但话已出口，开弓便没有回头之箭，只好硬着头皮，竹筒倒豆子，一吐为快：“刘晏身为冢宰，居六部之首，又兼转运、盐铁等特使，位高权重，固恩恃权。皇上，这些不可不察哟！”

“就这些？”

“难道这些还不够？”

“从江淮向京师输送贡品，沿途诸道在其境内都设卡阻挠过境之贡品，以拖延其他地区的贡品进京的时间，这已不是秘密。刘晏欲使江淮贡品早日运抵京师，使朕能早日享用新鲜的贡品，贿赂沿途关卡的有关人员，此等鸡毛蒜皮之事，何足挂齿？尊重文人，馈赠四方名士，此乃刘晏一贯的主张，他是在收买人心，但却是替朕收买人心，替朕招揽人才。打天下者要武将，治天下者需文人，朕要治理国家，就要有大量的人才为我所用。这些年来，经刘晏提拔推荐任用到各级财政机构中的文人士子有数百人之多，正是由于这些人的努力，才使得安史之乱以后的国家财政状况有了起色。刘晏能处处为国家着想，何罪之有？何为固恩？何为恃权？朕提拔他为吏部尚书之职，他屡申退让，接受任命后，又奏请朕免去其子婿潘炎元帅判官之职以避嫌。似此等顾全大局之人，到哪里去找？自从他任盐铁、转运使主管东南财政以来，国家财政收入逐年增加而民不觉困，军国之用皆仰赖盐铁、转运使与判度支供给而无须朕操心，此等能吏，谁人能及？我说常衮呀！人说宰相肚里能撑船，你身为宰相，怎么就这么点气量？来说是非事，便是是非人，莫不是另有所图吧！”

听到李豫如此评说刘晏，常衮已知刘晏在皇上心目中的地位不可动摇，他真有点后悔做这个小动作，更害怕弄巧成拙，连忙转口说：“臣也是道听途说，其实臣也不相信这些谣言的，刘晏一直是勤政廉政，这一点臣也是知道的。”

“知道就好！”

刘晏一直对因元载一案受牵连而贬至岭南的包佶记挂在心，他知道包佶对理财之道颇有研究，有真才实学，是个人才，在元载一案中，没有发现什么劣迹，国家理财需要这样的人才。于是，他向李豫举荐了包佶，李豫虽不喜元载旧人，但对刘晏的举荐却很重视，一次朝议的时候，李豫抽出刘晏的奏章：“刘晏，你向朕举荐包佶，在今天的朝堂上，向诸位大臣谈谈你的看法。”

刘晏手持笏板出班奏道：“启禀陛下，汴东两税使一职出缺，吏部举荐包佶任此职。”

“为何要举荐此人？”

“岭南通判包佶是进士出身，曾任过谏议大夫之职，颇通理财之道，臣举荐他出任汴东两税使。”

“就是那个因与元载颇善而贬至岭南的包佶？”

“就是他，吏部已着人详细地调查过，包佶虽与元载善，然也只是政务往来，并未深陷元案中，其本身并无劣迹，有心为善，其善不善，无心为恶，其恶不罚。包佶乃天宝六年进士及第，同其父包融、其弟包何合称唐诗‘三包’，颇具才华，且还熟识理财之道，是朝廷理财急需之人才，此等人才若弃之不用，于朝廷实在是一大损失。”

“朕就准你所奏，吏部拟办即可！”

“臣遵旨！”

“朕想了解今岁财政状况，回去整理一下，随时奏报。”

“臣对此了然于胸，无须回衙，此刻即可禀报。”

“财赋岁入岁出概况如何？”

“中央财政岁入约一千二百万贯，其中盐利之入六百万贯。”

代宗面有喜色：“一千二百万贯，盐利六百万贯，如此说来，天下之赋入，盐利已居其半。朕记得永泰年间的盐利之入尚不及百万。”

“臣永泰二年接办东南盐务，当时江淮盐利岁入是四十万贯，东南地区的盐利岁入六十万贯，实行盐务新政后，东南地区的盐利之入逐年上升，今岁已达六百万贯，再假以时日，朝廷一定能够摆脱财政困境，重现永徽之治的繁荣景象。”

“近年来，朝廷财政状况的确有所好转，刘晏功不可没，所有臣工若都能如此，何愁大唐经济不振兴？”

常衮在一边听到刘晏侃侃而谈，代宗赞不绝口，既眼红，又嫉妒，眉头一皱，计上心来。出班讨好地奏道说：“启奏陛下，刘晏德高望重，劳苦功高，政绩卓著，宜为百吏之师表，臣奏请陛下，加封刘晏为尚书省左仆射之职，统领百僚，以示对其之嘉奖。”

左仆射乃尚书省之长官，为朝廷的执行机构，统管吏部、户部、礼部、兵部、刑部、工部等六部，刘晏现任的吏部尚书衔，官阶为三品，左仆射官阶为二品，但吏部尚书掌的是实权，左仆射没有实权，常衮使的是明升其职，实夺其权的手法。

“多年来，刘晏任劳任怨，精心筹谋，在大唐经济濒于崩溃边缘之际，整顿漕运，改革盐政，为常人所不能为之事，使朝廷财政重现生机，晋升以示嘉奖，实在是个好主意，刘晏听旨！”

“臣恭聆圣谕！”

“朕封你为尚书省左仆射，吏部尚书及诸使仍兼任如旧。”刘晏欲加推辞，李豫继续说：“不必推辞了。”

常衮在一旁后悔不已，本来想用明升其官，实夺其权之法以排挤刘晏，不想却弄巧成拙，皇上反而实授刘晏尚书左仆射之职。眼看皇上圣旨已下，他也就只好假戏真做、顺水推舟了：“恭贺刘大人荣升！”

刘晏对常衮之意似有所察，只是他不是一个恋权贪功之人，更不想与人争一时之短长，只要能为国家做点实事，官大官小，位高位低，对于他来说是无关痛痒的，这就是历史上的忠奸之分。

散朝过后，吏部即刻发文岭南，调包佶就任汴东两税使之职。包佶乃刘晏挖掘出来的一位俊才，日后成为唐朝中央财政工作的一位重臣，历任诸道盐铁轻货钱物使，吏部侍郎，改秘书监，封丹郡公，足见刘晏慧眼识人。此是后话。

大历十四年（780年）初，代宗病重，诏太子李适监国，五月，代宗驾崩。

第六十一章　杀机

大历十四年五月，太子李适在太极殿即位，是为德宗。新皇帝登基，先皇之年号须沿用至岁末，待翌年再改年号，德宗亦延续此习。

德宗皇帝李适即位后，废除旧制，创立新规，尊郭子仪为尚父，加太尉衔，兼中书令，封朱泚为遂宁王，两人具以平章事当署，居宰相，不行宰相事，不进政事堂当值理政。此时杨绾已逝，常衮独居政事堂，遇有奏章需郭子仪、朱泚两人署名时，都是由常衮一人代为署名再上呈皇上。中书舍人崔佑甫认为常衮越俎代庖，有擅权之嫌，正言对常衮说道："常宰相，政事堂所呈奏章，未与任何人相商而由你一人代署送呈，恐有擅权之嫌，此不可不察。"

"我乃独居政事堂的宰相，总理朝政乃是职责所在，至于妥与不妥，自有皇上圣断，还轮不到他人来指手画脚。"常衮毫不客气地说。

"大人此言差矣，本官出言相告，乃是出于一片好心，若大人说本官是指手画脚，我也没有什么话说，只是好心不要当成驴肝肺哟！"

"崔大人本来就是好心嘛，怎么能是驴肝肺呢？这份情本相领了，此后若有不妥之处，还望崔大人不吝赐教。"

"宰相又何必客气起来了？我只是想，元载为相二十余载，在位时间不谓不长，权力也不谓不大，到头来又怎么样？就是想回家去种田也不行哟。"

常衮冷笑着说："不劳崔大人操心，本相自信这一点还把持得住，至于谁能够笑到最后，咱们也不妨骑着驴子唱戏，走着瞧。"

李适即位后，诏令常衮筹备先皇代宗皇帝丧礼事宜，常衮将礼部职官及有司官员召集到政事堂共同商议此事。常衮率先发表意见："汉文帝时旧制，国丧丧期三十六天，我朝太宗文皇帝驾崩，遗诏亦定为三十六天，很多大臣认为丧期太长而难以忍受，玄宗皇帝以来，始改为天子丧期为二十七天，天下吏民三日可除丧。先皇代宗皇帝的丧事乃为天子国丧，天子服丧二十七天，文武百官同天子一样，丧期也是二十七天，百姓三日可除丧服。”

崔佑甫马上站出来反驳道：“遗诏上并没有说群臣与庶民有什么区别，本官认为，代宗皇帝的丧期，应遵循遗诏之意，皇帝服丧二十七天，群臣与庶民同，服丧三天即可去丧服。”

“那怎么行，群臣怎么能混同于百姓，为表示群臣对先皇的忠诚，该服丧二十七天。”常衮坚持着说。

“遗诏上说吏民可三日除服，吏即为群臣，也就是说群臣与民同，均服三日丧，不能曲解遗诏之意。”崔佑甫继续申辩。

为了群臣是服二十七天丧还是服三天丧，常衮与崔佑甫争论不休，相持不下，最终没有形成统一的意见。

常衮借此机会上本弹劾崔佑甫，诬告崔佑甫率性变礼、扰乱国典，奏请将崔佑甫贬为潮州刺史，奏章的署名仍然是郭子仪、朱泚、常衮三个人，而郭子仪与朱泚之名亦由常衮代署。李适御览常衮所上之奏章，认为崔佑甫在国丧之际扰乱国典，确实该罚，但他认为将崔佑甫贬为潮州刺吏处罚过重，遂下诏将崔佑甫贬至河南为少尹。

郭子仪、朱泚二人赴京师为代宗皇帝奔丧，闻知崔佑甫被贬出京师，两人相继上表，一致申言崔佑甫并没有什么罪，为何要将其贬至河南。李适接到郭子仪、朱泚二人的奏章。觉得很奇怪，即刻召见二人，责问道：“你们两人同常衮联名上本弹劾崔佑甫，都说他率性变礼、扰乱国典，奏请朕将他贬为潮州刺史，还是朕认为你们奏请的处罚过重，才将他贬至河南为少尹，现在怎么反过来又为崔佑甫求情？这不是出尔反尔吗？”

郭子仪、朱泚二人均莫名其妙，大惊失色地说：“怎么？我们上表弹劾崔佑甫？这怎么可能呢？一定是常衮弄虚作假，假借我们两人之名上表欺骗陛下。”

李适闻之大怒，翌日早朝的时候，李适面对群臣怒斥常衮道：“好个常衮，你假借郭子仪、朱泚之名，上表弹劾崔佑甫，现郭子仪、朱泚两人均有奏章在此，都在替崔佑甫申辩鸣冤，言其无罪。你有何话说？”

常衮虽身为宰相主持政事堂的政务，但威望并不高，也未到大权独揽的地步。他明知道仅凭百官服丧之期这件事上本弹劾崔佑甫，言其率性变乱、扰乱国典确实太过牵强，但他认为此事做得天衣无缝，哪知郭子仪、朱泚二人不依不饶，戳穿了他的阴谋。他听到皇上的呵斥，慌忙跪下申辩："陛下，前朝惯例，对于不行宰相事的宰臣，上本需署名，都是由理政的宰臣代为署之，此皆有档可查，非臣所兴之法，臣也是按前朝惯例行事，自问无甚大错。"

"前朝虽有旧例，但并不是此等做法，代署名所上的奏章，都是光明正大地可以拿到桌面上来的东西，若有意见不合者，当加以禀明。哪像你，所上之奏章，全凭一己之所好，弃公道于不顾，在处理先皇国丧这件事情上，崔佑甫同你的意见不合，这也是很正常的事情。朕已派人查过，你同崔佑甫的分歧在于，群臣服丧是三天还是二十七天，前朝遗诏上明文规定'天下吏民三日可除丧'，吏是什么，当然指的就是官吏、文武百官，崔佑甫说群臣服丧三天是遗诏之意，并没有错，你为何要扣上一个率性变乱、扰乱国典的罪名呢？这扯得上吗？"面对李适的严词责问，常衮无以言对，跪在地上满头大汗，李适继续说道："假公济私，挟公事以报私仇，实属道德败坏，此等卑鄙小人、欺君罔上之徒，怎么能够在政事堂理政？朕决定，常衮至河南接替崔佑甫河南少尹之职，崔佑甫回京，接替常衮之位，任门下侍郎同中书门下平章事，代理宰相之职，主持政事堂的政务，你们两个人的职位互换。"

群臣闻之一阵骚动，有不耻常衮行为的人，脸上都露出了满意的笑容。

李适对崔佑甫十分信任，将其视为良臣，朝中政事尽皆委之于崔佑甫主持。

李适登基便下诏大赦天下，封赏文武百官；颁诏罢四方之贡献；将专供宫中取乐之用的数百艺人遣出宫；禁止文武百官建造私宅官邸；禁止官员经商；民有冤情，有司不得推诿，要依据大唐律法秉公而断，以正法典。诏敕颁行，百官振奋，朝野为之轰动，都说是大唐之圣明君主出世。

诏敕颁至淄青，军士将兵器弃之于地说："圣明天子出世，从今而后，我等都要严守军纪，再也不能胡作非为了。"

代理司空同中书门下平章事、拥兵自重的淄青节度使李正已，接到诏敕，也不由得起了畏惧之意，特上书朝廷，愿向朝廷献钱三十万贯，以示对李适登基之贺。

李适看到如此一大笔钱，真是有点辞受两难，于是召崔佑甫问之："朕刚颁下诏敕，免除四方之贡，李正已偏偏在这个时候愿献三十万贯，真是受之不妥，辞之可惜哟！你说如何是好？"

"以臣之见，遣使宣慰淄青将士，就以这三十万贯作为赏赐。"

"此法甚善，崔相可按此意议诏颁发下去。"

李正已接诏甚是愧服。李适生日之时，四方贡献一概不受，都叫诸道送贡之人原物运转。雄霸一方的李正已甚是过意不去，复进献缣三万匹，李适命将此归入度支以充租赋之入，凡度支出纳之事宜，一概委之于刘晏负责管理。

崔佑甫主政事堂，尚无副相相佐，需选择一位合适的人选为副相，协助他处理政事堂之政务。他认为合适的人选有两个，一个是左仆射、吏部尚书兼转运盐铁使刘晏，另一个是因元载一案被贬为道州司马的杨炎。刘晏所任之左仆射本来就是宰相之品秩，只是没有行使宰相的职权而已，但是，刘晏现在主管中央财政工作，若担任副宰相，就没有精力再管理国家财政，势必要另选一人来接替刘晏现在的职务。然而，遍观文武百官，却没有一个合适的人选，权衡再三，他向李适推荐了道州司马杨炎，他认为杨炎有宰相之才，可委以重任。

杨炎文藻雄丽，博学多才，小有名气，在陕西一带人称为小杨山人，曾在河西节度使吕崇贲处任书记之职。时神乌令李大简常借酒醉之名侮辱杨炎，以致同杨炎的同僚们反目。杨炎的同僚们纠集在一起同李大简过招，以铁棒击打李大简达二百余下，致李大简流血倒地而亡，吕崇贲爱惜杨炎之才而没有处罚杨炎。副元帅李光弼表奏其为判官之职，杨炎不愿应召，再封其为起居舍人，杨炎仍固辞不受，乃父丧后，又报丁忧，筑庐舍于其父墓侧守孝，为思父恩常痛哭流涕，人称其号泣之声有紫芝、白雀之祥。守孝期满后，官拜司勋外郎，后又升为中书舍人，与常衮一起担任为皇帝草拟诏书的工作，常衮长于除书，杨炎善为德音，两人相互配合。自开元以来，皇帝的诏书做得最好者，当推常衮与杨炎，时人将两从合称为常杨。元载为相后，因杨炎同元载是同乡，凭着这层关系，元载提拔杨炎当了吏部侍郎，视杨炎为心腹，两人过往甚繁，亲密无比。时任吏部尚书的是刘晏，杨炎虽然为刘晏的下属，但其自恃有元载作后台，故而盛气凌人，对刘晏极不尊重，元载被诛后，杨炎受到牵连而贬为道州司马。

李适当初能被立为太子，曾得到元载的支持，因此对元载颇有感激之情。即位后有心报答元载，怎奈元载一案已被先皇代宗皇帝办成了铁案，元载被赐死，包括其妻、其子都被一同赐死，甚至其祖父以下的先人都遭到斫棺弃尸之辱，因此，其对元载也就是欲报无门了。李适本来就十分欣赏杨炎的才华，还在其为太子的时候，就将杨炎所书之条幅悬之于书房中把玩，加之杨炎又是元载的死党，爱屋及乌，当崔佑甫向他推荐杨炎的时候，爽快地接纳了崔佑甫的建议，任命杨炎为银青光禄大夫，门下侍郎，同中书门下平章事。

杨炎虽有才气，却是一个气量狭窄、阴险狡猾、睚眦之怨必报的小人，其爱恨情仇全凭一己之所好而不顾公道。一朝得志的杨炎，日之所思、夜之所想，并不是如何协助崔佑甫处理政事堂的政务，而是如何报答元载的知遇之恩，如何报复元载一案的主审官刘晏。其实，元载被诛完全是其咎由自取，怪不得刘晏，且元载一案是由代宗皇帝李豫钦定，刘晏等人的讯鞫也只是一个形式而已。然而，杨炎却将一切责任记在刘晏身上，认为所有的事情都是刘晏从中捣鬼。杨炎城府极深，上任伊始，并没有贸然出击，而是将报答元载之恩和复仇报复的计划深深地埋藏在心底。他知道，他由一个罪臣而登上相位，在朝中没有威望，还很难动摇刘晏目前的地位，如果贸然挟怨报复，不但报不了仇，反而还会弄巧成拙。他见刘晏是以理财见长而得宠于三代皇帝，因此，他准备在理财上动脑筋，做出成绩以邀宠于皇上，同时也在文武百官中树立威信，然后再伺机而动，寻找报复刘晏的机会。

大历十四年秋，京畿地区阴雨连绵，大批的农田被暴雨冲毁，京兆尹黎干上表奏称京畿诸县农田损毁严重。时任户部判度支，主管西部财政工作的韩滉坚持说黎干所奏不实，命令御史赵计巡察后再行回奏。御史巡察后回报，京畿诸县因大雨冲毁良田三万余顷，奏请户部判度支蠲免赋税钱粮。原来，韩滉主持西区的财政工作，向来有个报喜不报忧的习惯，借此以邀圣宠。渭南县令刘藻知道韩滉的习性，他曲意附和韩滉，谎称渭南境内农田秋毫无损，韩滉派户部巡御史赵计到渭南去进行核实，回来汇报的情况同刘藻所奏报的情况一样，渭南农田秋毫无损。

李适看了户部报上来的奏折，怀疑渭南情况不实，召来御史朱敖说道："近来阴雨连绵，京畿各县受灾都很严重，各县都呈报了农田被毁的数字，而渭南独称其农田秋毫无损，颇多疑问。若真的农田被毁，没有隐瞒的必要，如果真的安然度过这次天灾而能秋毫无损，则必有好的经验可资借鉴。你可到渭南去一趟，看到底是一种什么样的情况，弄清楚后向朕汇报，以解朕之疑团。"

韩滉早已知道渭南所报的灾情有猫腻，尽管此事不是他的主谋，但渭南知县刘藻是为了迎合己之所好，他听说皇上亲自派遣御史朱敖到渭南去核实，连忙派一个心腹之人骑快马赶赴渭南，告诉渭南县令刘藻，说皇上已亲派御史到渭南核查灾情，请他早做准备。

渭南县在京师的东南方，中间隔着一个临潼县，御史朱敖奉皇上之命，带着随行人员出了京师，向渭南进发。一路上，被霖雨冲毁的农田随处可见，沿途百姓都在抢修被霖雨冲毁的农田。从临潼进入渭南境内后，情况并没有什么变化，一样的到处都是毁坏的农田，一样的都是百姓在抢修被霖雨冲毁的农田。刚进入渭南境，渭南县令刘藻就带着一群衙役前来迎接，朱敖十分惊异，但他故意装着若无其事地说："刘县令的消息来得好快呀！本官刚进入渭南，你就迎了上来。"

刘藻略一顿说："下官在京师尚有朋友，本县往来于京师的生意人也不少，顺便传个信息倒也是很快的。大人既然来了，也不在乎一时半会儿，先到县衙去安顿了再说。至于灾情，既然大人亲自来渭南，下官明人面前就不说假话。农田到底有没有损毁，这也是和尚头上的蚤子，明摆着的，一看便知。只是求大人回京向皇上禀报之时，恳请大人替下官求情，下官也就知足了，其他的也就只好听天由命了。"

"如此说，刘县令是承认此前向朝廷禀报的情况有假？"

"真人面前不说假话，这是真实情况，请朱大人过目。"刘藻随手将手中的一份材料递给朱敖。

朱敖回京后，如实地向李适禀报巡察渭南的情况："陛下，臣到渭南对灾情进行了巡察，渭南同样也受到霖雨的危害。渭南县令刘藻承认，这次霖雨，渭南受损农田达三千余顷。"

李适有些不解地问道："通常的情况下，大多是不损而报损，以求朝廷在蠲免钱粮时能够多得到一些蠲免，而渭南县却一反常态，隐瞒农田受损的情况而不报，这不是表明渭南县丝毫没有恤民之意吗？他们这样的做法到底是何原因？"

"渭南县对灾情隐瞒不报，是想证明其抗灾工作做得好，以邀圣宠，罪虽不可赦，但其与那夸大灾情冒领国家钱粮者还是有区别的。户部分巡御史赵计到渭南复核灾情，既然隐而不报，同样也有欺君罔上的罪行，此不可不察。"

李适即下令刑部拘讯渭南县令刘藻，户部分巡御史赵计。二人皆认罪，承认有隐瞒灾情的行为。李适下旨，贬刘藻为万州南浦员外尉，贬赵计为丰州员外司户。韩滉虽无明显过失，但有弄权树党之嫌，同时也有不察之过，李适下旨免去韩滉户部判度支之职，改任太常卿。任命左仆射、吏部尚书刘晏兼任判度支一职，并再加关内、河东、三川转运盐铁及诸道青苗使。于是，唐代东、西两个地区的财政工作都由刘晏掌管，至此，刘晏成为当时唐朝中央政府主管财政工作的最高行政长官。

第六十二章　两税法横空出世

唐代前期，国家的赋税收入都是储藏在左藏库，太府掌握数据，户部审核其出入，上下相辖，互相控制，环环相扣，管理得井井有条。乾元年间，第五琦任度支、盐铁使的时候，京师很多手持重权的豪门索取无度，第五琦穷于应付，为减少麻烦，图省事，他向肃宗肃宗奏请，将天下财赋的储藏由左藏库转入大盈内库。左藏库乃国库，由户部判度支负责掌控，大盈内库乃皇家私库，由宫中的太监掌控，专供皇室支用。将国库之财物转入大盈内库储藏，皇帝要支用就更加方便了，肃宗皇帝当然乐意。于是从那时起，国家的财政收入都进入大盈内库储存，由宫中的太监掌控，皇宫中仅管理财赋的太监就达三百余人，这些太监乘机作弊，中饱私囊。国家管理财政的有关部门却成了傀儡，对进入内库的资金失去了控制，要支用还得看阉宦的脸色，而进入大盈内库的钱物到底是多少，居然谁也不知道，实实在在地是陈平不知钱粮之数了。

杨炎对天下租赋入大盈内库的历史非常了解，对因之而带来的弊端也颇有研究，且朝中大臣对此也颇有微词，只是没有人敢于站出来向皇上提出建议。于是他准备在天下租赋储存这个问题上做文章，这是他入相后的第一个奏议，为了能做到一炮打响，他对上朝所要讲的内容进行了充分的准备。

大历十四年十二月十九日，德宗在延英殿召集群臣议事，杨炎伏地顿首面奏道：“陛下，国家财赋之入乃国家之根本，其犹如人之咽喉。平定天下之乱，调节经济之发展，都需要国家财政作后盾。如果财政上出了问题，则将是触一发而动全身。正因为如此，历朝历代都是选重臣主之，即便如此，还担心天下财力不能集中。先朝肃宗皇帝将天下租赋之储由左藏库转入大盈内库，将国家财政之权委于内监，使阉宦之人掌控着国家的财政命脉，具体的数据到底是多少，是盈还是亏，连宰臣及有司都不知道。若此，政事堂以及有司如何管理国事呢？陛下是仁德英明之君，最能体恤民情，想必对天下租赋入大盈内库之弊亦知之甚详，臣恳请陛下恩准，将天下租赋之储归还于左藏库，恢复历朝历代之旧制，至于宫中每年所需之经费，可提出一个标准，由有司按时按数拨给。这样，既可以扫除多年来天下租赋储存于大盈内库所带来的积弊，又恢复了国家财政由有司进行有效的管理和控制的旧制。恳请陛下审察并批准臣之建议。”

李适听完杨炎的奏议，觉得其言之有理。其实他也知道，将国家财政收入存入皇家私库，这是自古以来所未有之事。诚然，国家财政收入存入大盈内库，对于皇帝来说，使用起来确实是方便多了，但对于整个国家的财政管理来说，却是一件很不正常的事情。既然政事堂的副宰相杨炎提出这个问题，作为新登基的皇帝，又想大展宏图的他，确实有必要恢复旧制，将天下财赋归还给左藏库。略一思考后即对群臣道：“言之有理，先祖肃宗皇帝当年将天下租赋由左藏库转入大盈内库，乃时之任判度支、盐铁使第五琦所奏。第五琦也是迫于无奈而出此下策，天下租赋由左藏库转入大盈内库，是特定历史条件下之产物。历经二十余年后，天下租赋存之于大盈内库，确实存在诸如宦官弄权以中饱私囊、有司对国家财政失去了控制的弊病，朕批准杨炎的奏请。从即日起，凡天下之财赋皆归于左藏库，一用旧式，以扫经年来之积弊。皇室之岁用，择精好之绢帛三五十万匹进纳大盈库，此事由户判度支负责办理并报与朕知。”

杨炎凭其三寸不烂之舌，只言片语，很顺利地解决了一个积年已久的重大的财政问题，这不能不说是一个奇迹。这一方面说明德宗皇帝善于纳谏，另一方面也说明杨炎确实有其独到的过人之处。大臣们普遍认为，将天下租赋之储归还于左藏库确实是一个英明的决策，既克服了宦官弄权、国家财政大臣不知钱粮之数的弊病，政府有关部门也能够及时掌握国家财政的收支之数，进而调控国民经济的发展。因此，天下财赋由大盈内库归还左藏库，使杨炎在群臣中的威望大为提高，在德宗心目中也有一定的地位。

此前，刘晏也注意到了天下财赋进入大盈内库、使国家有关职能部门对财政失控、阉宦弄权中饱私囊的问题，只是由于当时国家财政体制相当混乱，财政收入也入不敷出，加之天下租赋转入大盈内库的始作俑者第五琦，仍分管着西部的财政工作，虽然说他是户部尚书，第五琦是户部判度支，但当时的户部尚书实际上只是一个官衔，名义上户部尚书是户部判度支的上级，实际上是与判度支分管东西两个地区的财政，刘晏与第五琦乃是平级的大臣。因此，他是很难改变天下财赋入大盈内库的现状，为了能从大盈内库中拿出财物以充国用，刘晏采取了明修栈道，暗度陈仓的做法。广德二年，在整顿漕运的时候，他将本应入大盈内库的盐利分出三十多万贯作为漕运的运输费用，当时整个东南地区的盐利之入也就是六十余万贯，包括西部池盐，也只在八十余万贯左右，这在当时可以说是一个不小的数字；在盐政改革过程中，他又鼓励商人以绢布换盐，再以绢布做军服，实际上就是规定了存入大盈内库的财赋的用途，从掌大盈内库的阉宦手中要回了很大一部分财赋的支用权。杨炎向德宗皇帝建议将天下财赋的储存归还于左藏库，是事物发展的一种必然结果，在一定程度上可以说是一个水到渠成的事情，只是杨炎适时地开启闸门，让积储已久的水倾泻而下罢了。

杨炎入朝为相的第一项重大议案被李适采纳，在朝野产生了很大的影响，且都是褒多贬少，使得杨炎邀宠于皇上的计划取得阶段性的胜利。他心里格外高兴，同时也激发了他对国家财政政策进行改革的热情和加速实施报恩与报复的计划。其实，杨炎是一个聪明绝顶、极具才华，很有经济头脑的人，如果他能够抛弃个人恩怨，或者说正确对待个人恩怨，那么他在中国历史上的作用可能会更大；如果他能够同他的宿敌、另一位同殿为臣的理财家刘晏联手共同管理国家财政的话，那么，唐代的历史就可能重写。历史没有如果和假设，这就是历史。杨炎是一个睚眦必报、陷害之性附于心、唯其爱憎、不顾公道的小人。本来他已具有了杰出的理财家的素质，也有这个机会，只是他被复仇的怒火蒙住了眼睛，将对国家财政制度的改革作为他复仇报恩之手段，才使得这位理财家在历史上只是昙花一现，犹如天空的流星一闪而过，史书既将他的理财思想载入史册，也将他小人的嘴脸留墨以示后人。

杨炎奏请李适批准，将天下财政储存从大盈内库划归左藏库，管理权收归有关职能部门，这只是他邀宠计划的第一步，而他更大的计划，则是对唐代的赋税制度进行改革。

唐前期的赋税制度是租庸调制。贞观年间，唐太宗李世民听取尚书左丞戴胄的建议，开征了地税，随后又开征了户税税目。肃宗肃宗时期，这些赋税制度都继续延续下来。然而，这一时期赋税征收却异常混乱、本来，租庸调就分为三项，即有田就有租，有身就有庸，有户就有调，代宗李豫时期又出现了夏秋税、青苗地头钱，使得唐代的赋税征收变得更为复杂、混乱。有乱必有治，这是政治上的潜规律，经济与政治形同一理。在中国的历史上，经过若干年的安定之后，必定要天下大乱一次，大乱之后，经过群雄割据而后又达到大治。每次由治而乱，再由乱而达到大治，都推动着历史向前发展。经济政策也是一样，往往当一项旧的经济政策出现混乱的时候，一项取而代之的新的经济政策也正在孕育之中。肃宗、代宗时期，正是唐代财政史上的转折过渡时期，此时是租庸调制已逐步走向消亡、新的赋税制度酝酿诞生的时期。

杨炎很敏锐地觉察到了这个问题，他认为肃宗、代宗时期的赋税征收如此混乱，一定是赋税制度本身在某一个环节上出现了问题。为了弄清楚问题的症结所在，他搜集了大量有关财政、赋税的资料，一连数日足不出户，进行专门的研究分析。经过详细的研究分析，他惊喜地发现，尽管肃、代时期的赋税征收混乱复杂，但却有一条主线时隐时现，这条主线就是赋税制度的变化。在旧的财政体制全面崩坏的过程中，新的财政制度的萌芽已初现端倪。他敏锐地预感到，旧的赋税制度——租庸调制逐渐消亡，新的赋税制度即将诞生。

杨炎连夜起草奏章，准备朝议时面奏。是日早朝，杨炎出班奏道："陛下，臣有本要奏。"

"有何本章，你可奏来！"

"臣对朝廷的赋税制度进行了研究，觉得积弊甚多，宜当改革。"

"朕也在思考这个问题，只是还未找到答案，你有何见解，说与朕及群臣听听。"

"国家初定的赋税制度是租庸调制法，至开元中期，玄宗皇帝广修道德，以宽仁为治政之本，没有整理过版籍之书。有的人口已经死亡，但户籍上仍然还有他们的名字，田亩已数易其主，已非原来的数字，百姓人户的贫富或升或降，已经不是原来的贫富等级了。户部原有的户籍登记，已严重脱离实际，但是，户部仍然按原来的老户籍簿征收赋税，老户籍簿之所载，有的已人去楼空，有的是张冠李戴，赋税政策很难贯彻执行，赋税收入的减少也就不足为怪了，租庸调制已名存实亡。

"肃宗皇帝至德年之后，安史之乱爆发，天下兵燹四起，始以兵役，因之饥疠，征求病输，百役并作，人口凋耗，版图空虚。国家赋税的征收，中央有度支使和转运使，方镇有节度使和都团练使，赋税征收的部门多至四个，而这四个部门又互不相统辖，各自为政，于是纲目大坏，朝廷不能控管诸道节度使，诸道节使不能控管诸州。四方之贡献，悉数入了大盈内库，权臣猾吏，原以为奸，或假托进献之名，实为私分贪赃，动辄数以万计，手握兵权者，靠增加赋税来维持官吏们的优厚俸给，而国家的正常税收却少得可怜。官吏之职名，因人而设置，俸给的厚薄，任由其增减。横征暴敛之名目达数百种之多，废除的还在继续执行，税率太高了也不降低，新旧相积，不知其到底有多少。百姓受命而供之，旬月输送，无有休息，吏因其苛，蚕食于人。富人人口多，可以用做官、做和尚或官衙的仆役的名义免除赋税，这些赋税又要转嫁到贫民的身上。贫人无所入，仅有人口而已，故此，课税的减免权在于上，而纳赋的人口却不见增加，很多人因赋税负担过重导致破产而成为流民，仍然留在原籍居住者，仅百之四五而已。这种积弊已经持续三十余年。”

李适对群臣问道：“杨宰相所言赋税之弊是否有理，各位臣工可畅所欲言。”

“杨宰相所言甚是，臣亦有同感，目前赋税的征收确实很混乱，是到了对赋税制度进行改革的时候了。”刘晏出班奏道。

杨炎担心刘晏首先说出整个赋税改革方案，抢了他的头功，连忙截住刘晏的话说：“鉴于旧的赋税制度积弊甚广，臣建议废除旧的租庸调制，实行两税新法。”

“何为两税新法？”李适问道。

“两税新法，就是将赋税分夏秋两次征收，夏税无过六月，秋税无过十一月。征收原则是：朝廷的各项费用支出，所有赋税的征收事先都要有一个预算，先度其数，而赋于人，量出以制入，也就是以支定收。执行的原则是：户口不分原籍与客居，以实际的居住地为准，人不分大小，以贫富情况分为不同的等级；不固定居住在一个地方的商人，则在其所在地纳税，税率是三十而税一，计算他们的收入，使他们的负担同当地的固定居民相当，使任何人都不得存有逃税的侥幸。所有的租庸杂徭悉数截并，纳税的数字田亩，以大历十四年垦田之数为准，而均征之。逾岁之后，有户增而税减及人散而失均者，税额的征收都要进行适当调整，这些工作由户部尚书、判度支统一管理。”

杨炎刚说完，翰林学士、祠部员外郎陆贽出班奏道：“臣以为，杨宰相所言不妥！”

李适问道：“此话怎讲？谈谈你的看法！”

“租庸调制从魏晋至今，历时已有四百余年，不可轻言更改，虽然其有不足之处，可以进行修改加以完善，怎么能说改就改呢？”

"崔相，身体可有不适？"李适扫了一眼满殿的大臣，见宰相崔佑甫站在那里头冒虚汗，连忙说，"给崔相赐座！"侍奉太监马上给崔佑甫摆上座椅，并将他扶到椅子上坐下，"刘晏，你是理财专家，对杨炎的议案有何看法？"

"臣以为，杨宰相的建议可行，臣也在考虑这个问题，只是尚未成熟，杨宰相创行的两税新法，对赋税的征收原则、征收对象、预算管理等方面都说得很清楚，特别是'量出以制入'的原则，这是一个全新的财政原则。西汉王朝初建时，曾有'量吏禄，度官用，以赋于民'的观点，但其只是一个概括性的说法，没有像杨宰相这样说得明确具体。两税新法最大的特点在于简化了税制，符合税制由繁趋简的发展方向。因此，臣认为，杨宰相的奏议可行。"其实，刘晏对杨炎的人品并不感冒，只是今天的廷议所议乃国家的财政大事，他作为理财专家，所言只是出于公心。他哪里知道，杨炎创行两税新法的背后包藏着一个极大的阴谋呢？

崔佑甫坐在椅子上，气也慢慢地顺了，他欲站起来讲话，德宗很担心这位老相的身体，关心地说："崔相可坐着讲，不必站起来。"

崔佑甫重又坐回椅子上说道："臣近来身体有恙，还没有详细地研究财政制度改革的问题，改革方案是杨宰相提出来的，刘晏是历经玄宗、肃宗、代宗三朝的理财专家，对理财之道素有研究，既然他也对杨相的改革方案投了赞成票，臣也同意这个改革方案。"

"杨炎的奏章朕已御览，今天之所以要他在上朝时奏对，朕是想通过廷议来听听各位臣工的意见。宰相崔佑甫，左仆射、吏部尚书、财政大家刘晏都赞成杨炎的两税新法，这就更坚定了朕改革税制的决心。朕意已定。杨炎听旨！"

"臣恭聆圣谕！"

"你马上着手准备，制定一个推行两税新法的详细的实施方案。"

"臣遵旨！"

"刘晏听旨！"

"臣恭聆圣谕！"

"你是四朝元老，理财专家，又主管着全国的财政工作，你要配合杨炎，全力推行两税新法。"

"臣遵旨！"

李适对崔佑甫说："崔宰相，你年事已高，身体又不好，不必每天上朝，就在家里设署办差。各部大臣有事请示，直接到府上即可；朕如果有事相商，将会派人去接你的。”

“谢皇上，老臣虽肝脑涂地也无以为报。”崔佑甫看到皇上如此关心，感动得老泪纵横。

“传太医到崔宰相府上为其诊治，记住，将宫廷贡品长白山老参多带一些去给他补补身体。”李适又对身边的侍奉太监说。

“臣遵旨！”

“退朝！”

第六十三章　陷害忠良

大历十四年岁末，李适御驾亲至含元殿，改元建中，率群臣拜谒太庙，祭拜列祖列宗，群臣上尊号为“圣神文武帝”。

李适登基后，决心重振朝纲，大展宏图，颁诏大赦天下，封赏文武百官，将专供宫中取乐之用的杂技艺人数百释放出宫，禁止文武百官建造私宅官邸，禁止官员经商，全面推行两税新法。这些政策、措施的相继出台，使吏治焕然一新，朝野一片震动。

两税法推行以后，老百姓的赋税负担并没有增加，国家的财政收入却大幅度增长，受到征税制度的限制，贪官污吏很难从中捣鬼，改革收到了很好的效果。杨炎在朝中的声望陡增，得到了李适的信任，达到了邀宠于上、树立威信的目的，声望日高，圣眷日隆，复仇的愿望也就更加强烈，时刻都在谋划着将他心中视为仇敌的刘晏置于死地。

是日，德宗召集几个近臣在含元殿议事，杨炎伏于地奏道：“陛下，臣有一事如鲠在喉。”

“有何要事，起来说话！”

杨炎仍然跪在地上奏道：“臣奏的是昔日的一件秘事，当年陛下尚居东宫，先皇代宗皇帝宠幸于独孤妃，甚爱独孤妃之子韩王李回，刘晏曾与宦官刘清潭和黎干密谋散布谣言，说天有异象，东宫不靖，并密奏先皇，请废陛下太子之位，另立韩王回为储君。”

杨炎所说的是一个谣言，这个谣言的散布者就是杨炎本人，他为了要达到除去刘晏的目的，绞尽脑汁，总想找出刘晏的过失而击之。然刘晏生来清正廉洁，清心寡欲，官声极佳，简直无懈可击。因此，他就编造了这样一个妄言，其所言的前半部分在当时确有风闻，而刘晏参与密谋的事实却是杨炎捏造的。他想将参与废立的罪名强加在刘晏的头上，只要皇上动怒，刘晏再大的能耐也要完蛋。其用心不可谓不毒。

“此事非同儿戏，切不可乱说！”德宗对当年废立之事也一直耿耿于怀，只是刘晏也参与其中他还是第一次听说。

“臣所言之事乃千真万确。仰赖祖宗在天之灵的福佑，先祖基业若为黎干之辈所动摇，后果将不堪设想。如今，黎干已服罪，而刘晏却仍然手握重权，臣虽为宰相，却不能除此奸贼，真是罪该万死！”杨炎仍伏于地，言辞恳切、痛哭流涕地说。

崔佑甫在旁边看到李适已面露愠色，连忙奏道：“陛下，此乃前朝旧事，都是一些道听途说的不实之词，实无证据，再重提此虚渺暧昧的旧事，实在是荒唐。陛下登基改元，已颁诏大赦天下，再追究这莫须有的陈芝麻烂谷子之事，实在没有什么意义。请陛下三思。”伏在地上的杨炎用怨毒的眼神看了崔佑甫一眼。

朱泚亦附和道：“陛下，宰相崔大人言之有理，请陛下不要听信这些莫须有的虚言而伤股肱之臣。”

崔宁曾厚结元载，现依附于杨炎，按理他应帮助杨炎说话，但是，他想到刘晏在审理元载一案时确实是秉公而断，在皇上面前还救活了王缙一命，在他的心目中，刘晏绝不是那种阴险狡诈之人，他也站出来说：“陛下，刘晏已是四朝元老，为官数十年，为人正派，清廉寡欲，官声极佳，先皇信任他、重用他，提拔他为尚书左仆射、吏部尚书，主财赋之事，从未听说有何劣迹，请陛下明察。”

崔佑甫再次站出来说：“若不是朝廷的财政管理离不开他，恐怕他早已不是副宰之职，臣是行将就木之人，敢以宰相之位和身家性命为刘晏担保。”

德宗心里刚刚升起的一股无名之火，在崔佑甫、朱泚、崔宁三人的轮番劝说下暂时压下去了。

杨炎没有想到，自己精心策划的一番表演，在崔佑甫、朱泚和崔宁三人的阻挠下无功而返，崔佑甫、朱泚二人出言相阻不足为奇，然崔宁唱反调却是他万万没有想到的。因为他们同出元党，崔宁还依附于他，此时不但不支持他，反而还要从中阻挠，这令他大失所望，他狠狠地瞪了崔宁一眼。但他从皇上脸色的变化读出，尽管这次没有除去刘晏，至少在皇上的心中替刘晏打上了一个不好的烙印，这为日后再次出击奠定了一个良好的基础，因此他内心深处仍有一丝快意。

杨炎意识到，欲除刘晏，必削其权、去其势，此时崔佑甫疾病缠身已不能视事，杨炎独掌政事堂，他乘机排除异己，培植心腹，以图后用。

崔宁前次在朝堂仗义执言为刘晏开脱，杨炎一直耿耿于怀，独掌政事堂后，将崔宁贬为鹿坊团练观察使。

道州录事参军王诏，从前曾有微恩于杨炎，杨炎奏请李适，提拔王诏为御史大夫；庾准为元党旧人，元载被诛受牵连贬出京城，杨炎亦保举庾准为司农卿。以增强报复刘晏的力量。

原州本是一个小地方，因其位于唐廷与吐蕃的交界处，元载生前欲在原州建城以控御吐蕃，因反对的人太多而未果。杨炎为了完成元载未遂之愿，发文泾原节度使段秀实："原州地处要塞，与吐蕃邻近，实属军家必争之要地，着令原州节度使着手筹备在原州建城。"

段秀实不同意杨炎的这一决定，立即回函予以劝阻，他在回函中说："安边御敌，应从长计议，时值农忙季节，若大兴土木，必将有误农时。"

杨炎接到段秀实的回信大怒，立即将段秀实调任为司农卿，遣河中尹李怀光赴原州任节度使督造新城。李怀光治军素来严厉，泾原军闻而生畏，有意拒之。别驾刘文喜纠集众人公然反对，先是上表德宗，请求段秀实仍回泾原，万一不行，请求派朱泚代替李怀光到泾原。德宗从其奏，遣朱泚为泾原兵元帅以代替李怀光。刘文喜又不奉诏，欲效河北诸镇之例，自封节度使。德宗便命朱泚、李怀光带兵征讨，泾原乃弹丸之地，难以抵抗两军的围攻，困守旬日，城内发生内乱，泾州副将刘光国杀死刘文喜开城门乞降，此次叛乱才告平息。但原州建城一事终未果。此乃杨炎为报恩、完成元载未遂之遗愿所致。知道底细的大臣背地里皆颇有微词。

杨炎陷害刘晏一计未成，经过深思熟虑之后又设一计。他吸取上一次的教训，独自一人来到太极殿求见李适，奏道："刘晏年事已高，应考虑减轻其负担，特使乃我朝专设，行使的是户部职权，臣建议撤销盐铁、转运、租庸等专使，还权于中书门下之户部及有司以复旧制，免去其吏部尚书之职另选他人，体现陛下体恤老臣的仁爱之心。"

杨炎上次用的是"贬"字诀，将一个莫须有的罪名强加在刘晏身上，欲置刘晏于死地，由于崔佑甫等人的力保而使他的阴谋诡计未能得逞。这一次他改变了办法，用的是“捧”字诀，说刘晏德高望重，劳苦功高，年老体衰，难以负重任，奏请皇上减轻他的负担以示皇上体恤关爱老臣之意，让德高望重的老臣安度晚年。

杨炎的一番宏论，引起了李适的共鸣，于是下旨免去刘晏吏部尚书、盐铁，转运等使职，其盐铁、转运、租庸等特使的职能交由金部、仓部掌理。李适在敕文中说：

“刘晏乃久勤之元老，为朝廷之政务，悉心瘁力，垂二十余年，可谓劳苦功高。朕念其年事已高，特免去户部判度支、盐铁、转运诸使及吏部尚书之职。特使之职乃我朝首创，其虽为先皇在特定历史条件下所设，但仍有税征多门之嫌，致使乡邑凋耗，民怨极大。今听于群议，将天下钱谷，委于金部、仓部掌理，以复古之旧制。刘晏专司尚书省左仆射之职。”

尚书省虽然主管六部，但实际上并没有什么具体事情可做。代宗时，常衮为了剥夺刘晏的实权，曾奏请代宗皇帝，欲使刘晏专事尚书省左仆射之职，用的是明升其职、暗夺其权的手法。代宗以没有接替刘晏管理国家财政的合适人选为由没有采纳常衮的建议，才使常衮的阴谋没有得逞。不仅如此，代宗又加封了刘晏尚书省左仆射之职，令常衮后悔懊恼不已。杨炎却凭三寸不烂之舌，轻而易举地达到了目的。常衮若有知，一定会佩服得五体投地。

杨炎一招得手，暗地高兴不已，他不露声色地派人请来刘晏：“刘大人，皇上看你年事已高，欲减轻你的负担，免去诸使及吏部尚书之职，专司尚书省左仆射，恭喜你哟！”

“何喜之有？这真是皇上的主意？恐怕是有人从中捣鬼吧！”

杨炎冷笑两声说：“本官也是替大人的身体着想，你为官多年，高官厚禄、荣华富贵都享尽了，该是休息的时候了。”

“高官厚禄、荣华富贵乃拜皇上所赐，但本官并未恃宠弄权，纳贿贪赃，说该说之话，做分内之事，既不阳奉阴违，也不口是心非，自问上对得起天，下对得起地，中间对得起良心。不似有的人，鸡肠狗肚，心胸狭窄，惯使阴谋诡计，挟公事以报私怨。有道是，天网恢恢，疏而不漏，恶有恶报，善有善报！”

杨炎听刘晏句句都是含沙射影如有所指，恨得牙痒痒，明知道刘晏是在指桑骂槐，但他不想在口角上论个短长，心里暗暗地骂道：老东西，你等着吧，然而嘴上却笑着说："刘大人，今天请你来，是谈判度支、盐铁、转运等使职的簿物交接事宜，若有什么不便之处，只管打个招呼，簿物交接之时，也好有个关照。"

"如何交接，悉听尊便，本官向来清心寡欲，从未纳贿贪赃，经手钱财虽成千上万，往来账目都是一清二楚。居住能遮雨避风即可，不求雕梁画栋、富丽堂皇；穿衣能御寒即可，不求绫罗绸缎、奢侈高档；饮食能饱腹即可，不求品种繁多、燕窝熊掌；驭马只求稳健即可，不求品种优良，毛色统一。自问为官数十余年，理财二十余载，还算清正廉洁，没有见不得人的地方。"

"这样就好，我也是庸人自扰，恕我多言了。本官政务繁忙，今天就说到这里，明天簿物交接，我一定会嘱咐他们认真核对，绝不会使刘大人身上沾有半点污点。"说完，杨炎站了起来。刘晏亦站起来迈步出门。

"刘大人好走，本官就不送了。"杨炎在后面假惺惺地说。

"杨大人请留步，明天我在衙门等着。"

杨炎看着刘晏离去的背影，脸上露出了阴险的笑容。

第六十四章　奸相施阴招

杨炎送走了刘晏，立即派人到御史衙门，将刚从道州录事参军提拔为御史大夫的王诏叫来。杨炎直接将王诏带入密室说道："有一件重要的事交给你去办。"

"什么事？"

"明天，特使衙门要办理账目交接手续，派你以御史的身份前去监督。"

"特使衙门不是尚书省左仆射刘大人掌理吗？为何要查他的账？"

杨炎阴毒地说："刘晏老匹夫已被免去判度支及诸使之职，掌管财经的官员调任，对账务进行审核交接是正常的程序，派你去的目的不是要你查账，而是要你去替我盯紧些，千万不要漏过任何蛛丝马迹，要在鸡蛋里找骨头。我就不相信他为官几十年，管的还是国家财政，真的就那样清廉，三年清知府，还十万雪花银呢！"

"知道了！"王诏心领神会地答道。

建中元年二月十日，特使衙门昔日的议事厅成了临时的账房，案桌上堆满了账本，杨炎从户部衙门抽派来的查账高手正在对盐铁、转运使衙门的账簿进行核查，特使衙门的几个书办在旁边配合，审核移交的工作已经进行了三天，没有出现杨炎企盼的问题。杨炎派来的心腹王诏一刻也没有闲着，在各个稽核吏员的身边转来转去，总想从中找出毛病来，结果却令王诏大失所望，所有的账目都是清清楚楚，来去一清二白。

政事堂的密室里，杨炎与王诏坐在一起相对无言，过了好半天，还是杨炎先发话："难道说刘晏就真的这样干净，当了这么多年的主管财政的官员，真的就一尘不染？”

“我对每个审核账目的人都作了交代，有时我还亲自动手，真的没有发现任何蛛丝马迹，卑职认为出现这种情况有两种可能。”

“哪两种可能？”

“一是刘晏确实清正廉洁，一尘不染，这样自然在账目上就查不出问题；二是刘晏是一个做账高手，尽管他有贪污受贿行为，却能在账目上做得天衣无缝，让你看不出任何破绽。”

杨炎阴毒地说：“就是天衣，也要给他扯开一道口子；就是鸡蛋，我也要挑出骨头来。”

王诏两手一摊，无奈地说：“难……”

两人又是相对无言，都在苦苦地思索着对策，杨炎自言自语地说：“我就不相信找不出任何破绽来。”忽然，他一拍大腿，“有了！”

王诏惊喜地问：“大人有了办法？”

“欲加之罪，何患无辞！”

“大人的意思是……”

杨炎向王诏招招手，两个罪恶的脑袋凑到了一起……

杨炎派来的查账高手仍然在审核账目，王诏坐在一位查账人员的旁边，顺手拉过一本账本翻看着，忽然一位特使衙门的书办进来：“哪位是户部的冷卓林？”

王诏旁边那位查账的人员答道：“我就是，有什么事？”

“外面有人找，请你去一下。”冷卓林放下笔，随书办走出了议事厅。王诏抬头看看，所有人都在专心查账，没有人注意他这边的动静。他连忙伸手取过笔，拉过冷卓林刚才放下的账本，翻过几页，飞快地涂了几笔，写了几下，然后迅速将账本复原，坐在那里若无其事地翻看着账本。不一会儿，冷卓林回来坐回原位继续查账。

王诏借故起身踱出议事厅，走出门外，只见不远处的巷子口，一个人在那里向特使衙门内张望，王诏向巷子口的那人做了一个得手的手势，那人迅速离去。王诏又返回议事厅，换了一个地方坐下。

过了一会儿，忽听冷卓林叫道：“王御史，请你过来一下。”

“有什么事？”王诏来到冷卓林旁边。

“你看，账本多处涂改，还有一处的数字同实物账不相符，不知是何原因。”

“叫人到仓库核实一下，看账物是否相符，涂改账簿的事，你写个材料给我，并将账簿封存起来，我这就去向杨宰相汇报，如何处理是内阁大臣们的事。”王诏故意大声地说。

王诏手拿冷卓林所写的报告来到政事堂，先向杨炎会意地点点头，然后一本正经地说：“杨大人，特使衙门的账目核查有了结果。”

“结果如何？”

“簿物两不符，账簿多处被人涂改。”他又随手递上一份材料，“情况都在这里，请过目。”

杨炎接过王诏递过来的材料，夸奖地说：“王御史果然是个能人，人人都说刘晏清正廉洁，一尘不染，居然也被你在鸡蛋里面挑出了骨头，堂堂的刘晏刘大人可就要晚节不保喽！本相这就写本，明日上朝启奏。”

延英殿外，文武百官都在等着上朝，刘晏却身穿朝服坐在一张椅子上，等候上朝的官员都纷纷地上前向这位老臣问安。杨炎从刘晏的面前经过，故意视而不见，到另外一边的座椅上坐了下来，刘晏见杨炎横眉冷对，故也不予理睬。

李适头戴九龙皇冠，身着蟒袍御带，高高地坐在龙椅上，文武百官三呼叩拜后，杨炎手持象牙笏板出班：“启奏陛下，臣有本奏！”

“有本请奏！”

“尚书省左仆射刘晏刘大人免去判度支与诸特使之职后，财务审核及账目交接的手续一直都在进行，经审查发现，存在不少问题。”

“什么问题？”

“账本多处涂改，似是有人从中做手脚，何人所作，不得而知，簿载与库存之物相差甚大，簿物不符，实在使人生疑。”

“刘晏，你做何解释？”德宗有些不悦地问。

刘晏出班惊奇地问：“怎么会有这种事？恐怕有人陷害栽赃吧！”

杨炎从怀中掏出经王诏篡改过的账簿和王诏的奏本：“这是篡改过的账簿和御史王诏的奏章，请陛下御览。”

侍奉太监上前接过杨炎手中的账簿和奏本放在德宗御案上。

德宗拿起账本快速地看了一下，气愤地将账簿重重地摔在御案上：“刘晏，你真的令朕失望，朕以为，满朝的文武大臣唯你最辛勤，唯你最廉洁，没有想到你竟也做出这鸡鸣狗盗之事。”

“陛下，臣向来是清心寡欲，身外之物概不贪恋。虽为钱谷之臣，经手的钱财成千上万，绝不私取分文。此事没有那么简单，一定有人栽赃陷害。陛下，你可要明察呀！”

杨炎看到李适动了真怒，心想，能替刘晏说话的首相崔佑甫重病缠身，已久不上朝，自己独掌内阁衙门政事堂，文武大臣唯自己马首是瞻，谁敢跟我作对？这是一个千载难逢的报复刘晏的绝佳机会，他眉头一皱，计上心来，迅速出班奏道：“刘晏分明是在狡辩，说什么清心寡欲，说什么不贪恋身外之物，好像天底下就他一个人清正廉洁，其他人都是贪官污吏，除他而外，满朝文武大臣都是洪洞县里无好人了，账目交接不是一人所为，事情是摆在桌面上的，人证物证俱在，抵赖又有何益？”

“人证物证俱在，你自己去看。”李适将账簿和王诏的奏本丢到刘晏脚边。

文武百官虽然都不相信刘晏会贪赃枉法，但杨炎一口咬定刘晏有贪污行为，且还人证物证俱在，他们不明就里，确实很难出来帮助刘晏申辩，若无真凭实据就站出来帮刘晏说话，无异于公开与杨炎作对。种种迹象表明，杨炎与刘晏作对似乎是别有用心，尽管还不能断定他是一个卑鄙小人，但至少可以肯定，杨炎不是一个正人君子。

刘晏捡起地上的账簿看了看：“陛下，你看这涂改之处的墨迹还是新的，分明是有人做了手脚，有人陷害老臣呀！”

侍奉太监又上前从刘晏手中拿过账簿放在御案之上，李适看了看，向杨炎投过疑惑的眼光。

杨炎心里明白得很，账簿的涂改是他一手导演的，目的就是要参倒刘晏。他担心继续将篡改账簿的真伪追究下去会露了马脚，于是出班奏道：“账本涂改是事实，人证物证俱在，谁也抵赖不了，至于栽赃之说，谁又能担保不是狡辩之词？捉贼捉赃，捉奸捉双，仅凭巧簧之舌，就将涂改账簿、涉嫌贪污的天大罪责推得一干二净，群臣心里恐怕也不服，臣有一个不情之请，请陛下恩准。”

“有何请求，只管奏来。”

“刘晏掌管国家财政多年，没有功劳，也有苦劳，臣恳求陛下不再追究他贪赃枉法之罪，鉴于其贪污的嫌疑仍然存在的事实，贬至忠州为刺史，以示对纳贿贪赃之辈的惩戒。”

李适本来就因刘晏参与废立太子一事之谣传对刘晏心存不满，尽管因崔佑甫、朱泚、崔宁三人力劝饶恕了刘晏，然心里的芥蒂一直存在，想起此事心里就不舒服。听到杨炎所奏，马上说道："朕准你所奏，削去刘晏尚书左仆射之职，贬为忠州刺史，以正法典。"

"陛下，此事疑点颇多，不可冤枉微臣啊！"

"退朝！"德宗不理刘晏的申辩，起身拂袖而去。

杨炎满脸奸笑、幸灾乐祸地来到刘晏面前："刘大人，不要难过，忠州那个地方虽然偏远荒僻了点，总还能过活，总比丢了一条老命强哟！"

"杨炎，你这个阴险奸诈、卑鄙无耻的小人，你不就是心怀当年老夫主审元载一案的旧怨，一直想报复老夫吗？凭良心说，老夫上对得起天，下对得起地，绝没有做昧良心坑害他人的事情，你如此诬陷老夫，会遭到报应的。"

"刘大人，事已至此，骂娘也没有用，还是赶快回去准备一下吧，本相会安排人专程送你去忠州的。"说罢扬长而去。

长安城内东南方向的修行里内，有一栋低矮的跨院，这就是刚被贬官的尚书左仆射刘晏的家。跨院仍然是当年刘晏初放外任时的老样子，还是那样粗仆、低矮、简陋，同周围百姓的住宅没有什么区别。刘晏与夫人李氏默默相对，李氏夫人泪流满面地说："相公，此次贬忠州恐无归期，为妻之意是全家一起去，就是死，一家人也死在一起。"说到此，默默地流泪已变成轻轻地抽泣。

"夫人啊，当年我放外任的时候，尚将你们母子留在京城，如今是贬职外放，怎么能要你们跟我一起去受苦呢？忠州乃偏远荒僻之地，你我都是一大把年纪的人，都经不得长途奔波。京城虽不是久留之地，但好歹也是一个家，还是我一个人先到忠州再说，等事情有了说法后，我就告老还家，或守着这栋旧宅，或回山东老家，一家人厮守在一起，种几亩薄田也可度日。"

"相公，你都白发苍苍的了，再叫你一个人到那么远的荒僻之地去，叫为妻怎能放心得下。我们就将这栋老宅卖了，一家人苦守在一起，若皇上真能允许你告老归隐，我们就回山东老家吧！"

老家人刘安走过来说："老爷，还是让老奴跟你去吧，像当年到夏县、温县一样，我来侍候你。"

刘晏轻轻地咳了咳说："刘安呀，你现在也不是一个人了，你跟我走了，阿秀呢？还有孩子，也都没了人照顾呀！"

“老爷，这不要紧的，阿秀同家主母在一起，也能照应，我和老爷去忠州，说不定有云开雾散的一天，我们主仆还能再回京师。”

“相公，我看就这样，你同刘安先去忠州，若有出头之日也就罢了，如果真的要老死忠州，我便卖掉这栋旧宅，带着儿女和阿秀母子一起去忠州陪你们。”

刘晏默默地点点头，无言以对。

刘晏的长子执经、次子宗经此时也双双来到父母身边，执经跪下说：“父亲，孩儿跟你去忠州侍候你！”

宗经也跪下道：“父亲，让孩儿陪你去忠州。”

刘安上前拉起他们两位说道：“少爷，你们都还年轻，今后的路还很长，切不可为此误了你们的前途，你们还是留在京城，由老奴陪老爷去，你们放心好了。”

执经、宗经兄弟俩望着刘晏，等待他的回答。刘晏叹了一口气道：“还是听你们安叔的，你安叔跟了为父几十年，虽为主仆，然形同兄弟，他和我在一起，你们大可不必操心，只是我们走后，你们对安叔家的阿秀姨要以长辈视之，切不可怠慢。”

刘安慌忙跪下道：“老爷，你这就折煞老奴了，这叫老奴怎么承受得起！”

执经、宗经一齐跪在刘安身边：“安叔，家父既然已经发话，我们对你就得以父辈执之，你老长途跋涉侍奉家父，做了本该小侄们做的事，请受小侄一拜！”

刘安慌忙阻止道：“少爷，你们这是折煞老奴，快起来，快起来。”

“刘安，你就受他们一拜吧！”李氏夫人劝道，刘安含着眼泪受了执经、宗经兄弟俩一拜。

刘晏看到两兄弟向刘安行了叩拜之礼，说道：“都起来吧！也不是生离死别，不就是到忠州任刺史吗？”

正在这时，忽见一名中军官走进屋来大声地说：“刘晏在家吗？”

“找家父有何事？”执经上前问道。

“杨宰相有令，限刘晏明日离京，赶赴忠州上任，不可在京滞留！杨宰相命我等一路护送刘大人前往。”

“知道了，本官明天动身。”刘晏不露声色地回答，其实他心里明白，中军官名曰护送，实乃押解。看来此次忠州之行恐怕是凶多吉少，他怕老妻与儿女们担心，却也不敢言明。

第六十五章　账目遭涂改

蜀道、西风，孤车、瘦马，老翁、忠仆，凄婉、苍凉。一辆马车艰难地行走在山道上，一位白发苍苍的老者端坐其中，仆人坐在前头挥鞭赶车，两名中军官骑马紧随其后。车上的老者不是别人，正是被贬职的当朝副宰相刘晏，赶车的是他的家人刘安，两骑人马自然就是杨炎派来“护送”刘晏到忠州的中军官。看到不远处的小集镇，刘安道：“老爷，天色近晚，我们就在前面的小镇投宿吧！”

车上的刘晏回答道：“好吧！你同他们两位打个招呼。”

“二位，天将晚，刘大人讲，就在前面的小镇上投宿。”

“好，今天也真的有点累了，就在前面投宿。”两位中军官爽快地答应了。离京时有人嘱咐在路上对刘晏主仆要多加“照顾”，然而在临行之际，很多正直的官员前来为刘晏送行，使他们从中看到了刘晏在百官眼中的地位，故对刘晏的敬意也就油然而生。尽管他们不知道刘晏贬职的真正原因，但至少可以看出，刘晏不是一个坏人，因此，他们并没有对刘晏特别“照顾”，反而处处随着刘晏，是住、是行，都随刘晏之意而行。

杨炎将刘晏贬出京师后，仍没打算收手，他还要继续出击，非得置刘晏于死地不可。尽管他心中早有了复仇的计划，但还得选择一个心腹之人来帮他实行，这个心腹就是不久前从汝州调来京师任司农卿的庾准。他连夜向德宗皇帝上了一本，保举庾准为荆南节度使。节度使可称得上是一方之诸侯，上马管军，下马管民，庾准此次提拔，可算是一步登天了。

庾准素无文才，以继承乃祖之官门荫而入仕，非儒流，不学无术，极善谄媚逢迎、阿谀奉承之道，为时人所薄、不齿。然而就是这样一个人，竟然能够官运亨通，由汝州刺史转而升为司农卿，再由司农卿又骤升至荆南节度使，真的是使人百思不得其解。但是，只要了解其底细，也就明了个中原因了。庾准乃元党旧人，以门荫而入仕，依附于元载死党王缙而骤升至职方郎中知制诰、中书舍人，王缙随元载伏案后，庾准被贬为汝州刺史。刘晏乃元载一案的主审官，因此，庾准对刘晏有着刻骨铭心的恨，杨炎与庾准同为元党中人，对庾准的心情知道得比谁都清楚，因此，庾准就成为杨炎整个复仇计划中最合适的人选，陷害刘晏最好的合作伙伴。这样，就不难理解杨炎为什么要提拔庾准为荆南节度使了。

忠州乃荆南道的辖区，刘晏为忠州刺史，庾准为荆南节度使，庾准就成了刘晏的顶头上司，从这些微妙的关系中，明眼人就可以看出这次人事变动的奥妙之所在。

杨炎府邸的密室里，庾准与其相对而坐，庾准感激地说："恩相此次保荐提携的大恩大德，下官没齿难忘！"

杨炎笑了笑说道："如果仅仅是为了要你感恩戴德、酬谢本相，荆南节度使这个位子恐怕还轮不到你。谁不知荆南乃江南鱼米之乡，沃野千里，遍地都是白银，荆南节度使可是日进斗金的肥差，有人出钱二十万贯欲补此缺，本相都不为所动。"

庾准献媚地说："下官知道这是恩相的格外提携，恩相有何差遣，尽可明示，下官虽肝脑涂地亦在所不辞。"

"还不至于要你到肝脑涂地的地步，忠州刺史刘晏该不陌生吧？"

"就是那个刚从尚书左仆射之位贬至忠州的刘晏？"见杨炎默默地点点头，庾准继续说，"我怎能忘记他？做梦都想着他呢！非他，元宰相也不会含冤九泉，王缙王大人也不会困守括州，下官也不会贬为汝州刺史。"

杨炎阴森森地笑道："忠州乃荆南节度使之辖区，派你去荆南，如何做该不要我说了吧！"杨炎做了个杀头的动作，"咔！"两颗罪恶的脑袋又凑到了一起……

荆南节度使衙门设在江陵城，江陵地处富饶的江汉平原，北接襄阳与河南道毗邻，西接宜昌入鄂西山区与巴蜀相望，是兵家必争之地。这几天，江陵城大街小巷张灯结彩，城门口也挂着两个特大的灯笼，像是节日一般。是日一大早，城门口集聚一大堆官衙中人，有坐着的，也有站着的，都朝着远处张望，好像是在等人。

午时将近，忽听一个官员喊道："快站好，节度使驾到！"

听到喊声，坐着的人马上站了起来，站着的人迅速地整理衣着，然后分两排齐齐地站在城门口。

远处的大道上缓缓地行走着一队人马，前头有八骑开路，一辆四驾马车紧跟其后，马车后跟着又是一大队人马。临近江陵城，马队放慢了速度，开路的八骑人马自动地闪向两边，让出紧跟其后的马车。

城门口一名官员赶忙上前掀起车帘，将车上一名身着丝织长衫、头戴瓜皮小帽的人搀扶下车："下官荆南道副使吴宗邦，率僚属迎候节度使庾帅大驾莅临。"

"欢迎荆南节度使庾帅驾临江陵城！"迎候的众官员齐声说。

来者正是新任荆南道节度使庾准。自那日杨炎在府邸秘密召见之后，他便带着人马赶赴江陵上任。一路上，他一直在思考着临行前同杨炎密商好了的复仇计划，作为具体的实行者，他所走的每一步棋都将至关重要。结果虽然已经设定，但过程怎样还需要策划，总不能一上任就将刘晏押至行辕开刀问斩吧！更何况要杀之人不久前还是赫赫有名、名重一时的当朝副宰相呢，尽管其已获罪贬至忠州，已是他这个荆南节度使的直属下级，但要置他于死地还得要师出有名，否则在文武百官面前是难以交代的。庾准由吴宗邦搀扶下车后，看着站在城门口迎候的众多官员，一股快感涌上心头，心想：总领一方之大员，真的非同一般，自己人还未到，僚属们就将自己的行程打听得如此清楚，难怪杨相说有人要出二十万贯欲补荆南节度使这个缺，看来果然不假。想到这里，他满面春风地说："大家快别客气，马上就是同事，今后就是一家人了！"

庾准在大家的簇拥下进了江陵城，他看到大街小巷张灯结彩、充满一派节日的气象，心里异常兴奋，有说有笑地进了城。

庾准上任荆南节度使后，一连数日既不升衙理事，也不召见僚属，江陵城大大小小的官员都感到纳闷。其实，庾准来到江陵后可是一刻也没有闲着，他先是安排心腹柯有如带上两名随从赶赴忠州，调查了解刘晏来忠州后的一举一动，他自己在荆南副使吴宗邦、江陵府尹徐中鹤的陪同下，亲自到荆南库司巡视，点名调阅忠州赋税的征收缴纳情况。从账面上看，忠州历年欠缴的税款数额巨大，庾准指着账簿说：“忠州的情况怎么样，历年拖欠的税额怎么这样多？”

吴宗邦道：“忠州地处僻远，土地贫瘠，百姓连生存都很困难，哪里还有钱粮缴纳赋税？历年都是派员前去催收，然而，石头是难榨出油来的，因此总是空手而归，久而久之，也就越积越多了，蚤多不痒，债多不愁，又能把他们怎么样，忠州这个穷地方的刺史是没有人愿意当的。”

“前些时日不是来了一位新刺史刘晏吗？”庾准故意问道。

吴宗邦说：“他也是刚来，屁股还没有坐热呢，马上就让他催缴历年积欠，恐怕有点不近人情吧！”

“是朝廷的赋税钱粮征收重要还要人情重要，如果事事都讲人情，那朝廷的赋税就不用征收了？”庾准说得冠冕堂皇，让人看不出半点破绽，看来，这位荆南节度使上任伊始就已直奔主题了。

吴宗邦可有点不明白，为何这位新上任的节度使放着那么多的政务不处理，走马上任的第一件事就是跟忠州刺史刘晏过不去。他身为外官，不知京师官场的内幕，当然也就不明白庾准的所作所为，庾准也不会让他明白。

忠州在西魏时称临州，唐贞观八年，为纪念东周末年州人巴曼子“刎首留城”的壮举和三国时巴蜀老将严颜“但有断头将军，无降将军”的英雄气概，由唐太宗李世民亲赐，改“临州”为“忠州”。忠州地处巴蜀之腹地，境内山脉纵横交错，山虽不高，却山山相连，势虽不险，却也怪石林立，是一个地无三尺平，出门就爬坡的地方，为数有限的平川之地，都是砂砾夹杂着黄土、寸草不生的贫瘠之地。百姓在山坡石头缝里夹杂有土的地方开辟成地，播下种子，以期从中收获少得可怜的粮食，这样的土地，大的可能有几分，小的只有筛子那么大，传说有个农民到山坡去播种，播完后数自家的地，数来数去只有四十四块地，心里非常纳闷，明明是四十五块地，怎么就少了一块呢？按理说这地可是偷不走的呀！他百思不得其解，准备明天再来数一遍，捡起放在地下的帽子一看，原来不见的那块地竟然被帽子盖住了。传说的话虽不能当真，然忠州乃贫瘠荒僻之地却是事实。

刘晏自从来到忠州后，因年事已高，加之长途奔波，浑身都没劲，卧床几天难以下地，多亏有刘安照料，身体才慢慢恢复。刘晏是个闲不住的人，身体尚未完全恢复，他就叫刘安将府衙的留守师爷钟子安请来：“钟师爷，本官初来乍到，对忠州的政务民风不甚了解，请你讲个大概？”

“刘大人，你长途奔波，身体还没有复原，等你身体完全康复以后再理政务也不迟。忠州的积弊甚多，不是一言两语能说得清楚，一天两天能理出头绪来的。”钟师爷关切地说。

“本官身体已无大碍，坐下来了解一下政务民情、乡风习俗还挺得住。”

“不瞒大人，忠州是个鸟不下蛋的穷地方，穷山恶水、穷乡僻壤之地，历任的刺史没有一个能待到任满的。”

“这又是为何？”

“忠州土地贫瘠，十年九不收，谁愿意在此多待，来的时间不长，都托关系、找后门调走了。”

“难道就没有一任州府官长想点办法？”

“巧妇难为无米之炊，能有什么办法？”

“庄稼没有收成，赋税征收又如何？”

“老百姓饭都吃不饱，哪有钱缴纳赋税，历年积欠荆南道的税额到底有多少，我这个钱粮师爷也记不清了，荆南道常派员来催收，州刺史像走马灯似的换，谁也没有办法。”

“啊……”刘晏陷入了深思之中……

“上宪！”

刘晏猛然回过神来，钟师爷关切地问道：“还有什么事吗？”

“地方的治安又如何？”

“饱暖思淫欲，饥寒起盗心。饥民为生活所迫就铤而走险，偷鸡摸狗的事经常发生，还有的干脆聚众占山为王，落草为寇，打家劫舍，使本来就已经很穷的老百姓更是鸡犬不宁。”

“百姓如此穷，治安如此乱，长此下去总不是个办法，你去将刑名师爷及有关吏员找来，商量一下，总得想想办法。”

“上宪，还是等你身体复原了以后再议吧！”

“不必了，身体没有问题，你就按我说的办吧！”

忠州府衙的院子里，几个衙役坐在一起聊天，一名衙役说：“新来的刺史好像还不错，身体尚未康复，就将钟师爷叫到床边询问忠州的政务民风。我从门口经过，看到他满脸忧郁之色，对百姓疾苦的关心溢于言表，恐怕这回皇上给咱忠州派来了个好刺史。”

“我说你真是孤陋寡闻，你知道新来的刺史大人是个什么样的人物？他可是大唐鼎鼎大名的计相刘晏哟，听说是遭人陷害被贬到忠州来，这真是好人多磨难哟，但对于忠州的百姓，这绝对是个天大的福音。”另一名衙役接着说道。

“为什么？”旁边的一个衙役不解地问。

“刘大人是朝廷劳苦功高的计相，朝廷的栋梁之才，忠州乃穷乡僻壤之地，将他贬到忠州来，真是屈杀英才啊！不过，凭他的本事，走到哪里，哪里就会变样，他到忠州来，是咱忠州百姓之福。”

刘晏经与僚属们商议，在忠州推行保甲联防制度，每家每户抽一名壮劳力，以镰刀、锄头、棍棒为武器，称之为民军。平时，这些民军各自在家务农经商，凡遇到匪警，便鸣锣为号，民军闻警便拿起武器前去支援。实行了保甲制度后，多次赶跑了入室抢夺和拦路抢劫的山匪，有效地保护了百姓的财产和生命的安全，在忠州产生了强烈的反响。老百姓认为，新来的州刺史走马上任就为老百姓办了一件大好事，看来，忠州的百姓有奔头了。

荆南节度使庾准的心腹柯有如到忠州也有一段时间了，根据庾准的授意，他来忠州只是监视刘晏的一举一动，并随时将搜集到的情况向江陵报告。刘晏在忠州实行联防保甲制度的情况，远在江陵城的庾准很快就知道了。

第六十六章　遭陷

庾准在江陵接到柯有如的情报，知道刘晏在忠州推行保甲联防制度以维持社会治安，心里想：好个刘晏，你到忠州还不安分，竟敢私自招兵买马，看来你是想造反哟！闹吧，闹得越大，死得越快！保甲联防制度本是一个全民防匪的好办法，庾准却将其与招兵买马、图谋造反联系在一起，可见庾准的用心是何其之毒。但这是他内心的毒计，他只会埋藏在心里，必要的时候再当作一枚重磅炸弹抛出来置刘晏于死地。

庾准找来荆南副使吴宗邦："吴副使，请你来想商量一下赋税的征收问题，按新的两税法的规定，赋税分夏秋两次征收，夏税无过六月，秋税无过十一月，如今已进入六月，其他州县都在陆续征缴，唯独忠州毫无动静，看来忠州是个老大难，不下点功夫恐怕是很难完成任务的，忠州的赋税必须新账老账一起算。"

"忠州是个极贫之地，没有哪一任刺史能完成赋税征收任务，更不用说缴纳历年积欠，新来的刺史也是刚到任，他就是有天大的本事，也不可能完成今年的赋税征收任务，历年的积欠就更不用提了。"吴宗邦心里想：为什么新来的节度使总是跟忠州过不去，其中一定另有原因，然他作为副手，只能实事求是地说明情况，至于庾准想干什么，他也不便问，也左右不了。

庾准看到吴宗邦有袒护忠州之意，很不舒服，但心底的秘密却又不能表露出来，于是他对吴宗邦说："吴副使，过几天我带人到忠州去，亲自处理忠州的新赋与欠赋问题，其他州县的事你就多操点心吧！"

吴宗邦看了看这个新来的节度使，不知道他到底要干什么，也就只好点点头答应了。

庾准心怀不可告人的目的，带了八骑护卫，他自己坐着一辆马车，轻车简从地离了江陵，经宜昌，过巴东，一路向忠州进发。一行人行走在崇山峻岭之间，庾准掀开马车的窗帘，肥胖的脑壳伸出车窗之外东张西望，看到两旁的奇峰异石，飞禽走兽，时不时地爆发出一阵叫声：

“看，悬崖有几只猴子在晒太阳！”

“快看快看，那片树林里是条狼还是只老虎？”

马上的军士有一个说：“是只老虎！”

另一个反驳说：“我看不像老虎，是条狼，狼和狗差不多，毛色是纯的，而老虎的毛是有花纹的，你看那只野兽浑身清一色的黄毛，没有一点杂色，一定是条狼了。”

庾准哈哈大笑道：“言之有理，不是老虎，是条狼，是条狼。”

正在他们边走边看，说说笑笑的时候，前方转弯处疾驰过来一骑人马，走在前头的几名军士拔出兵器大喝道：“哪里来的狂徒，荆南节度使庾大人在此！”

疾驰而来的一骑人马看到前方大道上有人挡道，正欲挽紧缰绳减速，突听一声大喝，不由心中一慌，急勒缰绳，坐骑受惊猛地一跳，不想正被横挡在路中间的一块石头绊住了马蹄，连人带马翻下一丈多高的悬崖，庾准的马队走近一看，崖下的马匹还躺在地上蹬着四蹄，而骑马之人满身是血地躺在旁边一动也不动，庾准道：“去个人到下面看看，那个人死了没有？”

悬崖下的兵士伸手在倒在地下的人的鼻子上试了试说：“庾帅，这个人已经死了。”他又翻了翻抛在旁边的一个背袋看了看：“好像是个驿卒……对，是个驿卒，还是忠州的。”兵士提着驿卒的邮袋爬上了悬崖。

庾准接过邮袋翻了翻，一封忠州衙门的信函跃入眼帘，拿起一看，原来是忠州刺史刘晏发给卢龙节度使朱泚的，庾准眼中射出阴险光芒，心想：刘晏，我知道你与朱泚关系非同一般，我倒要看看你在信中到底说了些什么。他随手将此信笼于袖中，抬脚拨了一下邮袋，轻描淡写地说：“把它带上，交给下一站的官府，叫他们来处理这件事情，我们赶路。”

庾准上了车后，立即拆开信函，只见刘晏在信中写道：“朱泚兄，别来无恙否，自京师一别已有数月，自今尔后，我等乃天各一方，相会恐已无期。前在京师之时，幸亏崔相与兄在皇上面前主持正义，使晏免受灭门之灾，晏没齿难忘，然奸佞当道，蓄谋栽赃陷害，使人防不胜防，涂改账簿，无中生有，使晏落得如此下场，我好恨呀！恨奸臣当道，忠良遭殃，本来，德宗皇帝即位，有心肃清吏治，整顿朝纲，已初现贤明君主之风范，然经此奸佞搅局，国家之前途、百姓之命运，真的有点不堪设想……”

庾准看到这里，嘴里发出一声冷笑，心里想道：好你个刘晏，你已经是死到临头了，还大谈什么谁忠谁奸，口出怨言。心存不满，积怨难平又有什么用，杨相要你三更死，绝不留你到五更，这封信就是你的死亡通行证，他将信折好小心地装进信封里，笼进袖中。

石柱山是到忠州的必经之道，山中有一伙山贼，占山为王，打家劫舍，抢劫过往客商，老百姓闻之丧胆。自从刘晏到忠州实行保甲联防后，抢夺地方百姓的行为虽有所收敛，但过往客商仍然屡屡遭劫。是日，石柱山的小喽啰到山寨报告，前方来了几骑人马，恐怕是一笔肥买卖，领头的山贼听报来了精神：“兄弟们，操家伙，做了这笔买卖，晚上到忠州城喝酒去！”

山贼们刚在路两边的峭壁上埋伏好，目标就已经进了埋伏圈，峭壁上的山贼先向山下丢下一块大石头喊道：“崖下的人听着，此路是我开，此树是我栽，要想从此过，留下买路财！”

“混蛋，连荆南节长使庾帅你们也敢抢，简直是不要命了。”原来，山路上的几骑人马正是前往忠州的庾准和他的八名护卫。

山贼们一阵私语后，为首的一个山贼喊道：“我不管你是鱼帅还是肉帅，要想活着过去，就得留下买路财，快点，我们只劫财，不害命。”说完，又有几块大石从山崖上滚下来，不过，这一次离庾准他们更近了。原来，由于话音不清，山贼们将庾帅听成了鱼帅，所以就有了鱼帅、肉帅之说。

庾准在马车中吓得直哆嗦，颤抖着对车边的护卫说：“好汉不吃眼前亏，快叫他们别扔石头，有话好好说。”

“别扔石头，有话好说，要多少钱，你们派个人下来拿。”马上的军士冲着山上大喊。

“拿你个球，将你们身上的钱全搜出来放在路中间，你们自己走人，我从一数到十，再不拿出来就放石头砸烂你们！”随后就听到山贼们喊：“一、二、三……”

庾准在车上哭着说：“快拿钱，快拿钱，叫他们别数了！”随行的兵士看到长官发了话，纷纷地将身上的钱财都拿出来放在路中央。庾准也从车中将他身上的钱财取出来交给身边的军士放到路中央去。

悬崖上的山贼远远望见放在路中间的一大堆钱币，高兴得一阵惊呼，领头的山贼喊道："你们滚吧！滚得越快越好。"

"快走，快走！"庾准在车上催促着，八骑人马护卫着庾准的马车，疯了似的逃出山贼们的伏击圈，狼狈地向忠州方向逃窜。

山贼看到他们一行去远了，一窝蜂似的冲下来，看到路中间堆积的钱币，高兴得大喊大叫，为首的山贼说："兄弟们别闹，听他们喊什么鱼帅、鱼帅的，恐怕真是官府中人，我们马上分钱散伙，大家都回家，近期内不可再作案，切不可走漏半点风声，否则，这趟买卖就成了掉脑袋的买卖。"喽啰们听到头目将问题说得如此严重，也意识到事态的严重，一致同意分钱散伙。

忠州府，惊魂未定、换了一身便装的庾准，正在对忠州刺史刘晏大发雷霆："我堂堂的荆南节度使，竟然在忠州遭山贼抢劫，刘晏，忠州的社会秩序这样混乱，你这个刺史是怎么当的。我限你在三天之内将山贼缉拿归案。"

"请问庾大人，山贼长得是个什么模样，有多少人，你总得说个大概，我也好安排衙役前去拘捕。"

"山贼都躲藏在悬崖上面，我们只听声音，未见其人，我哪知道他们长得什么模样？"

站在外面的衙役听到庾准的话，连忙用手捂住嘴巴，不让笑声发出来。

"我说庾大人啦，连山贼的面都没有看见，就将随身的钱财拱手相送，你也真是够大方了！"

"我们在悬崖下面，山贼在悬崖上面，我们不答应，他们就要拿石头砸我们，是钱重要还是命重要？"

"当然是命重要，不过，若是将一个上马管军、下马管民且还有亲兵护卫的堂堂荆南节度使，被几个蟊贼抢劫且连蟊贼的面都没有看见的事情传出去，天下之人恐怕都要笑掉大牙了哟！"

庾准一时语塞，顿了顿说："被劫的事以后再说，本帅这次来忠州，就是催收赋税，不但今年的秋税一文不能少，就是历年的欠税也都要给我补上，一个铜板也不能少。"

"我说庾大人呀，我前脚来了忠州，你后脚也到了荆南道，连屁股都还没有坐热，你就来向我催收今年的赋税，而且还要将历年的欠赋一并补缴，我总不能叫老百姓砸锅卖铁来缴纳赋税吧？"刘晏不卑不亢地说。

"砸锅也好，卖铁也罢，皇粮国税就得要缴，谁要是拒缴，就是违法，本帅将按大唐律法论处。”庾准蛮横地说。

面对这样一个不学无术、浑不讲理的人，刘晏只好委曲求全地说：“我说庾大人呀，你我都是初来乍到，很多情况还不大清楚，忠州是个穷得鸟不生蛋的地方，就是当年的赋税都难以完成，还何谈追缴历年欠赋呢？至于赋税的征收，还要让我将忠州的生产搞上去，若生产没有上去，叫百姓纳税，恐怕难度很大，我刘晏浑身都是铁，也打不了几根钉哟！”

“你敢抗命？”庾准气势汹汹地说。

“我这是实事求是，如果庾大人硬说是抗命我也无话可说。”刘晏仍然是不卑不亢地说。

“好，你等着，我一定会向皇上奏你一本的。”说完，庾准气冲冲地带上随从离开了忠州。

政事堂的值事房里，杨炎从诸道传送给朝廷的公文中抽出荆南道的奏折，这封信的信封比其他的信封都要大，他扯开信封一看，里面装的是庾准送呈皇上的《奏忠州刺史刘晏图谋作乱状》，信封里还套装了一个小信封和一封庾准给他的密信，他先拿起刘晏写给朱泚的信仔细地看了一遍，自言自语地说：“这个庾准，还真有本事，居然截获刘晏给朱泚的私信，看来是大功告成了。”

他放下刘晏给朱泚的信，再拿起庾准写给他的密信：

“恩相大安！准至江陵后，恩相之嘱托时刻难以忘怀，经数月运筹，今总算初有结果，前偶获刘晏至朱泚信，内中颇有怨言，似能为我所用，愚已将此信附上，是否呈皇上御览，请你酌定。晏在忠州召补州兵，推行联防保甲制度，以防山贼盗匪侵扰乡民，将其说成私自招兵买马，图谋造反亦不为过。忠州本乃极贫之地，历年欠税甚多，愚亲至忠州催讨，刘晏公然违抗上命，拒不执行。此三宗罪，特别是叛逆罪，足可以置刘晏于死地。愚已送来奏章，如何运作，请恩相自酌定。”

看完庾准的密信，又拿起庾准送呈皇上的《奏忠州刺史刘晏图谋作乱状》，奏状全文如下：

“臣荆南节度使庾准启奏皇上：忠州刺史刘晏，获罪贬忠州后，不思悔改，仍在四处活动，欲谋东山再起，观其所作所为，其罪责有三：私与卢龙节度使朱泚去信函，祈求解救，言多怨妄，似有煽动藩镇作乱、图谋不轨之嫌疑，此罪一；私自招补州兵，扩展武装，图谋作乱，此罪二；胁迫诏使，违抗上命，擅取官物，拒不缴纳两税，此罪三；纳贿贪赃，罪尤可恕，叛逆作乱，罪不可饶。似此乱臣贼子，若不明正法典，将会祸国殃民，皇上圣明，此不可不察。”

杨炎带上庾准的奏折，立即坐轿进宫到太极殿面圣。

李适看过杨炎刚刚呈上的荆南节度使的奏章，有点不相信地问：“刘晏真的敢谋反？庾准说的难道是真的？”

杨炎信誓旦旦地说：“陛下，臣可以做证，刘晏在罢免诸使的时候就颇有怨言，贬至忠州后，更是心怀二志，陛下还在东宫为太子的时候，刘晏就曾与他人合谋欲废陛下太子之位而他立，如今又煽动藩镇图谋造反以篡夺大唐江山，陛下，谋反之罪，法不容赦，按唐律当处以极刑。”

“谋反罪当交三司会审，但刘晏在朝为官数十余年，门生故吏遍于天下，素有威望，若交由三司讯鞫公审，定当引起公愤，朕恐此举会震动朝野，危及社稷之安危。”李适犹豫地说。

“为了保证社稷安定，陛下可以先将刘晏处以极刑，然后再诏告天下。”杨炎献计。

此时崔佑甫已病逝，朝中再无人能在皇上面前说话营救刘晏。

李适也不问青红皂白，听信了杨炎的谗言，遣密使驰往忠州处置刘晏。

建中元年七月二十日，刘晏正在同僚属们商议忠州之政务，忽见一小队人马风驰电掣般地冲进衙门，为首者乃荆南节度使瘐准，忽听一个扯着公鸭嗓子的人叫道：“圣旨到！”

刘晏一看就知道是宫中太监来传圣旨，他也不知是福是祸，慌忙跪伏在地：“臣接旨！”其他的人看到刘晏跪下，忙不迭地跪下一大片。

宦官手持李适手谕大声宣道：

“奉天承运，皇帝诏曰：逆贼刘晏，遭罪贬至忠州，仍不思悔改，抗拒上命，私征州兵，图谋造反，此乃叛逆，罪不可赦，赐令自尽。钦此！”

李适手谕，毫无事实根据，尽是一派虚言。刘晏闻之大吃一惊，接过圣旨，不禁怆然悲呼：“我一生清白，苍天可鉴，何为抗拒上命？何为私征州兵？又何为图谋造反？圣上手谕，全是一派虚言，可恨奸佞当道，圣上为权奸所蒙，可叹大唐数百年之社稷，从此将无安宁之日，贞观、开元之盛世将永难再现矣！”

庾准眼露凶光，满脸杀气地说道：“真是愚不可及，死到临头，竟然还敢怨言不绝，什么是忠？什么是奸？胜者为王，败者为寇，古今一理。想当初元载宰相获罪，你高高在上，坐堂讯鞫，威风不可一世，天道轮回，如今你也成了阶下囚，你就到阎王殿去做你的忠臣吧！”说完一挥手，大声对带来的亲兵呵斥道：“尔等还站着干什么，去帮他一把，送他到极乐世界享福去吧！”随从一拥而上，准备将刘晏推到旁边厢房去缢杀。

刘晏呼的一声站起来，将皇上的手谕揣进怀中，暴怒地道：“大丈夫头可断，志不可夺，既然是圣上赐自尽，就让我自己来，何劳尔等动手。”

“将在外，君命有所不受，想必你还记得当年元大人是怎么死的吧？前事不忘，后事之师。”庾准转而对随从说道：“不劳刘大人自己动手，你们几位代劳，慢慢地送刘大人上路，让他求生不得，求死不能，为元大人还个公道。”随后又声嘶力竭地笑道：“哈哈，刘晏，你也有今天！”

“皇上，臣冤枉呀！杨炎这个奸贼，你会遭到报应的！”刘晏仰天大呼，然后一头向墙壁撞去……

天在哭泣，地在颤抖，苍天无眼，不佑忠臣。为唐代后期经济的恢复和振兴做出重大贡献、功勋卓著的一代名臣，历史上著名理财家、改革家，就这样不明不白地为奸佞杨炎、庾准谗言所害，秘密地处死在忠州，时年六十五岁。

刘安惨叫一声冲上前去，抱住刘晏的尸体：“老爷……”随之昏厥过去。

第六十七章　谁害死了一代英才

刘晏被秘密处死以后，李适迟迟不敢向群臣公布这个消息，直到建中元年八月九日，也就是刘晏死后的第十九天，才向天下颁发了《赐刘晏自尽敕》，敕书全文如下：

乱常干纪，罪莫大焉，除恶去邪，刑其无舍。忠州刺史刘晏，性本奸回，志惟凶慝。顷司邦赋，历践朝伦，剥削为功，毒痛黎庶。按问赃贿，不知纪极。朕将崇政本，必去憸人，犹是含垢，务全大体。俾从降黜，尚烈藩侯，默乱之辜，掩而不问。旋乃结聚亡命，擅兴师徒，罔有悛心，力行非度。播于人听，恶迹彰闻，爰命连率，究实其罪。而蒐兵补卒，遍于乡闾，执锐披坚，出于郊境，拒捍朝旨，威胁使臣，人之无良，一至于此。孽由自作，法所不容，正其典刑。宜赐自尽，仍令庾准差官勾当，处置闻奏。

《赐刘晏自尽敕》发布不久，杨炎又奏请德宗批准，清除所谓的刘党，殿中侍御史卢征被贬为珍州司户参军，其余受坐累者数十余人。

是日早朝，杨炎手持玉笏板出班奏道："启奏陛下，忠州刺史刘晏图谋作乱，已伏诛，然其家属却还安然无事，刘晏为官数十余年，且为国家钱谷重臣，凭其贪婪之本性，纳贿贪赃之事定是不少，别看其表面装得寒碜，家中一定藏有无数的钱财珠宝，臣奏请，立即查抄刘晏的家产，籍没充公。家小发配岭南。"

太常卿韩滉出班奏道："臣不主张查抄籍没刘晏的家资，刘晏虽然获罪，个中情由臣不清楚，故也不敢妄言。然刘晏一生清正廉洁，办漕运，改盐政，掌理国家财政达二十余年之久，尚未闻其有贪墨行为，住宅二十年前是个什么样子，二十年后仍然未变，其饮食俭狭，室无媵婢，过的是平民百姓的生活。

历代之宰臣，谁人及得刘晏？刘晏既已诛，臣恳求皇上善待其家小，留后人一个念想。”

诸大臣纷纷出班，均言刘晏乃良相，素来清廉，既已伏诛，不可赶尽杀绝再查抄籍没家产。

李适听从众人之议，遂说道：“查抄家产之议就免了，其家属发配岭南。”

杨炎原以为奏请查抄刘晏的家产只是一个过程，不想李适听了众人之议，没有如愿，然而，在他上朝之前，就对查抄刘晏家产的事作了安排，也就是在他奏请德宗查抄刘晏家产的时候，就已安排人包围了刘晏的住宅，查抄家产的事就已在进行之中。

刘晏的府邸坐落于长安城修行里巷，此时的修行里巷早已被禁兵包围，刘晏的一家老小全都被赶到院子里，大儿子执经、小儿子宗经均身着孝服，一边安抚着受惊的老小，一边注视着抄家的禁兵。

一群禁兵在刘晏的家中翻箱倒柜，屋里搞得乱七八糟，家具七倒八歪，衣物丢得遍地都是，尽管将屋子的内内外外翻了个遍，除搜到杂书两乘，米麦数斛之外，什么也没有抄到。一名禁兵冲到李氏夫人面前大叫道：“老乞婆，你相公当了这多年的大官，贪污受贿的钱财一定不少，都藏到哪里去了，快给我交出来！”

执经站出来说：“军爷，家父一生清正廉洁，清心寡欲，从来没有做贪污受贿的事情，为官数十年，全部的家当都在这里。有什么事情由我扛着，不要拿老人小孩子出气。”

刚才大喊大叫的禁兵听到执经的话正要发火，旁边一位禁兵过来拦住劝道：“我们是奉令抄家，并没有奉命吵架，不要难为刘相家小。”

发怒的禁兵狠狠地瞪了执经一眼，随劝说的禁兵退了下去。领队的禁兵见没有查抄到什么贵重物品，只好带着大家两手空空地离开了刘家。

淄青节度使李正已惊闻刘晏死讯，十分震惊，立即上表朝廷，责问德宗。其文如下：“启奏皇上，惊闻忠州刺史刘晏赐死忠州，感慨万分，刘晏乃四朝元老，朝廷栋梁之臣，主管中央财政二十余年，办漕运，改盐政，常平以理财，力挽狂澜，救唐廷于水火之中，其对于大唐江山，功比天高。然当其年迈之时，先贬忠州，不加验实，先诛后诏，天下骇然。可悲啊！可叹！刘晏何罪之有？刘晏功比天高尚遭此悲惨下场，我等乃安禄山之旧将，还能安否？”

魏博节度使田悦、卢龙节度使朱泚亦先后上表，都是责问德宗，问刘晏何罪之有，为何处死。朝中文武百官也议论纷纷，都在悄悄地打听刘晏的死因。

杨炎对于朝中文武百官的质疑可以置之不理，但对诸道节度使的奏章却不敢掉以轻心，因为这些节度使手执兵权，若他们群起而攻之，整个大唐的政局将会陷入一片混乱。他知道诸道节度使既然过问刘晏之死，朝廷必须要给他们一个合理的解释，否则，他们是不会善罢甘休的。想到此，杨炎内心有了恐惧感，他既怕自己谗言陷杀刘晏的阴谋败露，又怕诸道节度使将杀害刘晏的罪责算在自己的头上，火速派遣心腹裴冀去东都、河阳、魏博；派孙成去泽潞、磁邢、幽州；派卢东美去河南、淄青；派李舟去山南、湖南；派王定去淮西，遣使的公开借口是宣扬德宗恩泽，慰劳各地官员将士，实际上是对刘晏的死因进行辩解，推卸责任。

淄青节度使李正已的行辕里，杨炎派来的密使卢东美正向李正已述说刘晏的死因：“李帅，本使受朝廷指派，特到淄青劳军，临出京时，杨相特别关照，叫本使将刘晏的死因向李帅详作解释。杨相收到李帅所上之奏表，深有同感，他说，刘晏主要是过去附会奸邪，阴谋立独孤妃为皇后，废皇上当年东宫太子之位，皇上对这件事一直耿耿于怀，记恨在心，一直想除掉刘晏，故下诏赐刘晏自尽。刘晏并无其他的过错。这件事杨相事先也不知道，后来知道了想去挽救已经是木已成舟，大错铸成了。”

李正已听到卢东美的解释，击案而起，立即再上一本，派快马送往京师。

杨炎虽阴险狡黠，然而这一次他却出了一着昏招，李适贵为天子，你这里一退六二五将责任全部推到他的头上，难道就不怕皇上知道真相？到时你还能全身而退吗？俗话说，聪明反被聪明误，杨炎这自作聪明的举措，也就弄巧成拙，给他带来了杀身之祸，这也应了善有善报、恶有恶报的古训。这是后话。

李适接到李正已的奏表十分惊讶，原来，李正已上表措辞激烈，且矛头直指德宗，气势咄咄逼人。

李适阅览了李正已所上之表，心中顿生疑团，他将李正已的奏折放在一边，再拿下面的一份折子，翻开一看，原来是御史言官班宏的密折，密折说：“近闻宰相杨炎遣五使赴诸道藩镇，假借宣慰之名，实乃通报刘晏之死因，炎恐天下将杀晏之罪归之于己，向诸道推说，诛晏之事他全然不知，乃皇上一人之所为，言皇上记恨刘晏当年参与策划、欲立独孤妃为皇后，废皇上当年东宫太子之位而另立储君的阴谋，故下诏赐刘晏自尽。"

李适看完密折后，将信将疑，因为诛晏是其图谋叛乱，这是法不可赦之罪，而举报刘晏图谋叛乱者正是庾准和杨炎，杨炎为何对外宣称不知道这件事呢？为了查明原因，李适密遣中人赶赴淄青，向李正已求证此事。

淄青节度使李正已闻报皇上派来了密使，遂将其迎至府衙，皇上密使请李正已屏退左右。李正已不解地询问道："皇上又派公公来，不知所为何由？"

"本使此次来，是想了解一件事情。"

"什么事情？"

"宰相杨炎是否遣使淄青？"

"确有其事，有什么问题吗？"

"遣使来淄青所为何事？"

"宣慰诸道，依本帅看是醉翁之意不在酒，宣慰只是一个借口，真实目的是为刘晏之死因而来。"

"来使说了些什么？"

"杨相派到淄青来的特使叫卢东美，他对本帅说：刘晏之死，主要是过去附会奸邪，阴谋立独孤妃为皇后，欲废皇上当年东宫太子之位所致。皇上对这件事一直耿耿于怀，记恨在心，这才下诏赐刘晏自尽，刘晏并无其他的过错。并说宰相杨炎对此事毫不知情，杀刘晏乃皇上一人所为。"

密使"啊"的一声："原来真是这么回事！"

密使回京，于太极殿谒见李适，密使奏道："陛下，淄青节度使李正已说，杨炎派到淄青的特使名叫卢东美，卢东美亲口对他说，刘晏并无其他的过错，主要是过去附会奸邪，阴谋立独孤妃为皇后，欲废皇上当年东宫太子之位所致。皇上对此事一直耿耿于怀，记恨在心，一直想除掉刘晏而后快，因此才下诏赐刘晏自尽。"

"他真的是这么说的？"德宗伸手拿起御案上的狼毫紧紧地握在手中，强忍住怒火问道。

“李正已还说：‘卢东美对他说，宰相杨炎对皇上要诛杀刘晏一事毫不知情，杀刘晏乃皇上所为，他曾劝阻过皇上，说皇上不但不听劝阻，反而还将他狠狠地训斥一顿。’”

德宗右手紧握狼毫，左手按住案面，自言自语地说：“杨炎为什么要这样做？”

“推卸责任！”密使想了想说，“陛下，有些话臣不敢讲！”

“有话尽管说，朕恕你无罪！”

“刘晏乃四朝元老，为官二十余年，对朝廷忠心耿耿，勤于职守。为扭转朝廷安史之乱以后出现的财政危机，整顿漕运，改革盐政，劳苦功高，官声甚佳，其门生故吏遍天下，对刘晏的德行也都了如指掌。说刘晏图谋造反，没有人相信，朝野上下对陛下赐死刘晏一事，传得沸沸扬扬，都说陛下是错杀忠良，自毁长城。他们正在商议联名上折，要求将刘晏的死因公之于世。而诸道节度使如淄青的李正已、卢龙的朱泚、魏博的田悦等也都蠢蠢欲动，欲为刘晏之死讨个说法。杨炎正是迫于诸道之压力，害怕天下将刘晏之死的责任归咎于他，故遣使诸道进行辨析，将杀刘晏之责完全推到陛下的头上，以转移大家的视线。”

李适听到这里，愤怒已极，左手按在御案之上，右手紧握狼毫，猛然用力，折断了手中的狼毫尚不知觉，从喉咙里爆发出一声冷笑，对密使说：“下去吧！今天之事不可对任何人言道。”

密使悄然退出太极殿，身后传来茶杯摔在地下破碎的声音。

第六十八章 天道轮回

十月，李适钦选与杨炎有隙的卢杞为门下侍郎，同中书门下平章事，同杨炎共同为相入主政事堂，以削弱杨炎的权力。

卢杞的祖父卢怀慎乃开元十四年之宰相，同名相姚崇共同秉政，终老相位，官声甚佳；父亲卢奕天宝末任东都御史中丞，安史之乱叛军攻陷洛阳时，很多官员变节投敌，卢奕大义凛然，宁死不降，为叛军所杀，卢杞受荫入仕。

卢杞相貌丑陋，面现蓝光，人见之以为见鬼，路人不愿同行。卢杞为御史中丞时，一次去拜望卧病在床的尚父郭子仪。往日百官来视，郭子仪的女眷家人皆不回避，独闻卢杞来探，郭子仪屏退所有女眷，只留一个老家人在旁侍候。

卢杞走后，姬妾女侍问郭子仪："百官来探，我等均不躲避，独卢中丞来，却令我等回避，这是为何？"

郭子仪微笑着说："你们有所不知，这位卢大人相貌奇丑，凡妇人见之，皆窃笑不止，尔等见之，必当忍俊不禁。但此人性情狡诈，为人阴毒，若见尔等耻笑于他，势必怀恨在心，他日若得势，必图报复，我的族人就要因此而遭殃了，因此我才叫尔等回避，免生后患。"

由此可知，卢杞相貌之丑陋确实是非比寻常。

卢杞博得一个好名声，平素粗衣粝食，待人甚是谦恭，其实乃忸怩作态，沽名钓誉，然时人不识，皆以为其继承乃祖遗风，对其为人颇有赞美之词。卢杞颇善揣摩人意，心计极深，貌似恭谨，实则奸诈，很容易骗取别人的信任。在他出任虢州刺史期间，时虢州官府为皇宫饲养的三千头猪经常糟蹋农田，成为当地一害，卢杞进京述职时向德宗提及此事，李适听后说："把这些猪转移到沙苑去吧！"

卢杞马上回答："沙苑虽属同州，不归虢州管辖，然同州之百姓，亦是陛下之臣民，何能分彼此？以臣愚见，不如宰而食之为佳。”

李适点头赞道：“杞守虢州，却能恤他州之百姓，真乃宰相之才。”于是下诏把三千口官养的猪都分赐给穷苦百姓。事隔不久，便下诏升任卢杞为御史中丞。卢杞颇有口才，奏对特别符合李适的心意，一年后便升任为御史大夫，十天后又再度升为门下侍郎同中书门下平章事。在一年多时间里，由一名普通地方官员爬上了丞相的宝座，真正是飞黄腾达。

唐制，丞相中餐在政事堂就食，被称为会食，杨炎认为卢杞不学无术，羞与其同列，会食时借故推辞而不往。卢杞心知杨炎是不愿与自己同桌而食，对杨炎怀恨在心，二人仇隙渐深。

政事堂的具体分工，杨炎主管中书省，对皇帝负责；卢杞是门下侍郎同平章事，主管门下省，门下省主要是管理地方郡县，中书省的地位较之门下省就显得重要。唐朝旧制：中书舍人分管尚书六曹以平奏报，中书省与门下省处于同等地位，开元初废其职。卢杞上台后欲恢复旧制，扩展自己权力，借以抬高自己地位，遭到杨炎的极力反对而未果。卢杞对杨炎更是怀恨在心，知上意嫉炎，也知道皇上提拔他为宰相，就是为了对杨炎有所掣肘，因此，他内心里并不惧怕杨炎，相反，他却处处留意，欲抓住杨炎的过失，对其施以致命一击。一次，杨炎所辖中书省一名主书贪赃枉法之事为卢杞所察，便在皇上面前进谗言，李适闻之，下旨将主书罢免放逐出京。

杨炎闻知此事非常恼火，在政事堂拦住卢杞说：“卢宰相，主书乃中书省管理的吏员，有何过错也当由中书省处置，与你门下省何干？你凭什么插手其间？”

卢杞冷笑地说：“杨宰相是抓大事的，些许小事大概是无暇顾及，要不，吏员贪赃枉法，怎么能熟视无睹呢？如此害群之马留在政事堂，实在是有损政事堂之声誉哟！”

“你管好你自家的三分地，手不要乱伸。”

“你管好你的僚属，叫他们别总往刀口上撞。”卢杞针锋相对地说。

杨炎哼的一声返回值房，嘭的一声关上门，将卢杞一个人晾在门外。

卢杞见杨炎如此盛气凌人，更是怀恨在心，卢杞虽无才少德，然使奸弄诈的手段绝不亚于杨炎，杨炎虽狡猾多端，却也忽视了权奸卢杞的能量，此所谓恶人自有恶人磨，遇到恶人受折磨。

建中二年，山南东道节度使梁崇义也背叛朝廷，拒不受命。李适惊慌失措，火速召集杨炎、卢杞两位宰相商议：“山南东道节度使梁崇义已反，朕欲命淮西节度使李希烈带兵讨伐，你们以为如何？”

“臣以为不可！”杨炎马上提出不同意见。

“为什么？”

“李希烈乃李忠臣之义子，其逐忠臣而夺其位，此等反复无常之小人岂能委以重任？况此人无尺寸之功，犹倔强不奉法，陛下令此人平贼，恐难以控制。”

“朕已许诺李希烈，不能自食其言。”

“君无戏言，陛下既然已经许诺李希烈，就不得有所更改。”卢杞说道。

李适不听杨炎之言，命李希烈出兵征讨梁崇义。杨炎向卢杞狠狠地瞪了一眼。其实，卢杞对李希烈其人并不了解，他极力主张重用李希烈，无非是为了与杨炎作对，后来的结果也证明了杨炎是正确的。

卢杞遵循李适广荐人才的旨意，极力推荐张镒、严郢，杨炎则力荐崔昭、赵惠伯，李适以杨炎论议疏阔而心生反感，恰在此时，又传来李希烈按兵不动的消息。原来，李希烈受命掌握兵权进兵讨贼，正碰上连日阴雨，道路泥泞，行军十分不便，于是命三军扎营以待天晴再发。此情李适并不知晓，于是找卢杞探询此事。

“将在外，君命有所不受啊！”卢杞故作神秘地说。

“此话怎讲？”

“臣听说，李希烈之所以按兵不动，是有其用意的。”

“什么用意？”

“他认为君侧有奸佞，担心受其掣肘。”

“谁是奸佞？”

“杨炎，上次陛下命李希烈带兵平叛，杨炎极力阻挠，李希烈认为杨炎乃奸佞小人，现杨炎仍身居要职，担心其再施阴招。”

“你怎样看待此事？”

“臣以为，平叛乃当务之急，陛下何必因杨炎而误平叛之大事呢？不如免去杨炎宰相之职，这样，李希烈就会竭心尽力为朝廷平定叛乱。”

李适本已对杨炎心生反感，便听从了卢杞的建议，下诏罢免杨炎丞相之职，调任尚书左仆射。

杨炎至延英殿叩谢皇恩，愤然回家，根本就不去中书省报到。

卢杞本乃小不附者，必置之于死地之人。杨炎贬出政事堂，他大权独揽，决心对杨炎再施打击。先是奏请李适同意，擢升严郢为御史大夫，并指令严郢专门负责搜罗整理杨炎的罪行。严郢乃大历十四年的京兆尹，其持法严明，嫉恶如仇，深受百姓的拥戴，但他不依附杨炎，因之受到杨炎的排挤而罢为大理卿。卢杞启用与杨炎有隙的严郢调查处理杨炎，用的是借刀杀人之计。

杨炎本人并非是贪赃纳贿之人，但他的儿子杨弘业却甚是不肖，常借乃父之名纳贿贪赃。卢杞欲从杨弘业身上寻找突破口，一举置杨炎于死地，遂指使严郢拘捕杨弘业严刑审讯，杨弘业经不住严刑拷打，将接受请托受贿贪赃，多次触犯禁律之事恶数招供。

严郢经多方侦探，终于获得一个重要信息。杨炎在东都洛阳有座私宅，他赴京任宰相后，便托河南尹赵惠伯卖掉此宅，赵惠伯是河南的地方官，为了巴结杨炎，他用公款以数倍于原值的高价将杨炎的私宅买了下来，作为官衙署所。严郢将此消息密报与卢杞，卢杞命严郢将杨炎纵子贪赃纳贿、市私第贵取其值的两大罪状整理成案，责成大理寺正卿田晋议定其罪。

主审官田晋议定："宰相于庶官，比监临关系，属官用公钱高价买下宰相私宅，在宰相杨炎，视为贪赃纳贿，依据大唐律法，罪当夺官。"并将议定结果禀报德宗皇帝。

李适闻报十分震怒，当即下旨将杨炎收捕入狱，并召三司议定其罪，根据三司议定的意见，下旨将杨炎贬为崖州司马，并遣中使押送。

海风、骄阳，蕉丛、椰林，孤车、瘦马，憔翁、老仆。一辆马车艰难地爬行在南粤古道上，车上端坐着一位满脸憔悴的老者，他就是从宰相之位贬为崖州司马的杨炎。挥鞭赶车的是他的仆人，两名中使骑着高头大马押送。

"到了什么地方？天气怎么这样热呀！"杨炎在车上有气无力地问。

仆人回答说："老爷，目前已到雷州境内，距崖州尚有百里之遥。"

"热不可耐，前面有片树林，在此歇息一会儿。"

仆人对押送的中使说道："官爷，天气太热，前面有片树林，休息一会儿吧！"

"行，就到前面树林休息。"两位中使答应后，打马向树林驰去。

树林里，满脸憔悴的杨炎及其夫人由仆人搀扶着下了马车，仆人提着一个小木桶到路边溪涧打回一桶清水，侍候中使和杨炎夫妻洗了脸，然后喘息着坐在树下休息。

杨炎坐在树下，喘息方定，想起昔日的飞黄腾达，再看眼前的丧魂落魄，想到此去僻远的崖州，不知归期在何年，忍不住老泪横流，感慨万千，他轻声对仆人说："杨卓，笔墨侍候！"

仆人杨卓到车上取过笔墨纸砚，将一张宣纸铺在路边一块大石头上，再从水桶里勺出一点水放进砚台内，慢慢地磨好墨，杨炎走过来，挽起衣袖，伸手接过仆人递过来的小楷狼毫，刹那，整个人忽然来了精神，只见他手握小楷狼毫，在砚台里饱蘸浓墨，两眼凝视远方，略一沉思，眼中射出一丝灵光，奋笔在石头上早已铺好的宣纸上一挥而就：

贬崖州司户道中作

一去一万里，千之千不还。

崖州在何处，生度鬼门关。

题完诗，他随手将小楷狼毫抛向山涧，人却瘫坐在石头上，颓丧的神情又回到脸上。这首《贬崖州司户道中作》深刻地表达了杨炎此时绝望的心情，他万万没有想到的是，真正的鬼门关却已悄然向他打开。

远处的大道上，尘土飞扬，几骑马飞驰而来，还在数丈远之地，就听马上之人喊道："前面可是杨炎？"

杨炎立即站起来答道："在下正是杨炎！"

马上之人手扬一道圣旨大声喊道："杨炎接旨！"

杨炎听说是圣旨到了，慌忙跪下，静候圣旨。

来者是京城的传旨官，传旨官跳下马，手持黄绫圣旨大声宣道："罪臣杨炎，不思尽忠报国，贪赃枉法，心存不臣之念，赐死！钦此！"

杨炎伸出颤抖的双手接过圣旨："罪臣接旨！"

传旨官身后的一名随从从锦盒里取出七尺白绫、一瓶药酒、一把小刀，杨炎颤巍巍地走过去，取过七尺白绫，泪流满面地走向路边的一棵大树……

原来，卢杞认为田晋对杨炎议罪太轻，一怒之下将田晋谪为衡州司马，并命三司重新审议杨炎之罪。大理寺知道田晋议罪轻而遭谪，于是他们秉承卢杞之意，重新审判定罪，杨炎监主自盗，罪绞处死。

恰在此时，卢杞又搜集到一个重要线索，杨炎建家庙，地邻曲江。开元时，萧嵩欲在此立私祠，以为天子临幸而止，杨炎取其地而建家庙，声言此地有王气。卢杞立即向李适进谗言："此地有王气，炎故取之，必有异图。"

德宗闻奏，甚为震惊，此时三司重新审定的奏折已呈御案，李适迅即追诏，将杨炎和他的妻子一并赐死缢杀。

杨炎睚眦必仇，陷害之性附于心，唯其爱憎，不顾公道之人，偏又遇小不附者，必置之于死地而后快之卢杞。杨炎以谗言而害死刘晏，他自己却也被卢杞谗言所陷而死，时间相隔一年零三个月，这可是一报还一报。有词为证：

昔日进谗害刘晏，今朝蒙谗蚀自身。

莫道善恶无报应，天道轮回不由人。

卢杞谗言害死杨炎后，得到李适的默许，准许屈死忠州的刘晏归葬。其实，刘晏归葬与否，并不关卢杞之痛痒，他欲借此向世人显示，他执意同杨炎过不去，似乎是在为刘晏打抱不平，可见奸佞之人在达到他们自己的目的后，仍想找一个借口来掩盖其罪恶昭彰之心，而李适虽心知刘晏之死乃杨炎谗言所致，但为维护皇权的尊严，仍不想公开承认他是误听谗言才下诏赐死刘晏的。

经过几年内忧外患的困扰，李适才真正体会到了刘晏主管国家财政的重要性，特别是藩镇割据、漕道阻滞之时，更是大彻大悟，痛悔自己当初不该听信杨炎之谗言而下诏秘密处死刘晏，使一代贤臣冤死忠州。为了表示他的悔意，在刘晏被冤杀的第九年，也就是贞元五年，下诏擢升刘晏长子执经为太常博士，次子宗经任秘书郎。

执经上书德宗，愿不受官，恳求皇上给九泉之下的父亲一个说法。李适再下诏书，追赠刘晏为郑州刺史，又加司徒。

荫子追诏，总算是给了因谗言陷害而死的一代名臣、历史上著名的理财家、改革家一个不是结局的结局。

刘晏死后的一段时间内，其培养出来的一批故吏相继执掌财赋，皆沿袭刘晏的理财理念，如李若初为浙西观察诸道盐铁使，"纵钱以起万货"，"持刚检下，吏民畏服"；元琇管理财政，"国无横敛而军旅济"，其余如韩洄、卢征、李衡、包佶、戴叔伦等皆继掌财利，均为朝廷理财之干臣。